Mein Weg durchs Dicke

Ja, es drängt mich, über das von mir erlebte Zeitgeschehen zu berichten. Aber ohne meine Frau Beate wäre dieses Buch dennoch nicht entstanden, weil ich für die Art meines Berichts zunächst Vorstellungen hatte, die man mit einem Buch nicht erreichen kann. Die ursprüngliche Version des Berichts auf meinem Rechner enthält z. B. viele Internet-Links zu Informationen, die die Schilderung ungemein verstärken könnten. Dazu einige Beispiele:

Da gibt es z. B. ein Link zu einem Video einer Luftkampfszene über Berlin, das fachlich hoch interessant ist, das in Form einer wörtlichen Diskussion für den Nichtfachmann nicht interessant ist, ihm als Film aber doch etwas anschaulich machen kann. Es gibt ein Link zum NKWD-01-Lager Mühlberg, aus dem man ersehen kann, wie viele Männer, denen gerichtlich keine Schuld nachgewiesen worden war, nach Beendigung des Krieges erst im Lager nachträglich zu Kriegsgefangenen gemacht wurden und in die Bergwerke der Sowjetunion verschleppt wurden. Es gibt ein Link zu Liedern, die in meiner Familie gesungen wurden, die mein musisches Elternhaus auf die beste Art – nämlich ohne Worte – kennzeichnen.

Meine Vorstellung war es ursprünglich, eine Tablet-Version zu erstellen, wo der Leser die Freiheit hat, das einzelne Link aufzurufen. Das Tablet kann ihm ausgesuchte Musik, Videos und Hintergrundinformationen liefern. So etwas hat sich aber bislang nicht durchgesetzt. Vielmehr könnte man heute an die Form des Podcasts denken, um meinem Bericht eine intensivere Wirkung zu geben. Ich habe mich entschieden, die Links drin zu lassen.

Beate hat mir mit ihrem Pragmatismus sehr geholfen, dass meine Geschichte nun als Buch auf den Markt kommt. Deshalb sage ich ihr meinen tief empfundenen Dank und widme ihr dieses Buch.

Mein Weg durchs Dicke

Zu einem aktuellen Thema

DR.-ING. HUBERTUS SCHMIDTLEIN

Bibliografische Information der Deutschen Nationalbibliothek:
Die Deutsche Nationalbibliothek verzeichnet diese Publikation
in der Deutschen Nationalbibliografie;
detaillierte bibliografische Daten sind im Internet
über dnb.dnb.de abrufbar.

© 2024 Dr.-Ing. Hubertus Schmidtlein
Satz, Herstellung und Verlag:
BoD – Books on Demand, Norderstedt

ISBN 978-3-7597-2514-1

Inhalt

Übersicht

Bereits sein „Jahrbild" zeigt einen Jungen, der empört sein konnte und lässt erahnen, dass er nie gewillt sein wird, unsinnige Grenzen zu akzeptieren, sondern alles selbst ausprobieren will. Er hatte das Glück, dass seine Eltern nie versuchten, seine Neugier zu begrenzen oder ihn „umzuerziehen". So wurde das große Gut seiner Eltern in Konradswaldau, Kr. Brieg mit seinen Maschinen, Motoren, Tieren, Kutschen, Pferdeschlitten, Stallungen, Scheunen und Garagen ein einziger großer Abenteuerspielplatz, den er weitgehend unbeaufsichtigt mit seinen Spielkameraden nutzte. Er hatte schon früh seine eigene „Gang".

Ergänzt wurde die Szene durch den Fliegerhorst in Brieg, von wo täglich Stukas aufstiegen, um unter Sirenengeheul den Sturzflug mit Abwurf von Zementbomben zu trainieren. Bald erscheinen die ersten polnischen Kriegsgefangenen auf dem Hof – wenig später - gefolgt von gefangenen Franzosen. Der Vater wird eingezogen und bald erscheinen die ersten gefangenen Russen auf dem Hof. Hubertus lernt von jeder Sprache das, was ihm die jeweiligen Gefangenen beibringen. Die Zugochsen z.B. steuert er – wenn er darf – auf Französisch, weil sie für gewöhnlich von einem Franzosen eingesetzt wurden und auf französische Worte am besten funktionierten.

Dann erscheinen die ersten Ausgebombten aus Köln, die im Dorf Unterkunft finden müssen. Er führt jede der Familien zu dem jeweils vorgesehen Quartier im Dorf. Seine Eltern haben ein Telefon, deshalb kommen erwachsene Ausgebombte oft zum Telefonieren. Er lernt sie alle kennen und hört, was sie Grausames erzählen.

Sein Vater bringt eine ukrainische Familie mit, Eltern mit zwei erwachsenen Kindern, alle vier sind ausgebildete Ärzte. Sie wollen weg von Stalin und irgendwie in die USA. Unter Hitler wollen sie nicht bleiben. Der Vater muss jetzt zum Einsatz nach Frankreich. Er erzählt von Partisanen in Frankreich, kommt glücklicherweise unversehrt zurück. Dann erscheinen die ersten Flüchtlingstrecks von der anderen Oderseite. Ein alter Mann stirbt im warmen Kuhstall, draußen ist es -20 Grad. Am 24.01.1945 gehen die Bewohner von Konradswaldau mit 131 Pferdewagen auf die Flucht. In Hirschberg wechselt seine Familie von den Pferdewagen auf die Bahn. Die Bomben auf Dresden verfehlen die Familie um einen Tag. So endet die Flucht ohne menschliche Verluste in Sachsen, wo sie den Vater wieder treffen. Jetzt sind sie mittel- und rechtlos. Sein Vater endet 1947 im NKWD-Lager 1 bei Mühlberg an der Elbe.

Das kommunistische System, das sich in der sowjetisch besetzten Zone etabliert, will ihm seine Ausbildung diktieren, da überzeugt er 1949 mit 13 Jahren seine Mutter, dass sie ihn mit Hilfe eines Flugzeuges der Luftbrücke von Berlin Tempelhof nach Lübeck allein fliegen lässt, von wo er mit dem Zug – ohne Begleitung – nach Recklinghausen findet, um dort in einem Schülerwohnheim zu leben und die Freiherr von Stein Aufbauschule zu besuchen. Hier gabelt er sich eine Lungentuberkulose auf, liegt kurz im Sterbezimmer, wird aber gerettet von Penicillin der britischen Streitkräfte. Im Jahr 1955 macht er das Abitur.

Das Buch schildert Szenen der Zeitgeschichte Deutschlands von 1935 bis 1955, gesehen mit den Augen eines schlesischen Jungen bzw. Heranwachsenden. Man erlebt die Auswirkungen des von Deutschland vom Zaun gebrochenen Krieges, die die Kriegsgefangenen und die deutsche Bevölkerung ertragen mussten. Man erlebt, wie sich die Überlebenden, die Kriegsblinden und -verletzten wieder finden und eine neue zusammengewürfelte Aufbaugemeinschaft bilden.

Kind aus Konradswaldau

Opa, erzähl mal!

Spätestens als mir meine Enkel Kim und Max Krause das Fragebuch „Opa, erzähl mal!" vom Knaur Verlag zu Weihnachten 2016 schenkten, wusste ich, dass ich mit dem Schreiben der Saga meiner Familie nun wirklich Ernst machen musste. Es bleibt mir nicht mehr viel Zeit, möglicherweise zu wenig. Im Hinblick auf die Frage der verbleibenden Zeit: Lass die Frage der Zeit! Bleib gelassen! Beginn halt mit dem Schreiben und sei fleißig! Es kommt, wie es kommt, man wird nie wirklich fertig, aber schon gar nicht, wenn man gar nicht anfängt. Hochkommende Versuchung: Wenn du etwas gar nicht angefangen hast, dann brauchst du auch nicht fertig geworden zu sein. Doch: Lass die Sophistik!

Ich habe in Wahrheit schon vor mehr als 35 Jahren angefangen, immer mal wieder einige Gedanken und Vorgänge aufzuschreiben. Es entsprang – jeweils nach bewegenden Erlebnissen – meinem Bedürfnis, mir selbst Klarheit über meine jeweilige Situation zu erarbeiten. Dieser Stoff lag schon eine kleine Ewigkeit in Umzugskartons herum, wurde nach Umzügen nicht einmal ausgepackt. Jetzt, nach dem Umzug in unser neu gebautes Haus in Krusenhagen (meinem sechsten nach 11 Umzügen), bin ich dabei, alle Umzugskartons aufzulösen, jetzt will ich die Vergangenheit aufarbeiten und dabei verarbeiten. Wenn es nach mir geht, ziehe ich aus diesem Haus nicht mehr aus, nur noch, um in die ewigen Jagdgründe umzusiedeln. Aber man weiß nie!

Ich nahm mir vor, den gestellten Fragen des Buches nicht auszuweichen, erkannte aber sofort, dass ich mein Leben und meine Absicht, die ich mit dem Schreiben verbinde, nicht in der Form dieses

Poesiealbums auf Papier abhandeln wollte. Es würde an manchen Stellen viele Einlegeseiten zusätzlich erfordern und an anderer Stelle darin gestellte Fragen als irrelevant unbehandelt lassen müssen. Außerdem würden die Antworten in einem papierenen Album stehen und genau so, wie es schon einmal passiert ist, und zwar mit der von Josef Schmidtlein aufgelegten Familiensaga, unbeabsichtigt verbrennen oder verfaulen und nie mehr gelesen werden können. Da mag ein noch so großes Interesse Späterer vorliegen. Ich bin ein „gebranntes Kind", das das Feuer scheut.

Als ich das Fragebuch geschenkt bekam, störte es mich, vor einen ausgiebigen Fragebogen gezerrt zu werden, den ein cleverer Geschäftsmann hatte ausarbeiten lassen, ähnlich einem vorgedruckten Bogen des Finanzamtes. Ich fühlte, dass es nicht Fragen sind, die mir meine beiden Enkelkinder aus gegenwärtiger Neugier stellen. Sie bestellen meine Antworten auf standardisierte Fragen auf Vorrat, zur Deckung eines späteren Bedarfs, mag er eines Tages wirklich eintreten oder auch nicht.

Ich empfinde heute noch Schmerz darüber, dass die Familiensaga, die Josef Schmidtlein um 1800 begonnen hatte, und die seine Nachkommen fortgeschrieben hatten, bei der Flucht aus Schlesien auf Nimmerwiedersehen zurückgelassen worden war. Was ich davon als Kind den Erzählungen der Erwachsenen entnommen hatte, waren teils märchenhafte Geschichten, teils geheimnisvolle Wahrheiten, teils beängstigende Gefühlswelten. Sie waren bei mir auf einen durstigen Schwamm gefallen. Vieles weiß ich heute noch, manches sogar dem Wortlaut des Erzählenden gemäß.

Zwei Besonderheiten: Militärische Einflüsse und Alter des Berichtenden

Militärische Einflüsse: Die kindliche Entwicklung ist ein vielfältiger Reifeprozess, der idealerweise kontinuierlich und so breitbandig wie jeweils möglich fortschreitet und zu steigenden Reifegraden führt. Meine ersten gut neun Jahre verbrachte ich auf dem elterlichen Hof in Konradswaldau, Kreis Brieg, in Schlesien. Auf diesem Hof fand ich einerseits eine liebevolle und äußerst anregende Umgebung mit vielen Menschen, Tieren und Sachen und mit der Besonderheit, dass ich die Rolle des ersehnten Stammhalters genoss. Auf der anderen Seite fiel diese Phase in eine Zeit, in der Militärisches von dominierendem Einfluss war und keinen Lebens- und Seelenbereich aussparte.

Ich habe bei meinem Bericht zunächst versucht, meine Entwicklung aufzutrennen in einen Bereich, der unter den gewöhnlichen friedlichen und beglückenden Randbedingungen geschah, und einen, der den Einfluss des Militärischen beschreibt. Ich musste diesen Versuch aber verwerfen, weil die Randbedingungen meiner Entwicklung sich gegenseitig beeinflusst haben. Zum Beispiel: Da mein Vater 1941 zum Militär eingezogen wurde, ist die Frage nicht zu beantworten, was ich mit ihm erlebt hätte, wenn er nicht eingezogen worden wäre. Die Schilderungen meiner verschiedenen Erlebnisse und Szenen folgen für Sie als Leser daher in vielleicht wild und zufällig erscheinender Reihenfolge. Leider geht es nicht anders, die Ereignisse traten für mich selbst genauso unerwartet, teils widersinnig ein.

Ich nahm vom Militärischen das auf, was in Konradswaldau stattfand:

1. Die Stukas am Konradswaldauer Himmel (mit 4 Jahren),
2. die durch das Nadelöhr Konradswaldau (Ende der Autobahn) zur Oderbrücke in Brieg durchfahrenden Landtruppen (mit 4 Jahren),

3. die zahlreich einquartierten deutschen Offiziere
   (mit 4 bis 9,5 Jahren),
4. die Kriegsgefangenen von fremden Völkern, die auf
   unseren Hof kamen (mit 4 bis 9,5 Jahren),
5. die Ausgebombten aus dem Reich, die Sicherheit
   bei uns suchten (mit 8 Jahren),
6. die Bürger der Sowjetunion, die vor dem dortigen System
   zu uns geflüchtet waren (mit 8,5 bis 9,5 Jahren),
7. die deutschen Flüchtlinge von der östlichen Oderseite, die über
   die Oderbrücke kamen und durch unser Dorf fahren mussten
   (mit 9,5 Jahren),
8. die eigene Flucht (mit 9,5 Jahren).

Dagegen erreichten die fernen Ereignisse meine Aufmerksamkeit
nur äußerst undeutlich und blieben weitestgehend unverarbeitet.

Alter des Berichtenden: Neben dem Einfluss ungewöhnlicher
Kriegsereignisse liegt bei meinem Bericht noch eine andere Besonderheit vor. Ich schreibe erst jetzt, im Alter von über 80 Jahren, und
zum ersten Mal über mein Leben. Das hat den Nachteil, dass mir
sicherlich viele Details nicht mehr einfallen. Andererseits habe ich
so die einmalige Chance, mir bewusst zu werden, was in meinem
späteren Leben mit den Anfängen in der Kindheit korreliert. Auch
das Umgekehrte wird aufgezeigt: Welche späteren Erkenntnisse erklären Besonderheiten meines Verhaltens in der Kindheit. In meinen Bericht über meine Kindheit in Konradswaldau mischen sich
also zusätzlich Berichtsteile über spätere Jahre. Ich werde sie so kurz
wie möglich halten.

Geboren am 3. September 1935

Nach zwei Töchtern und einer Fehlgeburt erblickte ich, der heiß ersehnte Stammhalter, das Licht der Welt. Es geschah am 3. September 1935, einem Dienstag, morgens um halb sechs im Schlafzimmer meiner Eltern auf dem Hof in Konradswaldau. Mutter und Kind waren wohlauf.

Vor diesem Tor stand meine Schwester Edith, damals 6 Jahre alt, schon kurz nach meiner Geburt und verkündete allen Passanten die frohe Neuigkeit: „Wir haben ein kleines Brüderchen bekommen!"

Ich wurde zum begehrtesten Objekt. Vierzehn Tage später, am 17. September 1935, wurde ich in Herzogswaldau römisch-katholisch getauft. Ich erhielt die Namen Hubertus Karl Wilhelm.

Erläuterung zu den Namen

Bevor ich meine Geschichte weitererzähle, möchte ich Ihnen zunächst erklären, warum ich so heiße, wie ich heiße? Am einfachsten ist die Antwort bei zwei Vornamen. Der eine ist „Karl" und der andere ist „Wilhelm". „Karl" war der Rufname des Vaters meines Vaters. In manchen Akten ist er „Carl", in anderen „Karl" geschrieben. Ich schreibe mich „Karl". „Wilhelm" war der Rufname meines mütterlichen Großvaters. Schwieriger liegt die Sache bei meinen beiden anderen Namen.

Den Namen Hubertus hat meine Mutter bestimmt. Das einzige Buch, was sie in ihrer Jugend im Mädchenpensionat gelesen hat – sonst musste sie immer nur arbeiten –, hieß „Schloß Hubertus", und das Buch hatte es ihr angetan. Ich möchte nicht anders heißen, denn ich mag meinen Rufnamen und fast alle anderen sagen auch, dass es der richtige Name für mich sei. Sie sagen dies, ohne seine Bedeutung zu kennen. „Hugh" bedeutet Geist, „bert" bedeutet glänzen und die Endung „us" ist die römische Endung für das männliche Geschlecht. Mein Vorname bedeutet also: Der durch Geist Glänzende. Bitte glauben Sie nicht, dass ich beanspruche, dem Namen zu entsprechen.

Meinen Familiennamen „Schmidtlein" bekam ich, weil auch mein Vater so hieß. Und auch mit diesem Namen war ich immer zufrieden, obwohl manche es für einen Witz hielten, wenn ich mich als „Schmidtlein" vorstellte und sie mich später in meiner ganzen Länge von 1,93 m betrachteten. Die wissen halt nicht, was ein Schmidtlein ist. Das ist auch schwierig, weil ich ja nicht das mache, was der Name bedeutet. Einfacher wäre es, wenn mein Blut aus dem Rheinland stammen würde, dann hießen wir Kleinschmitt. Aber auch in diesem Fall würden die Leute darüber stolpern, weil ich einfach nicht das mache, was der Beruf eines Kleinschmitts oder Schmidtleins beinhaltet. Ich bin stolz, wenn ich die berühmten Burgen, Schlösser und Dome sehe, in denen das Produkt der Schmidtleins bzw. Kleinschmitts steckt, all die unterschiedlichen, individuellen Eisenbeschläge und Nägel, die über die Jahrhunderte bis heute alles zusammengehalten haben. Die modernen Architekten konstruieren so, dass man mit billig zu kaufenden Standardteilen gemäß der Deutschen Industrienorm zurechtkommt. Früher war das eine Heidenarbeit, jeden Nagel nach den Anforderungen der Baumeister an Ort und Stelle zu schmieden.

Mein Name und mein Blut stammen aus Franken. Und auch darauf kann man stolz sein, haben doch die Franken Karl den Großen geliefert. Der trug z. B. meinen zweiten Vornamen. Das Erzbistum Bamberg hat außerdem mal über das Gebiet von Schlesien bis nach Kärnten geherrscht. Und da kommen die Bayern und wollen, dass sich die Franken unterordnen. Ich kann nichts dafür, dass sich mein Blut dagegen noch heute aufbäumt, obwohl es schon vor langer Zeit aus Franken, und zwar aus Bamberg ausgewandert ist. Ich muss einen Schuss Judenblut in mir haben, denn die haben noch nach zweitausend Jahren begonnen, das Land ihrer Väter wieder für sich zurückzuverlangen. Und ich weiß auch schon, wo ich bei mir nach dem Schuss Judenblut suchen muss: Bei den Mosischs. Allerdings habe ich vom Reichssippenhauptamt 1936 den Beweis, dass ich rein arisch bin. Aber die gucken ja nur zurück bis 1750, das ist ja fast nix.

Würde man die Namensgebungsregeln vom Trakehner Pferdezuchtverband übernehmen, quasi das Matriarchat einführen, dann wäre ich ein „Rasewerk" nach der Eva Rosina Rasewerk. Die gebar Theresia, die wiederum brachte Anna, die brachte Gertrud und die brachte mich . Der Name „Rasewerk" wäre sogar wahrscheinlich richtiger als Schmidtlein. Denn, dass ein Kind von einer bestimmten Frau stammt, ist besser kontrollierbar, als dass der angegebene Vater der tatsächliche ist.

Auf jeden Fall heiße ich: **Hubertus** Karl Wilhelm Schmidtlein.

Wie war die familiäre Situation?

Wie schon oben angedeutet, hatten sich meine Eltern seit Längerem um einen Stammhalter bemüht. Meine Schwestern Uschi, aber auch die jüngere Edith waren bereits aus dem Gröbsten raus.

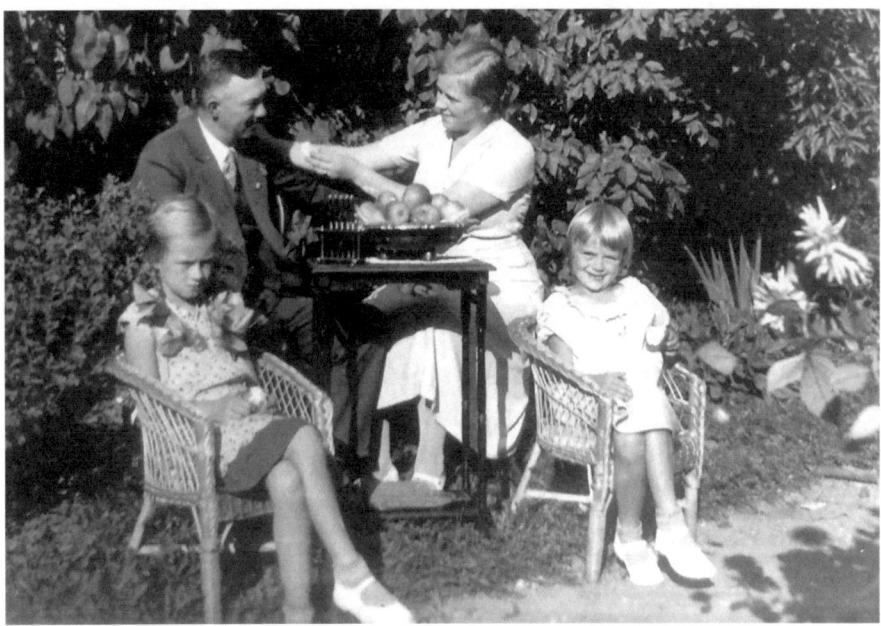

Uschi (links) und Edith schlagen schon die Beine übereinander wie kleine Damen

Da griff meine Mutter Gertrud Schmidtlein, geb. Schmiegel, zu einem uralten Trick!

Erfolgreich mit einem Apfel wie Eva im Paradies!

Schicksalhafte Ausgangsbedingungen

Mit der Taufe war ich auch als Christenmensch geboren. Zwei Faktoren waren damit entschieden:

Erstens: Ich gehöre schicksalhaft zum Typ der Jungfraugeborenen
http://www.sternregister.de/sternzeichen/jungfrau/jungfrau-mann.php

Man sagt den in diesem Tierkreiszeichen Geborenen nach, „dass ihre Fähigkeiten zu Analysen und Strukturen hervorstechen; nicht nur mathematisches und wirtschaftliches Kalkül ist ihnen zu eigen, sondern auch das Interesse für Systematiken, Prozessabläufe und logische Sprachen wie bei der Programmierung im IT-Bereich". Mein spezieller Berufsweg war also nur noch von der zunächst unbekannten, sich aber mit jedem neuen Tag entwickelnden Umwelt abhängig. Das führt bei gleichem Tierkreiszeichen trotzdem zu unterschiedlichen Personen, siehe z. B. Franz Josef Strauß, Norbert Blüm, Johann Wolfgang von Goethe, Leo Tolstoi, Marietta Dobrick – alles Jungfrauen.

Zweitens: Das Deutsche Reich schaffte zu meiner Geburt spezielle Gesetze zu meinen Gunsten

Am 15. September 1935 wurden in Nürnberg die Rassengesetze vom Reichstag einstimmig angenommen. Hitler hatte den Reichstag extra für diesen Zweck nach Nürnberg beordert. Nach diesen Gesetzen gehörte ich zu den lupenreinen „Reichsbürgern": Alle Vorfahren nachgewiesen arisch, mindestens ab 1750, per Stempel des Reichssippenhauptamtes in Berlin, blond, blauäugig, gerade gewachsen.

Max und Trudel, meine Eltern, am Tag meiner Taufe, deshalb festlich gekleidet. Trudels Körpersprache: Jetzt hab ich unseren idealen Stammhalter gebracht! Seine Körpersprache: Wunderbar, wir können es wiederholen. Ich ergänze: „Mich kann man nicht wiederholen."

Mit diesen Rassengesetzen wusste die Kugel der Geschichte Deutschlands nun, welchen Lauf sie zu nehmen hatte. So zumindest dachte Hitler. Der tatsächliche Lauf der Kugel bestimmte alle Bedingungen meiner Entwicklung. Er war allerdings anders, als sich Hitler und die Seinen das gedacht hatten. Übrigens: Am 20. September 1945 wurden die Rassengesetze durch die alliierten Kontrollratsgesetze wieder aufgehoben. Danach war ich wieder ein Normalbürger. Dazwischen passierte in Europa das, was bei meiner Geburt bereits seine unsichtbaren schicksalhaften Schatten vorauswarf.

Ein erster Eindruck vom Stammhalter

Ziemlich willensstark und selbstbewusst schaut der Stammhalter drein.
Die Hebamme hatte gesagt: „Der wird mal die Peitsche halten können."
Vater hatte einen kleinen Kopf, damals füllte ich seinen Hut noch nicht aus,
später hätte er nicht gepasst.

Meine Mutter beobachtete an mir bald ein eigenartiges Verhalten, das sie von ihren beiden älteren Kindern nicht kannte. Auch wenn es ein gewaltiger Zeitsprung ist, muss ich an dieser zeitlichen Stelle auf eine Begebenheit eingehen, die sich erst viel später ereignete. Meine Schwestern, meine Mutter und ich, wir hatten uns Jahre nach der Vertreibung schließlich im Odenwald wiedergefunden.

Uschi hatte bereits zwei Jungen und es ging um Besonderheiten des Verhaltens von Kleinkindern. Da erzählte meine Mutter, dass ich beginnend im zweiten oder dritten Monat ein eigenartiges Verhalten gezeigt hätte. Wenn sie mich damals frisch gewickelt und in jeder Hinsicht versorgt ins Bettchen legte, dann hätte ich mit beiden Händen nach dem rechten Zipfel meines Kopfkissens gegriffen, um zu versuchen, es unter dem Köpfchen hervorzuziehen. Dabei hätte ich gekrächzt wie ein Schwerarbeiter. Wenn ich das Kissen auf meinem Gesicht spürte, hätte ich erleichtert mit dem Krächzen aufgehört und wäre sofort zufrieden eingeschlafen.

Von rechts: Edith, Uschi, Mutti, Hubertus und meine jüngere Schwester Gudrun bei einem Treffen in Kirchbrombach im Odenwald.

Als ich als erwachsener Mann diese Story hörte, wusste ich sofort den Zusammenhang, denn ich betrieb das Krächzen später als Junge bewusst fast bis zur Pubertät. Durch die Pubertät hat es sich dann erübrigt. Aber ich empfehle es jedem männlichen Säugling. Meine Mutter hatte offensichtlich beim Wickeln ganz ohne Absicht dafür gesorgt, dass mein Penis zwischen einem Bein und dem Schambein eingeklemmt wurde. Ich brauchte dann nur meine Bauch- und

Oberschenkelmuskulatur rhythmisch anzuspannen, um einen Orgasmus herbeizuführen. Mir wurde im Erwachsenenalter klar, dass ich bereits als Säugling den Orgasmus kannte und nutzte, vielleicht nicht wichtig für Sie, aber für Fachleute.

Der Hubertus hat keen Sitzfleisch

Mit dieser Aussage war nicht vorrangig die Bemuskelung des Hinterns gemeint, obwohl die auch nie üppig war, sondern mein Bewegungsverhalten. Ich konnte nie in meinem ganzen Leben längere Zeit still sitzen, ohne dass mich eine immer größer werdende innere Unruhe besetzte. Konnte ich dieser Unruhe nicht nachgeben, dann steigerte sie sich so, dass ich mich auf nichts mehr geistig konzentrieren konnte, ich bekam Bauchschmerzen und Magendrücken. Diese Spezifität hat mich ganz wesentlich geformt, und zwar in all den verschiedenartigen Phasen meines ganzen Lebens. Und weil sie so wichtig für mein Leben war, möchten Sie natürlich jetzt wissen, worauf sie beruht. Bliebe ich in meinem Bericht streng bei der zeitlichen Reihenfolge der Ereignisse, dann müssten Sie auf die Erzählungen zum Jahr 2014 warten.

Mein Jahrbild. Endlich auf eigenen Füssen! Endlich! Der Fotograf hatte bereits 5 Platten vermanscht, bis ihm dieses Foto gelang. Auch bei diesem Schnappschuss wurden die Hände nicht still gehalten, sie sind unscharf.

Ich greife jetzt voraus: Morbus Nauenburg (Name erfunden)

Mein Hausarzt hatte mir versichert, dass dieses nun wirklich die letzte Untersuchung sei, die er für mich anordnen würde, um der Frage nachzugehen, was ich da willkürlich in meinem Leib bewegen könnte. Meine Beschwerden, die ich beseitigt haben wollte, erwähnte er in diesem Zusammenhang gar nicht. Mir war langsam klar geworden, dass Ärzte den Patienten zwar nach seinen gesundheitlichen Beschwerden fragen, ansonsten aber geradezu misstrauisch werden, wenn ein Patient eigene Ideen hat, was seine Beschwerden wohl verursacht. Für letztere Frage halten sie Patienten grundsätzlich nicht für kompetent.

Für mich war nur wichtig, dass ich am 07. Mai 2014 in der Sprechstunde beim Oberarzt in der Hanse-Klinik in Wismar saß und vor einen Röntgenschirm durfte, der nicht nur Momentaufnahmen macht, sondern Vorgänge kontinuierlich zu untersuchen gestattet. Holbe hatte mir in der Überweisung Schluckbeschwerden angedichtet. Also erklärte mir der Röntgenarzt, dass ich Brei zu schlucken hätte, der mit einem Stoff durchsetzt würde, den man unter Röntgenbestrahlung besonders schön deutlich sehen könnte und wie ich mich vor den Schirm zu stellen hätte. Ich erkannte aus seinen Erläuterungen, dass er mit keinem Auge auf mein Zwerchfell schauen würde, sondern nur auf den Brei und reagierte diesmal sehr deutlich:

„Ich behaupte, dass ich meine beiden Zwerchfellhälften getrennt bewegen kann, was aber auch öfters unwillkürlich passiert, z. B. beim Fernsehen. Dies ist nach meiner Ansicht die Ursache für meine Probleme, derentwegen ich bei meinem Hausarzt vorstellig geworden bin."

Ich sah in das blasse Gesicht des Arztes, das bis zu diesem Moment Langeweile ausgedrückt hatte und bemerkte, dass es seinen

Ausdruck bei meinen Worten schlagartig veränderte. Es bekam einen ärgerlichen Ausdruck, als er sagte: „Ich mache diesen Job hier schon sehr lange und kann Ihnen meine Erfahrung mitteilen: Was Sie vermuten, das gibt es gar nicht!"

Ich hatte mir vorgenommen ganz beharrlich darauf zu bestehen, dass die entsprechende Untersuchung gemacht würde: „Ihre zweifellos große Erfahrung steht gegen meine aus meinem eigenen Körper stammende Empfindung. Ich werde heute nicht eher aus Ihrem Röntgenraum gehen, bis die von mir gewünschte Untersuchung gemacht wurde."

Dieser Ton von einem Patienten war neu für ihn, man sah es seinem Gesichtsausdruck an. Nach einem Moment des Überlegens gab er nach: „Gut, wir machen erst die Breischluckuntersuchungen und dann untersuchen wir die Beweglichkeit Ihres Zwerchfells. Aber Sie werden anschließend selbst sehen, dass Sie die Empfindung aus Ihrem Bauchraum falsch interpretieren. Was mögen Sie lieber? Zitrone oder Waldmeister?"

Ich entschied mich für Zitronengeschmack des Breies. Zuerst ging es also um die Schluckbeschwerden. Sie förderten nichts Störendes zutage, weil ich gar keine derartigen Beschwerden hatte. Dann erklärte er mir, wie er bei der Untersuchung des Zwerchfells vorzugehen gedachte. Dabei sah er unverändert blass und genervt drein. Dann begab er sich vor seinen Monitor, der in einer Position stand, die ihn meiner Einsicht entzog. Ich musste mehrere verschiedene Aufstellungen am Röntgenschirm einnehmen und dabei sollte ich jedes Mal das tun, was ich als getrennte Bewegung einer Zwerchfellhälfte ansehe. Mal links aufwärts, mal rechts, mal langsam wechselnd, mal in schneller Folge wechselnd. Er nahm alles mehrmals auf.

„Jetzt können wir aufhören, ich hab die Ergebnisse auf dem Speicher.

Kommen Sie mal bitte zu mir an den Monitor. Ich möchte Ihnen die Filme jetzt erläutern."

Ich verließ das Podest vor dem Röntgenschirm, ging auf ihn zu und sah ihm ins Gesicht. Er hatte jetzt rote Ohren und Wangen und sein Gesicht strahlte vor Erregung: „Das hätte ich nie erwartet! Jetzt untersuche ich schon jahrelang, fast Jahrzehnte lang Menschen vor meinem Schirm, das aber ist mir noch nie begegnet. Das hätte ich nicht für möglich gehalten. Sie haben tatsächlich die richtige Empfindung." Er erklärte mir detailliert alle gefilmten Bewegungen der Organe in meinem Bauch und wiederholte: „So was ist mir noch nie untergekommen."

„Das hatten sie bestimmt schon öfters vor Ihrem Schirm. Sie haben es aber nicht erkannt, weil sie es aus ihrer begrenzten Erfahrung für unmöglich hielten und nicht danach geschaut haben."

„Das ist aber eine sehr mutige Meinung von Ihnen, eine Unterstellung. Das können Sie doch gar nicht wissen."

„Ich kenne vermutlich einen weiteren Fall dieser Art. Sie könnten herausfinden, ob ich richtig liege. Denn Sie sind ja Arzt und kommen an die Infos ran. Gerade jüngst ist eine junge Frau zu Germanys Next Top Model gekürt worden, die wohl ebenfalls unter ‚Morbus Nauenburg' leidet. Ich nehme das an, weil sich die Fernsehleute sehr erstaunt über die Auswahl dieser speziellen Dame wegen eines Grundes wunderten: Sie fällt öfters aus gesundheitlichen Gründen aus, weil die Organe in ihrem Bauch nicht ordentlich an ihrer Stelle bleiben. Sie bewegen sich."

Ich frage ihn: „Habe ich diese unnormale Fähigkeit bereits seit meiner Geburt?"

„Wahrscheinlich hatten Sie die bereits im Mutterleib. So etwas ist im Gehirn verschaltet."

Jetzt wusste ich, was mein ganzes Leben lang verantwortlich war für ständige Verdauungsschwierigkeiten, Spannungen im Oberbauch, Magenschmerzen, Blähungen und Ungeduld. Ich hatte alles, was ich im Leben erreicht habe, trotz dieser Probleme erreicht. Auch das gekürte Top-Modell wird ihr Leben meistern.

Ich nahm fröhlich Abschied von ihm, dabei blieben seine Ohren rot. Der von mir erfundene Name ‚Morbus Nauenburg' wurde von ihm nicht kommentiert. Mir ist nicht bekannt, ob er sich nach dem von mir erwähnten deutschen Top-Modell erkundigt hat. Ich weiß auch nicht, ob er sich dafür einsetzt, dass die entdeckte „Krankheit" einen Namen bekommt und bei den Krankenkassen in die Liste der Krankheiten aufgenommen wird. Vielleicht ist die Krankheit ja auch längst in der Ärzteschaft bekannt und es ist so, dass die Ärzte, mit denen ich zu tun hatte, zufällig alle zu uninformiert waren. Die CD mit den Aufnahmen habe ich als Beweisstück in meinen Unterlagen.

Was nutzte mir das Wissen? Mein Hausarzt hat einen Sportarzt konsultiert. Er riet zu osteopathischen Behandlungen. Abgesehen davon, dass mir der aufgesuchte Osteopath einen doppelten Leistenbruch zugefügt hat, helfen die Behandlungen mir tatsächlich. Man muss sie aber regelmäßig wiederholen.

Dagobert und Ferdinand,
die gewieften Zigarettenraucher

Das Foto zu meinem zweiten Geburtstag hat Tante Male geschossen, eine Schwester meiner Mutter. Sie war die jüngste der drei sogenannten Schottgauer Rosen, zu denen man die jungen „Herren" schickte, die auf der Freite waren. Male war nicht sehr viel jünger als ihre zwei Schwestern Käthel und Trudel, dennoch in vielen Aspekten völlig anders als diese. Sie trug Männerhosen und rauchte Zigaretten, was ihren Schwestern nie eingefallen wäre. Sie arbeitete vor ihrer Hochzeit lieber mit den Pferden

Anlässlich des zweiten Geburtstags von Hubertus. Auf einer „Ritsche" im Blumengarten: Ferdinand und Dagobert beim Zigarettenpaffen.

auf dem elterlichen Feld und bewegte Zentner, als in schicker Kleidung im Kaufmannsladen Pfunde abzuwiegen. Sie pfiff bei der Arbeit ihre Lieblingslieder, was sich nach der Meinung ihrer Schwestern für Damen nicht geziemte. Außerdem besaß sie einen Fotoapparat mit einem Balg zur Einstellung der Brennweite und machte als einzige der drei Rosen selbst Fotos. Sie hatte gelernt, Blende und Belichtungszeit richtig einzustellen, sodass technisch gute Fotos entstanden.

Für meinen zweiten Geburtstag hatte sie sich vorgenommen, die beiden Cousins, das heißt ihren fast gleichaltrigen Sohn Horst und mich als gewiefte Zigarettenraucher in ein überzeugendes Foto zu bannen. Dazu hatte sie sich mit Schokoladenzigaretten eingedeckt und mit Horst auch schon geübt, wie er das Zigarettenrauchen simulieren sollte. Er sollte es mir dann vormachen.

Ferdinand und Dagobert waren ihre Spitznamen für uns. Warum, das wissen wir beiden noch heute nicht. Wir wissen auch nicht, wer von uns Ferdinand und wer Dagobert war. Wahrscheinlich erinnerten sie irgendwelche Eigenarten von uns an das, was ihr in Walt-Disney-Heften gefallen hatte. Das angestrebte Foto sollte im Blumengarten in Konradswaldau entstehen. Und weil ich schlecht zu bewegen war, still zu stehen, würde sie uns gemeinsam auf eine Ritsche (schlesisch für Fußbank) platzieren. So vorbereitet ging sie mit uns im Blumengarten in Konradswaldau an die Arbeit. Uns zusammenzuführen war nicht schwierig, denn wir kannten uns gut, weil sie schnell mal zu Besuch kam. Auch ich folgte ihr gern in den Garten, denn sie hielt ein mitgebrachtes geheimnisvolles Geburtstagspäckchen hoch. Und Horst war eingeweiht, er war sozusagen Geheimnisträger.

„Setzt Euch mal nebeneinander auf die Ritsche!" Bei diesen Worten hielt sie zwei Zigaretten hoch in die Luft und wedelte damit. Schwups, beide Freunde saßen umgehend brav nebeneinander auf der eigentlich viel zu kleinen Ritsche, die sie im Blumengarten vor einem großen Strauch positioniert hatte. Hubertus hatte ganz gegen seine Art nicht darauf bestanden, zuerst die geschenkten Schokoladenzigaretten zu bekommen. Er war überrumpelt worden. Dann gab sie Horst eine Zigarette – der wusste, was er damit zu machen hatte, jedenfalls nicht gleich aufessen – und dann gab sie die zweite in die Hand von Hubertus mit den Worten: „Schau mal auf Horst! So sollst du jetzt auch mal an deiner Zigarette ziehen." Hubertus nahm sie nicht zwischen die Finger wie Horst, sondern in seine ganze Pranke und nahm sie nicht mit seinen Lippen auf, sondern mit den Zähnen. Kaum hatte er Schokolade geschmeckt, steckte er sie tiefer in den Mund, um sie samt Papier aufzuessen. Der Versuch von Tante Male, das zu verhindern, rief bei ihm lautes Heulen und Brüllen hervor. Es war immer dasselbe bei ihm: Was sich auch nur im Entferntesten wie Nötigung oder Einschränkung empfinden ließ, führte zu

Heulen und Schreien, weshalb er als Heulkönig bezeichnet wurde, während Horst der Pfeifenkönig war. Er konnte nämlich schon seinen Mund zuspitzen und Lieder pfeifen wie seine Mutter.

Nach dem ersten Gebrüll von Hubertus hielt Tante Male die nächsten zwei Zigaretten hoch. Das ergab den gleichen Ablauf. So geschah es wohl 5- bis 6-mal, bis es ohne Gebrüll ablief. Hubertus hatte gelernt, dass er zum Schluss seine Schokolade immer essen durfte. So entschloss sich Tante Male im verewigten Moment schließlich dazu, die Kamera in die Hand zu nehmen und den Auslöser zu drücken.

Beide tragen ein Spielschürzchen, wie es damals üblich war. Einmal schonte man so die wertvolle Kleidung, zum anderen hatten diese Spielschürzen eine schöne große Tasche, in der man ein Spielzeug oder ein Vesperbrot oder eine Möhre oder alle der Sachen aufbewahren konnte. Beide Jungs trugen Leibchen mit den obligatorischen Strapsen, an denen man die langen Strümpfe einknöpfen konnte. Die Haare von Horst waren schon als solche zu erkennen und bereits geschnitten, frisiert und ließen keinen Zweifel zu, dass er demnächst in den Kindergarten aufgenommen werden könnte. Ganz anders die Situation auf dem Kopf von Hubertus. Sein Haupt war noch von ungeschnittenem Flaum bedeckt. Er gleicht insofern eher einem Küken als einem kleinen Hähnchen mit Federn.

Horst balanciert seine Zigarette gekonnt zwischen seinen Lippen und benutzt seine Hand beim Rauchen nicht. Er bleibt ganz gelassen, denn die Schokolade interessiert ihn vorerst nicht. Er simuliert das Rauchen. Dann würde er die Zigarette geordnet vom Papier befreien und aufessen. Ganz anders ist die eingefangene Situation bei Hubertus. Er verstand in dem Wort „Schokoladenzigaretten" nur das Wort „Schokolade", ein Wort für Genuss und nahm das ebenfalls enthaltene Wort „Zigaretten" gar nicht richtig in sich auf. Er umschließt den Stengel fest mit den Lippen, kann ihn aber nicht von der Hand loslassen. Seine Backen werden nicht hohl wie die von Horst. Hubertus zieht nicht an der Zigarette wie ein Raucher, sondern kostet mit der ganzen Empfindlichkeit seiner Zunge an der Schokolade, seine Wangenmuskeln sind angespannt und wölben sich nach außen.

Horst, der brave und schon gut an der Schokoladenzigarette ausgebildete Junge, zur Linken von Hubertus, greift hinter dessen Rücken entlang und legte seine rechte Hand auf dessen rechte Schulter. So konnte er ihm mit etwas Handdruck und Handrütteln sagen: „Schau doch mal auf mich!" Er legte dabei seinen Kopf etwas in den Nacken, sodass jedem aufnahmefähigen Menschen nur noch sein Gesicht und in diesem Gesicht nur noch der Mund und in diesem Mund nur noch die Zigarette aufgefallen wäre. Er versuchte die Aufmerksamkeit seines Cousins durch leichten Handdruck und Schütteln auf sich zu lenken. Allzu heftig durfte er es nicht machen, es nicht zur Nötigung ausarten lassen, denn das würde sofort ein lautes Gebrüll hervorrufen. Hubertus dagegen ist komplett und eifrigst auf die Schokolade konzentriert, die er aus dem Zigarettenpapier heraushöhlt. Dabei lässt er sich nicht stören, von nichts und von niemandem.

Tante Male nutzte den letzten Moment, um ihr Foto zu schießen, bevor die Geburtstagszigaretten aufgegessen waren. Sie hatte im Eifer des Geschehens völlig vergessen, ihrem Sohn das Strumpfband zu richten, das sich gelöst hatte. Der Strumpf liegt in Falten. Er ist in diesem Zigarettenmoment halt ein bisschen unordentlich „verewigt" und Hubertus ist völlig verinnerlicht auf die Schokolade konzentriert. Keiner der beiden sieht wie ein gwiefter, kleiner Schwerenöter aus. Aber auf dem Foto sind sie wenigstens beide.

Zum Schluss kann man sich fragen, ob Tante Male nicht gerade mit diesem, gegenüber ihrem Vorhaben etwas misslungenen Schnappschuss besonders zufrieden sein kann. Sie hat die Art der beiden für die Ewigkeit eingefangen! Denn Horst ist sein Leben lang wirklich der bemühte kooperative Mensch geblieben und Hubertus braucht man nicht anzusprechen, wenn er auf etwas konzentriert ist. Aus dieser Konzentration, bis er jeweils sein momentanes Problem gelöst hat, holt ihn keiner heraus, und das blieb ebenfalls ein Leben lang so und dass er nicht still sitzen mochte, ebenso.

Dagobert und Ferdinand machen sich nützlich

Onkel Waldemar, der Vater von Horst, hat unsere schwere Kinderarbeit erkannt und sie im Fotoalbum richtig gekennzeichnet: „Dagobert" und „Ferdinand" machen sich einmal nützlich.

Horst (stehend) und Hubertus (in Aktion) beim Hühnerfüttern (mit 2 Jahren). Die Hühner nehmen – wie man sieht – unsere Arbeit ernst.

Horst und Hubertus konzentriert bei der Arbeit des Schuheputzens.

Spiele in der Kutschenremise

Bei schlechtem regnerischem Wetter verlegten wir unser Spielen in die geschützten Räume des Hofes. Da waren einmal die verschiedenen Ställe, aber in den Ställen hatte uns keiner so richtig gern. Daher blieben uns hauptsächlich die vielen Fächer der Scheune und die Wagenremise. Beide Orte boten uns ganz unterschiedliche Anregungen, entsprechend unterschiedlich waren auch die Spiele.

In der Kutschenremise standen unser Dogcart, der Jagdwagen, der Landauer-Plauwagen und zwei verschieden große Kutschschlitten für Fahrten im Winter. Außerdem befand sich darin ein Regal mit speziellen Ausrüstungen für die Passagiere und die Pferde der Kutschfahrzeuge, z. B. Fußsäcke, Regendecken, Glockengeschirre.

Bei den Spielen in der Remise hatten meist die Mädels das Sagen. Die hatten so viele Ideen vom Verreisen, zum Beispiel zu zweit mit dem Dogcart oder als Hochzeitsgesellschaft mit dem Landauer oder als Jagdgesellschaft mit dem Jagdwagen oder als Schlittenpartie mit Fußsäcken und den Glockengeschirren für die Pferde. Für die Frauen war es ganz wichtig, sich zu verputzen und Aufhebens zu machen. Auch musste jeder von uns seine Rolle und jede Rolle bis zum Gepäckboy ihre Besetzung finden. Da musste man als Mann Geduld lernen. Doch bei aller Geduld ging es dennoch meist ein bisschen chaotisch zu und war auch nicht ganz ungefährlich.

Eigentlich habe ich aber nur eine einzige unangenehme Auffälligkeit in Erinnerung behalten, und zwar: Wie es zum Spalt der Nagelwurzel des Ringfingers meiner linken Hand kam. Ganz einfach. Ich hielt mich gerade am Türrahmen fest, als ein anderer die Kutschentür zuschlug. Der Finger steckte zwischen Tür und Rahmen. Gott sei Dank, dass jemand die Tür auf mein Geschrei hin sofort wieder öffnete, denn sonst hätte ich meinen Finger nicht wieder frei bekommen. Nachdem die Verletzung ausgeheilt war, stellten meine Eltern fest, dass der Spalt im Nagel geblieben war. Die Wurzel des Nagels ist seither gespalten. Die Überlegungen der Eltern, ob man den Nagelspalt operieren lassen sollte, beendete ich mit Gebrüll. Der Nagel blieb, wie er war, und Mutter stellte fest: Räudel müssen gekennzeichnet sein. Diese Sonderheit war bedeutungslos für mein Leben, die Übungen im Geduldhaben mit Frauen nicht.

Steine verschmelzen

Im Garten gab es einen versteckten Platz, der ringsherum von Fliederbüschen umgeben war. Papa war der Meinung, dass sich da früher jemand ein schattiges Plätzchen geschaffen hätte. Die Büsche waren aber zu breit und hoch geworden und der Platz zu eng, und außerdem – und das war das Entscheidende – waren immer viele Spinnen und Mücken darin. Wir stellten unsere Gartenmöbel im Sommer nicht zwischen die Fliederbüsche, sondern außen vor sie hin. Den Innenraum benutzte keiner außer mir. Dort konnte ich machen, was ich wollte, und konnte alles stehen und liegen lassen, wenn ich abberufen wurde. Es störte keinen.

Eines Tages hatte ich mir vorgenommen, ein tiefes Loch zu graben. Es sollte so tief sein, wie ich groß war, mindestens. Ich musste was ausprobieren. Es war eine Heidenarbeit. Man kriegte den Spaten nicht rein, weil der Boden zu hart war, und war die Erde dann lose, dann musste sie aus dem Loch rausgeschaufelt werden. Je tiefer das Loch wurde, umso schwieriger wurde das Schaufeln. Zur Vorbereitung hatte ich einen Eimer voll Kieselsteine gesammelt und bereitgestellt. Da hörte ich Papa nach mir rufen: „Bertus, komm rein. Es gibt Abendbrot. Ich antwortete: „Es wird aber noch bissel dauern, ich muss erst noch schnell was fertig machen." Er sagte nix drauf und so schaufelte ich weiter. Aber plötzlich stand er neben mir:

„Was machst denn du da?"

„Wenn das Loch noch bissel tiefer ist, dann lege ich die Kieselsteine unten rein und schütte das Loch zu."

„Und dann?"

„Dann warte ich paar Tage und dann guck ich nach, ob sie schon zu einem großen Stein zusammengeschmolzen sind."

„Wie kommst du denn auf diese Idee?"

„Du hast mir doch letzt gesagt, dass es in der Erde umso heißer wird, je tiefer man kommt."

„Stimmt! Das habe ich dir erklärt, als du mich gefragt hast, wozu man in den Steinkohlengruben das viele Holz vom Onkel Konrad braucht. Aber um zu dem Punkt zu kommen, bei dem selbst Steine schmelzen, musst du tiefer graben, als Brieg entfernt ist. Komm ok jetzt rein, das Loch zuschütten kannst du morgen."

Er reichte mir die Hand und zog mich aus dem Loch.

Ich hätte mir die Arbeit ersparen können, wenn ich früher gefragt hätte.

Spiele in der Scheune

Unsere 50 Meter lange Scheune hatte für die Erntewagen vier Durchfahrten. Jede Durchfahrt hatte rechts und links je eine Scheunenkammer für die unterschiedlichen Ernteprodukte. In wenigen Kammern wurde Heu, in den meisten anderen Getreide gelagert, denn das meiste Heu lagerte über den Tierställen unter dem Dach und nicht in der Scheune.

In jener Zeit wurde das Getreide nicht gleich auf dem Feld gedroschen, sondern mühsam gemäht, in Garben gebunden, zum Trocknen in Puppen aufgestellt und trocken in die Scheunen gefahren. Erst im Winter wurde es aus den Scheunen geholt und auf dem Hof gedroschen. Folglich bargen die meisten unserer Scheunenkammern am Anfang des Winters un-

Hier mein Cousin Horst bei der Landung nach einem Dreivierteüberschlag.

gedroschene Getreidegarben. Mit dem Fortschritt beim Dreschen fiel ausgedroschenes Stroh an, das durch ein Gebläse in die zwischenzeitlich leeren Scheunenkammern geblasen wurde. Das war dann unser idealer Spielplatz. Einige der Kammern waren so voll, dass die Balken im Stroh ganz versteckt waren. In den anderen, nicht so vollen Kammern schauten die Balken aus dem Stroh heraus. Das lud uns dazu ein, von den Balken ins weiche Stroh zu springen. Anfangs geschah das mit den Füßen voraus, später wagten wir den Sprung mit Überschlag.

Am Schluss der „Springsaison" hatten wir alle unseren Mut gefestigt und unser Balancegefühl entwickelt. Jetzt hätte das Springen vom Dreier ins Wasser anschließen können. Aber das gab's nicht.

Die mit Stroh komplett gefüllten Kammern boten dagegen völlig andere Anreize. Stellen Sie sich Stroh vor, das aus der Höhe der Dachspitze über die Dachpfetten hinweg zu Boden fällt. Anfangs bildet sich über jedem Balken ein Häufchen Stroh, später füllt das Stroh langsam alles komplett aus. Nur unter den Balken bleibt ein leerer

Spalt ohne Stroh. Direkt unter den Balken würde ja auch senkrecht fallender Regen nicht hinkommen. In diesen Spalt krabbelten wir als Kinder hinein und verbreiterten ihn mit den Ellbogen seitlich stark. In den so entstandenen Gängen konnten wir auf allen vieren schnell krabbeln, sogar recht schnell. Die Gänge waren aber total dunkel, und viele bekamen zunächst Platzangst darin. Die Platzangst verlor sich aber beim Zuhören, wenn andere darin spielten.

Einer durfte Hänschen spielen und musste sich in einem Gang verstecken, während alle anderen in einer Ecke standen, aus der sie nicht beobachten konnten, an welcher Stelle Hänschen im Gangsystem verschwand. Dann riefen die zwei oder drei ausgewählten Verfolger: „Hänschen, piep mal!" Hänschen musste zweimal piepen. Probieren Sie es einmal! Es ist gar nicht so einfach, den Ursprung des Piepens mitten in einem großen Strohhaufen zu lokalisieren. Vor allem durfte Hänschen seine Position unter den Balken ständig ändern.

Wenn die Suchenden selbst ins Gangsystem krochen, was am Schluss immer notwendig wurde, wurde es für sie noch schwerer zu erraten, woher das Piepen kam. Selbst dann, wenn man einem im Dunkeln begegnete, wusste man ja nicht, wer es war und musste das erst einmal rausfinden. An den langen Loden und an der Kleidung sowie am Körperteil, auf das man gerade fasste, konnte man herausfinden, ob man einem Jungen oder einem Mädchen begegnete. Dieses Spiel blieb viele Tage lang interessant, so lange, bis zu viel Stroh aus einer Kammer entnommen worden war. Dann nutzten wir die nächste, solange noch eine voll war. Anderenfalls konnten wir „Springen vom Balken" spielen.

Einmal fasste ich in etwas Schleimiges und fragte mich: Wo bin ich denn da mit meiner Hand? Es war eine ziemlich große Menge von Schleim. Verflischt noch mal, so viel Rotz ist doch in keiner

Nase drin! Der Schleim war außerdem kalt und mit scharfen Blätt-chen vermischt. Eine Leiche? Es gruselte mich. Ich verließ eiligst den Gang im Rückwärtsgang. Im Hellen angekommen stellte ich fest, dass die scharfen Blättchen Stücke einer Eierschale waren. Des Rätsels Lösung: Ein Huhn hatte schon mehrere Eier auf eine Stelle gelegt und wollte sie wohl ausbrüten. Vor diesen Hühnern war man sich nirgends sicher. Überall, wo wir spielten, wollten sie auch spie-len. Erst füttert man sie und zieht sie groß, und dann lassen sie einem keinen einzigen Platz mehr auf dem ganzen Hof!

Spiele auf dem Sandhaufen

Auf einem Hof gibt es oft etwas zu mauern. Ein gewisser Sandvor-rat lagerte deshalb immer vor der Mistmauer. Daneben stand die Bude unseres gelben Schäferhundes Rolf. Auch ein idealer Spielplatz für Kinder. Rolf war alt und geduldig. Ich konnte seinen Strick an der Mauer abbinden und ihn an der Hand führen. Ich konnte mich von ihm ziehen lassen, dabei erreicht man ein höheres Tempo als ohne Hund. Direkt daneben im Sandhaufen hatte ich zahlreiche Formen und konnte damit Sandburgen bauen. Blöd nur, dass auch die Hühner den Sand für sich beanspruchten. Nicht, dass ich sie nicht wegtreiben konnte, aber der Platz war dann immer vollge-schissen. Da musste man Sand darüber streuen. Mama wollte nicht, dass ich auf dem schmutzigen Sand spielte. Aber Mama konnte nicht überall sein.

Mit dem Eintritt in die Schule habe ich den Platz gemieden. Das kam so: Mit einer vollen Schultüte haben sie mich in die Schule gelockt. Dort bekam ich sie feierlich überreicht. Anschließend habe ich ihren gesamten Inhalt aufgegessen. Als ich am nächsten Tag auf dem Sandhaufen spielte, rief mich Mutter gegen 10 Uhr, damit ich mich für die Schule sauber anzöge. Ich war total überrascht:

Was wollen wir denn schon wieder in der Schule? Ich habe doch meine Tüte schon bekommen. Da erklärte Mutter, dass ich heute wieder zur Schule gehen müsste, dass ich ab jetzt sogar jeden Tag außer sonntags zur Schule gehen müsste. Ich fragte meine Mutter, ob sie mir nicht die Tüte wieder mit Süßigkeiten füllen könnte. Ich möchte sie dem Lehrer zurückgeben. Doch Mutter blieb hart: „Gegessen ist gegessen! Jetzt bist du ein Schulkind. In Deutschland gehen alle Kinder ab 6 zur Schule, damit sie schlau werden. Und du willst doch auch ein schlauer Mann werden, nicht wahr?" Ich dachte mir: Verflischt noch mal! Jetzt bin ich gefangen. Ich schmiss meine Schaufel auf den Sandhaufen und zertrat alle Sandformen und nahm mir vor, so schnell zu lernen, dass ich schon nach einem Jahr alles wissen würde. Danach hätte ich wieder den ganzen Tag frei für meine eigenen Ideen. Damals wusste ich nicht, was in der Schule und nach der Schule noch alles kommt.

Spielen im Kuhstall?

In unserem Kuhstall durften Kinder nicht spielen. Unser Schweizer, der Herr Müller, ließ das nicht zu. Wenn wir's trotzdem versuchten, dann durfte er uns nicht dabei erwischen. Wenn er uns erwischte, dann schrie er drohend und jagte uns aus dem Stall. Er verteilte sogar Koppstückel, auch an mich. Ich hab mich mal bei Vater über ihn beschwert. Aber der hatte für Herrn Müller Partei ergriffen: „Je mehr Milch die Kühe geben, desto besser verdient der Herr Müller und wir auch. Wenn ihr im Kuhstall aber Unruhe reinbringt und Lärm macht, dann geben die Kühe weniger Milch." Es half also nichts, dass Vater über ihm stand. Was den Stall angeht, redete er dem Herrn Müller nicht rein. Das war ein Kreuz!

Wenn es nämlich im Winter eisekalt war, dann war es im Kuhstall trotzdem mollig warm, viel wärmer als in allen anderen Ställen.

Und wenn draußen alles vereist und eingeschneit war, dass man mit nix, was Räder hatte, draußen fahren konnte, ließ sich der Herr Müller trotzdem nicht erweichen: Fahrt halt Schlitten! Und wenn wir ihm sagten, dass uns ins Maul friert*1: Dann haltet die Klappe und bindet Euch 'nen zusätzlichen Schal um. Es war sehr ärgerlich. Der ganze schöne lange und breite gepflasterte Gang im Kuhstall durfte nicht genutzt werden. Er war nur da für den Bullen und seine vielen Milchkühe; und nicht für uns. Dabei brauchten die Rinder den Gang gar nicht, weil sie sowieso die Wand entlang an den Futtertischen angebunden waren. Zusätzlich zu den Kühen durften nur noch die frisch geborenen Kälbchen in kleinen Boxen im Stall bleiben. Die brauchten es mollig warm, bis sie später in den Jungviehstall auf der anderen Hofseite konnten. Das sieht man ja auch ein.

Was uns alles wegen der Sturheit von Herrn Müller entging, muss man sich mal vor Augen halten. Man könnte sich so gut zwischen den Kühen verstecken, weil die alle ganz brav waren. Der Gang war so breit, dass wir hätten Völkerball spielen können. Er war so lang, dass wir Zielwerfen hätten veranstalten können. Die Fläche war so groß, dass wir mit mehreren Rollern und Dreirädern hätten herumknattern können. Wir hätten Papierflieger falten und fliegen lassen können. Die Kühe hätten so einen Papierflieger auf ihrem Rücken doch gar nicht gemerkt. Aber nix war erlaubt.

Die Ställe der anderen Tiere kamen nicht infrage. Sie waren zu eng, aber auch zu kalt. Und im Schweinestall durfte ich von meiner Mutter aus sowieso nicht spielen. Machte ich es trotzdem mal, dann musste ich beim Reinkommen meine Sachen schon im Flur ausziehen, weil sie den Geruch der Schweine nicht in der Küche oder im Wohnzimmer haben wollte. Mein Cousin Horst, den zog es, wenn es Abend wurde, von selber ins Haus. Dann wusch er seine Hände, zog Potschen an und machte es sich am Kachelofen gemütlich oder spielte mit den Mädeln Mensch ärgere Dich nicht. Er wurde mir immer als Vorbild dargestellt: Sieh mal den Horst! Der spielt auch gern draußen, aber der findet abends wenigstens ein Ende. Dich muss man immer erst einfangen. Wenn der Horst reinkommt, dann stinkt er auch nicht nach Schweinen, aber du stinkst immer wie ein Wiedehopf. „Was soll denn das wieder sein? Ein Wiedehopf?"

*1. Übrigens kritisiert Beate als Lektorin meine primitive Ausdrucksweise: Was sollen denn Leser denken, wenn du schreibst „uns friert ins Maul"? Da kann ich nur antworten: Es ist die einzige Ausdruckweise, bei der ein Konradswaldauer sofort wusste, dass das Ensemble aus Nase, Lippen, Lefzen, Wangen und Kinn, aber ohne die Augen gemeint ist. Die Antwort von Herrn Müller „Bindet euch 'nen Schal davor" ließ uns verstehen, dass wir einen breiten Schal vor den ganzen Bereich inklusive Nase und Kinn binden sollten. Haben Sie es jetzt verstanden? Das war Hoch-Konradswaldauerrisch!

Verlängerung der Spielzeit im Winter

Im Winter wird es schon früh dunkel. Wenn das nicht das Ende unseres Spielens und Tollens auf dem Hof sein sollte, dann musste man draußen etwas Essbares finden. Denn wenn ich beim Dusterwerden auf der Suche nach einem Vesperbrot reinkam, ließ mich Mutter nicht mehr wieder raus auf den Hof. Sie hatte wohl den Eindruck, dass die Schweine im Dunkeln besonders heftig stinken. Mutter mochte den Geruch von Schweinen nicht. Ich blieb deshalb immer draußen und hungerte, bis die Kartoffeldämpfe aufgeschraubt wurden und die Kartoffeln fertig waren zum Verfüttern. Die für die Schweine gedämpften Kartoffeln rochen und schmeckten viel besser, als die von Mutter gekochten. Mit etwas Viehsalz oder Melasse drauf waren sie ein Genuss. Sonst schmeckten mir Kartoffeln gar nicht so gut. Ich mochte sie nur, wenn sie schon als Klöße auf den Teller kamen, am liebsten aus geriebenen rohen Kartoffeln. Das geht mir auch noch heute so.

Im Pferdestall gab es den Winter über immer Pferdemöhren, die großen gelben. Die schmeckten nicht ganz so süß wie die roten. Sie hatten aber gegenüber den heißen Schweinekartoffeln aus der Dämpfe einen großen Vorteil, nämlich dass man sie fest in der Hand halten konnte und beim Essen im vollen Tempo rennen und spielen konnte, was mit den heißen Kartoffeln nicht gut ging.

Dann hatten wir noch Futterrüben und Zuckerrüben. Beide Sorten konnte man auch essen. Aber die waren nicht so beliebt. Die Futterrüben bekamen die Rinder und die Hühner. Von den Zuckerrüben behielten wir nach der Ernte nur wenige zum Sirup kochen. Fast alle wurden zur Zuckerfabrik gefahren. Von der Zuckerfabrik holten wir mit unserer sauber gewaschenen Jauchetonne Melasse zurück. Die Melasse wurde hauptsächlich an die Schweine verfüttert. Das hat uns Kinder immer gewundert, weil sie richtig gut schmeckte. Wir durften sie trotzdem nicht essen. Das heißt: Wir durften uns nicht erwischen lassen. Vielleicht stammte bereits aus dieser Zeit der Helicobakter Pylori, der im Jahr 2013 bei mir im Magen-Darm-Trakt entdeckt wurde.

Die Zuckerrüben wurden beim Sirupkochen nach dem Waschen auch noch zerkleinert und kamen dann in die Dämpfe. Wenn sie gar waren, dann wurden sie in eine zylindrische Presse geschaufelt und ausgepresst. Der Saft ist anfangs dünn und etwas süß. Im Waschkessel wurde er stundenlang gekocht und wurde dabei immer süßer und dicker, wurde allmählich zu Sirup. Es bildete sich ständig Schaum und meine Mutter musste mit einer großen Kelle die ganze Zeit Sirup aus dem Kessel schöpfen und ihn aus der Höhe wieder in den Kessel stürzen lassen. Das kühlte ihn ab und verhinderte, dass er aus dem Kessel überläuft. Am Schluss hatten wir dann drei große Milchkannen voll Sirup. Die Reste, auch der Schaum kamen in eine Bratpfanne und wurden mit Butter solange gebraten, sodass die Masse nach dem Erkalten fest war. Das waren die besten Bonbons meines ganzen Lebens. Sie reichten leider immer bloß ein paar Tage. Den fertigen Sirup verwahrte Mutter in der Speisekammer. Der war wie der Speck in der Mausefalle, an den ich abends nicht mehr rankam.

Eine jüngere Schwester, Gudrun

Wir erwarteten ein weiteres Geschwisterchen. Ich freute mich darauf und fragte Papa, ob es ein Junge oder ein Mädchen sein würde. „Das wissen wir nicht" war seine Antwort. Ich wünschte mir einen Bruder zum Spielen, denn zwei Schwestern hatte ich schon. Ich fragte Papa: „Und wie können wir herausfinden, was Mama bekommt?" „Du kannst ja mal den Klapperstorch fragen", war seine Antwort, bei der er mich vielsagend anschaute. Mir war klar, dass Mama das Baby gebären würde und dass der Storch damit nichts zu tun hat. Der Hinweis von Papa machte mich aber unsicher: Vielleicht bestimmt der Klapperstorch ja, ob es ein Junge oder ein Mädchen wird. Ständig blieben ja die Schulkinder auf ihrem Weg von der Schule ins Unterdorf am Zaun unseres Hofes stehen und trugen ihre Wünsche dem Storchenpaar auf unserem Scheunendach vor. Daher schloss ich mich der Gruppe der Kinder an. Hilft's da hilft's, hilft's nich, dann schadet's nich. Ich brüllte so laut ich konnte: „Storch, Storch Guter, bring mir einen Bruder!" Die andere Gruppe schrie: „Storch, Storch Bester, bring mir eine Schwester!" Wenn uns die Störche gehört hatten, fingen sie an zu klappern. Aber wir verstanden die Storchensprache nicht. Wir wussten nicht, wem sie was zugesagt hatten. Es war auch gemein, dass das Wort „Schwester" viel mehr zischte und besser durch die Luft drang, als das Wort „Bruder". „Bruder" klingt so ruhig und lässt sich gar nicht so richtig schmettern. Deshalb brüllte ich so laut, wie ich konnte: „Storch, Storch, du bester Guter, bring mir einen Bruder."

1997: Die Störche kehrten jedes Jahr wieder.
(Das Gebäude rechts steht heute nicht mehr.)

An einem Samstag, und zwar am 18. Februar 1939 war es so weit. Papa rief mich, ich hätte ein Schwesterchen bekommen und ich könnte mal vorsichtig zu Mama ins Schlafzimmer gehen. Die Nachricht bedeutete, dass mich die Störche nicht erhört hatten. Mama hatte das Baby bei sich im Bett: „Schau mal, wie ruhig sie in meinem Bett schläft." Ich staunte sie an und wusste im gleichen Moment, dass ich noch lange würde darauf warten müssen, bis sie mit mir spielen könnte: „So ein kleines Mottele! Wie heißt sie denn?" „Das haben wir uns noch gar nicht überlegt. Die Namen von Uschi, Edith und dir hatte ich mir schon vor der Hochzeit überlegt. Jetzt darf mal der Papa auswählen." Nach ein paar Tagen war klar, dass sie **Gudrun** Anna Friederike heißen sollte.

Stukas

Wenn man von Konradswaldau mit der Kutsche nach Brieg fuhr, kam man zwischen Pampitz und Brieg an einem Fliegerhorst vorbei. Wie wir heute wissen, wurde er allein aufgrund der Kriegspläne Hitlers in den Jahren 1936 und 1937 angelegt. Auch danach gingen die Bauarbeiten weiter. Er wurde zunächst für Aufklärungsflugzeuge genutzt. Von Mai bis September 1939 war die erste, später dritte Gruppe des Sturzkampfgeschwaders 77 (mit Ju 87 Stukas) auf ihm stationiert. Nach dem zweiten Weltkrieg wurde er ab 1994 eingestampft. Ich habe ihn 2019 besucht. Zwischen den Betonplatten der Rollbahn wuchsen Büsche. Am Rand standen noch heute die alten Bunker zur Unterstellung von Kampfflugzeugen. Angeblich werden 750 ha als Gewerbegebiet ausgewiesen.

https://de.wikipedia.org/wiki/Fliegerhorst_Brieg

Auf dem Fliegerhorst waren damals mehrere Hangars erstellt worden, einerseits für den Service der Flugzeuge zwischen den Einsätzen, wie auch für die Reparaturen beschädigter Flugzeuge. Davon sieht man heute nichts mehr. Spätere Bauarbeiten erbrachten die heute noch vorhandenen Bunker.

Der Flugplatz war damals von einem Zaun umgeben. Man konnte nicht einfach zum Gucken mal reingehen. Das war sehr schade, denn auf dem Platz konnte man aus der Ferne ab und zu Flugzeuge stehen sehen. Arbeiter in gestreifter Kleidung leisteten auf dem Flugplatz die Arbeit. Man munkelte, dass es Juden seien. Ich wusste nicht, was ein Jude ist. Nach dem Gepisper muss ein Jude ein schlechter Mensch gewesen sein. Wenn sie nicht grad arbeiteten, klauten sie den Bauern die Kohlköpfe vom Acker und hausten nachts in einem offenen Lager hinter Stacheldraht. Unsere Mutter hatte uns trotzdem darauf eingeschworen, den Wachmännern nichts zu sagen, wenn wir einmal beim Vorbeifahren einen Arbeiter beim Klauen beobachten würden. Das sei Mundraub und keine Sünde. Man sollte den Leuten lieber satt zu Essen geben und sie anständig unterbringen und behandeln, wenn sie schon für uns arbeiten müssten.

Mit ihrem Auftreten ab Mai 1939 drangen die Stukas sofort in die Köpfe aller Menschen:

Erstens verursachten die Flugmotoren einen nicht zu überhörenden Lärm, zweitens kam ein noch stärkeres Geheul während des Sturzfluges hinzu, das von einer Sirene an Bord des Flugzeugs stammte.

Der Sturzflug selbst ließ uns zittern, ob die Piloten rechtzeitig abfangen oder in den Boden stürzen würden.

Außerdem befanden sich den ganzen Tag lang ständig mehrere Stukas zu Übungszwecken in der Luft.

Das Ganze war ein Schauspiel des Hitler'schen Wahnsinns.

Wir beobachteten die Flüge von Konradswaldau aus, wann immer wir Zeit hatten. Die Beobachtergruppen enthielten aber bald keine Erwachsenen mehr, weil die arbeiten mussten. Vielleicht hatten sie aber auch schon genug gesehen. In unserer Kindergruppe führten die Schulkinder das Wort, und wir alle lebten von ihren Neuigkeiten. Ich selbst war ja noch nicht einmal 4 Jahre alt.

Zwei Stukas vom Typ Ju 87-01

Die Stukas blieben die große Attraktion. Das einzelne Flugzeug begab sich bei seinem Einsatz auf irgendein uns unbekanntes Zeichen hin plötzlich mit lautem Geheul in den steilen Sturzflug. Kurz über dem Boden wurde der Sturzflug abgebrochen und die Maschine stieg wieder aufwärts. Danach kurbelte sie sich immer höher, um dann aus großer Höhe den Sturzflug noch einmal durchzuführen. Wir hatten beobachtet, dass bei einigen der Sturzflüge sich ein Paket vom Flugzeug löste und geradeaus in den Boden schlug. Uns hielt es nicht mehr länger im Dorf, sondern wir stürmten aufs Feld. Eine ganze Gruppe von Jungs – auch mit älteren aus den höheren Klassen – machte sich auf den Weg, das abgeworfene Paket zu suchen. Wer weiß, was das für ein Paket war. Schließlich kamen wir an einem Schild noch weit weg vom Fliegerhorst an, das in einem Entwässerungsgraben, wie sie für die Entwässerung unseres flachen Landes früher zwischen den Feldern angelegt worden waren, aufgestellt war. Das Schild war weiß angestrichen und enthielt in der Mitte einen roten Kreis. Nicht weit von diesem Schild war das Paket eingeschlagen, das wir beobachtet hatten. Es war ganz schön tief in die Erde eingedrungen. Man sah nur noch sein Ende im Erdloch und konnte erkennen, dass es hinten aus Beton war. Zu Hause erzählte man uns, dass es die Aufgabe dieser Flüge war, den Bombenabwurf aus dem steilen Sturzflug zu üben. Wir Kinder bewunderten die Piloten. Das waren sicherlich schneidige Kerls, und die meisten von uns wollten jetzt Pilot werden. Sogar Mädchen waren darunter. Das fanden wir Jungs lächerlich.

Dass Stukas am Himmel waren, wurde Alltag; auch, dass manchmal Fallschirmspringer am Himmel zu beobachten waren: „Die müssen üben auszusteigen, falls die Maschine mal getroffen ist." Ganz aus der Reihe fiel aber, als wir eines Tages beobachteten, dass ein Stuka brennend in den Hochwald geflogen war. Als wir an die Absturzstelle kamen, war die Feuerwehr schon am Spritzen. Sie verjagte uns laut schimpfend. Am Tag darauf war ein älterer Schüler auf die Idee gekommen, Fluginstrumente aus dem zerstörten Cockpit auszubauen.

Das Flugzeug war aber schon abtransportiert. Das Einzige, was uns geblieben war, waren verbrannten Äste und ein paar Splitter der Scheibe des Cockpits. Wir sammelten sie ein und untersuchten sie auf dem Heimweg genauestens. So etwas hatten wir noch nie gesehen: Glas, das brennt, wenn man es ansteckt, oder das schmilzt, wenn es erhitzt wird. Die Älteren sagten, dass es Plexiglas wäre. Auf jeden Fall wollten viele von uns nun nicht mehr Pilot werden.

Cockpit der Ju 87-01. Wenn ein Pilot während des Fluges aussteigen musste, blieb der Sitz im Flugzeug. Ein Ausstieg aus der Enge dieses Cockpits war für den Piloten zwar möglich, aber gefährlich.

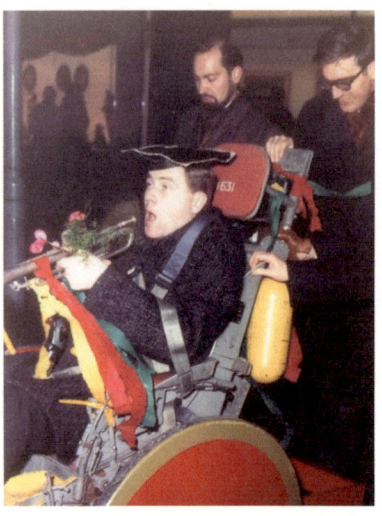

Dr.-Ing. Hubertus Schmidtlein, fest verschnallt in einem modernen Schleudersitz. Gelb ist die Rakete zum Heraussprengen des Piloten samt Sitz. Im Februar 1966 feierte ich meine Promotion an der TH in Darmstadt. Jetzt war ich so weit, meiner Mutter ihre Frage des Jahres 1939 zu beantworten: Warum kann ein Ding, das so schwer ist wie ein Flugzeug, überhaupt fliegen?

Ich fragte zu Hause meine Mutter, warum denn ein Flugzeug so enge Kurven fliegen kann. Ihre Antwort war nicht so gut. Sie schob den Ball wieder zu mir zurück: Sag mir erst einmal, warum so ein schweres Ding wie ein Flugzeug überhaupt fliegen kann, dann sag ich dir, warum die Flugzeuge so enge Kurven fliegen können. Ich habe dann 27 Jahre gebraucht, um ihr die Antwort zu geben. Zu diesem späten Zeitpunkt brauchte ich dann ihre Antwort auf meine Frage nicht mehr.

Buxtehude und Piepenbrink

Auf dem Zaun vor unserem Hof war ein Schild aus Emaille befestigt: Bullenhalterei. Das Schild war eigentlich übrig, denn es wusste doch jeder in unserem Dorf, dass wir einen Zuchtbullen hatten. Es stammte wohl noch aus den Jahren, als wir im Dorf neu waren. Eines Tages musste Vater weit wegfahren, um einen neuen Zuchtbullen zu kaufen. Der alte musste ersetzt werden. Ich wunderte mich, warum er so weit fahren müsse, um einen Bullen zu kaufen. Wir hätten doch selbst jedes Jahr neue. Er erklärte, dass jede Familie ihre Fehler habe, dass das auch bei den Rindern so wäre. Deshalb dürfte unser Bulle weder seine Töchter noch seine Schwestern decken. Sonst würden die Kälber immer schlechter. Das leuchtete mir ein, aber richtig verstanden habe ich es erst viel später im Biologieunterricht.

Nach vier Tagen kam er wieder heim, aber ohne Bullen. Ich war neugierig auf den neuen Bullen und wollte seine Familienfehler suchen. Ich war daher sehr enttäuscht: „Warum kommst du denn ohne einen Bullen wieder?" Er antwortete: „Wart's ab, du Neugierdel. Der kommt morgen in einem Güterwagon in Brieg an. Dann können wir ihn abholen. Ich konnte ihn ja nicht auf dem Schoß mitbringen." Das hatte doch auch gar keiner erwartet. Dann setzte sich

Vater zu uns und berichtete der ganzen Familie von seiner Reise und von dem Kauf. Na ja, er berichtete denen, die grad da waren, und ich war bei denen. Er habe den neuen Bullen bei einem Bauern namens Piepenbrink in einem Ort bei Buxtehude gekauft. Jetzt dachte ich, der Vater macht seinen Spaß mit uns, wie er es öfters mal machte und platze raus: „Papa, Buxtehude gibt es nur in der Fabel Hase und Igel. Das ist doch gar kein wirklicher Ort. Und auch Mutter hatte noch nie von einem wirklichen Ort Buxtehude gehört. Doch Vater bestand darauf, dass er in Buxtehude gewesen wäre. Ich glaubte ihm auch den eigenartigen Namen des Bauern nicht und behauptete: „Piepenbrink heißt der Bauer auch nicht. Der heißt Piepmatz." Da holte Vater seine Aktentasche, suchte die Kaufpapiere, legte sie auf den Tisch und tippte mit dem Finger unter ein Wort. „Lest hier!", sagte er zu Mutter und mir. Mutter las: „Schmidtlein". Dann tippte er unter ein anderes Wort. Mutter las „Piepenbrink". Dann tippte er auf ein weiteres Wort. Mutter las „Buxtehude". Vater hatte diesmal nicht geflunkert. Jetzt glaubte ich ihm alles. Da hätte nur noch gefehlt, dass er unter ein paar Wörter mehr getippt hätte, und wir hätten auch noch den Meister Lampe und die Igelfamilie gefunden. Nur mit dem Feld, wo der Wettkampf stattfand, hätt's gehapert. Der wird normalerweise jährlich umgeackert.

In Buxtehude habe ich viel später selbst einmal kurze Zeit gewohnt und sogar mehrere Jahre lang gearbeitet. Auf den Namen Piepenbrink bin ich dabei auch gestoßen. Ein Dr. Piepenbrink hatte seine Praxis am Mühlenhotel mitten in Buxtehude. Und mein Freund Hans-Hermann Lühmann versicherte mir, dass Vorfahren dieses Dr. Piepenbrink Zuchtrinder gezüchtet hätten, die schwarz-weiße friesische Herdbuchrasse. Ich hab seine Aussage vorsichtshalber nicht bezweifelt, denn sonst hätte er mir auch noch die alten Herdbuchunterlagen unter die Nase gehalten. Da sag einer, die Welt sei groß.

http://entfernungenberechnen.com/route/buxtehude/brieg

Krieg gegen Polen

Das Gästebuch meiner Eltern zeigt folgenden Eintrag:

> Für fünf Stunden zogen wir „eben mal" unter.
> Fünf Tage wurden daraus im gastlichen Hause Schmidtlein.
> Tage voller Erwartung und Spannung im
> gemeinsamen Erleben.
> Mit herzlichem Dank nehmen wir Abschied und sagen
> „Auf Wiedersehen!"
> 27. – 31.08.1939   Major Dr. Polack   Titel   III/AR(mot)

Zu meinem 4. Geburtstag hatte der Krieg gegen Polen schon begonnen und genau an meinem Geburtstag erklärten Frankreich und Großbritannien dem Deutschen Reich den Krieg. Wenige Tage später erschienen die ersten polnischen Kriegsgefangenen auf unserem Hof und sollten unsere vorher zum Militärdienst eingezogenen Arbeiter ersetzen. Die Hintergründe von all dem, der Krieg, wurde in meiner Wirklichkeit von einer winzigen Auswirkung des Krieges dominiert, dass nämlich etliche Leute unseres Hofes fehlten und dafür andere, fremde aufgetaucht waren.

Der Aufmarsch

An einem heißen Sommertag rollten stundenlang Militärfahrzeuge durch unser Dorf. Sie kamen von der Stefan-Luge, bogen genau an der Mücke-Luge nach links ab und fuhren weiter nach Brieg. Daher wurde nicht das ganze Oberdorf von den Soldaten durchzogen. Es hatte sich herumgesprochen, dass Artillerie-Regimenter und andere Kolonnen durchs Dorf fuhren und einige Konradswaldauer hatten schnell Blumen aus ihren Gärten abgerissen und daraus Sträuße gebunden, andere hatten die Blumen in Waschkörbe gelegt und waren an die Straße gegangen, um die Soldaten zu begrüßen. Die Leute vom Oberdorf mussten zu uns ins Mitteldorf kommen. Daher säumte eine dichte Menschenkette die Dorfstraße im Bereich der Mücke-Luge.

Viele klatschten, manche hoben die rechte Hand und riefen „Heil Hitler". Die, die Blumen mitgebracht hatten, versuchten, Blumen in alle oben offenen Fahrzeuge zu werfen. Das, was ich hier erzähle, ist nicht nachempfunden, es steht ganz klar eingebrannt in meinem Bewusstsein. Mir gelang es im Gedränge nicht, Blumen in eines der offenen Fahrzeuge zu werfen, denn Mama ließ mich nicht nahe genug an die Fahrzeuge ran. Außerdem hatte Mama gar keine Blumen aus unserem Garten mitgebracht. Ich nahm mir also welche aus irgendeinem Korb und warf, meist daneben. Wir warteten auch nicht, bis der Zug komplett vorbeigezogen war. Mama wollte nicht so lange bleiben. Sie hatte Angst. Ich wollte sie trösten: „Du brauchst doch keine Angst um mich zu haben, ich passe selber gut auf."

Mutter antwortete: „Das ist es nicht. Ich habe nicht Angst um dich, sondern dass es jetzt Krieg gibt. Wenn der Krieg erst mal angefangen hat, dann weiß man nie, wer ihn gewinnen und wer ihn verlieren wird. Egal, ob der recht hat, der einen Krieg beginnt, ich will keinen Krieg." Sie nahm mich an der Hand und ging mit mir nach Hause. Ehrlich gesagt, war ich ein bisschen böse auf Mama, denn ich hatte die Angst nicht. Ich hatte den langen Zug des Militärs in Erinnerung, alle Kämpfer motorisiert mit neuen Waffen und Autos. Ich hatte unsere Waffen ja bereits verinnerlicht. Es waren die Stukas. Ich kannte auch die Kanonen und Maschinengewehre, die am Tag der Wehrmacht auf unserer Pferdekoppel aufgebaut gewesen waren. Als wir zu Hause ankamen, erwartete uns der Adjutant des Majors Dr. Polack, der bei uns Quartier belegte.

Außerdem mussten wir umgehend ein Fuhrwerk mit Kutscher und

zwei Pferden für den Nachschub des Militärs abgeben. Es dauerte nur ein paar Tage, bis wir zwei gefangene Polen für die Arbeiten auf den Hof bekamen. Die sollten den abgegebenen Kutscher ersetzen. Das Fuhrwerk mit den Pferden kam allerdings nicht zurück. Das wurde weiterhin gebraucht.

Die zwei Polen konnten kein Deutsch. Aber mein Vater sprach wenigstens so gut polnisch, dass er sich mit ihnen unterhalten konnte. Der Janek war erst 18 Jahre alt und weinte oft, weil er meinte, dass seine Eltern beim Bombardement von Warschau umgekommen wären. Er wurde erst wieder froh, als mein Vater seine Eltern bei einem Besuch in Warschau in einer Gartensiedlung aufgestöbert hatte und dem Janek von seiner Mutter einen Brief und ein Stück Brot mitbrachte, das sie selbst gebacken hatte. Die Mutter hatte unserem Vater nicht geglaubt, dass Janek bei uns nicht Hunger leiden muss, sondern dass er mit bei uns am Tisch sitzt und so viel essen kann, wie er will. Der andere gefangene Pole hieß Josef. Den habe ich nicht so deutlich in Erinnerung. Der lief so mit. Janek aber hat immer fleißig gearbeitet. Er hat nie probiert wegzulaufen. Er hat zu unserer Familie gehört. Ich mochte ihn gern.

Jetzt greife ich in der Zeit Jahrzehnte voraus: Meine Schwester Edith, ihr Partner, der Komponist Bernd Kampka

https://de.wikipedia.org/wiki/Bernd_Kampka

und meine Frau Beate machten sich 1990 auf die Socken, um meine alte Heimat in Schlesien zu besuchen. Bernd stammte aus Breslau, wir aus Konradswaldau bei Brieg. Sie hatten sich mit einem super Dolmetscher verabredet, mit Peter aus Oppeln. Peter war ursprünglich ein Lübecker Jung und war nach der Bombardierung Lübecks mit seiner Schwester Margot ins Luftschutzland Oberschlesien gesandt worden. Dort wurden die Geschwister vom Ende des

Krieges überrascht, mussten bleiben und wurden polonisiert. Seine Schwester Margot ging, als sich die Verhältnisse zwischen Deutschland und Polen entspannten, nach Deutschland. Edith hatte bei einem Krankenhausaufenthalt Margot als Krankenschwester und als wunderbaren Menschen kennengelernt. Peter hatte eine Polin geheiratet und konnte nicht umsiedeln. Peter ist also ein guter Pole und ein guter Deutscher. Seine Übersetzung, die Besucher wären Nachkommen des früheren deutschen Besitzers, stießen die Türen sperrangelweit auf. Augustyn Starostha (ca. 56 Jahre) lädt alle zur Besichtigung der Wohnung im Obergeschoss und zum Kaffee ein. Die Wohnung bewohnt er mit seiner Familie inklusive Oma. Das Untergeschoss ist an andere vermietet.

1990 zu Gast bei Familie Augustyn Starostha in Przylesie. Peter (links im Bild), neben ihm Edith, rechts, mit hoher Stirn und weißen Haaren: Bernd. In der früheren „Guten Stube" meiner Großmutter Friederike Schmidtlein, geb. Mosisch

Er ist Fahrer bei der LPG, die auch die früheren Felder der Schmidtleins bewirtschaftet; er ist somit der „Berger" der Neuzeit (Berger hatte den Trecker von Schmidtleins seinerzeit gefahren). Er berichtet, dass noch vor einem Jahr ein Pole in Przylesie wohnte, der die Familie Schmidtlein von früher sehr gut kannte, weil er als Gefangener auf dem Hof gearbeitet hatte. Leider war dieser Mann ein Jahr vor dem Besuch verstorben. Dieser ehemalige Gefangene habe immer erzählt, wie gut der Mann zu den Gefangenen war. Die Annahme, dass mit dem kompletten Austausch der deutschen gegen die polnische Bevölkerung ein Besuch von uns in Polen nichts mehr zu unseren Spuren erbringt, ist offensichtlich falsch. Noch nach 45 Jahren wurde unter den Polen das Lied von einem edlen Deutschen in Przylesie gesungen.

Da wollte Augustyn wissen, wie es unserem Vater ergangen sei. Als Edith dann berichtete, dass er in einem sowjetischen NKWD-Lager 1947 umgekommen sei, weinten die Polen mit Edith. Der Abschied war sehr herzlich. Augustyn brachte mit einem seiner Söhne an der Hand die Gruppe in seiner besten Jacke zum Auto und forderte sie auf, den Besuch jährlich zu wiederholen und sie sollten auch den Bruder von Edith mitbringen.

Tante Erika zu Besuch in Konradswaldau

Tante Erika war auf Schloß Muskau in Diensten. Wenn sie Urlaub hatte, kam sie für eine Zeit nach Konradswaldau, um ihre Mutter zu besuchen, die im Obergeschoss unseres Hauses wohnte. Zu unserem Hof gehörte zwar ein separates Auszugshaus, aber Omi hätte sich darin zu einsam gefühlt und wollte lieber „bei der Herde" sein. Wenn ich hörte, dass Tante Erika käme, war ich wie elektrisiert. Denn sie brachte immer ungewöhnliche Neuigkeiten mit. Wenn irgend möglich versuchte ich auf ihrem Schoß zu sitzen, wenn sie ihrer Mutter berichtete. Sie bekleidete bei den von Arnims einen Vertrauensposten, sie war dort Beschließerin. Anfangs dachte ich, sie würde z. B. beschließen, was es wann zu essen gibt, aber da hatte ich ganz falsch geraten. Sie hatte die Schlüssel zu allen Schränken und Räumen, in denen das teure Besteck und Porzellan aufbewahrt wurden. Je nachdem, wie viele Besucher kamen, musste sie von dem teuren Geschirr etwas herausgeben und nach dem Gebrauch es wieder einsammeln und wegschließen. Danach durfte nix fehlen. Das nennt man einen Vertrauensposten, die von Arnims vertrauten ihr. Darauf war ich ganz stolz. Was sie auch schon alles über die Anlagen von Bad Muskau erzählt hatte! Das war so viel, dass ich es mir nicht merken konnte. Ich dachte, ich würde Tante Erika dort später einmal besuchen müssen. Ich hab es leider nicht geschafft, die Flucht und Vertreibung 1945 kam dazwischen. Deshalb müssen Sie mit der Information hinter dem folgenden Link vorliebnehmen.

https://de.wikipedia.org/wiki/Schloss_Muskau

Ich entsinne mich an eine Erzählung von ihr, die ich oben bei Omi sitzend von ihr aufgeschnappt habe. Tante Erika erzählte: „Die von Arnims haben in Bad Doberan eine schöne Villa. Sie nennen es ihr kleines Feriendomizil." Ich wollte gleich wissen, was Domizil heißt. „Dort ist die Frau von Arnim mit ihren Kindern die ganzen Ferien über in der Sommerfrische. Und wenn der Herr von Arnim dann auch Zeit hat, kommt er nachgereist." Was heißt denn Sommerfrische, Tante Erika? „Nun dieses Bad Doberan liegt an der Ostsee, da weht im heißen Sommer immer ein frischer Wind." Da wollte ich wissen, ob sie denn mit der Frau Arnim mitgefahren wäre oder ob sie auf das Porzellan aufpassen musste. „Während der Zeit, in der Frau von Arnim in Bad Doberan ist, wird in Bad Muskau kein Fest gefeiert. Da werde ich dort nicht gebraucht. „Ich war also diesmal als Kindermädchen mit im Urlaub. Wenn man in der Ostsee baden will, dann fährt man mit einer Schmalspurbahn von Bad Doberan nach Heiligendamm oder nach Kühlungsborn." Ich interessierte mich, was das für eine Bahn sei, wenn sie so schmal ist. „Sie heißt Molli. Nur ihre Spur ist schmal. Schmaler als der Schienenabstand bei der normalen Bahn. Die Wagons sind breit genug, dass man darin gemütlich sitzen kann. Auf dem Weg an die Küste fährt man an einer Pferderennbahn vorbei." Da dachte ich gleich an unseren Paulick, der könnte dort gewinnen, und fragte Tante Erika: Darf der Paulick dort auch laufen?" Da sagte Tante Erika: „Du bist mir bissel schwer auf meinem Schoß. Komm setz dich an meine Seite. Ich mach mich dünner. Da kannst du alles genauso gut hören." Ich tauschte den Platz, sie quetschte sich an die Seite, sodass ich neben ihr Platz im Sessel hatte. „Die Pferde werden dort geritten, nicht gefahren. Da musst du erst noch reiten lernen." Ich dachte: Das mach ich. Morgen fang ich an.

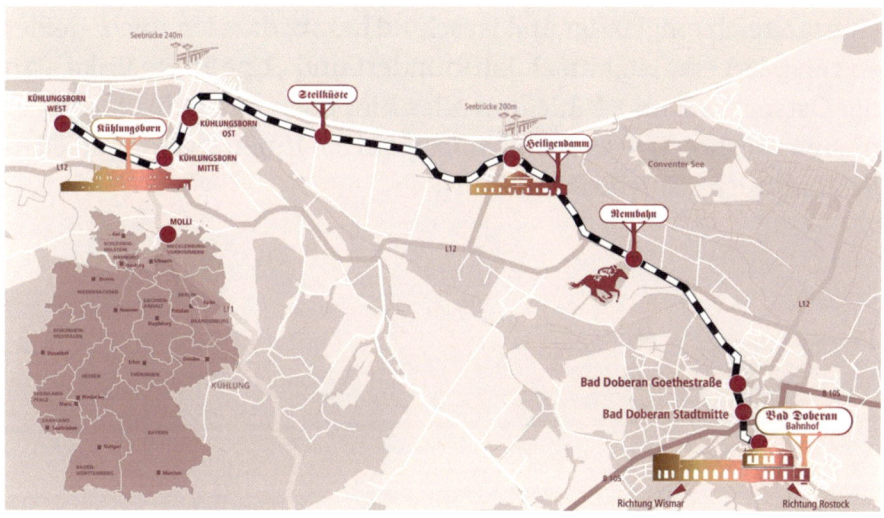

Molli, mein Kindheitstraum! Es gibt sie heute noch!

Dann erzählte Tante Erika weiter: „Wir sind an einem der Tage in Bad Heiligendamm auf ein Bäderschiff gegangen." Ich fragte sie, ob für die Schiffe dort auch eine Mauer sei wie in Brieg, wo die Schiffe anlegen. Sie erzählte weiter: „In Heiligendamm ist eine Brücke aus Holz auf Stelzen zu den Schiffen, die über dem Wasser weit raus auf die Ostsee reicht. Hör gut zu, Bertus, weil du immer alles genau wissen willst. An deren Ende geht man auf das Schiff. Auf dem Bäderschiff gab es für die Kinder Speiseeis und für die Erwachsenen Tanzmusik. Eigentlich haben beide, die Kinder und die Erwachsenen beides genossen. Wir sind dann bis Kiel geschippert und nach einer kurzen Pause wieder zurückgefahren. Der Urlaub war für alle sehr erholsam. Das Wetter hat gestimmt. Wir haben auch noch Moorpackungen genossen und das schöne Kaffee-Tempelchen im Ort." Nach dieser tollen Geschichte stand mein Entschluss fest: „Tante Erika, beim nächsten Mal fahr ich mit dir mit." Das Feriendomizil in Bad Doberan, die Pferderennbahn, die Molli, die Anlegerbrücke in Heiligendamm, die Bäderschiffe, das Speiseeis, die Tanzmusik, das Kaffee-Tempelchen. Das hat sich mir als ein Himmelreich eingeprägt und ist schuld daran, dass ich mich – leider so verspätet erst jetzt im 21. Jahrhundert und ohne Tante Erika – an der Ostsee zu Hause fühle und alles hier noch möglichst lange genießen möchte. Wie es dazu kam, erzähl ich Ihnen später. Auf jeden Fall hat mich Tante Erika geführt.

Aufwachsen in Konradswaldau

Zum Einfluss des Westfeldzugs

Die Situation mit Janek und Josef, unseren beiden Polen, hatte sich gut eingespielt. Vater hatte als Bürgermeister mit seiner Aufforderung an alle Bauern des Dorfes dafür gesorgt, dass alle Gefangenen je ein warmes Federbett ins Gefangenenlager bekommen hatten und auch warme Kleidung für den Winter. Unsere beiden arbeiteten fleißig und hatten sogar ab und zu mitgemacht, wenn wir Kinder eine Schneeballschlacht veranstalteten. Die Frühjahrsarbeit auf den Feldern war fast vorbei, da ging der Krieg gegen Frankreich los. *https://de.wikipedia.org/wiki/Westfeldzug*

Die Propaganda aus der Goebbelsschnauze prasselte auf uns ein. Es kam bei mir Siegesstimmung auf, aber die Anlässe blieben nebulös. Deutlich waren für mich die zwei neuen Männer auf unserem Hof, die kein Deutsch und kein Polnisch, sondern Französisch sprachen, das ich nicht verstand. Nach meinem Eindruck verstand es kein anderer Mensch im Dorf. Papa konnte sich mit ihnen unterhalten, wieder mal Vater. Er schaffte es aber nicht, die vom Militär beschlagnahmten Pferde zu ersetzen. Einmal hatte er doch eines gekauft. Es war eine dicke langsame Kaltblutstute, ein richtiger Stamper. Ich hatte sie trotzdem lieb. Sie war schon recht alt. Wir nannten sie „Ricke". Papa schimpfte: „Verflischt noch mal, für uns Bauern gibt es kein einziges vernünftiges Pferd mehr zu kaufen!" Er war so verärgert, dass er jetzt zwei Gespanne Zugochsen, also vier Stück kaufte: „Die ziehen sie mir nicht mehr ein!" Die Frage war nur, wer die Ochsen bei uns fahren sollte. Keiner von uns auf dem Hof hatte jemals mit Ochsen gearbeitet. Doch auch bei dieser Frage fand sich bald eine Lösung, denn Paul, einer der beiden französischen Gefangenen konnte mit Ochsen umgehen. Er hatte zu Hause welche.

Die Kommunikation mit den Ochsen lief in französischer Sprache ab. Die wichtigsten Befehle, z. B. für „Halt", „Vorwärts", „Linksrum" und „Rechtsrum", beherrschte ich in Französisch. Vater hat sie mir aus dem Französischen übersetzt. Der Rest war eine Imitation der Klänge von Paul. Man musste alles laut und wichtigtuerisch rausbrüllen und dabei die Stimme mal heben und mal an der richtigen Stelle senken. Ich wusste nicht, was ich sagte. Aber ich wusste, was ich meinte, und die Ochsen verstanden mich. Mit meinem Französisch funktionierten sie gut.

Im Ochsenfahren ging ich bei Paul in die Lehre.

Nach einem Jahr konnte ich mit zwei Ochsen selbstständig mit Mutter und meinen Geschwistern auf dem Feld Kartoffeln roden und in einem Kastenwagen heimbringen. Mutter verdrehte die Geschichte immer, wenn sie die Sache später erzählte: „Alle waren in der Ernte und keiner konnte für meine Wünsche abgestellt werden. Da hab ich mir halt die Kinder und die Ochsen genommen und hab die Kartoffeln selber rausgemacht." Dabei konnte sie noch nicht einmal mit unseren Ochsen reden. Viel weniger wusste sie, wie eine Kartoffelschleuder funktioniert.

Wenn mal ein Deutscher die Ochsen fahren musste, dann machten die gerade, was sie wollten, denn im Hof, am Wegesrand und auf den Feldern gab es immer irgendwo etwas zu fressen. Dorthin gingen sie, ob sie sollten oder nicht. Wenn ich ihnen aber meine Litanei, z. B. für „Halt" zubrüllte, dann blieben sie auch wirklich stehen. Ich war neben Paul der einzige richtige Ochsenknecht auf dem Hof. Ich fühlte mich Paul dafür sehr verbunden.

Mit den Franzosen hatte Mutter ein Problem am Essenstisch, denn denen schmeckten unser Roggenbrot und auch manche unserer Gerichte nicht. Da sie aber einen gesunden Magen hatten, kochte meine Mutter auch nicht extra für sie. Da mussten sie durch. Beide Franzosen hatten einen ganz seltsamen Geschmack. Eines Tages fragte uns Paul, ob er in seiner Freizeit auf unseren Feldern Schnecken sammeln dürfte. Vater hat es ihnen erlaubt, ihnen aber gesagt, dass sie auf unseren Feldern bleiben sollten, damit er sagen könnte, dass sie die Schnecken für uns sammeln. Paul und sein Kumpel Leo bauten einen großen Käfig aus Latten und einem engmaschigen Drahtnetz, in das sie die Schnecken einsperrten. Dann mussten sie dort 4 Wochen lang drinbleiben, ohne dass sie gefüttert wurden. Erst da-

Ich genierte mich, dass ich sie nicht probiert hatte. Deshalb ging ich nachträglich zu Paul und bat ihn um eine Schnecke. Ich aß sie und fand, dass sie ... Ich aß sie, Punkt.

nach hat er sie aus ihren Häusern geholt und mit Knoblauch und anderen Zutaten zu einem Brei verarbeitet. Dann säuberte er die leeren Gehäuse und füllte den Brei aus den Schnecken hinein. Dazu hatten sie in Mutters Herd Weißbrotstangen gebacken. Für Paul und seinen Kumpel Leo war das ein Hochgenuss. Uns hat's geschüttelt. Sie wollten, dass wir wenigstens mal probieren. Tante Erika und Papa haben probiert und festgestellt: Man kann sich daran gewöhnen. Alle anderen konnten sich nicht überwinden, die Schnecken auszuprobieren.

Leo hatte einen verbrannten Arm und Splitter irgendwo in seinem Körper. Er war immer sehr schwach und hatte Schmerzen. Mein Vater überlegte sich, ob er ihn operieren lassen konnte. Er zog es aber vor, ihn nicht als „nicht arbeitsfähig" einzustufen und operieren zu lassen. Das schien ihm sonst zu gefährlich für Leo. Stattdessen brauchte Leo nicht hart zu arbeiten und war oft gar nicht oder nur mit leichten Arbeiten in unserem Garten beschäftigt.

Jemand hatte beobachtet, dass er einmal einen Medizinball, mit dem die Mädels hinter der Scheune Völkerball spielten, ihnen wieder zugespielt hatte. Der Ball war zu weit weggeflogen. Das brachte meinem Vater einen schriftlichen Rüffel der Partei ein: Er solle es nicht noch einmal machen. Auch Edith bekam beim BDM einen Rüffel vor allen anderen Mädchen: „Völkerball spielen mit den Feinden, das geht gar nicht!" Wir mussten Papas DKW abgeben, angeblich wegen Spritmangels. Andere (z. B. Büchners) brauchten ihr Auto nur still zu legen. Was aus dem verletzten Franzosen, aus Leo geworden ist, fällt mir nicht mehr ein.

Das Kükenheim

Wer die heutigen Aufzucht-Kükenheime kennt, kann sich keine Vorstellung machen, wie das Kükenheim meiner Mutter aussah. Heutige Kükenheime stehen in geschützten Räumen und sind klein, weil sie kein auftragendes Wärmeisoliermaterial benötigen. Das Kükenheim meiner Mutter stand auch bei -20 Grad Celsius im Freien auf dem Hof und war ca. 80 cm hoch, ca. 80 cm breit und ca. 1,5 m lang.

Küken brauchen eine in engen Grenzen gehaltene Temperatur. Die elektronisch genau geregelte Wärme heutiger Kükenheime stammt aus der Steckdose. Im Kükenheim meiner Mutter glimmte Grude, die mehrmals täglich nachgelegt werden musste. Außerdem musste die Zufuhr der Luft zur Grude gründlich eingestellt und öfters nachgestellt werden.

Das für die Aufzucht wichtige natürliche Licht mit seiner ganzen Frequenzbandbreite wird heutzutage durch eine entsprechende

Tageslichtbirne ungefähr simuliert, in das Kükenheim meiner Mutter drang reales Tageslicht durch die Scheiben von mehreren, übereinander angeordneten Fenstern – natürlich nur, wenn die Sonne schien.

Das Futter für die Kükenaufzucht, ein kleines Geheimnis, kauft man heute nach Katalog. Damals war es das Wissen und die Erfahrung meiner sehr erfolgreichen Mutter. Sie ließ sich jedes Jahr 100 Küken von einer Brüterei schicken. Ich hatte mit dem Kükenheim noch keine Arbeit, weil es Mutter für gefährlich hielt, wenn man es falsch bedient.

Dafür hatte ich aber mit der Versorgung der Küken viel Arbeit. Wenn Schnee lag, musste ich häufig an einer vorbezeichneten Stelle mit einem Holzrechen den Schnee beiseiterechen, und den nun grün rauslugenden Roggen mit der Sichel abmähen. Einen großen Weidenkorb voll Roggen musste ich zusammenkriegen. Es durften aber auch Brennnesseln statt Roggen sein, die den Korb füllten. Roggen nahmen wir nur, wenn wir noch keine Brennnesseln fanden. Aber die Hauptsache, frisch und grün und gesund.

Im Vorraum des Hühnerstalles stand ein grober Holztisch, auf dem ich das Grünzeug mit einem Wiegemesser zerkleinerte, bis es zu ganz kleinen Krümeln geworden war. Die Küken hatten ja anfangs nur sehr kleine Schnäbel. Die Krümel mischte Mutter in den vorbereiteten, nicht zu nassen Brei aus Quark und etwas feinem Getreideschrot und Kleie. Fertig war das Kükenfutter. Außer diesem Futter brauchten die Küken anfangs nur noch Trinkwasser. Man konnte quasi zusehen, wie sie wuchsen. Das funktionierte wunderbar. Die Küken begannen Federn zu bekommen. In diesem Zustand konnte man die Hähnchen von den Hühnchen unterscheiden.

Jetzt kamen die Hähnchen in den Geflügelgarten auf der Rückseite des Kuhstalles, wo sie aufgezogen wurden, bis sie geschlachtet und gebraten werden konnten. Die jungen Hennen kamen zu den erwachsenen Hühnern, die auf dem ganzen Hof herumlaufen durften, in allen Scheunen und Ställen. Auf dem Misthaufen scharrten sie besonders gern, weil sie im Mist, der täglich aus den Ställen kam, noch viel Fressbares fanden. Das Wichtigste waren aber die Regenwürmer im Mist. Aus dem Hof raus konnten sie nicht gelangen, solange alle Tore und die Haustür geschlossen gehalten wurden. Schon bald konnte man die neuen Hennen von den alten nicht mehr unterscheiden.

Die alten Hühner wurden langsam aussortiert. Sie waren dann nichts mehr zum Braten, sondern taugten als Suppenhühner für den Eintopf.

Der schlaue Felix vom Wanderzirkus

Eines Tages tauchte ein Lautsprecherwagen auf, fuhr durchs ganze Dorf und kündigte die „größte Attraktion aller Zeiten" an. Sie würde morgen stattfinden. Der Lautsprecher war für keinen zu überhören und immer mehr Kinder rannten dem Wagen hinterher. Am Ende des Dorfes kehrte er um und fuhr auf der anderen Seite des Angers wieder ins Dorf zurück. So gelangten wir an den ausgedehnten Dorfplatz: Da war die „Attraktion"! Wir blieben, während der Lautsprecherwagen ins Unterdorf weiterfuhr. Mehrere Zigeunerwagen waren aufgestellt und Leute bauten einfache Gehege auf, in die sie seltsame Tiere sperrten, die sie vorher auf den Wagen gehabt hatten. Andere bauten ein besonders hohes, großes rundes Gestell auf, mit einem Mast in der Mitte. Wir Kinder rätselten, ob das vielleicht für die Elefanten sei. Aber Elefanten sahen wir keine. Dann hängten sie Planen darüber und brachten Schilder oben an, auf denen ein Clown und ein Artist und Tiere die Worte „Zirkus Barutti" – oder so ähnlich – einrahmten.

Natürlich saßen auch wir beiden, mein Cousin Horst und ich, am nächsten Tag in der Vorstellung am Nachmittag und kamen aus dem Staunen nicht heraus, viele Zauberkunststücke, viele seltsame Tiere, viele akrobatische Vorstellungen. Aber all das wurde übertroffen von den Vorführungen des „Schlauen Felix". Im Umgang mit Pferden fühlten wir uns stark. Nun erlebten wir, wie schlau ein Pferd sein kann. Auf dem Heimweg von der Vorstellung festigte sich in Horst und mir der Plan, auszuprobieren, was wir gerade erlebt hatten. Die Entscheidung für Ricke war auch schnell gefallen. Sie durfte ich immer haben, wann immer ich wollte. Sie war schon zu alt für harte Arbeit, aber noch vital genug, uns Kindern z. B. im Winter die schönsten Schlittenpartien zu ermöglichen.

Für solch eine Schlittenpartie schirrte ich sie mit dem Sielengeschirr voller Glöckchen an. Das klang dann echt nach Schlittenpartie. Den ersten Schlitten stellte eine Kufe dar, auf die für gewöhnlich landwirtschaftliche Kastenwagen im Winter umgerüstet wurden. Solch eine Kufe war breit und stabil und konnte bei engen Kurven nicht so leicht umkippen. Erst dahinter wurden bis zu 9 Rodelschlitten aneinander angebunden. Wenn ich beim Fahren eine enge Kurve einleitete, hielt ich das Tempo erst einmal klein. Sobald ich auf meiner Kufe um die Kurve herum war, benutzte ich die Peitsche: „Galopp, Ricke, Galopp!" Die letzten Schlitten schleuderte es dann um die Kurve und die Kinder fielen lachend in den Schnee. Deshalb wollten immer meine beiden älteren Schwestern auf den letzten Schlitten sitzen, während Gudrun, meine kleine Schwester, bei mir auf der Kufe saß. Der einzige Nachteil vorn war, dass Schneeklumpen von den Hufen aufgewirbelt wurden und einen bombardierten, wie bei einer Schneeballschlacht.

Also, Ricke kannte mich, und ich kannte Ricke aus vielen gemeinsamen Unternehmungen. Ihr würden wir nun beibringen, dass sie auf unsere Fragen genauso antwortet, wie dies Felix im Zirkus gemacht hatte. Zuerst einmal mussten wir uns Zuckerstückchen besorgen, denn auch der Clown hatte Zuckerstücke benutzt. Mama konnten wir nicht nach Zuckerstücken fragen, denn sie würde sagen: „Nehmt Möhrenstücke, die frisst die Ricke lieber. Zucker kennt sie doch gar nicht." Vielleicht wusste der Clown aber, dass sein Trick nur mit Zuckerstücken funktionierte. Diesen Verdacht konnten wir nicht ausräumen. Wo also Zuckerstücke herbekommen? Ich wusste, wo Mama Zuckerstücke aufbewahrte. Horst stand Schmiere, während ich meinen Hosensack in der Speisekammer neben der Küche mit Zuckerstücken füllte. So, jetzt nix wie zu Ricke in die große Box.

Als wir zu Ricke kamen, stand sie hinten in ihrer Box und kaute Heu. Als wir die Tür aufmachten, kam sie zu uns. Wir stellten uns zu beiden Seiten ihres Kopfes. Dann fragte ich sie: „Ricke, wie alt bist du?" Ricke bewegte sich nicht. Ich fragte sie erneut: „Ricke, wie alt bist du?" Aber Ricke antwortete auch diesmal nicht. Da hatte Horst einen Fehler bei uns entdeckt:

„Der Clown hat dem Felix zuerst die Frage gestellt: ‚Felix, möchtest du ein Stück Zucker?' Da hat der Felix beim ersten Mal Fragen den Kopf geschüttelt, und der Clown hat gesagt: ‚Sei nicht so tumm und kost doch erst einmal, dann wirst du es mögen.' Und dann hat er ihm ein Stück Zucker gegeben, ohne dass der was dafür machen musste, und der Felix hat es aufgefressen. Und dann hat er den Felix noch einmal gefragt: ‚Felix, möchtest du ein Stück Zucker?' Und dann hat der mit dem Kopf genickt. Das müssen wir mit Ricke auch so machen. Die weiß ja noch gar nicht, was Zucker ist."

Das leuchtete mir ein. Ich gab Horst eine Handvoll Zuckerstücke: „Mach du mal!"

Jetzt formulierte Horst den geheimnisvollen Satz: „Ricke, kost doch mal den Zucker, dann wirst du ihn mögen." Aus dem Mund von

Horst, der nur süße Speisen mochte, muss seine Prophezeiung –
„Du wirst ihn mögen" – doch sehr überzeugend geklungen haben.
Richtig! Ricke schnupperte kurz am Zuckerstück, nahm es mit den
Lippen auf in ihr Maul und zerkaute es.

Nun setzte Horst das Programm fort und kam mit der eigentlichen
Frage:

„Ricke, möchtest du ein Stück Zucker?"

Ricke zeigte sich sehr interessiert an der Hand von Horst, vielleicht
fände sie erneut ein Stück Zucker darin. Wir beobachteten ihren
Kopf: Nickte er? Nein, er nickte nicht.

Horst stellte fest: „Sie weiß jetzt, was Zucker ist. Und der Felix
brauchte auch nix zu machen, nachdem er das erste Stück gefressen hatte. Vielleicht hat Ricke ja 'ne längere Leitung. Wir müssen
sie noch ein paarmal kosten lassen."

Ich beobachtete, wie der Zucker in meinem Hosensack abnahm und
machte den Vorschlag: „Wir machen ihr das Halfter um, dann können wir ihr ein bissel zeigen, was sie machen muss." Fluchs hatte
ich das Halfter geholt und ihr über den Kopf gezogen: „Jetzt frag sie
noch mal, und wir beide ziehen am Halfter, Horstel!"

Horst hielt das Stück Zucker in einer Hand und hatte die andere am
Halfter, ich hatte beide Hände am Halfter. So aufgestellt stellte Horst
die Frage: „Ricke, möchtest du ein Stück Zucker?" Wir zogen beide
ihren Kopf nach unten, zum Nicken. Sie gab zwei Zentimeter nach,
wir waren froh, doch dann nahm sie den Kopf hoch und wir verloren
beide den Boden unter den Füßen. Wir mussten das Halfter loslassen.

Horst: „Ich hab ihr den Zucker nicht gegeben, wir können es noch öfters machen." Schon standen wir wieder in der besprochenen Ausgangsposition mit drei Händen am Halfter von Ricke. Das Ergebnis wurde nicht besser. Wir hingen nur in der Luft. Jetzt beratschlagten wir uns. Hubertus hatte ein schlagendes Argument:

„Wenn ich Ricke die Hufe auskratzen muss, gibt sie mir ihren Huf; auch nicht gleich beim ersten Mal Auffordern, aber sie gibt ihn schließlich immer. Wir sollten ihr zuerst beibringen, dass sie uns ihr Alter sagt. Da muss sie mit ihrem Fuß antworten und nicht mi'm Kopp. Da kann sie uns auch nicht in die Luft heben."

Horst war der Meinung, dass wir ihr ein Bändel um den Huf machen sollten, damit wir ihr – statt meiner Hand – zeigen könnten, wie sie auf unsere Frage antworten soll. Ich sah seinen Punkt, war aber der Meinung, dass sie ein einfaches Strohbändel ganz leicht zerreißen würde – sie war ja ein schweres Kaltblut – und holte ein dickes Erntetau: „Das zerreißt sie nicht."

Inzwischen waren wir schon ins Schwitzen gekommen. Wir hielten das Tau mit beiden Händen, d. h. mit insgesamt vier Händen. Wenn ich ihr die Frage gestellt haben würde, dann müsste sie neunzehnmal scharren, denn sie war 19 Jahre alt. Wir müssen mitzählen, um festzustellen, ob sie es richtig macht. Jetzt würde sie uns nicht mehr ausheben können. Und ich würde ihr das Zuckerstück erst geben, wenn sie richtig geantwortet hätte. Nun stellte ich ihr die entscheidende Frage: „Ricke, wie alt bist du?"

Die Reaktion war gleich null. Wir zogen aus Leibeskräften. Nichts geschah. Horst und ich, wir waren beide am Ende unserer Geduld. Jeder warf dem jeweils anderen vor, was er alles falsch denke oder mache. In diesem Streit riss ich mein Maul besonders weit auf. Horst nahm kurz entschlossen einen Pferdeappel – und Horst kann gut werfen – und traf damit mitten in mein offenes Maul. Ich rang um

Luft. Die Pferdebox war groß. Ich nahm kurzerhand das weitreichendste Instrument in meiner Nähe in die Hand. Es war eine Peitsche, und schlug damit Horst den Peitschenriemen um seinen Kopf. Anschließend zierten zwei horizontale Striemen seine Gesichtshaut.

Wir blieben trotzdem gute Freunde. Bei einem Besuch von Horst bei uns im Jahr 2015 kam unser gemeinsamer Versuch, mit Ricke die Zirkusnummer des schlauen Felix nachzustellen, wieder zur Sprache. Wir haben herzhaft gelacht. Dann stellte Horst die Frage: „Was ist aus Ricke eigentlich geworden? Lebte sie noch, als ihr euch auf die Flucht begeben musstet?" Ja, sie lebte noch und war bereits 21 Jahre alt. Sie ging auch mit auf die Flucht, und zwar als drittes Pferd vor einem Wagen. Da hatte sie es leichter. Nach ca. zwei Wochen mit täglichen Gewaltmärschen war sie morgens nicht mehr hochgekommen. In jener Nacht hatten unsere Pferde in einer Scheune Nachtquartier bekommen. Ricke hatte sich die Druse aufgegabelt, hatte hohes Fieber, hatte sich aufs Stroh hingelegt. Morgens machte sie Versuche, wieder aufzustehen, es gelang ihr aber nicht. Da hat ihr ein Mensch mit einer Pistole den Gnadenschuss gegeben. Tante Erika, unsere Treckleiterin, hatte es entschieden, weil sie Ricke liebte und nicht wollte, dass sie elend zugrunde geht. Wir haben alle fürchterlich geheult und mussten dann weiterziehen. So hatte ich meine Ricke für immer verloren.

Herr Kanter, Herr Kanter

Martin Wagner war zugleich Hauptlehrer unserer Volksschule und Kantor unserer Kirche im Dorf. Weil er ein guter Bekannter meines Vaters war und oft mit ihm zusammenkam, empfand ich ihn als einen von uns. Wir waren nach meinem Gefühl alte Vertraute, ich war für ihn nicht ein gewöhnliches Kind, wie er sie in der Schule haufenweise hatte. Ich war ein Teil dieser speziellen Gruppe von

Freunden. Nach meinem Gefühl genoss ich bei ihm Beachtung und Entgegenkommen.

Eines Tages kam er auf dem Fahrrad auf mich zugefahren, und ich bemerkte ihn schon in großem Abstand und freute mich auf ein Schwätzchen mit ihm. Im Näherkommen stellte ich aber fest, dass er sein Tempo nicht verzögerte, um bei mir anzuhalten. Ich dachte, dass er mich noch nicht bemerkt hatte und rief ich ihm entgegen: „Herr Kanter, Herr Kanter!" Weil er weiterhin nicht verzögerte, wurde mein Rufen immer lauter: „Herr Kanter, Herr Kanter, Herr Kanter!" Er fuhr an mir vorbei.

Beim Vorbeifahren verringerte er schließlich seine Geschwindigkeit, drehte um, hielt vor mir, stieg keuchend ab und fragte: „Na, was gibt es denn so Wichtiges?"

„Ach Herr Kanter, das Leben is nich so einfach!"

„Da hast du recht, mein Junge. Dafür musst du mich aber nicht vom Fahrrad runterholen."

Ich wusste nicht, was ich dazu sagen sollte. Unter Freunden bleibt man doch beieinander ein Weilchen stehen, wenn man sich zufällig trifft. Das wollte ich ihm aber nicht sagen. Gott sei Dank wusste er was zu sagen:

„Was macht denn der Papa?"

„Ach, der hat vorhin grad gesagt: ‚Verflischt noch mal, dass ich och musst Pauer werden!'"

„Sag ihm mal schöne Grüße. Ich treffe ihn ja heute Abend bei Giersbergs."

Dann stieg er mit seinem dicken Bauch wieder auf sein Fahrrad, fuhr weiter und kam langsam wieder auf Tempo. Mir kamen Zweifel: Ob der wohl der richtige Freund für uns ist? Er hätte ohne mein Rufen nicht angehalten. Er sieht mich nicht als seinen Freund an. Ob der wohl Vater als seinen richtigen Freund ansieht?

Ein Jahr später, als ich dann schon in die Schule ging, hat er's bei mir ganz verschissen. Und zwar mussten wir eines Tages alle vor der Schule antreten, alle Klassen, Mädels und Jungs. Die Fahnen wurden gehisst, während wir alle strammstehen und die rechte Hand hochhalten mussten. Das tat ich mit schlechtem Gewissen, weil Mama es total ablehnte. Dann wurden gemeinsam Lieder geschmettert. Schließlich holten einige ältere Jungs eine ganze Reihe von Erntetauen und verteilten sie auf dem Boden. Dann wurden Gruppen zum Tauziehen eingeteilt. Nach dem Tauziehen schmetterten wir noch ein Lied, es war das Tauzieher-Lied. Im Refrain hieß es darin: „Rei-ßen, Rei-ßen, Rei-ßen". Einige von denen, die das Lied schon von früher kannten, sangen im Refrain: „Schei-ßen, schei-ßen, schei-ßen". Ich schloss mich denen an. Und weil ich die schönste und lauteste Stimme hatte, heller als die von all meinen Schwestern und meiner Mutter, hörte mich der Kanter Wagner aus der Menge heraus. Er hob die Hand und stoppte den Gesang und hieß mich vortreten. Er hielt eine Sente in der Hand, und ich sollte mich bücken. Ich kannte ihn nicht wieder. Der war nicht nur nicht mein Freund, der war ja ein Scheusal. Da wusste ich, was kommen sollte, und rannte weg. Er schickte aber einige Jungs aus der achten Klasse hinter mir her, die mich einfingen, bevor ich zu Hause ankam. Die zerrten mich zurück vor den Kanter und mussten mich in die richtige Lage zum Verhauen bringen. Gegen drei aus der achten Klasse kam ich nicht an. Er hat mich ganz primitiv mit der Sente versohlt. Es hat ordentlich wehgetan. Da wusste ich, ich musste Vater vor ihm warnen.

Abends würde sich die Skatrunde wieder bei Giersbergs treffen, dann würde mein Vater erfahren, was geschehen war. Ich musste es ihm schon vorher selbst erzählen und zusätzlich ihn vor Kanter Wagner warnen. Papa saß im Herrenzimmer und arbeitete an Akten, er war ja Bürgermeister. Da nahm ich all meinen Mut zusammen und erzählte ihm, was geschehen war. Er hörte sich alles an, bis zum Ende, ohne dass er sich aufregte oder ein Gesicht machte, dann sagte er: „Sehr gut, dass du es mir selbst erzählt hast, dass ich es nicht erst von anderen erfahren musste. Jeder Junge frisst mal was aus. Was du gemacht hast, hättest du nicht tun sollen. Siehst du es ein, dass du deinen Mitschülern ein schlechtes Beispiel gegeben hast?" Ich nickte und dachte: Die haben doch mitgesungen. „Wirst du es in Zukunft sein lassen, in irgendeiner Situation ein schlechtes Beispiel zu geben?" Ich nickte. „Weil du es einsiehst, brauche ich dich nicht zu bestrafen." Ich war sehr erleichtert, aber ich war auch besorgt: „Papa, pass auf! Der Herr Kanter ist vielleicht nicht dein Freund." Da beruhigte er mich. „Der Herr Kanter ist in Ordnung. Mach dir keine Gedanken darum."

Bei mir blieben aber Zweifel am Kanter. Papa ist manchmal einfach zu gutgläubig und zu idealistisch. Da hat Mama recht.

Klettergerüst des Muts

Paulick war ein Pferd vom leichten Schlag. Er war ein Oberschlesier und wie mein Vater sagte, mit viel Vollblutanteilen. Er war das schnellste und ausdauerndste Pferd im Stall. Das imponierte mir so sehr, dass ich unbedingt lernen wollte, ihn einzuspannen. Da gab es nur ein Problem! Sobald ich in seine Nähe kam, fletschte er die Zähne und legte seine Ohren an. Ich verstand sehr gut, was er mir damit sagen wollte. Beides bedeutet in Pferdesprache: „Verpiss dich, sonst mache ich Matsch aus dir!"

Wenn ich ihn eines Tages anschirren will, dann muss ich sehr nahe vor ihn treten, mich fast an seine Brust anlehnen. Ich war noch zu klein und musste sogar auf die Zehenspitzen gehen, um ihm das Kumt überzustreifen. Dabei war eines meiner Ohren direkt neben seinen gewaltigen gefletschten Zähnen. In dieser Situation könnte er mein Ohr ganz schnell abbeißen.

Ehrlich gesagt: Ich hatte zu große Angst, ihn anzuschirren. Anschirren ist ja erst die eine Hälfte, vor den Wagen spannen ist die andere. Auch dafür muss man ganz nah an ihn herantreten, um den großen Ring der Deichselkette von ganz oben, von der Spitze des Kumts zu nehmen und ihn über die Deichsel zu streifen. Da ich mich nicht traute, musste ich jedes Mal einen unserer Kutscher bitten, die beiden gefährlichsten Phasen für mich zu tun.

Das ist zwar nicht Paulick, aber genauso drückte er sich aus: „Verpiss dich, sonst mache ich Matsch aus dir!" Die Erwachsenen sagten: „Der tut nur so." Wem sollte ich glauben? Ihnen oder Paulick?

Das war jedes Mal eine Blamage. Der jeweilige Kutscher kam, führte die zwei Aktionen aus, ohne auf die Zahnfletscherei von Paulick zu achten, und schon konnte derjenige losfahren, für den ich ihn anspannte. Jedes Mal sagten die Kutscher mir: „Schau! Der Paulick tut nur so, als ob er dich beißen wollte, aber er meint es nicht so." Ich hörte die Worte, sah aber Paulicks Gesicht und fragte mich: „Ob er das wohl auch weiß, dass er nur so tut?" Es hat noch eine Weile gedauert, bis ich mich zum ersten Mal traute. Es hatte funktioniert. Danach fühlte ich mich plötzlich als ein erwachsener Mann. Ich verstand ihn und er verstand mich. Er hatte mir beigebracht: „Sei wie ich! Fürchte dich nicht, sei mutig!" Er war das Klettergerüst für die Entwicklung meines Mutes. Und es hat mein Leben hindurch gewirkt: Angst haben? Ja, manchmal! Der Angst nachgeben? Nein, niemals!

Das Grammophon

Deutlich sind mir die Beiträge meines Vaters in Erinnerung, die er ohne ein Musikinstrument erzeugte. Er besaß ein solches Gerät bereits als junger Mann in Wachowitz.

Vater unterhielt bereits als junger Mann seine Schwestern mit seinem Grammophon. 1925: Die Frauen von links: Lene, ??. , Punne, Erika und Erna mit Waltraud auf dem Arm. Ein Plattenspieler noch ohne jeden Komfort. Oft ging dem Antrieb die Puste aus. Klänge und Tempo sanken dann abwärts. Sobald man die Antriebsfeder wieder mit der Kurbel aufzog, ging es heulend wieder aufwärts.

Vater besaß nur eine kleine Auswahl von Musikstücken auf Schellackplatten. Aber sie reichte für ein komplettes Matinee-Musikprogramm. An einem Feiertag, der vor meinem geistigen Auge steht, erschuf er zunächst eine feierliche Stimmung mit der Ouvertüre von „Dichter und Bauer". Das Stück gefiel uns allen gut. Deswegen war es das erste. Es hatte eine Beziehung zu uns Bauern, denn Vater sagte: „War der Schinken heute Morgen etwa nicht ein Gedicht?" Oder: „Wie käme denn Mami zu dem wunderbaren Streuselkuchen ohne Mehl, ohne Butter und ohne Mohn von den Feldern der Bauern?" Oder: „Wir Bauern schaffen auch die Gestalt der Landschaft, sodass die Dichter eine Vorlage haben." Er legte also diese Platte auf.

https://www.youtube.com/watch?v=lWBeGlTfPEQ

Manchmal holte Vater seine Geige raus, stimmte sie und spielte mit. Er konnte die eindrucksvollen Streicherpassagen auswendig spielen und die ganze Ouvertüre mitsummen.

Damit dem Grammophon bei diesem recht langen Stück nicht die Puste ausging, musste Vater zwischendurch an der Kurbel leiern, um die Antriebsfeder aufzuziehen. Wenn er dies nicht rechtzeitig tat, dann war es allerdings mit der Feierlichkeit vorbei, die schönen Klänge versanken im Sumpf und die Takte wurden länger. Die Stimmung war hin. Sie war auch nicht wieder aufzubauen, denn die Erhöhung des Tempos auf das richtige Maß und das Hochziehen der Töne auf die richtigen Höhen störten die Feierlichkeit erst recht. Drum passte Vater gerade bei diesem Stück besonders auf, rechtzeitig zu leiern.

Er wählte aus den vorhandenen Platten etwas nach seinen Einfällen aus. Wenn ich die Augen schließe, höre ich noch heute: „Ja, das Schreiben und das Lesen ist nie mein Fach gewesen, denn schon seit Kindesbeinen befasst ich mich mit Schweinen". Ich sehe ihn heute noch vor mir, wenn er dabei den dummen Schweinebaron mimte. Papa, als jemand, der nicht schreiben und nicht lesen konnte, die Vorstellung war zu lustig.

https://www.youtube.com/watch?v=_1e6YqLXPPE

Vater schwärmte für leichtere Musik, insbesondere für Operetten, für Wiener Walzer und für Wiener Lieder. Mit Wagner und seinem „Ring der Nibelungen" hatte er es nicht so wie z. B. Tante Male. Manchmal fragte er auch uns, was er auflegen solle. Aber das hat eigentlich nur das Konzert unterbrochen und Zeit gekostet. Zum Schluss zu kam das Stück „Die Fahne hoch". Das war kein

Konzertlied, aber man hörte es auch sonst schon zu oft im täglichen Leben. Das Ende des Konzerts bildete immer das Stück „Eine Seefahrt, die ist lustig, eine Seefahrt, die ist schön". Bei diesem Stück konnte man ruhig das Kurbeln mal vergessen, denn dadurch wurde es nur noch lustiger. Bei dem Stück bildeten wir in dem Fall, den ich gerade vor Augen habe, eine Schlange und machten laut singend eine Polonaise durchs Haus bis zur Omi hoch.

https://www.youtube.com/watch?v=BWwty17Z68s:

Ich fand den folgenden Vers besonders lustig und sang ihn immer begeistert mit:

> „Und der Koch in der Kombüse,
> diese vollgefress'ne Sau
> mit den Beinen im Gemüse
> und mi'm After im Kakau."

Jedes Mal sagte Mama, dass ich den Text nicht richtig singen würde. Es hieße „Arme" und nicht „After" im Kakau. Aber ich blieb bei meiner Version. Ich hatte sie mal von Papa gehört und fand die Vorstellung „After im Kakau" besonders schön absurd.

https://www.volksliederarchiv.de/eine-seefahrt-die-ist-lustig/

Als wir von der Polonaise dann wieder ins Wohnzimmer zurückkamen, stand das Grammophon bereits still, und es gab Mittagessen.

Spiele im Elternschlafzimmer

Ich erinnere mich an das Schlafzimmer der Eltern. Die Stunden im Schlafzimmer waren insgesamt eng bemessen, denn die Eltern standen normalerweise vor uns auf und gingen nach uns ins Bett. Es gab nur sehr wenige Tage, in der Regel waren es Feiertage, an denen das anders lief, an denen sie mal länger ausschlafen konnten. Wenn ich mich an solch einem Tag dann vorsichtig, mit Gudel im Schlepptau, in ihr Zimmer schlich, stand Mama auf, zog sich was über und ging in die Küche, um für uns alle das Frühstück zu richten. Dann war Spielstunde mit Papa angesagt.

Eines der Spiele hieß „Hundebude": Papa hieß einen von uns – oder auch beide – in die Hundebude zu krabbeln, die er aus Mamas Zudecke formte. Auf sein Kommando musste man sich in der Hundebude umdrehen und mit dem Kopf herausschauen. Wenn man rauswollte, musste man bellen. Man musste sich überlegen, ob man mit seinem Gebell einen kleiner Kläffer oder einen großen Hofhund oder einen Jagdhund oder einen Windhund darstellen möchte. Die anderen mussten das erraten. Papa führte über unsere Erfolge eine Strichliste. Wer die meisten Striche hatte, der kriegte etwas geschenkt. Wer die wenigsten Striche hatte, bekam aber auch etwas und nicht nix. Bei einigen Spieldurchläufen ließ Papa das Dach unvorhersehbar zusammenfallen. Dann hieß es, sofort aus der Hundebude in irgendeine Richtung auszubrechen. Die anderen versuchten, die Bettdecke auf der Matratze zu halten. Der Ausbruch gelang meistens, denn so viele Hände, die runterdrücken konnten, gab es ja nicht.

Ein anderes Spiel hieß „Richtig oder falsch". Das ging so: Papa erzählte etwas und wir mussten erraten, ob das Erzählte stimmte oder gelogen war. Der Einzige, der die Antwort wusste, war Papa. Das verlangte volles Vertrauen von uns zu Papa. Wenn wir dieses Spiel eine Weile gespielt hatten, kam bei uns regelmäßig der Verdacht hoch, dass er ab und zu mogelte. Wenn wir das Spiel beendeten, wollten wir von ihm wissen, bei welcher Erzählung er gemogelt hatte. Er bekam dann einen geheimnisvollen Gesichtsausdruck und sagte: „Wenn ich die Wahrheit sage, mogle ich nicht." Das war wieder so eine undurchsichtige Aussage.

Ein anderes Spiel hieß „Ostereier verstecken". Das Spiel hat nie einer von uns gegen ihn gewonnen. Als Osterei nahm Vater irgendeinen geeigneten Gegenstand, z. B. seinen kleinen Wecker, einen Bauklotz oder ein Teeei. Wir mussten in Mamas leeres Bett und wegschauen, während Vater das Osterei irgendwo versteckte. Er blieb dabei im Bett. Dann starteten wir unser Suchen. Begannen wir zum Beispiel unter dem Kopfkissen zu suchen, dann verhielt er sich behilflich, griff mit seiner Hand unter das Kopfkissen, hob es an und zeigte uns, dass das Osterei dort nicht zu finden war. Wollten wir in seinem Nachthemdärmel suchen, dann fuhr er mit seiner Hand selbst in diesen Ärmel, beulte ihn auf und nahm seine Hand wieder heraus, um ihn dann eng an den Arm zu legen und ließ uns dann den Ärmel durchsuchen. Immer, wenn wir mit unserer Hand tatsächlich irgendwohin kamen, war seine Hand schon längst dort gewesen, um uns zu zeigen, dass das Osterei dort nicht ist. Wie schon gesagt: Keiner von uns hat dieses Spiel gegen Vater je gewonnen.

Wenn ich mich an dieses Zimmer erinnere, sehe ich natürlich auch meine erste Begegnung mit der gerade einmal zwei Stunden alten jüngeren Schwester Gudrun.

Gefangen vom Krieg gegen die Sowjetunion

Deutschland siegte in Polen wie in Frankreich, und dennoch überfluteten uns militärische Einquartierungen ständig wieder. Eigentlich unterschied sich die Zeit nach dem Westfeldzug – unserem Gästebuch gemäß – in puncto Einquartierung nicht von der Zeit des Aufmarsches vor dem Krieg gegen Polen. Das wirft die Frage auf: Gegen wen im Osten geht es denn jetzt? Die letzte Eintragung eines Offiziers zeigt es:

Große Ereignisse werfen ihre Schatten voraus.
So wurden uns heute die ersten Rundfunksondermeldungen über
die imposanten Leistungen unserer Soldaten in der ersten Woche
des Krieges gegen Russland kundgetan.
Morgen heißt es Abschied nehmen. Es geht weiter gen ostwärts.
Meiner Quartierwirtin für die liebevolle Aufnahme herzlichen
Dank!
Auf Wiedersehen
29.06.1941 Karl Röhrig Oberzahlmeister I/616

Als ich mit 6 Jahren 1941 in die Schule kam, wurde von Hitler der Krieg gegen die Sowjetunion vom Zaun gebrochen. *https://de.wikipedia.org/wiki/Unternehmen_Barbarossa* Gleichzeitig bekamen unser Großknecht Kursowschke und mein Vater den Gestellungsbefehl. Kursowschke wurde UK-gestellt, Vater nicht. Er war bei der Partei mehrmals unangenehm aufgefallen, weil er zu oft für die Gefangenen eingetreten war, die auf den verschiedenen Höfen arbeiteten. Praktisch verlor ich ihn an den Krieg, ihn, meine wichtigste Bezugsperson. Dafür ballerte die Russlandfanfare bei allen Sondermeldungen aus der Goebbelsschnauze.

https://www.youtube.com/watch?v=AnMsF-dzgAY

Ich war schon als Kind sehr ansprechbar für Musik, auch für die Musik von Franz Liszt. Nach der Fanfare tanzte ich voller Freude durchs Haus, durch den ganzen Hof und war glücklich, dass Deutschland Erfolg gegen die Russen hatte. Wenig später kamen die ersten russischen Gefangenen auf den Hof. Das geschah so: Morgens beim Frühstück sagte mir Mutter, dass zwei Russen bei uns auf dem Hof wären. Sofort kam Ekel und Ablehnung bei mir auf. Ich rannte zur Haustür und schaute raus. Hinten im Hof sah ich zwei fremde Männer Holz hacken. Ich rannte zurück zu Mama und fragte: „Wo sind denn die Russen?" „Nu, hast du denn die zwei Männer nicht gesehen?" „Doch, ich habe zwei Männer gesehen, aber wo sind denn die Russen?" Mutter sagte: „Das sind doch Russen." Meine Feststellung: „Quatsch, das sind doch ganz normale Menschen." Mutters Antwort: „Natürlich sind das normale Menschen, was dachtest du denn?" Ich muss gestehen, dass bis zu diesem Moment für mich „Russen" die Kakerlaken gewesen waren, die Mutter hinter unserem Küchenherd bekämpfte. Mein damaliger Ekel beim Wort Russen und mein euphorischer Tanz nach der Sondermeldungsfanfare hatten der Vernichtung der Kakerlaken gegolten. Jetzt wusste ich es besser: „Mama, was macht Papa in Russland? Schießt er mit Kanonen auf solche Menschen?" Mutters Antwort: „Nein, er schießt überhaupt nicht. Er ist als landwirtschaftlicher Fachmann in Charkow und muss dafür sorgen, dass die dortigen Bauern wieder die Felder bestellen, die Müller das Getreide wieder mahlen und die Bäcker wieder Brot backen können, denn viele Maschinen sind im Krieg beschädigt worden und viele Menschen sind weggegangen. Vater sagt: ‚Der russische Mensch ist in Ordnung.'" Ich freundete mich mit den Russen an. Auf Russisch heiße ich: Gubertus Maxowitsch Schmidtlein und Edith heißt Editha Maxowna Schmidtleina. Machorka heißt Tabak.

*Ab Juni 1941 war Vater als Sonderführer „Fachmann für Landwirtschaft"
eingezogen. Da auch viele unserer jungen Facharbeiter zu den Waffen gerufen
worden waren, ging es auf unserem Hof drunter und drüber. Mutter schaffte
nicht beides: Haus und Hof.*

Klaviergeklimper

Ich erinnere mich an Uschi und Edith am Klavier. Unser Klavier haben die Eltern erst in Konradswaldau erworben. Es war kein Erbstück von den Großeltern aus Wachowitz oder von den Großeltern aus Groß Schottgau. Sie haben es im Klavierladen in Brieg gekauft. Als meine größeren Schwestern dann in Brieg ins Lyzeum gingen und auch in bestimmten Perioden in Brieg wohnten, durften sie im Klavierhaus unentgeltlich üben. Ich wurde einmal mitgenommen zu einem Vorspielabend in Brieg. Dort habe ich ihre Klavierlehrerin, Frau Zahn, kennengelernt. Das war eine ganz hässliche Frau, dünn wie eine Hexe, mit Spinnefingern und einer Hakennase. Aber Klavier spielen konnte die wie der Teufel.

Wenn meine Schwestern zu Hause waren, übten sie zu Hause. Sie spielten nicht komplett die gleichen Stücke, sondern hatten ihre individuellen Schwerpunkte. Sie nutzten aber die gleichen Etüden zur Erlangung der Fingerfertigkeit. Es klimperte dann täglich ein oder zwei Stunden. Selbst das, was später gut klang, war beim Einüben die reinste Nervensäge. Als aber der „Hochzeitstag auf Troldhausen" dann bei Edith saß, hörte sich das in etwa so an:

https://www.youtube.com/watch?v=UIYbXwa0eI4

Mich begeisterte vieles, was sie spielte, auch ihr Wächterlied.

https://www.youtube.com/watch?v=BnQHo-MYd3s

Durch diese Musik hat sich in mir eine ganz große unbewusste Zuneigung zu meiner Schwester gebildet, die das Gefüge unserer sonstigen geistigen Grundstrukturen noch heute krönt.

Auch Uschi musizierte mit. Sie war aber nicht so begeistert bei der

Sache wie ihre Schwester Edith. Sie hatte Pech im Lyzeum und musste ein Schuljahr wiederholen. Als sie auch im Wiederholungsjahr schlecht war, nahmen sie meine Eltern von der Schule und schickten sie zur Berufsschule. Dort kam sie besser mit. Sie hatte das Gefühl, ihre jüngere Schwester würde von allen bevorzugt. Doch betrachten wir einmal allein ihr Klavierspiel. Sie spielte sehr gefühlvoll und mochte am liebsten Stücke in Moll-Tonarten, wie den Walzer in b-Moll von Schubert:

https://www.youtube.com/watch?v=Zq5WVpo2dXc

Sie versäumte es, sich Stücke auszusuchen, die Glanz ausstrahlen und bei den Zuhörern positive Bewegung auslösen. Ich fand als der 6 bzw. 8 Jahre jüngere Bruder, dass die Frage nicht lautete, Edith **oder** Uschi, sondern dass ich beide Schwestern selbstverständlich in meiner musikalischen Welt hatte, Edith **und** Uschi. Dieses ausgeglichene Bild änderte sich auch nicht dadurch, dass Edith es war, z. B. ein gemeinsames Weihnachtslied auf dem Klavier anzustimmen und zu begleiten. Sie verstand es auch, Gudrun und mich mit lustigen Liedern – wie z. B. „Eine Seefahrt, die ist lustig" zum Mitsingen zu animieren und uns vorzuführen. Unsere hellen Sopranstimmen konnten sich sehen bzw. hören lassen.

Als ich sieben Jahre alt war, wurde auf Vaters Vorschlag unter meiner begeisterten Zustimmung beschlossen, dass ich Unterricht im Cellospielen nehmen sollte. Geige, Cello und Klavier, dafür gäbe es reichlich Notenmaterial für unsere Hausmusik. Leider verhinderte ein Unfall, bei dem ich die Hälfte des ersten Gliedes meines Mittelfingers der linken Hand verlor, dass der Plan umgesetzt wurde.

Bericht aus Charkow

Vater war weiterhin in Charkow. Eines Tages kam er auf Urlaub. Er konnte sich mit unseren beiden Russen gut unterhalten. Mir ging's aber zu schnell. Ich weiß also nicht, was sie miteinander gesprochen haben. Für mich war spannend, was er im Familienkreis der Erwachsenen erzählte. Woher ich das weiß, obgleich ich noch kein Erwachsener war? Weil sie mir nicht zugetraut haben, dass ich was mitbekommen würde und weil ich dauernd an Papa's Rockschößen hing.

Vater erzählte von einem Truppenbesuch Hitlers. Dazu mussten alle Offiziere auf einem großen Gelände antreten und Hitler hat über Lautsprecher zu ihnen gesprochen. Er hat gesagt, die Deutschen dürften mit den Untermenschen kein Mitleid haben. Entweder kann Deutschland jemanden von ihnen gebrauchen oder nicht. Die, die wir gebrauchen können, sollen für uns arbeiten. Die, die wir nicht gebrauchen können, sollen beseitigt werden. Als Vater das erzählte, hat Mutter gesagt: „In der Bibel steht: ,Du sollst nicht töten.'" Darauf antwortete Vater: „Das will Hitler nicht mehr gelten lassen." Mama sagte zu Vater: „Max, schwöre mir, dass du niemals einen Menschen in Russland umbringst." Darauf sagte Vater: „Ich bin doch gar kein Soldat, ich bin dort nur für die Landwirtschaft da." Dann wollte Mama wissen, was Hitler noch gesagt hat. „Er hat gesagt, dass jeder deutsche Bauer neben seiner Landwirtschaft in Deutschland zusätzlich eine in der Ukraine haben muss, damit man das Land auf die Dauer germanisieren kann. Er hat sogar gesagt, dass es in der Ukraine hübsche blonde Mädels gibt, die auch als Arierinnen gelten können. Jeder deutsche Bauer müsste eine Ukrainerin zusätzlich heiraten, damit schnell viele Arier geboren werden." An dieser Stelle ist Mutter wütend geworden: „Untersteh dich! Der Hitler ist verrückt geworden. Den muss man stoppen. Wir deutschen Frauen sind doch keine Zuchtweiber für sein Militär." Am Schluss sagte Vater: „Seid alle ganz vorsichtig. Von dem, was ich euch erzählt habe, darf nichts aus unserem kleinen Familienkreis nach außen dringen. Keiner darf Beweise haben, dass ihr nicht mit Hitler übereinstimmt. Dann schaute er mich an: „Was immer du verstanden hast oder auch nicht verstanden hast, ich verlasse mich auf dich, dass du nichts weitererzählst." Ich drückte mich an ihn. Erst nach dem Krieg habe ich zum ersten Mal einem anderen davon erzählt.

Das Durcheinander in unserem Betrieb war unerträglich geworden. Die landwirtschaftliche Arbeit musste von Menschen fremder Völker gemacht werden, die nicht dafür ausgebildet waren. Die Arbeit meiner Mutter im Haus wurde immer umfangreicher, weil sie für die Kriegsgefangenen sorgen musste und ihr Haushalt immer größer wurde. Ihr blieb noch weniger Zeit für die Steuerung und Beaufsichtigung des Betriebes. Es musste eine Lösung her. Es waren zwei Männer als Verwalter im Gespräch, der Sauer Thedel aus Pampitz und noch ein anderer von weiter her, die beide bereit waren, einzuspringen. Der, der ausgewählt wurde, kam mit unseren Leuten nicht zurecht und wurde von ihnen fachlich nicht ernst genommen. Außerdem stellte er meiner Mutter nach, dieses „Heimatschwein". Mutter wandte sich in dieser Situation an Vater. Er

Tante Erika springt Ende 1941 ein und übernimmt den landwirtschaftlichen Betrieb. Sie spricht die Sprache der zusammengewürfelten „Truppe" und beweist Fachkenntnisse. Auch für mich wird sie „draußen" zur Respektsperson, aber insgesamt viel mehr als das: Sie ist aus meinem Leben nicht wegzudenken!

kam mit einer ganz unkonventionellen Idee: „Erika kann das. Sie kann Menschen führen. Das ist die Hauptsache. Für alles andere findet sie zusammen mit den Leuten eine Lösung."

Vater sprach mit seiner Schwester, und sie war bereit, es zu probieren. Sie verzichtete auf ihre Tätigkeit in Bad Muskau, veränderte ihr persönliches Leben und übernahm den Außenbetrieb unserer Landwirtschaft.

Besuch abholen

Der Herr in der Mitte mit der verdrehten Fliege, das ist Dr. Bruno Holzky, mein Onkel Iwo; die Dame mit dem hellen Kleid ist seine Frau, meine Tante Elisabeth. Die andere Dame ist meine Tante Alice, genannt Punne oder Punnusch; der Herr im Hintergrund ist E. Pintsch, Bewohner der Villa Pintsch in Bad Flinsberg.

Der Besuch von Tante Elisabeth und Onkel Iwo war für mich eigentlich nicht interessant. Sie kamen, um die Schmidtlein-Oma zu besuchen und waren meist mit ihr zusammen. Da sie keine Kinder hatten, kam auch niemand zum Spielen für mich mit. Interessant war ihr Besuch nur am Anfang und am Ende, weil sie vom Bahnhof in Brieg mit der Kutsche abgeholt und wieder zum Bahnhof hingebracht werden mussten. Dann riss ich mich um die Erlaubnis, die Kutsche wenigstens auf der freien Strecke fahren zu dürfen.

Es war wieder einmal so weit: Tante Elisabeth und Onkel Iwo kamen zu Besuch und mussten abgeholt werden. Normalerweise tat das Vater, denn Tante Elisabeth war seine Schwester. Diesmal musste meine Mutter es tun, weil Vater keine Zeit hatte. Ich half beim Einspannen von Paulick, dann ging's los. Wir waren etwas spät dran. Außerhalb der Ortschaften auf der freien Strecke gab mir Mutter die Leinen und die Peitsche. Wir waren etwas spät dran, daher setzte ich Paulick in Trab und kutschierte fröhlich, konzentriert und stolz Brieg entgegen. Es lief wunderbar und Mutter erlaubte, dass ich auch durch Pampitz hindurch die Leinen behalten durfte. Durch die Vororte von Brieg allerdings nahm Mutter die Zügel wieder an sich und fuhr selbst.

Der Bahnhof lag von uns aus hinter den Schienen. Man fuhr nicht über die Schienen, um zum Bahnhof zu gelangen, sondern durch eine Unterführung. Beim Durchfahren der Unterführung sind zwei Sachen interessant. Es geht zuerst abwärts, was unsere Pferde und wir und unsere Pferdewagen nicht gewohnt waren, denn in Konradswaldau und Umgebung ist alles total flach. Zum anderen hallen in dem Schlauch der Unterführung alle Geräusche der anderen Fuhrwerke und Autos sehr laut wider. Es kann einen beängstigen. Wir waren gerade dabei, in die Unterführung hineinzufahren, als der Zug aus Berlin laut pfeifend über uns hinweg in den Bahnhof donnerte. Wir hatten es geschafft, pünktlicher konnten wir nicht sein.

Doch bei dem Geräusch des Zuges über uns war es um Paulick geschehen, er ging durch. Er galoppierte im vollen Galopp durch die Stadt. Meine Mutter zog mit Leibeskräften an beiden Leinen, wollte ihn bremsen und riegelte mit ihren Händen wechselnd links –

rechts, links – rechts. Sie wollte ihn unbedingt anhalten, Paulick aber galoppierte stattdessen nun in Schlangenlinien synchron mit dem Riegeln der Hände. Plötzlich brach die Deichsel. Paulick galoppierte im vollen Karacho weiter. Die Kutsche stand zeitweise nur noch auf ihren rechten Rädern, bald nur noch auf ihren linken. Das schaukelte so, dass wir zu tun hatten, nicht vom Bock zu fallen. Mutter brauchte ihre Hände, um sich festzuhalten, an Kutschieren war nicht zu denken. Schließlich waren wir irgendwie durch die Stadt durchgekommen und sahen die Zuckerfabrik auftauchen. Rechts und links der Straße tauchten die ersten Felder auf. Da wurde Paulick ruhig und gehorchte wieder. Wir fuhren endlich im Schritt.

In der Nähe war ein Stellmacher, der schon öfters mal etwas für uns gemacht hatte. Ihn beauftragte Mutter, die Deichsel zu erneuern oder zu reparieren. Dann ließ sie Tante Elisabeth im Bahnhof ausrufen und ihr mitteilen, dass wir leider etwas Verspätung hätten. Der Stellmacher war sehr entgegenkommend und führte die Arbeit unverzüglich aus. Trotzdem kamen wir ca. eine Stunde später am Bahnhof an als geplant. Tante Elisabeth lief vor dem Bahnhof auf und ab, während es sich Onkel Iwo im Wartezimmer bequem gemacht hatte. Wir waren endlich da und begrüßten beide herzlich mit vielen Umarmungen. Dann holten wir ihr Gepäck und verstauten es auf dem Gepäckträger der Kutsche. Mutter hatte dummerweise den Grund unserer Verzögerung gleich bei der Begrüßung erzählt, so fragte Tante Elisabeth, ob denn der Paulick jetzt beim nochmaligen Unterqueren der Bahnschienen wieder durchgehen würde, ob sie nicht besser zu Fuß hindurchgehen sollten. Mama und ich, wir brauchten nicht zu antworten, denn Onkel Iwo sagte mit tiefster Überzeugung: „I wo!" Und der musste es ja wissen, denn er hatte schließlich höhere Landwirtschaft studiert. Immer wenn Tante Elisabeth wegen irgendeiner Sache Bedenken hatte – und sie hatte oft Bedenken – antwortete Onkel Iwo mit: „I wo!". Das hatte ihm bei allen in unserer Familie seinen Spitznamen eingebracht.

Paulick machte seine Arbeit bis nach Hause einwandfrei. Als wir ankamen, stand Vater besorgt vor dem Tor. Er hatte eine Stunde gewartet: „Ihr kommt ja eine geschlagene Stunde zu spät. Was war denn bloß los? Hatte der Zug Verspätung?"

Onkel Iwo antwortete für uns alle: „I wo! Euer Pferd ist durchgegangen."

Vater: „Ja dann hättet ihr doch schon viel eher da sein müssen."

Mutter: „Er ist uns auf dem Hinweg durchgegangen."

Vater: „Dann wart ihr ja früher am Bahnhof und musstet bissel warten, hättet aber pünktlich hier sein müssen."

Mutter: „Der Paulick ist uns bis zum Zuckerwerk durchgegangen und dabei ist die Deichsel gebrochen. Sie musste erst repariert werden."

Vater: „Man müsste halt fahren können."

Mutter ärgerte sich: „Beim nächsten Mal fährst du!"

Vater zu den Gästen: „Jetzt zuerst einmal ein ganz herzliches Willkommen. Ihr seid gesund und munter angekommen. Das ist die Hauptsache. Lasst uns nun ein paar schöne gemeinsame Tage erleben."

Onkel Iwo nahm während dieses Urlaubs Proben von diesem und von jenem Futter in die Hand und roch daran, hatte die Felder besucht und alles angeschaut und mit Vater über Dünger gesprochen. Dann war sein Urlaub um, und er musste mit Tante Elisabeth wieder zum Bahnhof nach Brieg gebracht werden. Diesmal fuhr Vater, und ich saß mit ihm auf dem Bock. Wir starteten ziemlich viel früher als normalerweise nötig, um den Zug ja zu erreichen. Auch diesmal durfte ich auf der freien Strecke kutschieren. Kurz vor Brieg übernahm Vater die Leinen und die Peitsche. Völlig unerwartet und genau am Beginn der Unterführung ratterte wieder ein Zug darüber und pfiff. Das war für Paulick das Zeichen zum Durchgehen. Er galoppierte wie ein Rennpferd, reagierte auf die Leinenzeichen meines Vaters überhaupt nicht. Auch „Riegeln" half nix. Ziemlich genau an der inzwischen gewohnten Stelle brach die Deichsel, die Kutsche stand bald nur mit ihren linken Rädern auf der Straße, bald nur mit den rechten. Vater und ich, wir brauchten alle Hände, um nicht vom Bock zu fallen. Als links und rechts wieder die freien Felder auftauchten, kurz vor der Zuckerfabrik, fiel Paulick in den Schritt und ließ sich normal steuern. Wir fuhren zum gleichen Stellmacher. Inzwischen hatte es die beiden in der Kutsche ganz gehörig durchgeschüttelt. Tante Elisabeth: „Wenn Paulick vor der Kutsche ist, steige ich nicht mehr ein." Der Stellmacher hatte einen dreirädrigen Lieferwagen. Mit dem ließ er Tante Elisabeth und Onkel Iwo zum Bahnhof bringen. Sie erreichten den Zug nach Berlin und waren fort. Wir warteten, bis die Deichsel an unserer Kutsche repariert war und fuhren nach Hause. Zu Hause wartete Mutter mit sorgenvollem Gesicht:

„Haben die beiden den Zug erreicht?"

Vater: „Ja, sie haben ihn erreicht."

Mutter: „Was ist passiert, dass ihr so spät nach Hause kommt? Warst du noch im Amt?"

Vater: „Nee, ich war nich im Amt. Ehrlich gesagt, der Paulick is uns durchgegangen."

Mutter: „Ja, dann müsstet ihr doch viel früher wieder hier gewesen sein."

Vater: „Der is uns auf'm Hinweg durchgegangen."

Mutter: „Man müsste eben fahren können."

Bereits bei der nächsten Fahrt saß ich allein auf dem Bock und kutschierte Paulick. In der Kutsche saßen meine beiden Eltern. Sie waren in Begriff, gemeinsam zu verreisen. Es ging alles glatt. Tatsache! Um authentisch zu bleiben, muss ich aber Folgendes hinzufügen:

Mein Vater hatte vorher einen Ledergurt fertigen und am Geschirr anbringen lassen, der das Kumt an den Bauchgurt fesselt. Danach konnte das Kumt nicht mehr den Mähnenkamm hoch bis an die Ohren des Pferdes rutschen, wenn einmal die Kutsche schneller rollt, als das Pferd geht, wie es beim Bergabfahren passiert.

Fotoalbum, Probepäckchen und KZ

Im nächsten Fronturlaub brachte er ein Album voller Fotos mit. Es zeigte schöne Fotos von allen landwirtschaftlichen Arbeitsgängen. Da sah man, wie die Äcker umgepflügt wurden, wie sie eingesät, dann mit Mähdreschern abgeerntet wurden. Man sah eine Batterie von Getreidemühlen, Bleche voller Brot und Plätzchen vor und nach dem Backen, und zum Schluss sah man, wie das feine Gebäck schön verpackt wurde. Mein Vater hatte einige Päckchen als Beispiele mitgebracht. Mama sagte: „Wir werden den Krieg nicht gewinnen. Wenn wir ihn aber doch gewinnen sollten: Versprich mir, dass wir beide in Konradswaldau bleiben und nicht woandershin gehen." Vater lächelte und versprach es. Wir hatten in Konradswaldau so ein schönes Gut, das langte doch für unser Glück.

Während einer Unterhaltung im Erwachsenenkreis, von der ich wieder einmal nicht ausgesperrt worden war, bekam ich aber auch eine ganz schlimme Geschichte mit, die Vater berichtete. Er hatte in der Ukraine einen Transportauftrag zu erfüllen, und zwar sollte er Lebensmittel aus der ukrainischen Landwirtschaft bei einer ihm vorgegebenen Stelle abgeben. Er war mit mehreren Lastwagen voller Sachen von einem deutschen Trupp angehalten und gezwungen worden, einen Teil der Sachen abzuladen. Sie änderten einfach einige Zahlen in seinem Lieferauftrag und ließen ihn weiterfahren. Schließlich kam er am Ziel an. Es war ein Lager für gefangene russische Soldaten. Er musste eine Weile warten, bis die Ladung von den Lastwagen abgeladen wurde. Während dieser Zeit vertrat er sich die Beine und staunte über die vielen eingesperrten Lagerinsassen. Da waren einer, der ihm wegen seiner militärischen Uniform zurief: „Herr Kommandant, bitte lassen Sie uns erschießen, wir verhungern hier!" Papa war der Schrecken in die Glieder gefahren. Ein Lager, wo die Menschen ohne Nahrung gehalten wurden und verhungerten, hatte er bislang nicht gesehen. Und die Insassen hatten ihn in bestem Deutsch auch noch mit „Kommandant" angesprochen. Dann fragte Mutter: „Was war das denn für eine deutsche Truppe, die sich unterwegs erst noch einmal selbst bedient hat?" Vater antwortete: „Sie haben sich ganz offen in den Lieferauftrag eingetragen. Vielleicht waren sie vorher von Partisanen beraubt worden."

Die Funktion einer Portionier-Nockenwelle

Die meisten Felder waren schon abgeerntet. Während die Ernte auf den restlichen Feldern weiterging, wurden die abgeernteten Felder bereits umgepflügt und mithilfe einer Drillmaschine wieder neu angesät. In dem Jahr, als sich die im Folgenden geschilderte Geschichte ereignete, war ich zum ersten Mal auf die Drillmaschine und ihre geniale Funktion aufmerksam geworden. Ich bestaunte ganz besonders die Welle mit den Nocken, durch die ständig kleine Portionen von Getreidekörnern gebildet und in die Tüllen geleitet wurden. Ich kannte zwar Zahnräder, aber ein Zahnrad mit nur einem Zahn war etwas total Neues für mich. Für gewöhnlich sieht man die Nockenwelle nicht, weil sie von einem Schutzblech abgedeckt ist. Diesmal hatte man Gott sei Dank vergessen, das Schutzblech anzubringen, sodass ich das Spiel der Nocken und der Getreidekörner beobachten konnte.

Typ der Drillmaschine, wie wir sie in Konradswaldau nutzten: Eine Person lenkt die Pferde, eine weitere Person lenkt die Drillmaschine, der Dritte hinter der Maschine kontrolliert die Funktion.

Kursowschke lenkte die Drillmaschine, Vater lenkte die Pferde und ich lief hinter der Maschine her. Es wurde wohl nicht erwartet, dass ich schon genau feststellen konnte, ob Körner in alle Tüllen fallen oder eine wegen einer Verstopfung ohne Körner blieb. Aber ich konnte ja schon einmal üben.

Meine Augen waren auf das Spiel der Nocken fixiert. Ich wollte erspüren, wie eine Nocke die Körner zur Tülle schiebt und nutzte dazu einen Finger. Nach der dritten oder vierten Umdrehung spürte ich plötzlich einen stechenden Schmerz, und ich sah die Fingerkuppe mit den Saatkörnern in der Tülle verschwinden, wo sie ihren Weg in die Erde nahm. Gleichzeitig quoll das Blut im Rhythmus des Herzens aus der Wunde hervor. Ich zeigte meinen verletzten Finger hoch und rief Vater um Hilfe. Er hielt die Pferde an und eilte zu mir und besah sich den Schaden: „Was hast du denn da gemacht? Wo ist denn die Fingerkuppe?" Sie lag ziemlich oberflächlich in der Zeile. Er hob sie auf und wickelte sie in sein Schnupftuch. Dann riss er sich einen Streifen von seinem Hemd ab und band den Blutstrom im verletzten Finger ab. Anschließend gingen wir heim. Vater säuberte sich und mir die Hände und zog ein frisches Hemd an. Währenddessen wollte Mutter wissen, wie es dazu gekommen ist. Ich jammerte leise vor mich hin. Dann holte Vater sein Motorrad, nahm mich auf den Soziussitz und ab ging's nach Brieg ins Krankenhaus.

1942, die Familie zusammen im Blumengarten in Konradswaldau. Die Verletzung am Mittelfinger meiner linken Hand – unter einem kleinen Pflaster – stellt sich als vollkommen harmlos dar. Sie hat jedoch später Schicksal für meinen Lebensweg gespielt. Auf welche Weise? Ich gebe Ihnen einen Tipp: https://www.youtube.com/watch?v=a8sXXOKEBfg

Von der Operation habe ich nichts gespürt, da ich eine Narkose bekam. Als ich wieder bei mir war, fuhren wir heim. Abends musste das Unglück natürlich besprochen werden. Die Fingerkuppe war nicht wieder angenäht worden, weil man eine solche Operation in Brieg noch nie gemacht hatte. Außerdem war die abgetrennte Fingerkuppe viel zu dreckig. Vater hatte entschieden, dass die Nagelwurzel nicht entfernt wurde, damit ein mechanischer Schutz für die neue Fingerspitze bestehen bleibt. Vater machte sich Vorwürfe, dass das Schutzblech über der Nockenwelle nicht angebracht worden war. Alle waren überzeugt, dass ich aus Müdigkeit nach der Drillmaschine gegriffen hatte, um mich festzuhalten. Ich ließ sie bei ihrer Meinung. Das war sicher besser, als wenn ich gestanden hätte, dass ich aus Neugier hineingegriffen hatte. In den nächsten Tagen brachte mich Vater noch einige Male mit dem Motorrad nach Brieg zur Kontrolle und zum Verbandswechsel. Dann konnte Mutter den Verband wechseln. Der Schreck verging und meine Mutter sagte: Es hätte schlimmer kommen können. Seien wir Gott dankbar, dass es nur die Fingerkuppe getroffen hat.

Der Geflügelgarten

Ich erinnere mich an unseren **Geflügelgarten**. In den Geflügelgarten gelangte man von der Waschküche aus. Hinter dem Geflügelgarten und vor den Gebäuden von Giersbergs, die direkt auf die Grenze gebaut waren, lag unser Gemüsegarten. Neben dem Geflügelgarten schloss sich der Obst- und Hühnergarten von Omi an.

Im Geflügelgarten liefen die Junghähne und alle Enten und Gänse. Für das Wassergeflügel gab es in der Mitte eine Wasseranlage. Es war kein Naturteich, sondern er war angelegt und von Mauern eingefasst. Man konnte in einer Richtung mit dem Wägelchen durchfahren, weil es an diesen Stellen über Rampen ohne Stufe rein- und rausging. Darin konnten die Enten und Gänse den ganzen Tag lang schnattern. Die Junghähne mieden ihn.

Man musste durch den Geflügel-garten hindurchgehen, um in den Gemüsegarten mit seinen Möhren, Kohlrabi und Erbsenschoten zu ge-langen. Dies stellte aber erhebliche Anforderungen an uns. Denn es gab zwei Gruppen unter den Tieren, die sehr aggressiv waren. Das waren ein-mal die streitlustigen Junghähne, die für ein Kind von z. B. 3 Jahren richtig gefährlich waren. Zweitens waren es die Gänseriche, die man auch noch ernst nehmen musste, wenn man z. B. schon 7 Jahre alt war.

„Pinnele", der Hähnchentod. Eins mit Hubertus. Diesmal wurde er nicht bestraft, noch nicht einmal ausgeschimpft, sondern bekam von den Hähnchen das, was wir nicht aßen. Wahrscheinlich verstand er die Welt nicht mehr; denn sonst wurde ihm ständig eingebläut, dass er dem Federvieh nichts tun dürfte.

Ich erinnere mich an folgende Situ-ation: Mutter arbeitete im Gemüse-garten, und Gudrun wollte durch den Geflügelgarten zu ihr gehen. Ich stand mit unserer kleinen Promenadenmi-schung „Pinnele" auf dem Platz vor der Waschküche und beobachtete die Szene eher zufällig. Plötzlich hörte ich Gudrun schreien. Eines dieser streit-lustigen Hähnchen war dabei, sie mit den Krallen anzuspringen und mit dem Schnabel zu bearbeiten. Ich öffnete das Gartentor und spurtete los, um ihr zu Hilfe zu kommen. Pinnele schoß ebenfalls durch das Gartentor und erreichte Gudrun viel früher als ich. Mit einem einzigen Biss tötete er den Bösewicht. Gudrun rannte heulend weiter und wurde vom nächsten Hähnchen angefallen. Nur ein Biss von Pinnele, und auch der lag zappelnd aber tot auf dem Boden. Gudrun rannte weiter, und noch bevor sie Mutter erreicht hatte, wurde sie erneut angefallen, und erneut sorgte Pinnele mit einem Biss für ihre Sicherheit. Gudruns Weg durch den Geflügelhof war markiert durch drei tote Hähne.

Ich war grundsätzlich mit einem Knüppel in der Hand bewaffnet, wenn ich durch den Geflügelgarten ging. Meine Kragenweite waren hauptsächlich die riesig erscheinenden Gänseriche. Am Umgang mit ihnen lernte ich, dass man keinen Augenblick lang unsicher sein darf, wenn man erreichen will, dass sie gar nicht erst Aggressivität entwickeln. Wenn man schnurstracks und flott auf sie zugeht, dann braucht man den Knüppel nicht. Dann machen sie Platz.

Kuh und Bulle

Eines meiner Aquarelle vom Bullen, aus meiner Jugendzeit. Ich wollte ihn nicht natürlich wie in einem Foto darstellen, sondern seine Kraft, Fruchtbarkeit und Rolle in Farben ausdrücken.

Genauso streng und zurückweisend wie Herr Müller war, um Lärm und Unruhe aus dem Kuhstall zu halten, so streng bemüht war er auch zu verhindern, dass Kinder zusahen, wenn eine Kuh vom Bullen besprungen wurde. Bei den eigenen Kühen hatte er es einfach. Er verrammelte alle Stalltüren von innen – schon aus Sicherheit, wie er meinte – und ließ den Bullen innerhalb des Stalles an die Kuh. Anders lag die Sache, wenn ein anderer Bauer seine Kuh zu uns brachte. Eine fremde Kuh durfte nicht in unseren Stall. Sie könnte ja eine Seuche einschleppen. Eines Tages wurde die Kuh eines anderen Bauern an der Hand auf unseren Hof geführt und in den Zwangsstand hinter dem Kuhstall gestellt. Eine ganze Horde von Kindern legte sich hinter der Mistmauer auf die Lauer. Der Älteste war vielleicht 14 Jahre und die Jüngste vielleicht 3.

Der Herr Müller bemerkte uns nicht, holte den Bullen aus dem Stall, führte ihn an einem Stock, der mit einem Ende am Nasenring des Bullen befestigt war, zur Kuh. Der Bulle ließ sich gehorsam führen und blieb vor der Kuh im Zwangsstand stehen und schnupperte. Da machte die Kuh einen Buckel und musste seechen. Der Bulle ließ sich ihre Seeche über die Nase laufen, schnupperte und leckte seine eigene Nase. Wir fanden das ekelig. Der Manni, unser Ältester, behauptete, dass das normal und immer so sei: „Die Bullen könnten aus der Seeche was erkennen." Nach einer kurzen Zeit sprang der Bulle mit beiden Vorderbeinen auf die Kuh. Der Schweizer hatte ihr den Schwanz zur Seite gezogen, und wir konnten sehen, wie der Bulle seinen roten Piepel der Kuh hinten reinstecken wollte. Aber er ließ sich gleich wieder runterrutschen. Manni sagte: „Der kann nicht mehr, der hat wahrscheinlich heute schon drei Kühe gedeckt." Da hörten wir den Herrn Müller sagen: „Ich hab's dir ja gesagt, dass deine Kuh heute schon die dritte ist, die er decken soll. Der ist auch nicht mehr der Jüngste! Vielleicht musst Ddu am Abend noch mal wiederkommen." Da sagte der andere: „Geben wir ihm jetzt noch bissel Zeit und warten. Wer weiß, wer heute Abend noch seine Kuh bringt." Da dachten wir, was soll denn da so anstrengend sein? Wie klettern doch auch hundertmal am Tag irgendwo rauf.

Der Bulle stand blöd rum und schnupperte mit seiner Nase hinten an der Kuh. Die Männer warteten weiter. Dann fing der Bulle an, die Kuh dort auch noch zu lecken, wo er seinen Piepel reinstecken muss. Die Marianne pisperte: „Guck mal, die Kuh mag das. Die steht ganz ruhig." Da sagte der Manni: „Was soll se sonst machen? Die steht ja im Zwangsstand." Wir warteten weiter und der Bulle leckte weiter. Da sagte Marianne: „Doch, die Kuh mag das. Sieh doch selbst, die macht ja ganz große verliebte Augen." Manni sagte: „Alle Kühe haben schöne große Augen. Da können se gar nichts dafür." Da sagte ich: „Der Bulle leckt sie auf jeden Fall gern, sonst würde er das nicht so lange machen." Da sagte Manni: „Was soll er schon anderes machen, den hat der Müller ja am Führstock. Der kann gar nicht weg. Der leckt aus Langeweile." Da stampfte der Bulle plötzlich mit den Vorderfüßen und sprang auf die Kuh. Der Herr Müller zog sofort den Schwanz der Kuh wieder zur Seite. Wir sahen, wie der Bulle seinen roten Piepel rausstreckte und ihn dann tief hineinjuckelte. Dabei versuchte er ganz auf die Kuh zu rutschen. Dann hielt der Bulle still und ließ sich nach einem guten Weilchen von der Kuh runtergleiten. Die Kuh machte jetzt einen Buckel und wollte wieder seechen. Der Herr Müller griff einen Knüppel neben dem Zwangsstand und strich ihr damit über den Buckel, sodass sie das Buckelmachen und Seechen sein ließ. Und der Herr Müller sagte: „Nee, nee, lass das mal schön drin."

Wir standen noch hinter der Mauer, als der Bulle wieder im Stall war und der Mann mit der Kuh den Hof verlassen hatte. Wir sprachen noch immer miteinander, aber keiner sprach aus, was er sich fragte: Ist es bei den Menschen genauso wie bei den Tieren? Leckt der Papa die Mama auch? Ich hatte schon länger gelinst, wenn Marianne die Bauchwelle an der Teppichstange machte. Marianne trug im Hochsommer nur einen Trägerrock bis zu den Knien, der vor der Brust ein Schürzchen hatte. Darunter trug sie nix, kein Hemdchen und auch kein Höschen. Bei der Bauchwelle konnte man alle Einzelheiten sehen. Lassen wir alles Weitere. Es war auf jeden Fall bildend und hat Verstehen aufgebaut.

Flüchtlinge aus der Sowjetunion

Im April 1944 kam Vater aus Russland zu einem kurzen Urlaub. Er nahm unter anderem an der Feier zur Erstkommunion meine Cousine Sieglinde teil. Das hatte er vorgeplant. Aber völlig überraschend brachte er eine ganze ukrainische Familie mit. Das waren die Kijans, Eltern mit zwei erwachsenen Kindern. Alle vier waren Ärzte. Sie wohnten über Kursowschkes im Obergeschoss eines unserer Häuser auf dem Anger, unserem Wohnhaus gegenüber. Sie hatten Angst vor den Russen. Sie wollten nie mehr zurück, solange der Kommunismus herrscht. Als wir mal unter uns waren, fragte Mutter unseren Vater, warum die Kijans nie wieder nach Russland zurückgehen wollten. Da erklärte er uns, dass das kommunistische System von vielen Russen abgelehnt würde, weil es unendlich grausam zu den eigenen Leuten wäre. Solche Menschen, die gegen das System sind, gäbe es nicht nur unter den Ukrainern. Kijans wollten eigentlich nach Amerika, denn auch Hitler mochten sie nicht. Sie wollten in Frieden leben und arbeiten und sich was schaffen und sonst nix. Dann fragten wir Vater, warum die denn nicht gleich jetzt nach Amerika gingen, sondern bei uns rumhockten. Bei uns wurden sie nicht gebraucht, weil wir genug Fremde für die Arbeit auf dem Hof hatten. Seine Antwort war: „Die kommen jetzt während des Krieges aus Deutschland nicht raus, erst nach dem Krieg. Solange werden sie treu bei uns bleiben." Wir bräuchten uns vor Kijans nicht zu fürchten, das seien unsere Freunde und sehr gebildete Leute. Sie würden hier jede Arbeit machen, weil sie ja von uns leben müssten. Schade war nur, dass ich Russisch nicht verstand und nicht sprach, sonst hätte ich sie vieles fragen können.

Außer den Kijans hatten wir zusätzlich militärische Einquartierung.

Aus unserem Gästebuch:

Ich hatt' das Glück, es war sehr fein,
dass ich Ostern bei Herrn Bürgermeister durft' sein.
Was ich erlebt, das war groß,
mein Magen sagte selbst: „Famos!"
Und so werd' ich nie vergessen,
wie ich an der Tafel gesessen,
zwischen zwei holden Mägdelein,
es konnte wirklich nicht besser sein.
Ich dank dafür nun auch recht schön
Und wünsch des Gutshofs Weiterblüh'n.
Ostern 1944 Max Menzel, Leutn.

Bei Kürzels Speiseeis holen

Unsere Schmiegel-Oma (die Mutter meiner Mutter: Anna Schmiegel, geb. Walter) hatte ihren 70. Geburtstag. Sie lebte nach wie vor in Groß Schottgau, wo auch meine Mutter aufgewachsen war. Dort aber war inzwischen keiner mehr, der die Feier zu ihrem 70. Geburtstag am 21. Mai 1943 gestaltet hätte. Deshalb ließ es sich meine Mutter nicht nehmen, die Feier zu uns nach Konradswaldau zu ziehen, um ihrer Mutter den schönst möglichen Tag zu schenken. Wir hatten auf unserem Hof viel Platz für eine große Runde. Daher waren trotz Kriegszeit alle eingeladen, Großmutters Geschwister, Kinder, Schwiegerkinder und Enkelkinder. Einige mussten allerdings kriegsbedingt fehlen.

Feier zum 70. Geburtstag meiner Schmiegel-Oma,
Anna *Maria Schmiegel, geb. Walter*

Vier ihrer Enkel sind auf diesem Foto nicht abgelichtet: Ihr ältester Enkel Siegfried Schlegel ist bereits Soldat und deshalb bei der Feier nicht anwesend gewesen. Es fehlt auch Erhard Schmiegel, der Sohn ihres Sohnes Emil Schmiegel. Das Verhältnis meiner Großmutter zu ihrer Schwiegertochter war nicht zum Besten. Emil war zu diesem Zeitpunkt an der Front und seine Frau mit gemeinsamem Sohn waren der Feier ferngeblieben. Jutta Morawietz, die Tochter von Tante Male, war in Konradswaldau, ist deshalb nicht auf dem Foto, weil sie unpässlich war.

Mir selbst gefielen Veranstaltungen nicht, bei denen man „feine Hosen" tragen musste, in denen man nicht seine normalen Spiele auf dem staubigen Hof spielen durfte. Doch es gab diesmal zwei Lichtpunkte:

Erstens dürfte ich vielleicht bei der geplanten Fahrt von Tante Erika mit Paulick, unserem schnellsten Pferd zwischen den Gabeldeichseln unseres Dogcarts, nach Klein Oels zu Kürzels mitfahren. Tante Erika würde ihn auch volles Tempo laufen lassen, die hatte keine Angst. Ich war bislang noch nie mit dem Dogcart gefahren und war unheimlich neugierig.

So sah unser Dogcart aus. Er war leicht, hatte nur zwei Räder und erlaubte Höchsttempo.

Zweitens war die Fahrt nötig, um Speiseeis für das Geburtstagsmahl von Kürzels zu holen, eine nahezu unbekannte Delikatesse und für uns Kinder äußerst verlockend.

Die Vorbereitungen für die Geburtstagsfeier waren für mich leider unangenehm und enttäuschend; unangenehm, weil ich ein Gedicht lernen musste, das ich bei der Feier aufsagen sollte; enttäuschend, weil ich akzeptieren musste, dass ich auf der Feier anwesend sein musste, um das Gedicht aufzusagen. Das bedeutete, dass die für mich viel wichtigere Fahrt mit dem Dogcart nach Klein Oels für mich ausfallen musste. Ich war sehr enttäuscht.

In der Früh durfte ich in meinen Alltagshosen Tante Erika dabei helfen, Paulick einzuspannen. Mit der Gabeldeichsel des zweirädrigen Dogcarts funktionierte das Anschirren nicht so einfach, wie wenn es mit der vierrädrigen Kutsche und nur einer Deichsel losgehen sollte. Tante Erika war froh, dass ihr dabei jemand half. Dann installierten wir eine Milchkanne im Kofferraum des Dogcarts, der hinten lag. Dort hinein kam unsere größte Milchkanne. Sie hatte einen besonders großen Durchmesser. In diese Kanne stellten wir eine kleinere Milchkanne, in der sich auf dem Rückweg das Speiseeis befinden würde. Den Ring zwischen den beiden Kannen würde man für den Rückweg mit zerkleinertem Eisblockeis füllen, damit das Speiseeis in Konradswaldau kalt ankommt.

Als Tante Erika den Hof verließ und auf die Straße einbog, winkte ihr Tante Male zu und wünschte ihr „Gute Fahrt". Als Tante Erika zurückwinkte, nahm Paulick das als Aufforderung, sein Tempo zu erhöhen. Ich musste dem schneller werdenden Dogcart hinterhersehen und ging mich anschließend innerlich heulend waschen und fein anziehen. Mutter hörte noch einmal das Gedicht ab, ob ich es auswendig konnte. Ich konnte: „Schon 70 Jahre Omama, bist du zum Glück der deinen da usw."

Die meisten Gäste waren am Vorabend angereist. Ehe es ans feierliche Mittagessen ging, waren die Ansprachen und das Aufsagen der Gedichte dran, denn ich war nicht das einzige Enkelkind, das ein Gedicht aufsagte. Vor mir war mein Cousin Horst dran. Er stand auf, nahm Aufstellung an und legte los: „Schon 70 Jahre Omama, bist du zum Glück der deinen da usw."

Ich dachte, ich höre nicht recht. Das war ja dasselbe Gedicht, was auch ich gelernt hatte. Nach seinem Auftritt sagte meine Mutter an Großmutter gewandt: „Wir haben erst vorhin gemerkt, dass beide Jungs dasselbe Gedicht gelernt haben. Schade! Aber du wirst jetzt das Gedicht halt noch einmal hören." Ich ratterte es runter und dachte gleichzeitig: „Ich hätte getrost mitfahren können." Ich habe mit diesem Dogcart und Paulick leider nie eine Fahrt machen können.

Verspäteter Ersatz für die entgangene Fahrt im Dogcart. 2007 auf unserem Gestüt in Heidekaten: Meine erste Fahrt in einem Sulky. Nicht Paulick ist zwischen den Deichseln, sondern ein tapferer Minishetty-Hengst.

Ausgebombte aus Köln, Vermisste, Gefallene

Von unserem Nachbarn Giersberg waren alle drei Söhne bei der kämpfenden Truppe. Inzwischen trauerten sie bereits um zwei, die nie mehr wieder zurückkommen würden. In diese Trauer fiel die freudige Nachricht, dass ihr einziger noch lebender Sohn jetzt UK gestellt worden sei. Er kam zurück und durfte normaler Arbeit auf dem elterlichen Hof nachgehen. Welch eine Gnade! Es war eine neue Eisenbahnlinie geplant, und Giersberg durfte außerdem entscheiden, ob sie über Konradswaldau gelegt werden sollte. Er entschied sich dagegen, weil er es seinen landwirtschaftlichen Arbeitern nicht allzu bequem machen wollte, Arbeit in der Industrie der Städte anzunehmen.

Dann bekam Tante Male die Anzeige, dass Onkel Waldemar in Stalingrad vermisst wird. Seine Tochter, meine Cousine Jutta, ist 1940 geboren. Sie hat keinerlei Erinnerungen an ihren Vater.

Unser Gästebuch weiß einzuordnen, dass zu dieser Zeit die ersten deutschen Städte in Schutt und Asche gelegt wurden, zuerst Lübeck und Rostock, dann z. B. Köln. Die Ausgebombten wurden bevorzugt nach Schlesien gebracht, das von den Bombern zunächst noch verschont blieb. In unser Gästebuch haben sich die Familien Wilhelm, Hummel und Neuhoff eingetragen. Sie waren vom 1. September 1943 bis zum 7. Februar 1944 in Konradswaldau. Als sie ankamen, wurde ich von meiner Mutter mitten aus dem Spielen gerufen und gebeten, einer Gruppe von ihnen zu zeigen, wo unser Fleischer Wiesenberg wohnte. Dort sollten einige in einem Haus untergebracht werden.

Ich war geistig noch beim Spiel und ging viel zu schnell voraus, sodass eine der Frauen mich bat, etwas langsamer zu laufen. Sie sagte: „Eine alte Dame ist doch kein Schnellzug." Damit mir beim Langsamlaufen nicht langweilig wurde, beschloss ich, im Parademarsch zu laufen. Während die Leute seitlich auf dem Bürgersteig gingen, schleuderte ich mitten auf der Straße meine Füße und Beine so hoch und weit ich konnte, im besten Paradeschritt. Da tauchte gerade eine Regenluge vor mir auf. Ich ließ mich davon nicht abschrecken und marschierte hindurch, wie es sich für einen Soldaten gehörte. Plötzlich schrie es neben mir: „Heh, du spritzt uns mit dem dreckigen Wasser ganz voll. Hör auf damit!" Na ja, ich war sowieso schon durch die Luge durch. Die waren so fein angezogen, wie bei uns im Dorf niemand war. Eine junge Frau hatte weiße Schuhe mit schmalen hohen Absätzen. Und ein alter Mann hatte ein winziges Hündchen in der Innentasche seiner Jacke. Das hieß Rehlein und schaute oben aus der Jacke hervor. Ich hatte noch nie ein so kleines Hündchen gesehen. Wenn er es aus der Jacke rausnahm, dann sah es wirklich wie ein ganz, ganz kleines Rehlein aus. Es war aber ein Hund.

Im Folgenden füge ich einen Eintrag aus unserem Gästebuch ein, weil er authentisch zeigt, was uns und die einquartierten Ausgebombten aus Köln bewegte. Aus Fremdheit wurde Freundschaft, Not schweißt zusammen. Gleichzeitig werden die Plätze immer seltener, wo man Sicherheit finden kann. Schließlich die ständige Angst um seine Lieben, in unserem Fall um Vater. Ein Sohn der Frau Wilhelm (auch Ausgebombte, auch aus Köln) trug ein, dass sich jetzt die Volksgemeinschaft zeigen würde.

So vors Gästebuch gezerrt, oh Graus,
Doch danken wir dem Schmidtlein-Haus
Für all die froh'n und munter'n Stunden,
Die wir haben hier gefunden.
Nach Konradswaldau hat das Schicksal uns verschlagen.
Darüber wollen wir uns nicht beklagen;
Denn sonst hätten nie gefunden wir
Des gastlichen Hauses Hof und Tür.
Kaum gewagt haben wir uns da hinein,
Da draußen prangt ein Schild „Bullenhalterei".
Keinen Begriff der Städter hat davon,
Doch unentbehrlich scheint das Telefon.
Und deshalb's Herz genommen in die Hand,
Und reinmarschiert entlang der Wand.
Und's Telefon durften wir unendlich gebrauchen
Und kamen nun öfters deshalb gelaufen.

Die schönsten Torten und Kuchen
Der Hausfrau Hände schufen.
Gemundet hat es vorzüglich,
Geschmunzelt haben wir vergnüglich.
Mit Hangen und Bangen gewartet haben wir,
Bis endlich der Vati aus Russland war hier.
Dann wurde Skat und auch Doppelkopf
Mit Freude und Inbrunst geklopft.
Genäht haben wir bis tief in die Nacht,
Und dabei wahre Kunststücke vollbracht.
Manch Wunde, die der Krieg uns geschlagen,
Haben Schmidtlein's uns helfen tragen.
Nun heißt es weiter zu wandern,
Immer von einem Ort zum andern.
Von ganzem Herzen wir danken Ihnen,
Und hoffen aufs Wiedersehen im Frieden.
Hans Jürgen Hummel, Major a. D.
Hilde Hummel
Irenchen Neuhoff
Eliquot samt Rehlein!
1. September 1943 bis 7. Februar 1944

Schmidtleins Kaufmannsladen

Meine Mutter stammt aus einem Kaufmannsladen. Was war für sie
naheliegender, als einem ihrer Kinder mal einen Kaufmannsladen
zum Spielen zu schenken? Und damit das Geschenk größten Nutzen
entfalten konnte, war es doch zweckmäßig, diesen Kaufmannsladen bereits ihrem ersten Kind zu schenken. Damit war er für alle
ihre Kinder da. In meiner Erinnerung taucht er nicht irgendwann
auf, sondern ist schon immer da gewesen. Ich war ja auch erst ihr
drittes Kind.

Regale und Unterteile mit Schubladen, viele verschiedene Gefäße, ein Fass mit Spielgurken, ein Tresen, auf den man alles schon Eingekaufte stellen konnte, eine Waage zum Abwiegen der gewünschten Menge von was, eine Kasse mit Spielgeld drin und was man sich noch alles vorstellen kann. Das Spannendste war immer das Abrechnen. Es gab einen Block zum Aufschreiben der einzelnen Positionen des Einkaufs. Der, der den Verkäufer spielte, musste die Zahlen auf dem Block am Schluss zusammenzählen. Das war nicht nur eine schwere Aufgabe, sondern gab einem auch die Gelegenheit, die anderen Kinder zu beschummeln, wie es die Kaufmänner im wirklichen Leben tun. Denen ging dann das Geld aus. Deshalb musste man als Käufer jede Rechnung nachrechnen. Es wurde deshalb dauernd gerechnet und gab ständig ein Hin und Her um das liebe Geld, das einer bezahlen sollte. Manchmal brauchten wir einen Schiedsrichter, dann riefen wir Mama.

Mama fuhr mit dem Bleistift langsam von unten nach oben über alle Zahlenreihen, nur ein einziges Mal, dann schrieb sie das Ergebnis unter den Strich. Das dauerte etwa 2 Sekunden – gestoppt, na, vielleicht auch 5 Sekunden – und war immer richtig. Wir konnten nicht verstehen, warum sie nur einmal mit dem Bleistift über die Zahlen fuhr, während wir das nach dem in der Schule gelehrten System, z. B. bei dreistelligen Zahlen, dreimal machen mussten, bei vierstelligen sogar viermal. Erst ging's über die letzten Ziffern, Einerstelle hinschreiben und Übertrag im Koppe berücksichtigen; dann über die vorletzten Ziffern, Einerstelle hinschreiben und Übertrag im Koppe berücksichtigen; und dann über die vorderen Ziffern, soweit welche rausguckten. Ich habe mit unserer Schulmethode jedes Mal gegen Mama verloren. Das konnte so nicht bleiben.

Deshalb hab ich sie ausgehört: „Wie machst du das, dass du nur ein einziges Mal mit dem Bleistift über die Zahlen fährst?" Mama war eine, die sich aushören ließ. Sie erklärte uns ihre Methode: „Ich addiere zuerst die Preise in den beiden untersten Zeilen. Davon behalte ich mir das Ergebnis im Kopf. Dann addiere ich den Preis aus dem Kopf zu dem Preis in der nächstoberen Zeile, zuerst also in der drittletzten Zeile. Davon merke ich mir den neuen Zwischenpreis im Kopf. Das mach ich immer weiter so, bis ich in der obersten Zeile angekommen bin. Das Ergebnis ist das, was ich zuletzt im Kopfe habe und hinschreibe. Verflischt noch mal! Wenn ich nach ihrer Methode rechnete, hatte ich am Schluss gar nix mehr im Kopp. Bei mir dauerte es schon zu lange, z. B. einen dreistelligen Preis zu lesen. Wenn ich die drei Ziffern sah und dann z. B. sagen konnte: „Eine Mark und zwei und fuffzig“, dann hatte Mama schon drei Zahlen in ihrem Kopf addiert. Daran hab ich mich totgeübt und habe es nie geschafft. Na ja, nicht gerade totgeübt, aber müde geübt. Als jetzt alter Mann bekenne ich: Meine Fähigkeit zur Mustererkennung war schlecht, blieb schlecht und ist heute katastrophisch schlecht. Mutter hatte dagegen Augen wie ein Luchs.

Ich konnte noch nie etwas im optischen Durcheinander suchen. Mein Ordnungsprinzip ist super, aber ganz anders: Ich suche nicht, sondern ich weiß! Wir schreiben 1956. Ich habe eine Studentenbude in Darmstadt. Meine Mutter wohnt in Kirchbrombach im Odenwald. Sie war dabei, sich in Darmstadt eine Wohnung zu beschaffen und war deshalb zum Wohnungsamt nach Darmstadt gefahren. An diesem Tag hatte ich gerade außerhalb zu tun und wir konnten uns nicht treffen. Sie konnte mich aber telefonisch erreichen: „Ich will zum Wohnungsamt, es fehlt mir aber leider noch deine Studienbescheinigung der TH. Wie komme ich jetzt daran?“ Meine Antwort: „Ganz einfach! Du gehst jetzt in die Landwehrstraße zu Frau Vonderschmitt und sagst ihr schöne Grüße von mir. Die lässt dich dann in mein Zimmer. Wenn du das Zimmer betrittst, steht geradeaus vor dir unter dem Fenster der Tisch. Auf dem Tisch liegt zuoberst das frisch von dir gebügelte Hemd, das nicht zerknittert werden darf. Unter dem Hemd ist mein Praktikumsheft mit den Arbeitsberichten. Darunter liegt eine geschlossene Dose mit Hering in Tomatensoße. Und darunter kommt meine kleine Aktentasche. Darin liegt die Studienbescheinigung. Sie liegt am Rand des Stapels, und zwar an der Seite, wo die Tasche das Schloss hat. Das Schloss ist offen."

Mutter hat die Bescheinigung nach meiner Beschreibung sofort gefunden und konnte ihr Vorhaben erledigen. Das Gemeine war nur, dass sie fortan immer behauptete, Ich hätte einen fürchterlichen Ordnungssinn. Sie hatte leicht reden, sie konnte selbst im Heuhaufen einen winzigen Ohrring entdecken, während ich nicht einmal einen Elefanten entdeckte, wenn ihn jemand an die falsche Stelle gestellt hatte.

So viel zur Frage, den Stift beim Addieren einmal oder mehrmals über die Zahlenkolonne zu führen. Auf jeden Fall war mein Ehrgeiz beim Rechnen geweckt. In der Schule hatte zur gleichen Zeit die Freele ebenfalls ein Rechenspiel eingeführt. Damit sie sich nicht beschweren: Die Freele war meine Lehrerin, denn ich hatte nicht bei dem Herrn Kanter Unterricht, was der Hauptlehrer war. Das war übrigens mein Glück, denn der ließ immer viele nachsitzen, damit er seinen Garten gemacht bekam. Also, wie die Freele hieß, das weiß ich nicht mehr. Wir nannten sie Freele, das heißt auf Hochdeutsch Fräulein, weil sie nicht verheiratet war. Vor dem Unterricht stellte sie sich in die Eingangstür des Schulzimmers. Wir mussten uns im Halbkreis vor sie stellen. Dann sagte sie eine Kettenaufgabe langsam auf und fragte dann auffordernd: „Macht?" Wer es wusste, durfte gleich die Zahl schreien, musste sich nicht erst melden. War die Zahl richtig, dann durfte der, der sie als Erster geschrien hatte, ins Zimmer reingehen. Genau gesagt, er durfte sich neben die Freele stellen und die nächste Kettenaufgabe stellen. Erst dann durfte er ins Zimmer reingehen. Das Spiel ging so lange, bis dann alle im

Zimmer waren. Dann fing der Unterricht an, der wegen des Spiels kurz war. Anfangs hatten wir deshalb nur wenig Unterricht. Später wurde das Spiel fallen gelassen.

Ich war immer als Erster im Zimmer. Ich konnte am lautesten schreien und am schnellsten rechnen. Der Freele ging es mit mir, wie mir mit Mama. Sie glaubte, dass es bei mir nicht mit rechten Dingen zugehe. Deshalb nahm sie an einem Tag einen Block in die Hand und schrieb alle Zahlen auf und fragte dann mich bei meiner eigenen Aufgabe: „Was kommt raus?" Ich sagte ihr das Ergebnis. Es stimmte. Sie machte den Test noch ein paarmal, immer stimmte das Ergebnis. Dann sagte sie, ich solle die Aufgabe langsamer aufsagen, damit die anderen Kinder auch in den Klassenraum reinkämen. Das war ja auch verständlich, wen hätte sie sonst unterrichten können?

Mathematik war auch später immer ein Lieblingsfach von mir. Man braucht für Mathe nicht zu lernen, weil man sich alles denken kann. Bloß keine Formeln auswendig lernen. Die vergisst man doch sowieso. Ich greife jetzt einmal wieder vor: Wir schreiben 1957. Ich bin Student des Maschinenbaus an der TH in Darmstadt und mache eine kleine Pflichtübung in Mathematik. Wie immer schreibt eine Reihe meiner Kommilitonen von mir ab. Dann werden die Ergebnisblätter eingesammelt, Wolfgang Lincke, ein Hilfsbremser von Prof. Alwin Walter, sammelt sie ein. Diesmal hat er eine Frage an mich: „Prof. Günter Bock sucht einen wie Sie und bittet mich, Sie zu bitten, dass Sie ihn einmal besuchen kommen." Ich fragte Wolfgang Lincke, wie ich zu der Ehre käme. Seine Antwort: „Ich verdiene mir auch ein paar Mark als Hilfsbremser von Prof. Bock. Dort hat man zurzeit bei einer Forschungsarbeit ein Problem, das nur von einem Mathematiker gelöst werden kann. Ich habe ihm gesagt, dass Sie zwar kein spezieller Mathematikstudent sind, dass aber hier während der Übungen alle von ihnen abschreiben."

Wolfgang Lincke, auch ein positiver Schicksalspunkt in meinem Leben.

Ich war damals der ärmste Student an der TH und brauchte unbedingt Moneten. Schon das erste Gespräch war erfolgreich. Das dritte hat mich reich gemacht, hat mir alle finanziellen Sorgen genommen und mir den weiteren Weg aufgezeigt. Doch davon später, wenn ich über die betreffende Zeit berichte.

Beichtunterricht

Es war 1944. Für mich stand in diesem Jahr Beichtunterricht an, denn Mama wollte, dass ich zur ersten heiligen Kommunion gehe. Es galt die Regel: Man muss zuerst einmal ordnungsgemäß beichten lernen, ehe man zur heiligen Kommunion zugelassen wird. Wir, die neunjährigen katholischen Schüler von Konradswaldau, bekamen von Pfarrer Heilmann aus Herzogswaldau Beichtunterricht, denn die Kirche in Konradswaldau und ihr Pastor waren evangelisch wie mein Vater, und wir Katholiken von Konradswaldau gehörten zur Kirche in Herzogswaldau. Der Pfarrer Heilmann war mir zu diesem Zeitpunkt kein Unbekannter. Er kam jedes Jahr am Tag der Heiligen Drei Könige zu uns, um den Hof mit allen Menschen, Tieren und Ställen zu segnen. Außerdem fuhr unsere ganze Familie ab und zu mit der Kutsche oder im Winter mit dem Schlitten nach Herzogswaldau zur heiligen Messe. Die Fahrt mit der ganzen Familie dorthin war immer sehr gemütlich, die Messe anschließend dauerte allerdings regelmäßig elend lange. Meist fuhren wir ohne einen Kutscher von unserem Hof, sondern Vater kutschierte. So konnte er zwischendurch die Kirche mal verlassen, um draußen bei den Pferden nach dem Rechten zu sehen und eine Zigarette zu rauchen.

Während der Messe trug Pfarrer Heilmann lange prächtige Gewänder und eigenartige Kopfbedeckungen. Außerdem hatte er immer ein Gespann von Ministranten in langen Kleidern bei sich, die ihm zum Beispiel das Weihwasser und den Weihrauch reichen mussten, wenn er etwas weihen wollte. Die Ministranten hatten gut zu tun, denn der Pfarrer Heilmann weihte während der Messe ständig etwas. Außerdem mussten sie das Messbuch immer wieder an einen anderen Platz tragen, wo es gerade gebraucht wurde. Mama gefielen die Ministranten und sie sagte mal zu mir: „Nachdem du zur ersten heiligen Kommunion gewesen bist, kannst du auch Ministrant werden." Das sagte sie während des Kaffeetrinkens zu Weihnachten. Ich fragte sie, ob das freiwillig sei. Sie bestätigte, dass das jeder Junge frei für sich entscheiden könnte. Es wäre halt sehr schön, wenn ich das wollte. Da sagte ich ihr klar meine Meinung: „Ich werde niemals Ministrant sein! Das liegt mir nicht!" Die Schmidtlein-Oma, die ja evangelisch war, fragte mich, ob ich vielleicht Priester werden wollte. Ich antwortete: „Wenn ich groß bin, mach ich es wie Papa. Ich suche mir eine schöne Frau, heirate sie und wünsche mir vier Kinder. Und wenn der Papa alt ist, übernehme ich den Hof." Oma hat sich über meine Antwort sehr gefreut, aber auch die anderen haben gelacht.

Was muss man im Beichtunterricht alles lernen, fragte ich mich zu Beginn. Pfarrer Heilmann wählte zum Erklären die Methode, dass man erst einmal lernen müsse, wie man ordnungsgemäß sündigt, um dann sein belastetes Gewissen erforschen zu können. Er versuchte deshalb zuerst, uns die 10 Gebote genau zu erklären. An denen könnte man dann alles Weitere zeigen.

Mit dem ersten Gebot „Du sollst keine anderen Götter neben mir haben!" hatte ich keine Probleme. Ich empfand sowieso, dass es über allem den lieben Gott gibt. Wenn ich es nicht vergaß, was aber öfters vorkam, sprach ich abends das Gebet:

Müde bin ich, geh' zur Ruh'.
Schließe beiden Augen zu.
Vater lass die Augen dein
Über meinem Bette sein.

Hab' ich Unrecht heut' getan
Sieh es, lieber Gott, nicht an.
Deine Gnad' und Jesu Blut
Machen allen Schaden gut.

Alle, die mir sind verwandt,
Gott lass ruhn in deiner Hand.
Alle Menschen, groß und klein,
Sollen dir empfohlen sein.

Kranken Herzen sende Ruh'.
Nasse Augen schließe zu.
Lass den Mond am Himmel stehn
Und die stille Welt besehn. Amen!

Pfarrer Heilmann erklärte uns am Beispiel der alten Ägypter, dass die ihren obersten König als Gott verehrten. Das war aber natürlich falsch, weil kein Mensch Gott sein kann. Wir wussten zwar nicht, was die alten Ägypter genau waren, aber das verstanden wir, dass kein König Gott sein kann. Auch unser Führer Adolf Hitler war natürlich kein Gott. Für diese Überzeugung hatte Mutter bei mir schon gesorgt. Dafür hätte ich den Beichtunterricht eigentlich nicht gebraucht.

Mir war auch von vornherein klar, dass es keinen anderen Gott geben kann. Denn Gott ist allmächtig, und was hätte ein anderer Gott für eine Chance gegen ihn? Nämlich gar keine. Pfarrer Heilmann erzählte uns auch, dass die alten Germanen an den Donnergott Wotan geglaubt hätten. Heute würden sie das nicht mehr tun, weil inzwischen aufgeklärt wurde, wie das Donnern bei einem Gewitter mit dem Blitzen zusammenhängt.

Aus der Sicht des heute über Achtzigjährigen war das der beste Hinweis von Pfarrer Heilmann: Mit jeder neuen wissenschaftlichen Erkenntnis wird das Diesseits immer reichhaltiger und vielgestaltiger und das Jenseits etwas ärmer, weil die Wotans und auch all die Leistungen aus dem Jenseits verschwinden, die man Gott fälschlicherweise zuschreibt. Gott ist nicht für all das verantwortlich, wofür wir ihn verantwortlich machen möchten.

Auf das zweite Gebot „Du sollst den Namen Gottes nicht verunehren!" wäre ich von selber nicht gekommen. Ich wusste nämlich nicht, was „verunehren" bedeutet. Da hat der Pfarrer Heilmann uns beigebracht, wie man gegen dieses Gebot sündigen kann. Er hat uns gesagt, dass Leute manchmal im Namen Gottes fluchen und so. Dass passiert bei uns zu Hause nicht. Sogar mein Vater sagt „Verflischt noch mal" statt „Verflucht noch mal", und ich hatte mir seine vorsichtige Form auch angewöhnt.

Beim dritten Gebot „Du sollst den Tag des Herrn heiligen!" war ich gespaltener Meinung. Ich stimmte einerseits zu, dass man am Sonntag nicht arbeiten solle, wenn's geht. Der Pfarrer Heilmann sagte, dass das Gebot ja nicht bedeute, dass man das Heu am Sonntag draußen lassen müsse, wenn ein Gewitter drohe. Auch dürften wir unsere Tiere am Sonntag füttern, weil die nicht verhungern dürfen. Auch müssten die Kühe gemolken werden, weil man die Milch nicht einfach abstellen kann. Das klang alles sehr vernünftig. Aber in dem Fall, dass man am Sonntag keine Arbeit leisten muss, kann man doch trotzdem nicht den ganzen Sonntag lang nur beten. Das machte mir Kopfzerbrechen. Wir haben uns dann mit Pfarrer Heilmann geeinigt, dass wir am Sonntag zur heiligen Messe gehen und dabei ganz inständig beten sollen, wenn's gelingt, dass wir nach der heiligen Messe aber wieder normal spielen dürfen, auch Blödsinn machen. Und das war schon ein großes Zugeständnis von uns an Pfarrer Heilmann gewesen. Denn es bedeutete, nun jeden Sonntag zur Messe zu gehen. Gott sei Dank würde es öfters mit Kutschfahrten verbunden sein.

Mit dem vierten Gebot „Du sollst Vater und Mutter ehren!" hatte ich wenig Probleme. Ich liebte meine Eltern sowieso und half ihnen gern einmal. So alt, dass ich für sie sorgen musste, war ich noch nicht und sie auch nicht. Ein bisschen anders lag das schon bei meiner Schmiegel-Oma. Die hat mir einfach den Abwaschlappen ins Maul gesteckt, wenn ich zu laut geschrien hab. Die konnte ich nicht so richtig ehren. Das muss ich wohl beichten. Besser lag die Geschichte bei meiner Schmidtlein-Oma. Wenn ich bei ihr in der Wohnung im Obergeschoss zu laut war, dann gab sie mir ein Modeheft und eine kleine Schere, und ich konnte dann schöne Frauen ausschneiden und sie mit runternehmen.

Sie hatte kein fließendes Wasser in ihrer Küche. Deshalb habe ich sobald wie möglich angefangen, Wasser im Eimer zu ihr hochzutragen. Mutter sagte, dass ich den Eimer nicht zu voll machen sollte, damit es nicht überschwappt. Mutter unterschätzte mich damals immer. Natürlich passierte es mir auch einmal, dass auf der Treppe bisschen was überschwappte. Aber da kam Großmutter mit dem Lappen und wischte das Wasser auf. Die Schmidtlein-Oma hat mir den Lappen nie ins Maul gesteckt, obwohl sie ihn auch in der Hand hatte.

Das fünfte Gebot „Du sollst nicht töten!" schien uns total veraltet. Wir hatten natürlich mitbekommen, dass Krieg ringsherum war und dass überall gekämpft und vernichtet wurde. Wir hatten Polen und Frankreich schon besiegt und wollten noch die Russen, die Engländer und die Amerikaner vernichten, und die wollten alle uns vernichten. Hitler hatte in Charkow gesagt und Vater hatte ihn gehört: Wir müssten als Arier die Untermenschen beseitigen und dürften kein Mitleid empfinden. Das fünfte Gebot schien uns total veraltet und der Pfarrer Heilmann schien uns schon alt.

Wir hatten andererseits gefangene Polen, Franzosen, Russen und geflüchtete Ukrainer auf dem Hof, mit denen wir gut Freund waren. Da war ich überzeugt, dass wir die auf keinen Fall töten dürfen. Das waren ja Menschen wie wir. Bei den Verhandlungen mit Pfarrer Heilmann über das fünfte Gebot kam heraus, dass ich keinen Freund töten darf. Das war mir sowieso klar. Da brauchte ich eigentlich keinen Beichtunterricht, um das zu erkennen. Sehr wichtig war außerdem, dass man sich nicht von anderen umbringen lassen muss. Man darf sich verteidigen. Wenn dabei ein eigener Soldat fällt, dann dürfen wir stolz auf ihn sein. Wenn einer fällt, der uns angegriffen hat, dann haben wir ihn nicht getötet. Er ist selbst daran schuld, dass er gefallen ist. Er hätte uns ja nicht angreifen müssen.

Zu dieser Zeit hatte ich von einem einquartierten Offizier aufgeschnappt, dass die Me 262 die Wunderwaffe sei, mit der wir alle feindlichen Bomber vom Himmel holen könnten. Damit könnten wir unsere deutschen Städte schützen. Nach dem Beichtunterricht dachte ich: Wenn die Me-262-Piloten einen Bomber abschießen und dabei die Besatzung des Bombers umkommt, dann haben die deutschen Piloten keine Sünde begangen. Die Bomber hatten ja angegriffen. Die Bomber waren nicht unsere Freunde. Damals hatte ich nur einen Wunsch, nämlich Pilot der Me 262 zu werden und Deutschland zu retten. Da tut man was Gutes und bleibt frei von Sünde.

Der erste Düsenjäger der Welt, die Me 262. Sie wäre die beste Waffe gegen die Bomber der Alliierten gewesen. General Galland setzte sich dafür ein, dieses Flugzeug für die Luftverteidigung einzusetzen. Das kostete ihn seinen Job: Göring schmiss ihn raus, ließ ihn aber Gott sei Dank am Leben.

Später kam ich mit General Galland in einen engen Arbeitskontakt. Er half der Firma VFW um 1970 beim Vertrieb ihres neuesten Produktes, des zivilen Düsenverkehrsflugzeuges VFW 614, während ich als leitender Angestellter von VFW in Bremen an all ihren damaligen Flugzeugentwicklungen teilnahm. Galland bestätigte, dass jener Offizier bezüglich der möglichen Rolle der Me 262 recht hatte.

Das sechste Gebot „Du sollst nicht Ehebrechen!" schien mir anfangs ganz einfach zu sein. Ich dachte, dass dieses Gebot mich noch nix angeht, denn ich war ja noch gar nicht verheiratet. Außerdem konnte ich mir gar nicht vorstellen, dass ich später mal meine Frau betrügen würde. Vater macht das ja in der Ukraine auch nicht. Unlogisch wurde der Pfarrer Heilmann, als er behauptete, dass das Gebot auch schon vor der Ehe gelten würde. Erst, wenn man verheiratet ist, darf man mit seiner Frau was machen. Sonst heißt das unkeusch. Bodenlos wurde das Thema, als er uns erklärte, dass man auch mit sich selber unkeusch sein kann oder mit Tieren. Der hatte auch Einfälle!

Ich musste mir über vieles klar werden:

Durfte ich zugucken, als der Bulle auf die Kuh sprang?

Durfte ich mich reinversetzen, ob es dem Bullen Spaß macht, die Kuh hinten zu lecken?

Durfte ich hingucken, als Marianne auf der Teppichstange Bauchwellen machte?

Durfte ich hinter ihren Schurz gucken, ob sie schon Bienenstiche hat.

Es hat mich lange Überlegungen gekostet, bis ich zu dem Schluss kam, dass ich das nicht beichten musste, weil ich damals noch gar nicht gewusst hatte, dass das Sünden sein könnten. Spätere Fälle würde ich neu beleuchten müssen.

Das siebte Gebot „Du sollst nicht stehlen!" war wieder ein einfaches Gebot. Der ganze Hof gehörte uns. Was sollte ich eigentlich stehlen? Nix! Es kam hinzu: Alle vom Hof holten sich alles vom Hof. Es hatten also fast alle dasselbe. Wir bekamen alle ein Butterbrot mit in die Schule. Manchmal tauschten wir. Dann aß ein anderer mein Butterbrot und ich aß sein Margarinebrot. Das war aber freiwillig. Das schmeckte mal anders. Hätte ich einen älteren Bruder gehabt, dann hätte es schon mal passieren können, dass ich seine Pullover stehle; denn ich war es leid, immer nur die bunten Mädchenpullover meiner älteren Schwestern aufzutragen. Die Puppenstube meiner kleinen Schwester Gudrun interessierte mich nicht. Bonbons haben wir uns selber gebraten. Damals habe ich nie etwas geklaut. Erst als ich 13 Jahre war, habe ich zum ersten Mal etwas gestohlen, und zwar einen Dynamo vom Fahrrad. Der Herr Lehrer Kummer hatte uns in der Schule den Gleichstrommotor erklärt, und ich brauchte einen Dynamo, um ihn in einen Gleichstrommotor umzubauen. Das war sozusagen Mundraub. Bis dahin war ich clean geblieben.

Das achte Gebot „Du sollst nicht falsch gegen deinen Nächsten aussagen!" ist für Leute erfunden, die anderen schaden und sich selbst einen Gewinn verschaffen wollen und deshalb Lügen über ihn erfinden und verbreiten. In der Situation war ich damals nicht. Mutter hatte mir aber etwas Zusätzliches beigebracht: „Du darfst einen nicht verpfeifen, wenn er unschuldig ist!" Das sagte sie damals, als wir beobachteten, dass Männer in gestreiften Anzügen vom Fliegerhorst in Brieg Kohlköpfe klauten. Die waren entschuldigt, weil es Mundraub war.

Das neunte Gebot „Du sollst nicht begehren deines nächsten Frau!" schien auch ganz leicht. Ich begehrte keine verheiratete Frau. Und wenn das ein anderer tut, dann schmeißt man ihn bei uns raus, wie den Herrn Kaiser, als der meiner Mutter nachstellte. Da hat sie ihn sofort vom Hof gejagt. Der sollte eigentlich Verwalter unseres Hofes sein, als sie meinen Vater eingezogen hatten. Aber der taugte nix. Als uns der Herr Pfarrer Heilmann aber beibringen wollte, dass das Gebot auch gegenüber unverheirateten Frauen gelte, da schlug's bei mir 13. Momentan war das für mich noch kein Problem, und ich brauchte mein Gewissen diesbezüglich nicht zu befragen. Ich lass mich auch sowieso nicht zum Frauen- oder Mädchenverachter machen.

Das zehnte Gebot „Du sollst nicht begehren deines Nächsten Gut!" meint nicht ein Gut, wie unseres in Konradswaldau. Es meint jeglichen Besitz eines anderen Menschen. Was ich mir am meisten wünschte, konnte man nicht kaufen. Ich wünschte mir, Pilot einer Me 262 zu sein.

Pfarrer Heilmann war trotz des Problems mit dem fünften Gebot mit meiner ersten Beichte sehr zufrieden und erteilte mir die Absolution. Damit war es mir besser ergangen als meinem Großvater Wilhelm Schmiegel. Der war mal ohne Absolution aus dem Beichtstuhl gegangen. Der Pfarrer wollte ihm beibringen, dass es eine Sünde sei, ein SPD-Mitglied zu sein.

Pfarrer Heilmann hatte bei mir in der Sache „fünftes Gebot" erreicht, was unter den damaligen Randbedingungen von Krieg und Hass bei einem Neunjährigen möglich war. Von ihm selbst hatte sich in mir das Bild eines veralteten Mannes gebildet. Aber gerade dieser Mann sollte es später sein, der einen mächtigen Brief eines Dritten zu meinen Gunsten auslöste und so meinen Weg ebnete. Doch davon später in einem anderen Kapitel. Auf jeden Fall tue ich ihm hier schon einmal Abbitte.

Letztes Advent und Weihnachten in Konradswaldau

Die Advents- und Weihnachtszeit bis hin zum Feiertag Heilige Drei Könige am 6. Januar, sonst eine herbeigesehnte gesellige Phase, stellte sich uns 1944 total verändert dar:

Fast während der ganzen Adventszeit waren wir nur zu dritt: Mutti, Gudrun und ich. Die drei anderen fehlten. Uschi leistete ihr Pflichtjahr auf einem Gut bei Liegnitz, Edith war vom BDM nach Festenberg abkommandiert, um bei der Versorgung der Truppen zu helfen, die dort Panzergräben gruben. Vater hatte geschrieben, dass er wegen der von Hitler erlassenen strikten Urlaubssperre dieses Jahr wohl keinen Weihnachtsurlaub bekommen könnte. Er sei krank und würde versuchen, seine Krankheit durch einen Wehrmachtsarzt attestiert zu bekommen. Wenn das gelänge, würde er noch kommen. Er könnte aber keine Versprechungen machen.

Heute weiß ich aus seinem original Taschenkalender, dass er zwischen dem 15. und 18.12. zwischen Karlsruhe (Dr. Kuhn) und Bretten (Röntgenfachstelle) hin- und herreiste, um das Attest zu bekommen. Mit reparaturbedürftigen Autos – eines blieb unterwegs liegen und musste ausgetauscht werden – gelangte er zum Bahnhof in Stuttgart. Die Bahnreise erfolgte ab Stuttgart mit Umsteigen nachts in Leipzig, wo er mehrmals in den Luftschutzkeller musste. Am 21.12. kam er nach Mitternacht in Brieg an, Leutnant Zitzmann – bei uns einquartiert – hat ihn mit dem Motorrad abgeholt.

In Brieg war die erste russische Bombe (Ende November?) gefallen. Sie hatte zwar nicht gezündet, aber angezeigt: „Jetzt seid ihr in der Reichweite unseres Feuers! Bald werden wir euch überrennen!" Wir hatten große Angst. Ständig war Militär bei uns einquartiert. Sie belegten das Herrenzimmer fast ununterbrochen. Es war nur durch unser Wohnzimmer zu erreichen, wodurch auch dieses keine

Intimität für unsere Familie mehr erlaubte. Das große Esszimmer, das sonst der Weihnachtsraum war, war ebenfalls von Fremden belegt, weshalb unser Weihnachtsbaum diesmal im kleineren Wohnzimmer stand. Als Weihnachtsstube war es eigentlich zu klein. Die einquartierten Soldaten waren keine schneidigen Kämpfer, wie die von 1939. Die jetzigen kamen ohne schwere Waffen und waren mutlos. Es waren alte Männer dabei und Soldaten, die schon einmal verwundet worden waren und trotz ihrer sichtbaren Beschädigungen wieder an die Front zogen. Ich erinnere mich an einen jungen Soldaten, dem an der linken Hand drei Finger fehlten und der kaum noch etwas hörte.

Auf der Koppel hinter der Kutschenremise hatten wir auf Weisung der Partei, die an alle Bauern ergangen war, einen Erdbunker gebaut. Er hatte eine imponierende Abdeckung erhalten, lief aber ständig voll Wasser. Als sich zwei kampferprobte Soldaten den Bunker mal ausnahmsweise angesehen hatten, waren sie nur voller Spott über den Bunker: Wenn die Front nicht aufzuhalten ist, müsst ihr flüchten. Euer Erdbunker schützt euch vor nix. Der Mann war wenigstens mal ehrlich. Die Spähtrupps, die täglich von uns aus im Einsatz waren und wussten, wo die Frontlinie war, sagten uns nur hinhaltende Worte. Sie hielten uns auf Weisung von oben bewusst dumm. Keiner sollte Vorkehrungen für die Flucht treffen.

Just mit dem Anbruch der Adventszeit bekamen alle Bauern die Anweisung von der Partei, dass alles Getreide umgehend auszudreschen und abzuliefern sei. Tante Erika musste das mit unseren Leuten durchführen. Sie war zu nichts anderem mehr zu gebrauchen. An Mutter hingen außer uns die ganzen fremden Menschen auf unserem Hof. Sie musste sich um deren Versorgung kümmern: Die verschiedensprachigen Gefangenen, die aus der Ukraine geflüchteten Kijans mit vier Personen und die Einquartierungen mit vielen Sonderwünschen. Unser Telefon, eins von dreien, die es im

Dorf gab, war ein ständiger Unruheherd, und sei es, dass sich einer bei uns nur bedanken wollte, der vorher als Ausgebombter bei uns untergebracht gewesen war, oder dass jemand einen bestimmten Offizier sprechen wollte. Die allermeisten Anrufe dieser Zeit waren nicht für uns bestimmt bzw. gingen nicht von uns aus.

Mama, Gudrun und ich, wir hatten uns einmal in die Wohnstube gesetzt, hatten den Adventskranz und in unserer schönen Adventslaterne die Kerze angesteckt und wollten gerade ein Adventslied anstimmen, da kam der erste Fremde rein: „Ach, habt ihr es schön gemütlich!" Und dann quatschte er seine Wünsche raus. Mama gab brav Auskunft. Als der weg war, begannen wir mit dem Lied erneut: „Macht hoch die Tür, die Tor macht weit". Wir waren bei der zweiten Strophe, als der Nächste reinkam – „Ach, habt ihr es schön gemütlich!" – und uns mit seinen Wünschen störte. Erneut waren wir wieder raus aus unserer Adventsstimmung. Die Leute entschuldigten sich zwar immer höflich wegen der Störung, aber das müsste jetzt unbedingt sein, sonst ginge bei ihnen die Welt unter. So viele Welten gibt es gar nicht, wie da angeblich untergehen sollten. Ich war wütend. Mama sagte: „Wisster Kinder, Ruhe finden wir heute nur tief in der Nacht, wenn alle anderen schlafen. Das hier hat heute keinen Sinn. Ihr könnt noch bissel miteinander sitzen, aber ich muss jetzt in die Küche." Gudel und ich blieben sitzen und sangen alleine Adventslieder. Ab und zu kamen immer noch Leute durchs Wohnzimmer, die wollten aber nix von uns. Die meisten wandten sich mit ihren Fragen an Mama in der Küche.

Am 22. Dezember früh gegen 3.00 Uhr traf Vater bei uns ein. Er sah aus wie das Leiden Christi und hatte Schmerzen und Krämpfe im Oberbauch. Er musste ins Bett und seinen Bauch mit der Gummiflasche wärmen. Aber wenigstens war er bei uns. Darüber waren wir alle unendlich glücklich. Einen Tag später trafen Edith und Uschi ein. Auch Tante Male mit Horst und Jutta und meine Schmiegel-Oma waren gekommen. Wir waren eigentlich die gleiche Runde wie im Vorjahr. Aber trotzdem erschienen alle, als wären sie andere Menschen. Tante Male, die sonst immer Zuversicht ausstrahlte, sagte: „Ich werde wohl nie mehr von Waldemar etwas hören." Er war seit Stalingrad vermisst. Die Schmiegel-Oma klagte: „Ich habe von Emil nix gehört. Sein letzter Feldpostbrief kam vor 6 Wochen aus Finnland. Käthel weiß auch nicht, wo ihre beiden Söhne (meine Cousins Siegfried und Eberhard) gerade sind. Hoffentlich leben alle noch."

Mit den Fremden, die Mutter alle beköstigen musste, war die Runde so groß, dass wir diesmal weder in der Küche noch im Wohnzimmer essen konnten, sondern ins große Esszimmer gehen mussten. Die Weihnachtsstube, die früher immer im Esszimmer war, musste diesmal mit ihrem großen Christbaum im kleineren Wohnzimmer mit seinem Klavier eingerichtet werden. Mutter war stolz, dass sie noch ein paar Geschenke für uns zusammenbekommen hatte. Die großen Geschenke: Gudrun hatte eine Puppenstube geschenkt bekommen, Edith und Uschi je einen Muff, ich eine Kutscherpeitsche. Daneben hatten wir noch kleinere Dinge geschenkt bekommen. Gudrun und ich, wir hatten z. B. beide ein Quartett-Kartenspiel erhalten. Es waren die gleichen Spiele. Um mit den Geschenken zu spielen, war das Wohnzimmer zu klein. Wir Kinder maulten deshalb und waren unzufrieden über die vielen fremden Menschen, die bei uns alles durcheinanderbrachten. Gudrun freute sich sehr über die Puppenstube und spielte versunken mir ihr. Wir anderen kamen auf die Idee, miteinander Quartett auf dem Tisch zu spielen. Es wollten so viele Quartett spielen, sodass beide Kartenstapel zusammengelegt werden sollten. Gudrun wollte ihres aber nicht hergeben. Und wenn schon, dann wollte sie selbst auch mitspielen. Wir anderen wollten das nun wieder nicht, weil Gudrun noch nicht einmal die Regeln kannte, wie man Quartett spielt. Sie war doch die ganze Zeit über so glücklich mit ihrer Puppenstube gewesen. Warum blieb sie nicht dabei?

Die Erwachsenen hatten sich ins Schlafzimmer der Eltern zurückgezogen. Das war für Vater mit seiner Wärmflasche besser und alle konnten ungestört miteinander sprechen. Der bei uns in der Kinderrunde entstehende Streit um das Kartenspiel von Gudrun führte zu lautem Geschrei, nicht nur durch mich, aber meine Stimme war halt die eines Heldensoprans. Da tönte vom Oberstock die Stimme von Mama: „Schreit mal nicht so laut!" Ich rief rauf: „Wir wollen alle Quartett spielen, und die Gudel gibt ihr Spiel nicht her." Da kam Vater im Nachthemd und in Potschen die Treppe heruntergelaufen und befahl Gudrun: „Du gibst jetzt sofort das Quartettspiel her." Mit diesen Worten haute er Gudrun ein paar heftige Backpfeifen und verschwand wieder nach oben. Gudel war schwer betroffen und schluchzte herzergreifend und wurde beim Atmen von Krämpfen geschüttelt. Sie begriff nicht, dass ihr Vater, auf den sie so sehnsuchtsvoll gewartet hatte, sie an Weihnachten plötzlich so lieblos verhaut. Auch ich war erschrocken, dass Vater Gudrun gehauen hatte. Ich hatte noch nie eine Ohrfeige von ihm bekommen und fand: Das ist nicht mein Papa, der ist ganz anders als sonst. Das ist doch kein Weihnachten mehr. Wir spielten nur kurz mit den zusammengelegten Kartenspielen und alle Kinder waren dabei sehr betreten. Dann suchte ich Gudel ihren Kartenstapel wieder heraus und gab ihn ihr zurück: „Das ist dein Spiel. Du darfst darüber allein entscheiden." Sie nahm es und drückte es mit beiden Händen gegen ihre Brust: „Ich wollte doch nur mit euch spielen." Ich versprach ihr: „Morgen zeige ich dir, wie es geht und dann spielst du immer mit." So haben wir's gemacht, und Gudrun konnte in den folgenden Tagen immer mitspielen.

Meine Cousine Jutta hatte auch so ein unschönes Erlebnis, und zwar mit ihrer Mutter. Jutta wollte abends nicht allein auf unser Klohäuschen, das im Freien stand. Deshalb setzte Tante Male sie in der Waschküche auf den Topf. Dort war sie allein und bekam Angst. Sie wollte ihr Geschäft in der Küche verrichten. Daher verließ sie den

Topf und kam heulend zu uns in die Küche. Tante Male schnappte sie sich, brachte sie zurück in die Waschküche und setzte sie wieder auf den Topf. Jutta heulte aber nur noch lauter. Da schlug ihr Tante Male mehrmals auf den Mund und kam zurück in die Küche. Doch Jutta hörte nicht auf zu schreien. Tante Male ging wieder zu ihr und schlug ihr so lange auf den Mund, bis es sie irgendwann nur noch ganz leise schüttelte. Das Ereignis hatte auch nichts mit Weihnachten zu tun.

Die fahrbare Gartenlaube

Nach dem 6. musste Edith wieder in die Schule nach Brieg und Uschi wieder zum Pflichtjahr nach Liegnitz. Vater war nur bis zum 6. Januar krankgeschrieben. Andererseits war sein Gesundheitszustand so schlecht, dass die Krankschreibung verlängert werden musste. Mutter wollte Vater nicht fortlassen und bat ihn, sich im Lazarett in Brieg vorzustellen und sich von denen weiterhin krankschreiben zu lassen. Das wäre aber nicht der Dienstweg gewesen und Vater wollte keinesfalls riskieren, dass man ihn als Fahnenflüchtigen verurteilen könnte. Deshalb fand er eine bessere Methode. Er meldete sich bei seiner Dienststelle im Westen Deutschlands telegrafisch krank. Die brauchten viele Tage, ihm zu antworten. Die Zeit, die er dadurch gewann, nutzte er dazu, unsere Fluchtwagen vorbereiten zu lassen. Es störte ihn nicht, dass die Ortsgruppenleitung noch immer jeden Gedanken an Flucht unterbinden wollte. Er gab unseren Arbeitern die Anweisung, was wie zu geschehen habe.

Unser gummibereifter Plateauwagen wurde zu dem Wagen für die kleinen Kinder und die alten Leute erklärt. Das waren die beiden Gruppen, die auf der Flucht nicht laufen konnten. Zuunterst kamen kleine Heuballen. Sie boten eine gute Wärmeisolierung und wurden so gelegt, dass man auch gute Sitzgelegenheiten erhielt.

Über den Köpfen der mitfahrenden Menschen erhielt der Wagen ein Lattengerüst, auf das unsere sämtlichen Teppiche in mehreren Schichten gelegt wurden. Das sah aus wie eine Gartenlaube. Zum Schluss kam noch eine Plaue drüber, wie wir sie für den Schutz von Heuwagen vor Gewitterregen besaßen. Vorn besaß die Gartenlaube einen Schlitz in den Vorhängen, damit die Leute später rein- und rausgelangen konnten. Als wir Kinder das sahen, wollten wir am liebsten sofort flüchten. Gudrun fragte Mama: „Wann flüchten wir denn endlich? Sag Mama, wann flüchten wir?" Und Mutter antwortete: „Lass uns hoffen, dass wir gar nicht zu flüchten brauchen. Ich verspreche euch eines ganz fest: Wenn wir nicht wegmüssen, dann machen wir mit dem Plateauwagen einen schönen Ausflug zu Kürzels zum Eisessen." Sie sagte aber nicht, wann wir zu Kürzels fahren würden. Wir warteten also weiterhin mit Ungeduld darauf, endlich mit dieser schönen fahrbaren Gartenlaube loszufahren.

Weiterhin wurden zwei Kastenwagen für die Flucht vorbereitet. Wir besaßen mehr als nur zwei. Daher wurden zunächst alle Kastenwagen durchgesehen und beurteilt. Die mit den besten Gestellen erhielten die besten Räder. Sie bekamen auch die besten Deichseln und Ortscheide. Die Pferdegeschirre wurden durchgesehen. Alles, was ausgebessert werden musste, kam noch schnell zum Sattler. Dann teilte Vater die Pferde ein. Mein Liebling Paulick und Gretel wurden für den Plateauwagen bestimmt. Da sagte Tante Erika: „Max, das sind die leichtesten Pferd, die wir haben, und der Plateauwagen ist der schwerste von allen. Das passt doch nicht. Sollten wir nicht tauschen?" Papa antwortete: „Paulick und Gretel sind zwar die leichtesten Pferde, sie sind aber auch die zähesten von allen. Im Flachland rollt der Plateauwagen mit seiner Gummibereifung leicht. Der Wagen hat fürs Gebirge eine gute Bremse, was allen anderen Wagen fehlt. Außerdem müsst ihr bergauf sowieso den Ochsen davor spannen oder sogar ein zusätzliches Gespann Pferde. Der Ochse marschiert zwar langsam, aber hat viel Kraft." Nach den Gedanken stimmte Tante Erika zu. Bei der Gelegenheit erfuhren wir gleich, dass wir auch einen unserer vier Ochsen mit auf die Flucht nehmen sollten. Dann sprach Tante Erika an, dass wir bei nur drei Wagen ein Pferd zu viel hätten. Die Ricke könnten wir daher zu Hause lassen. Ich wollte gerade losheulen, als Papa sagte: „Die nehmt ok noch mit. Ein Pferd mehr als notwendig ist besser als eins zu wenig. Man weiß bei einer solchen Sache nie, ob alle Pferde und der Ochse durchhalten werden."

Flüchtende von der östlichen Seite der Oder

Unsere drei Wagen für den Treck waren inzwischen vorbereitet für die Flucht. Der Ortsgruppenleiter Jorg Stefan hielt sich aber an seine Vorgaben und tat nichts dergleichen. Viele andere Bauern begannen jedoch ebenfalls vorsichtig, sich ihre mögliche Flucht zu überlegen und Maßnahmen zu treffen. Es war klar, dass jeder Bauer im Falle der Flucht einige Leute aus dem Dorf werde mitnehmen müssen, die selbst kein Gefährt hatten. Es tauchten aber noch andere auf, wie z. B. die Tante Tina aus Brieg. Sie wollte, dass wir ihr bestes Porzellan mitnehmen sollten. Auch der Herr Thomas, der Vater von der Lene, die bei uns Hausschneiderin war, fragte, ob er mit uns trecken dürfte. Der Herr Thomas war Stellmacher und dem Vater sehr recht: „Kommen Sie zu uns. Da haben wir wenigstens einen Stellmacher bei uns, und ich weiß wenigstens einen deutschen Mann bei unserem Treck."

Vater erzählte einem der einquartierten Offiziere, dass er mit einem Freund in Kreuzburg telefoniert hätte. Dort hätte der Russe seine Offensive begonnen. Die Bevölkerung wäre nun dabei, Hals über Kopf zu flüchten. Sie hätten geglaubt, dass der Russe wärmeres Wetter für seine Offensive abwarten würde. Das sei aber eine Fehleinschätzung gewesen. Nun müssten sie raus und seien gar nicht vorbereitet. Der Offizier sagte: „Die Russen kennen sich mit Kälte besser aus als wir Deutschen. Die Russen haben ihren Vorteil genau jetzt. Es wird nicht mehr lange dauern, dann sind die Russen auch hier, wenn sie keiner aufhält. Es ist ja nur ein Katzensprung."

Es hat danach nicht mehr lange gedauert, bis die ersten Trecks aus Oberschlesien in Konradswaldau eintrafen. Sie waren über die Oderbrücke gekommen. Ihre Wagen waren nicht gedeckt, alte Leute und Kinder hatten Erfrierungen an Händen und Füßen. Die Pferde hatten Eiszapfen an den Härchen ums Maul. Unser Haus und unser Hof wurden in jeder Nacht noch voller als bisher ohnehin schon. Mutter und Tante Erika hatten rund um die Uhr zu tun. Die Pferde der Flüchtenden fanden in den Scheunendurchfahrten Unterschlupf. Unsere Räume und auch die Flure waren über die Nacht voll von Menschen. Mutter kochte Milchsuppe für alle.

Nur dass Sie mal eine Ahnung von der Anzahl der Menschen bekommen, die sich in jenen Tagen auf unserem Hof befanden: Als wir unser Dorf Konradswaldau später verließen, waren es 131 Pferdefuhrwerke, die sich auf einen Schlag auf die Straße begaben. Und stellen Sie sich vor, dass so viele Menschen, Pferde und Wagen ihr Dorf „überfallen", nur von einem einzigen anderen Dorf kommend! Dann wissen Sie, dass unser Hof voll war bis auf den letzten Quadratmeter. Die da kamen, das war eine breite Mischung – vom sterbenden Greis bis zur Gebärenden in ihrer schwersten Stunde. Da kam ein einzelner Wagen, ein Nachzügler spät im Finstern an, denen es besonders dreckig ging. Eine Frau kam betteln: Mein alter Vater braucht ein warmes Plätzchen, sonst stirbt er mir. Bitte geben Sie mir eine Ecke in irgendeinem warmen Raum. Es herrschten -20 Grad. Mutter war nicht in der Lage, ihr diesen Raum in unserem Haus zu geben. Da kam ihr eine Idee: „Wo es jetzt wirklich schön warm ist, auch bei dieser Kälte, das ist in unserem Kuhstall. Ich lasse Ihnen eine Box von den Kleinkälbern frei machen, frisch und reichlich einstreuen. Dort können Sie mit Ihrem Vater im Warmen übernachten."

Die Leute haben sich die Box angesehen und haben zugestimmt. Leider ist der Mann in dieser Nacht trotz des warmen Lagers gestorben. Die Leute sind am nächsten Morgen weitergetreckt. Ihren Vater haben sie bei uns gelassen und haben etwas Geld dagelassen. Tante Erika hat ein Grab mit der Spitzhacke aushacken und ihn auf dem Friedhof beerdigen lassen. Mama meinte, dass ein Stall für Menschen nichts Schlimmes sei. Selbst Jesus sei in einem Stall geboren worden.

Der Sturm braut sich zusammen

Am 14. Januar war die telegrafische Antwort der Dienststelle meines Vaters eingetroffen: Er solle sich im Lazarett in Brieg vorstellen. Am 15. Januar fuhr er hin und wurde von denen als stationärer Fall eingestuft und dortbehalten. Sie konnten nicht verantworten, Vater nur ambulant zu behandeln. Jetzt wachte der Chef des Lazaretts, dass Papa nicht mehr zu uns nach Konradswaldau kam.

Brieg kam anschließend unter ersten Beschuss. Wir hörten Einschläge, während unser Vater dort im Lazarett bleiben musste. Edith hatten wir schon aus Brieg abgeholt, um sie dieser Gefahr zu entziehen. Die Flüchtlingstrecks durch Brieg hatten aufgehört. Russen hatten die Oder bereits an zwei Stellen überschritten, eine stromaufwärts und eine stromabwärts. Sie waren dabei, den Kessel um Brieg zu schließen. Ihre Vortrupps konnten sich bereits zwischen Brieg und Konradswaldau befinden. In diese Situation fiel die Entscheidung, die Insassen des Lazaretts zu beurlauben, dass sie sich ein anderes Lazarett suchen könnten. In Brieg stand der Zug, den sie nutzen sollte. Es war der letzte Zug, der Brieg noch verlassen konnte.

Vater ließ den Zug ungenutzt fahren und wurde stattdessen von einem der bei uns einquartierten Offiziere abgeholt und zu uns gebracht. Mutter, die schon einige Tage wie ein kopfloses hektisches Huhn funktioniert hatte, hatte plötzlich wieder ihren Kopf: „Gott sei Dank, dass du gekommen bist." Wir alle waren glücklich und gingen davon aus, dass nun Vater selbst unseren Treck führen würde und wir alle Gefahren unter seiner Führung meistern würden.

Aber es sollte anders kommen. Nachdem wir Kinder ins Bett geschickt worden waren, setzten sich die Erwachsenen noch zusammen, um die Situation zu besprechen und Beschlüsse zu fassen. Was sie dort genau besprachen, blieb uns vorerst unbekannt. Ich schlief mit Gudel in unserem Kinderzimmer und wurde früh gegen vielleicht 4 Uhr wach vom lauten Weinen unserer Mutter im elterlichen Schlafzimmer gegenüber. Es war der 23. Januar: „Bitte, bitte, Max, bleib bei uns! Geh nicht fort. Bleib bei uns! Ich weiß, dass Erika auch eine gute Chefin für unsere Leute ist. Aber wir haben Eiseskälte. Die Straßen sind teils unpassierbar. Die Quartiere werden überfüllt sein, wie wir es gerade hier erlebt haben. Wir haben zwei hochschwangere Frauen bei uns, zwei Säuglinge und andere kleine Kinder. Denk an deine alte Mutter! Die Russen sind hinter uns her. Sie sind motorisiert und viel schneller als wir." Dann sprach er wieder: „Ihr geht Morgen auf die Flucht. Und wenn nicht anders möglich, dann auch allein mit unseren vorbereiteten drei Wagen und den festgelegten Menschen. Als kleiner Treck findet ihr überall leichter Unterkunft. Der Russe wird euch nicht überrollen, denn Brieg ist als Festung bestimmt und ständig rücken weitere Soldaten hinein, wie die, die gerade bei uns sind." Doch Mama bettelte immer weiter: „Bleib bei uns." Ich fasse die Klagen meiner Mutter neu, sodass sie zum Lied passen, das ich zur Beschreibung der Situation ausgesucht habe.

Bleib bei uns,
denn es will Elend werden
Und der Weg ist uns versunken

https://www.youtube.com/watch?v=nuRpHnz2ZJo

Gudel und ich hörten die Worte und waren total enttäuscht, dass Vater wieder fortgehen wollte. Wir litten mit unserer Mutter, aber wir trauten uns nicht rüberzugehen. Ich dachte bei mir: Wir werden schnell marschieren. Wir werden alles aus uns rausholen. Der Russe wird uns nicht einkriegen. Dann dachte ich an den veralteten Mann, an Pfarrer Heilmann. Hat er vielleicht doch mit seiner Auffassung vom 5. Gebot ein bisschen recht? In einem hatte ich mit ihm doch total übereingestimmt, nämlich, dass es Gott gibt. Ich faltete meine Hände und betete im Stillen: Lieber Gott, beschütze wenigstens du uns alle auf der Flucht. Du willst doch nicht, dass Menschen getötet werden. Sag den Russen jetzt, dass sie uns nicht töten dürfen.

Vorbereitungen für Mensch und Tier

Früh, es war noch ganz dunkel, wurde ich von eifrigem Rumoren wach und lauschte. Die Türen klappten, Leute riefen sich was zu. Dazwischen Mamas Stimme. Ich zog mich an und ging runter. Tante Erika war gerade dabei, Teig zu mischen und zu kneten. Sie formte große runde Brote daraus. Sie liebte Brot mit Kümmel und tat daher auf alle Brote Kümmel oben drauf. Dann mussten die Brote gehen und kamen dafür unter ein Tuch. Zwischendurch verschwand sie auf dem Hof. Später brachten wir die Brote zum Bäcker. Auch ich bekam je ein Brot auf einem Blech unter die Arme geklemmt. Ich fragte Tante Erika, warum sie so viele Brote backe. Ihre Antwort machte alles klar: „Damit sie über die nächsten Tage auf der Flucht reichen." Wir marschierten mit den Broten zum Bäcker. Sie würden für mehrere Tage reichen.

Inzwischen hatte jemand 6 gerupfte Hühner in die Küche gebracht. Mama goss Spiritus drüber und zündete ihn an, um über dem Feuer die Stoppeln abzusengen. Dann bat sie mich: „Geh mal zu Gudel hoch und sag ihr, sie soll sich anziehen und runterkommen zum Frühstück. Außerdem will sich Papa von uns allen verabschieden. Der muss wieder fort." Schon bald kam Papa fertig angezogen runter und verabschiedete sich von uns. Er erklärte uns, dass er das tun müsse, was ihm sein Fahneneid befiehlt, um nicht als Fahnenflüchtiger erschossen zu werden. Das haben wir eingesehen, keiner will, dass Vater in die Gefahr kommt, erschossen zu werden. Deshalb musste er jetzt zu seinem Trupp aus dem Lazarett. Morgen würde Konradswaldau auf die Flucht gehen. Anführen würde den Treck unser guter Nachbar Giersberg, nachdem der Stefan Jorg, NSDAP-Ortsgruppenleiter und stellvertretender Bürgermeister durchgedreht hatte und verschwunden war. Sollten die Konradswaldauer doch nicht am 24. losziehen, dann würden wir mit unseren drei Wagen alleine trecken. Dann befahl er unserer Mutter und Tante Erika noch einmal, am nächsten Tag zu flüchten. Wir wären dafür gut vorbereitet. Er gab jedem einen lieben Kuss und nahm ein geschmiertes Brot mit. Im Gehen bat ihn Mama: „Ihr kommt an Liegnitz vorbei. Sag Uschi, was sie machen und wo sie hingehen soll." Vater versprach es, dann ging er zum Auto der bei uns einquartierten Offiziere, einer brachte ihn nach Ohlau zu den Transportfahrzeugen des Lazaretts. Edith verstand es, den Fahrer zu bezirzen und durfte mit nach Ohlau fahren. Sie kam heil wieder bei uns an. So waren wir sicher, dass Papa den Transport erreicht hatte.

Mutti wusste nicht, was sie zuerst machen sollte, so viel hatte sie sich auf einen Zettel geschrieben. „Kinder hört mal zu! Morgen müssen wir auf die Flucht und müssen uns selbst jetzt vorbereiten.

Jeder von euch muss jetzt hier im Flur zusammenstellen, was er mitnehmen möchte." Dann verschwand sie in der Küche. Ich folgte ihr aus Neugier und fragte sie, was sie jetzt machen würde. „Na, ich bereite das Essen für den Treck vor. Ihr wollt doch unterwegs sicher was essen. Ich mache einen dicken Hühner-Nudel-Eintopf. Der hilft uns über die ersten Tage weg. Ich gieße den ganzen Eintopf von mehreren Kochtöpfen in einen Holzbottich und lass ihn durchfrieren. Dann können wir den Block in Stücke hacken und die einzelnen Portionen im Bottich mitnehmen. Die Saukälte muss ja wenigstens für etwas gut sein. Ich ging zurück in den Hausflur.

Edith stellte ihr Fahrrad unter die Treppe und legte ihr Schifferklavier und ihren neuen Muff darauf. Dann ging sie an den Schrank, in dem unsere Kleidung aufbewahrt wurde. Gudrun holte ihre neue Puppenstube und ihre neuen Quartettkarten und ein paar Puppen und stellte alles daneben. Dann holte sie auch mein neues Quartettspiel und legte es auf den Haufen. Ich ging in Gedanken durch, was ich mitnehmen möchte. Mein Liebstes waren Paulick und Ricke. Die waren zum Glück sowieso dabei. Daher holte ich noch meine neue Kutscherpeitsche, ging raus zum Plateauwagen und steckte sie in den Peitschenhalter. Uschi war nicht zu Hause, denn sie war wieder beim Pflichtjahr. Sie hatte ihren warmen Muff dabei. Gudel und ich, wir waren mit unseren Vorbereitungen schnell fertig und hatten nichts mehr zu tun. Deshalb wollten wir unsere paar Sachen schon auf den Wagen laden. Da sagte Mama aber: „Aufladen tun wir erst morgen früh. Dann ist alles zurechtgelegt, was die einzelnen Menschen mitnehmen wollen. Dann müssen wir entscheiden, was zu viel ist. Wahrscheinlich passt nicht alles, was bis dahin zusammengekommen ist, auf die Wagen."

Tante Punne hatte ihre Arbeit in Liegnitz aufgegeben und war zu uns gekommen. Sie wollte mit uns flüchten und dabei auf ihre Mutter, unsere Schmidtlein-Oma, aufpassen. Edith half, wo sie gerade gebraucht wurde. Gudel und ich, wir waren mit unseren Vorbereitungen fertig und standen dumm rum. Wir rannten mal hierhin und mal dorthin. Zwischendurch gingen wir auf den Plateauwagen in unsere Gartenlaube und spielten Flüchten. Leider war klar, dass wir nicht zu Kürzels nach Klein Oels fahren und leider kein Speiseeis kriegen würden. Immerhin werden wir morgen mit der Gartenlaube fortfahren. Juhuu, es geht ins Abenteuer!

Ich sah, wie der Paul einen Haufen Jutesäcke sammelte, die er mitnehmen wollte und fragte ihn, wozu er die brauchen würde. Da sagte er, dass Moritz, unser Ochse, sie brauchen würde, wenn es irgendwo zu glatt wäre und er ausrutschen würde. Dann würde er dem Moritz einen Sack um jeden Fuß wickeln, damit er Halt bekommt und ziehen kann. Der Kursofschke lud Hafer und Heu auf die anderen Kastenwagen, weil das auf dem Plateauwagen nicht ausreichen würde. Er legte je einen Futtersack für jedes Pferd und den Ochsen zurecht. Bei einer Pause würde jedes Tier seinen Futtersack über den Kopf gebunden bekommen, um daraus zu fressen. Auf diese Weise würde nix verstreut und die Reste kann man nach der Pause mitnehmen. Wir holten auch das Brot vom Bäcker, das Tante Erika gemacht hatte. Mamas Eintopf war irgendwann im Bottich. Das war eine dicke Pampe. Mutter sagte, Wasser können wir dann pro Portion hinzugeben, wenn wir sie unterwegs auftauen und heiß machen. Gudel und ich, wir wurden durch das viele Rumrennen müde und gingen zeitig zu Bett. Wir träumten voller Erwartung auf den großen Zug mit unseren Wagen, besonders davon, im warmen Plateauwagen zu fahren.

Der Aufbruch

Unter uns war die Grundordnung für die Flucht klar auch wenn sie nirgends geschrieben stand:

Tante Erika leitet unseren Treck bestehend aus den drei Wagen mit den Tieren und den 41 Menschen. Sie stimmt sich bezüglich des Treckprogrammes mit der Leitung des gesamten Dorftrecks, unserem Nachbarn Giersberg ab. Sie bestimmt, wie schwer jeder Wagen beladen werden darf und ab wann Schluss ist.

Mama kümmert sich um ihre Kinder und die Ernährung der Familie. Sie legt zurecht, was alles mitgenommen werden soll und betreut ihre Kinder.

Tante Punne hilft, wo sie kann und hat außerdem die Spezialaufgabe, sich um unsere schwache Schmidtlein-Oma zu kümmern.

Von der Treckleitung waren folgende Eckpunkte herausgegeben worden:

Als Zielort für die erste Übernachtung war Bankau festgelegt worden. Bankau ist nur ca. 10 km bzw. 2,5 Stunden von Konradswaldau entfernt, hatte aber den Vorteil, dass wir mehr Zeit hatten, den Treck für die Abreise fertig zu machen. Für unsere engere Familie bedeutete das, dass wir bei unserer früheren Haushaltshilfe Frieda in Bankau übernachten könnten.

Abfahrt war für 13.00 Uhr festgelegt.

Erst nach Erklärung der Abreisebereitschaft sollten die Pferde vor die Wagen gespannt werden, damit sie nicht unnötig lange bei der herrschenden Temperatur von -20 Grad Celsius untätig herumstehen mussten. Auf der Liste der Menschen, die zu unseren drei Wagen gehörten standen 41 Namen. Tante Erika hatte angeordnet, dass alles, was auf einen der Wagen geladen werden sollte, bis um 11.00 Uhr vor den Wagen liegen sollte.

Alle gingen an die absolut außergewöhnliche Arbeit, das zu bestimmen, zu greifen, zu packen und zu den Wagen zu bringen, was sie „retten" wollten. Was muss eigentlich mitgenommen werden? Sehr wertvolle Dinge wie Schmuck, Porzellan, teure Wäsche, Musikinstrumente, Fahrräder? Oder Dinge, die anderen nicht in die Hände fallen sollen, wie z. B. Briefe und Fotoalben? Oder Dinge, die man für alle Zeit braucht, wie z. B. Zeugnisse, Eigentumspapiere, Familienbücher, Hypotheken- und Kontounterlagen? Gebrauchsgegenstände für den täglichen Gebrauch wie Federbetten, Kleidung zum Wechseln, Sommerkleidung? Dabei war zu berücksichtigen, dass das Haus ab dem Moment, wo der Letzte von uns es verlassen hat, offen steht und jeder sich darin zu schaffen machen kann. Das Gleiche galt für alle sonstigen Räume des Hofes. Es waren einige bekannt, die nicht aus Konradswaldau flüchten wollten, wie z. B. Gebhards in unserem Auszugshaus. Auch Marianne, meine Spielkameradin, würde nicht mit uns flüchten. Gebhards rechneten sich zu den ganz Armen und glaubten, die erwarteten Eroberer würden sie als Kommunisten und damit als ihresgleichen einschätzen.

Die Vorbereitungen auf den Auszug waren das „Außergewöhnliche". Es zeigte sich aber, dass das Außergewöhnliche in diesen Tagen noch getoppt werden konnte. Edith entdeckte beim Zusammenpacken plötzlich, dass sie ihre ganzen Papiere in der Wohnung in Brieg zurückgelassen hatte. Was sollte sie ohne Ausweis, Zeugnisse und Schulbücher zurechtkommen? Was tun? Es fand sich ein Erkundungsoffizier, der sie nach Brieg fuhr. Er setzte sie vor der Wohnung in der Mühlstraße ab und versprach, sie in einer Stunde wieder abzuholen. Das Zentrum der Stadt war bereits völlig geräumt in Erwartung der Soldaten, die Brieg verteidigen sollten. Brieg war eine Gespensterstadt. Edith erschauerte bei dem Gedanken, was aus ihrer Stadt bald werden würde, wie sie bald aussehen würde. Wir hatten unsere Hoffnung ja noch immer nicht aufgegeben, dass wir nur für eine gewisse Zeit unseren Hof verlassen würden, solange die Angreifer halt noch nicht zurückgeschlagen worden wären, um anschließend zurückzukehren. Wohin man in einem solchen Fall dann zurückkommt, dass wagte sich Edith in Brieg nicht vorzustellen. Der Erkundungsoffizier holte sie pünktlich wieder ab, und sie kam wohlbehalten mit ihren Papieren zu Hause an. Sie konnte sich endlich wieder der nächst niederen Stufe der Aufgaben, dem Außergewöhnlichen, widmen und aussuchen sowie einpacken.

Die Soldatengruppe, die sich in unserem Haus einnistete, stellte genau an der Stelle, an der wir unsere Sachen sammelten, nämlich im Flur, ihre Sachen auch ab. Das führte zu unübersichtlichem Durcheinander. Wurde ausdiskutiert und führte zum Umräumen.

Plötzlich kam Tante Punne
weinend die Treppe runter:
Ihre Mutter wäre um nichts in der
Welt zu bewegen, ihre Wohnung
zu verlassen. Sie wolle nicht mit
auf die Flucht gehen. Sie sei zu
alt dafür und würde auf den alten
Mann hinweisen, der vor ein
paar Tagen in unserem Kuhstall
gestorben wäre.
Oma war zu diesem Zeitpunkt 78
Jahre alt. Gestorben ist sie zwei
Jahre später, ein paar Tage, bevor
sie 80 wurde.

Mama und Tante Erika wurden durch die Neuigkeit geradezu elektrisiert und rannte zu ihr hoch. Mama ergriff das Wort, wie ich es noch nie erlebt hatte: „Sieh mal, Mutter. Wir haben Säuglinge, hochschwangere Frauen und junge hübsche Mädels, die wir retten müssen. Das willst du doch auch." Oma nickte: „Ja, das will ich auch. Aber ich werde dabei nicht gebraucht. Ich bin 78 Jahre alt und habe so oder so nicht mehr lange zu leben. Geht ohne mich!" Dann wieder meine Mutter: „Wenn du hierbleibst, dann braucht nur ein Querschläger unser Haus zu treffen und es fällt zusammen, und du stirbst elend unter den Trümmern. Keiner ist da, um dir zu helfen. Es würde keiner verstehen, weder dein Sohn Max noch deine Töchter Elisabeth und Lene, wenn wir dich hier zurückgelassen hätten.

Auch ich würde mir die größten Vorwürfe machen. Deinen Wunsch, nämlich hier zu bleiben, musst du dir noch einmal überlegen. Tu uns das bitte nicht an zu all dem Elend der Flucht." Oma antwortete nicht sofort, sodass eine Pause entstand. Da sprach meine Mutter weiter: „Ich gebe dir meinen wärmsten Pelz, den Feepelz. Wir nehmen sowieso paar Federbetten mit. Die sind nicht schwer. Darin kannst du dich einmummeln. Für die Füße nehmen wir Fußsäcke von unseren Schlittenfahrten mit. Darein legen wir heiße Steine oder Wärmflaschen, damit du nicht frierst. Lass uns eine einige Familie sein und komm mit." Schließlich stimmte Oma zu. Mama umarmte sie und wurde von Tante Punne und Tante Erika umarmt. Ich glaube, dass es für Oma wichtig war, dass ihre Schwiegertochter sie so inständig gebeten hatte. Alle konnten wieder an die weitere Durchführung ihres jeweiligen „normalen" Programmes gehen. Tante Punne blieb bei ihrer Mutter und bereitete sie und ihre Sachen auf die Abreise vor.

Inzwischen war es 12.00 Uhr geworden. Eigentlich hätte das Beladen der Wagen schon seit 11.00 Uhr im Gange sein müssen. Tante Erika erfuhr von Giersbergs, dass auch andere später fertig werden würden. Jetzt wollte sie mit Mama darangehen, unsere Wagen zu beladen. Während sich Tante Erika das zusammengekommene Gepäck ansah, kletterte Mama auf den Plateauwagen, wo die Alten, die Mütter mit Säuglingen und die Kleinkinder bis 6 Jahren untergebracht werden sollten. Was sie da sah, setzte sie in Rage. Der ganze Plateauwagen war voll mit Gepäck. Menschen hatten darauf keinen Platz mehr. Leute unseres Hofes hatten ihre wertvollsten Gepäckstücke in ihm untergebracht, nach dem Prinzip: Wer zuerst kommt, mahlt zuerst. Mutter bekam sich nicht so schnell wieder unter Kontrolle, sondern forderte die Betreffenden mit all ihrem Brast auf, ihr Gepäck wieder vom Wagen zu holen und es zum anderen Gepäck auf dem Boden zu stellen. Der Wagen sei mit absoluter Priorität nur für die laufunfähigen Menschen da. Unter Murren und Maulen leerte sich der Wagen. Dann hörte man die herausfordernde Frage, wer denn hier zu faul zum Laufen wäre. Jetzt wurden alle 41 Menschen namentlich aufgeführt und dabei festgelegt, wer im Wagen Platz findet und wer nicht. Das Maulen wurde kleiner. Nur bei den Kindern gab es noch Diskussionen. Mama bestimmte: Hubertus ist 9, er läuft. Gudrun ist 6, sie fährt im Plateauwagen. So machen wir es mit allen Kindern. Das wurde schließlich von allen akzeptiert.

Dann ging es darum, welches Gepäck auf den Plateauwagen gehört und welches nicht. Mutter erklärte, was wir unter „Tagesgepäck" verstehen sollen: Wenn sie Kleidungsstücke unterwegs beim Laufen ausziehen und sicherstellen wollen oder Kleidungsstücke oder Schuhe wechseln müssen, weil sie durchnässt sind, dann gehören sie ins Tagesgepäck. Wenn sie etwas Essbares für unterwegs vorbereiten, dann tun sie es in eine Tasche, die auch zum Tagesgepäck gehört. Wenn sie abends im Quartier Nachtwäsche und Waschlappen brauchen, dann gehört das ins Tagesgepäck. Auch die Papiere gehören zum Tagesgepäck. Das Tagesgepäck sollten wir gut griffbereit haben und es auf dem Plateauwagen geschützt unterbringen. Auf den Plateauwagen gehört auch alles, was die Mitfahrenden oben benötigen: Fußsäcke, Wärmflaschen, Decken oder Federbetten zum Schutz vor Kälte, vom Klopapier bis zum Nachttopf, weil wir nicht jedes Mal anhalten und warten können, wenn jemand pinkeln muss. Das griffbereite Tagesgepäck hilft uns, dass wir nicht ständig alle Wagen durchsuchen müssen, wenn wir etwas Alltägliches brauchen. Mama hatte ihren Plan für den Plateauwagen gut durchgebracht.

Jetzt zeigte es sich aber, dass die Leute viel mehr mitnehmen wollten, als auf den Wagen Platz finden konnte. Das Geschacher hat wohl zwei Stunden gedauert, hauptsächlich zwischen den Leuten und Tante Erika, bis klar war, was mitgeht und was zurückbleiben muss. Das Ergebnis war so, dass die Wagen alle überladen waren, dass aber die Leute einsahen, dass jeder auf etwas verzichten musste. Gudrun musste darauf verzichten, ihre neue Puppenstube mitzunehmen. Edith konnte ihr Schifferklavier und ihr Fahrrad nirgends mehr unterbringen. Ich brauchte auf nichts zu verzichten, denn Paulick und Ricke gingen unter dem Geschirr mit, und meine neue Kutscherpeitsche steckte im Peitschenhalter des Plateauwagens.Tante Erika sagte: Mal sehen, ob die Pferde es schaffen. Kommt Zeit, kommt Rat. Die Wagen sind aus unseren besten Teilen zusammengebaut. Sie werden schon nicht auseinanderfallen. Inzwischen war es 16.00 Uhr geworden. Wir waren bereit, die Pferde vorzuspannen und auf dem Plateauwagen einsteigen zu lassen. Tante Erika ging zu Giersbergs, um nachzufragen, wann es nun losginge. Dort fand sie noch andere Treckleiter. Einige waren der Meinung, dass man nicht in die Nacht hinein das Dorf verlassen sollte. Jetzt sei man ja mit den Vorbereitungen fertig und könnte morgen gleich in der Frühe starten. Herr Giersberg allerdings zeigte in dieser Situation, dass er Rückgrat besaß: Nein, das machen wir nicht! Ich kenne meine Pappenheimer. Morgen dauert es wieder bis zum Dunkelwerden, bis wir losfahren können. Wir fahren heute. Bis Bankau sind es nur 10 km oder zweieinhalb Stunden und wir haben uns aber damit endgültig abgenabelt. Es wurden noch ein paar Worte gewechselt, dann legte der Herr Giersberg fest, dass um 17.00 Uhr gestartet wird.

Tante Erika überbrachte die Entscheidung von Herrn Giersberg und verteilte ihre Anweisungen. Mama steuerte das Einsteigen und Zurechtrütteln der Leute auf dem Plateauwagen. Es lief alles ab wie geschmiert, wenn man es mit den Schwierigkeiten vom Vormittag vergleicht. Nur Gudrun machte Schwierigkeiten. Sie hatte sich vorgestellt, dass auch Mama auf dem Wagen säße. Nun begriff sie, dass sie neben Omi sitzen soll und dass Mama läuft. Jetzt empfand sie die Dunkelheit im Wagen und bekam Angst. Mama holte noch schnell eine Petroleumlampe, steckte sie an und reichte sie Oma.

Als sie aber wieder aus dem Wagen gehen wollte, brüllte Gudrun aus Leibeskräften. Mama befahl ihr, mit dem Brüllen aufzuhören. Als sie aber nicht aufhörte, gab sie ihr ein paar Ohrfeigen und ging aus dem Wagen. Man hörte Gudrun nur leise schluchzen und die Stimme von Oma, die ihr gut zuredete.

Tante Erika sagte: Jetzt können wir gehen. Sind denn alle jetzt hier beieinander? Edith fehlte. Ich rannte ins Haus. Da saß sie mit 10 oder 12 Soldaten, war dick eingemummelt und spielte gerade die „Erinnerungsstunden" auf dem Klavier. Es ist ein Stück, was von romantischen glücklichen Erlebnissen erzählt. Ein harmloses Salonstück ohne jedes Kampfgetümmel, also Erinnerungen an viele schöne Erlebnisse. Alle Soldaten hatten feuchte Augen bekommen. Als Edith geendet hatte, sagte einer der Soldaten: „Wir sind nicht einmal mehr in der Lage, euch zu beschützen und müssen euch der Kälte und den Gefahren der Flucht überlassen." Ich glaube, dass die Soldaten in die Festung Brieg abkommandiert waren und selbst auch einem unsicheren Schicksal entgegensahen.

Als das Stück zu Ende gespielt war, rief ich Edith zu: „Ethel, es geht los. Komm jetzt!" Edith stand vom Klavier auf, klappte es zu. Einige der Soldaten umarmten sie, alle nahmen Abschied von ihr. Dann kam sie, und ich folgte ihr heraus aus dem Haus. Draußen nahm sie ihr Fahrrad auf, um es zu schieben, nicht um damit zu fahren. Auf dem Gepäckträger war ihr Schifferklavier festgezurrt. Beides hatte auf keinem der Wagen Platz gefunden. Zum Schieben des Fahrrades musste sie eine Hand aus dem warmen Muff nehmen. Die freie Hand wurde nun nur noch von ihren Handschuhen geschützt.

Vor unserem Hauseingang stand Tante Erika. Sie hatte Edith passieren lassen und bemerkte bei mir wohl die leicht hochgezogenen Schultern, ein Zeichen des Fröstelns und sagte: „Bertus, ist dir kalt?" Meine Antwort: „Nee, mich friert bloß ins Maul." Darauf nahm sie mein Atemschutztuch, das mir nur noch um den Hals hing, und band es mir wieder ordentlich um den Kopf über Mund, Kinn und Nase. Dann verließen wir im Gleichschritt den Hof.

Auf der Flucht

Auf der Straße angekommen

Am Spätnachmittag des 24. Januar 1945 genau um 17.00 Uhr begab sich der Treck von Konradswaldau mit mehr als 130 Pferdefuhrwerken auf die Straße. Wir selbst waren mit unseren drei Wagen 2,2 Prozent davon. Konradswaldau hatte damals insgesamt etwa 980 Einwohner, die meisten hatten sich zur Flucht entschlossen, pro Wagen waren es also etwa 7 Menschen. Zu unseren drei Wagen gehörten allerdings 41 Personen, also etwa 14 pro Wagen. Bei uns hatten sich viele angeschlossen, die nicht aus Konradswaldau stammten. Freunde wie die Stellmacherfamilie Thomas aus Ottmachau oder Kijans aus der Ukraine. Wir hatten aber auch nicht das Pferdematerial, um mehr als drei Wagen zu bespannen. Nach meiner Erinnerung waren wir die Einzigen, die einen Zugochsen dabeihatten. Unsere Pferde waren bei der Abfahrt gesund und ausgeruht, die Menschen verunsichert und ängstlich und wie durch den Wolf gedreht. Die Temperatur war mit unter -20 Grad Celsius eisig. Zur Tageszeit 17.00 Uhr wäre es Zeit gewesen, sich zu verkriechen, statt sich dem Abenteuer der Flucht zu stellen. Doch wir wollten dem nahen, noch größeren Unheil entfliehen.

Ich selbst beobachtete, wie unsere Pferde mit den schweren Wagen und dem eisigen Wind zurechtkamen. Deshalb lief ich bald nach vorn zu Paulick und Gretel, bald ließ ich mich zurückfallen, um nach dem Ochsen Moritz zu sehen. Mama hatte mich aufgefordert, bei unseren drei Wagen zu bleiben. Ich hielt mich daran, aber gern hätte ich noch nach Schulkameraden Ausschau gehalten. Der Schnee war so kalt, dass er nicht klunschte, also den Vorteil hatte, dass sich unter den Hufeisen keine Schneeklumpen bildeten. Ich beobachtete aber, dass sich schon nach kurzer Zeit Eiszapfen an allen

Härchen bildeten, die Pferde um ihr Maul haben. Ich hätte auf das Tuch vor meinem Gesicht nicht verzichten wollen und fragte mich, ob die Pferde auch ins Maul frieren. Genauso wie unsere Pferde jetzt aussahen, hatten die Pferde der Flüchtlinge von der anderen Oderseite ausgesehen, als sie auf unseren Hof kamen. Ich dachte bei mir, das halten die Pferde wohl aus, denn die anderen waren ja auch weitergezogen.

Ich hatte damals beobachtet, wo die Flüchtlinge von der anderen Oderseite bei uns übernachtet hatten und war bereit, genau wie sie z. B. auf dem Fußboden in einem Flur oder einem Schulraum oder in einer Kälberbox zu schlafen. Unsere Pferde würden nun auch – genau wie die Pferde der Leute, die bei uns Unterschlupf gesucht hatten – keinen freien Platz in einem Pferdestall finden, sondern in einer Scheune übernachten müssen. In Bankau würden wir bei Frieda übernachten, die früher bei uns Hausmädchen gewesen war. Das hatte Mama schon mir ihr ausgemacht. Für mich war die Welt nur sonderbar, aber in Ordnung.

Ich war überrascht, wie schnell wir am Hochwald waren. Ich musste daran denken, dass ein Stuka brennend in die Bäume geflogen und sein Pilot darin verbrannt war. Meine damalige Beute, das Plexiglasstück, hatte ich leider zu Hause vergessen. Wir passierten die Autobahnauffahrt und erreichten gleich danach Zindel. Damit hatten wir schon ungefähr die Hälfte unseres heutigen Weges hinter uns. Das war ja fast nichts im Vergleich zu einer der üblichen Kutschfahrten. Nur noch einen Schwenk nach rechts, und die Straße führte geradewegs nach Bankau rein. Wir hielten ziemlich am Anfang des Dorfes kurz an, damit Mama unseren Tageskoffer vom Wagen nehmen konnte. Mit ihm suchten wir dann Frieda auf. Sie freute sich, uns wiederzusehen und zeigte uns, wo wir schlafen und wo wir essen könnten. Dann anschließend haben wir gleich Abendbrot gegessen. Mama bestimmte, dass ich mit Gudrun bald danach zu Bett gehen sollte. Ich wollte aber vorher gern noch sehen, wo die anderen schlafen und wo unsere Pferde und der Ochse untergebracht würden, denn Bankau war ja nur halb so groß wie Konradswaldau. Doch Mama bestand auf ihrer Festlegung. Nur Edith durfte mit zum Treffen mit den anderen. Gudrun und ich haben nur Katzenwäsche gemacht und sind in die Betten gegangen. Gudrun fragte mich: „Batu, hast du Angst?" Meine Antwort: „Nee, hab' ich nicht. Und d

du brauchst auch keine zu haben, denn ich pass auf, bis Mama wieder bei uns ist." Aber ich hatte dann doch nicht aufgepasst, bis Mama kam, weil ich zu schnell eingeschlafen war.

Der anders geplante Tag

Wir wachten von den fremden Geräuschen im Haus auf. Einige Personen schienen schon sehr geschäftig zu sein: Türengeklapper, Schritte, Wassergeplantsche, leise Worte. Gudrun sagte: „Hörst du? Die machen sich fertig, um abzumarschieren. Wir müssen auch aufstehen." Da schaute Mama in unser Zimmer: „Es ist noch ganz dunkel draußen. Ihr habt noch eine Menge Zeit bis zum Aufstehen. Jetzt werden erst die Tiere gefüttert, dann müssen sie ausreichend lange fressen können. Dann wird es draußen hell geworden sein. Erst dann können wir starten. In einer Stunde könnt ihr in die Küche kommen, dort gibt's dann Frühstück. Ich komme aber vorher noch einmal, um euch das Zeichen zum Aufstehen zu geben." Dann verschwand sie wieder. Mir fiel nachträglich auf, dass sie schon angezogen war, sogar schon mit den warmen Sachen für draußen. Uns hielt es keine ganze Stunde lang mehr in den Betten. Nach einer halben Stunde vielleicht standen wir auf und kleideten uns an. Wir hörten im Haus keinen mehr klappern. Das Haus war scheinbar leer. Wir zogen uns auch die warmen Sachen an und gingen vor die

Haustür. Man konnte schlecht sehen, denn es war noch ziemlich dunkel. Da sahen wir Frieda auf uns in der Haustür zukommen. Ich fragte sie, ob sie wisse, wo unsere Pferde seien. Sie wären beim übernächsten Nachbarn. Ich beschloss, dorthin zu gehen. Natürlich folgte mir Gudrun. Sie hatte sich ja auch warm angezogen. Wir liefen an Treckwagen am Straßenrand vorbei. In jedem Hof standen Treckwagen und brannte irgendwo Licht.

Als wir den übernächsten Hof, wo unsere Pferde sein sollten, erreicht hatten, hörten wir hinter den Treckwagen bereits das leise Schnauben und Mahlen der Pferde in der Scheune. Wir wollten zwischen den Treckwagen hindurch schnurstracks in die Scheune hineingehen. Aber ein junger Arbeiter vom Hof stand mitten in der Tür des geschlossenen Scheunentores und ließ uns nicht an sich vorbeigehen: „Wir müssen den Mann erst noch abnehmen, dann könnt ihr durch zu euren Pferden." Ich verstand ihn nicht und fragte: „Was heißt denn „abnehmen"? Da sagte er: „Einer hat sich heute Nacht in der Scheune erhängt. Bleibt zurück! Das ist nichts für euch." Wir mussten bei ihm stehen bleiben. Er ging immer mal wieder ein paar Schritte rein, um nachzuschauen. Dann ließ er uns schließlich passieren. Ich bekam Angst und einen riesigen Schrecken, suchte die Balken im Halbdunkel mit den Augen unauffällig ab, ob mir etwas auffallen würde. Ein Balken war nicht wie alle anderen mit einem Strohdach bedeckt, sondern in einem Bereich verdächtig sauber. Ich hielt aber meinen Mund und sagte nix, um Gudrun ruhig zu halten. Wir gingen auf Zehenspitzen zu den Pferden. Die ganze Scheune war voller Pferde. Da sah ich plötzlich unseren Ochsen und fand Paul, meinen Lehrer im Ochsenfahren, und alle unsere Pferde. Ich fragte Paul, wo Tante Erika und Mama seien. Er zeigte zwei Finger und machte eine Bewegung mit der Hand. Ich verstand: zwei Höfe weiter. Wir gingen angsterfüllt und unsicher an vielen Treckwagen vorbei dorthin. Auf dem Hof angekommen, hörten wir schon die vertrauten Stimmen.

Tante Erika und Mama verhandelten mit Otto Giersberg, der in einer Gruppe mit den Treckleitern der anderen Bauern stand. Ich begriff schnell, worum es ging. Die Konradswaldauer wollten an diesem Tag Bankau nicht verlassen. Sie wollten einen Tag lang die Bewegungen an der Front abwarten. Mama wollte durchsetzen, dass dieser Tag des Wartens nicht eingelegt wird. Sie hätte von ihrem Mann den Auftrag, umgehend zu flüchten und nicht zu warten. Tante Erika wiederum wollte es nicht dazu kommen lassen, dass wir uns mit unseren drei Wagen vom Gesamttreck trennen und alleine weitermarschieren. Im Gesamttreck hätten wir alle Handwerker und bei Notfällen sofort Hilfe. Der Streit ging mehrmals hin und her. Da gab Mama plötzlich nach: „Ich stimme zu, aber nur unter der Bedingung, dass wir morgen auf jeden Fall weitertrecken und weder zurück nach Konradswaldau gehen, noch einen weiteren Tag in Bankau bleiben. Alle stimmten ihrer Bedingung zu. Einer beschwerte sich sogar laut und deutlich darüber, dass Mama ihnen unterstellen würde, sie wollten auch morgen noch in Bankau bleiben oder sogar nach Konradswaldau zurückgehen. Wie könnte man denn nur auf einen derart hirnverbrannten Einfall kommen? Doch Otto Giersberg sagte: „Nein Trudel, morgen trecken wir wirklich alle gemeinsam weiter." Oma sagte später: „Jetzt habt ihr Klarheit geschaffen und Frieden mit den anderen bewahrt. Morgen dürfte es keine erneute Diskussion um diese Frage geben."

Anschließend trafen wir uns alle mit Frieda in ihrer Wohnküche, Oma, beide Tanten, Mama und wir drei Kinder. Tante Erika brachte eines ihrer selbst gebackenen tollen Kümmelbrote auf den Tisch, Schinken, Käse, Äpfel, Kaffee, Sirup und Milch für uns Kinder. In dieser Runde waren Gudrun und ich die Einzigen, die wussten, dass sich einer nachts erhängt hatte, ausgerechnet in der Scheune mit unseren Pferden. Sie glaubten uns die Geschichte erst gar nicht. Frieda kannte sie aber auch und bestätigte unseren Bericht. Frieda berichtete, dass es in Bankau eine Reihe von Bauern gäbe, die nicht flüchten würden. Mama hatte schon einen getroffen, den Überscheer, und mit ihm gesprochen: Er würde doch seine Kühe nicht alleine lassen.

Als alles durchgesprochen war, kam die Frage auf: Was können wir mit dem angebrochenen, geschenkten Tag tun? Aus unserer Familie entschied sich Edith, mit ihrem Fahrrad mal schnell zu Hause vorbeizuschauen. Edith schreckte vor nix zurück. Mama war das nicht recht, aber sie erlaubte es schließlich mit der Auflage, dass Edith spätestens um 16.00 Uhr wieder bei uns in Bankau zu sein hat, möglichst noch früher. Sie selbst hatte Angst vor der Antwort auf die Frage, wie es unseren verschiedenen Tieren, besonders unseren prächtigen Milchkühen mit ihren prallen Eutern gehen würde. Edith tat sich mit einigen weiteren jungen Leuten zusammen und fuhr zu unserem aufgegebenen Besitz. Alle anderen blieben in Bankau. Mama erlaubte mir, mich in Bankau umzuschaun. Gudrun blieb bei ihr. Jetzt war es hell draußen. Tatsächlich waren alle Höfe voller Treckwagen. Auch alle Stellen entlang der Straße, wo ein Wagen Platz hatte, waren belegt. Auch wenn sich die meisten Konradswaldauer wegen der Kälte in den Häusern aufhielten, trieben sich trotzdem wohl mehr als hundert in den Ställen herum.

Ich suchte nach Jungs meines Alters. Sie standen alle bei den Erwachsenen mit in den Gruppen. In jeder Gruppe besprachen die Leute die wichtigen Fragen: Hat uns der Russe bald am Arsch, oder wird die Festung Brieg standhalten? Kommen uns Truppen aus dem Westen zu Hilfe, oder müssen die im Westen bleiben? Was passiert uns eigentlich, wenn wir nicht flüchten? Stimmt es, dass die Russen alle Männer umbringen und alle Frauen vergewaltigen? Es gelang mir nicht, einige von meinen Freunden für ein gemeinsames Spielen zu gewinnen. Ehrlich gesagt, war ich auch selbst zu interessiert, an den Gesprächen teilzunehmen, und ging von Gruppe zu Gruppe. Ich fand aber keinen, der mit mir Pilot der Me 262 werden wollte:

„Wir fliehen nicht vor den feindlichen Bombern, sondern vor den Panzern und Stalinorgeln der Russen, begreif das ma!" Schließlich brachte mich der überflüssige Tag in Bankau dazu, weitertrecken zu wollen. Keiner kannte die Zukunft, und es schien mir viel schwerer, die unsicheren Verhältnisse zu besprechen, als die Strapazen der Flucht auf sich zu nehmen. Ich brauchte Aktion.

Edith kam pünktlich zurück vom Ausflug. Ihr Bericht: Auf unserem Hof liefen alle Kühe mit ihren Kälbern frei herum, auch der Zuchtbulle. Sie hätten Zugang zu viel Futter in den Scheunen. Die Kälber sollen den Müttern die Euter leer saufen. Alle Kühe könnten selbst entscheiden, wann sie durch die einzige offene Tür – das Türblatt hatte jemand ausgehängt – in den warmen Stall gehen. Dort liefen die Selbsttränken weiterhin. Auf dem Hof hatte Edith bekannte und fremde Gesichter gesehen. Im Haus seien Schrank- und Schubladeninhalte verstreut. Mama wollte den Bericht gar nicht hören. Beim Abendbrot schworen wir uns auf den nächsten Tag ein. Ethel spielte noch ein paar Lieder auf ihrem Schifferklavier. Beim „Eine Seefahrt, die ist lustig" schauten sich alle belustigt an. Gudrun und ich sangen diesmal nicht mit. Der Text kam uns unpassend vor. Da sagte Tante Erika: „Die Seefahrt passt heute nicht. Aber spiel ein anderes lustiges Stück." Darum brauchte man Edith nicht zweimal zu bitten. Ihr fiel ein Operettenstück ein: „Jeder denkt, wir wär'n ein Ehepaar, dabei ist es gar nicht wahr. Und ich fühl, wenn du mich küsst, dass es rein platonisch ist." Gudrun und ich, wir ließen uns wieder einmal von Edith vorführen. *https://www.youtube.com/ watch?v=Fua_IDJf4rs*

Dann verschliefen wir unsere zweite Nacht in der Fremde.

Der Abschied von der Dorfgemeinschaft

Die zweite Nacht der Flucht war vorbei. Wir waren alle dabei, uns und unsere Tiere für den Abmarsch fertig zu machen, da kam Tante Erika von der Koordinationsrunde zurück und berichtete, dass die Konradswaldauer auch heute nicht weitertrecken würden. Die am Vortag getroffene Abmachung würde von ihnen nicht eingehalten. Otto Giersberg sei umgefallen. Und sie hätte daraufhin bekannt gegeben, dass wir uns nun vom Gesamttreck heute trennen und zukünftig alleine trecken würden. Wir standen alle auf ihrer Seite. Als Mama das hörte, war sie zuerst sehr erstaunt, weil sie nicht ernsthaft erwartet hatte, dass dieser Fall eintreten würde. Dann aber sagte sie: „Man muss sich genau ansehen, wem man wann vertraut. Besonders die ukrainische Familie Kijan war sehr beruhigt, dass wir endlich von der Frontlinie weiter wegziehen würden. Den Deutschen würden die Divisionen fehlen, die im Westen kämpfen. Deswegen könnte die Rote Armee so schnell vorrücken. Auch andere Erwachsene – zum Beispiel Tante Erika – warteten schon lange auf die Truppen aus dem Westen. Das war der Grund, warum sie noch glaubten, dass wir unser Zuhause nur für kurze Zeit verlassen müssten.

Wir waren mit unseren drei Wagen schnell fertig zum Aufbruch, rollten mit ihnen vom Hof und zogen durch das Dorf. An beiden Straßenseiten standen Konradswaldauer, die den Wegzug der Familie ihres Bürgermeisters mit bösen Blicken verfolgten. Zwar war der Bürgermeister Schmidtlein Soldat und nicht im Amt, doch auch der amtierende Bürgermeister, der NSDAP-Ortsgruppenleiter Georg Stephan, war davongelaufen und im Wald verschwunden, was sollte man von dieser Situation halten? Aus einer Gruppe tönte laut und gut vernehmbar: „Da sieht man mal die von der NSDAP. Wenn's darauf ankommt, machen sie sich aus dem Staub." Ich wäre dem am liebsten an die Gurgel gesprungen. Mama, die selbst nie etwas von der NSDAP gehalten hatte, rief laut zurück: „Der Streit heute entsteht nicht durch unsere „hirnverbrannte Idee". Dass ihr heute nicht weitertreckt, ist euch über Nacht eingefallen." Sie hatte die Worte „hirnverbrannte Idee" –also seine Worte vom Vortag –benutzt. „Das ist doch eure eigene Idee. Ihr braucht nur mitzukommen. Ihr seid vorbereitet wie wir. Kommt mit!" Trotz dieser Aufforderung blieben wir mit unseren Wagen allein. Unser Marsch bis zum Ende des Dorfes Bankau war wie ein Spießrutenlaufen, erst dann fühlten wir uns frei.

Das war ein Weggehen ohne Abschied. Auch wenn es als normal gelten kann, dass sich in einem 1000-Seelen-Dorf nicht alle grün sind, so war es doch des Bemerkens wert, dass sich weder die Mitglieder meiner Familie noch die Mitglieder unserer Treckgemeinschaft von ihren Freunden und den Dorfgrößen aktiv verabschiedeten. Wir nahmen uns nicht die Zeit für einen Handschlag, für Umarmungen oder Küsse. Wo hätte man da anfangen und wo Schluss machen sollen. Marianne, meine besondere Spielkameradin, war bereits mit ihren Eltern in Konradswaldau geblieben und gar nicht bis Bankau mitgetreckt. Aber auch dann, wenn sie in Bankau am Straßenrand gestanden hätte, hätte ich weder den Gedanken aufgebracht, mich von ihr zu verabschieden, noch den Mut gehabt, meine Gefühle so zu erkennen zu geben. Wo am Rand stand eigentlich der Skatbruder meines Vaters, Kanter Wagner, mit dessen Sente mein Hintern Bekanntschaft gemacht hatte, wo die Freele (Frl. Leuchtmann), bei deren Kettenaufgaben mein Verstand das Fliegen gelernt hatte? Ich erinnere mich nicht daran. Ich würde ihr gern sagen, dass sie in meinem Leben zu den wichtigen Schicksalsfiguren zählt. Durch sie habe ich mein mathematisches Talent früh erkannt.

Außerdem wusste doch keiner, dass es ein finaler Abschied sein würde, ein Abschied nicht nur vom Dorf, sondern auch von seinen Menschen. Es gab niemals eine Wiedervereinigung der geflüchteten

Konradswaldauer an einem Ort. Die Familien wohnten später über ganz Deutschland verstreut und später zusätzlich von einer üblen Erfindung, der deutsch-deutschen Grenze getrennt, ja selbst innerhalb einer Familie wohnten die Mitglieder sehr oft weit voneinander entfernt. Wir Flüchtlinge wurden zur Hefe im Nachkriegsteig Deutschlands. Aus einer späteren Statistik ging hervor, dass die Flüchtlinge aus Schlesien, die in Westdeutschland ca. 6 Prozent der Bevölkerung ausmachten ca. 12 Prozent der Manager in der westdeutschen Wirtschaft lieferten.

Tante Erika und Mama übernahmen die Verantwortung für einundvierzig Menschen, 7 Pferde, einen Zugochsen und drei Wagen, beladen bis zur äußersten Beladungsgrenze mit den Habseligkeiten, die den Menschen in ihrer Kopflosigkeit eingefallen waren. Mit der Menge des mitgeschleppten Porzellans und Besteckes hätte man einen schwungvollen Handel eröffnen können. Wozu braucht man es, wenn man nichts zu essen hat? Aber lassen wir diese Gedanken beiseite, sie gehören in die spätere Zeit.

Unser vorläufiges Treckziel war Hirschberg. Vorher umdrehen würden wir nur dann, wenn eine Sondermeldung verkünden würde, dass es den deutschen Truppen gelungen sei, die Rote Armee aus Deutschland zu vertreiben und dass wir uns wieder auf dem Vormarsch befänden. Zwischen Mama und Tante Erika klaffte ein grundsätzlicher Meinungsunterschied über die Kriegslage. Tante Erika hoffte noch darauf, dass endlich die versprochene Verstärkung aus dem Westen bei uns an der Ostfront auftauchen und dass noch weitere V-Waffen zum Einsatz kommen würden. Daher wollte sie nur so weit trecken, dass wir nicht zwischendurch von der Front überrannt würden. Mama glaubte Hitler wie schon immer, so auch in dieser Lage kein Wort und sah Deutschland verloren. In dieser Ansicht fühlte sie sich von der ukrainischen Familie Kijan unterstützt. Sie sähen die Situation sicherlich realistisch, denn sie kannten die vergangenen Schlachten in der Ukraine und das verbrecherische Regime Stalins aus dem eigenen Erleben. Mama hatte nur ein Ziel: Nicht von der Front überrollt zu werden. Sie wollte in ein Gebiet, wo wir das Kriegsende kampflos erleben könnten. Und Kijans wollten eigentlich in die USA.

Was wir damals nicht wussten: Hirschberg wurde erst nach der Kapitulation des Deutschen Reiches, also nach dem 8. Mai 1945 von den Russen und Polen besetzt. Wir hätten nicht so zu eilen müssen. Die Festung Breslau hatte gehalten und erst mehrere Wochen nach dem Deutschen Reich und auch nicht bedingungslos kapituliert. Die Rote Armee hatte nach einer empfindlichen Niederlage am Bober entschieden, ihre südlichen Armeen nicht weiter westwärts zu treiben, sondern der Eroberung von Berlin Vorrang zu geben.

„Selbst entscheiden"

Bei unserer Abtrennung vom Gesamttreck war der genehmigte Treckplan bei Otto Giersberg geblieben. Wir hatten keine eigenen „Papiere", uns gab es sozusagen gar nicht. Wir treckten aufs Geratewohl und kamen trotzdem gut durch mit der mündlichen Behauptung, wir wären die Vorausabteilung von Konradswaldau, der Gesamttreck sei aufgehalten worden und käme nach. Aufs Geratewohl in Richtung Hirschberg, daran hätte auch keine Information über den Verbleib von Vater und Uschi etwas geändert. Trotzdem dürsteten wir natürlich nach Neuigkeiten über den Verbleib von Vater und Uschi. Wir hatten zwei Kontaktpunkte verabredet, deren Adressen und Telefonnummern alle Familienmitglieder aufgeschrieben hatten.

Erstens: Tante Lene in Bad Flinsberg. Tante Lene, eine Schwester meines Vaters, war Haushälterin der Villa der Industriellenfamilie

Pintsch aus Berlin. Die Familie Pintsch lebte für gewöhnlich in Berlin und hatte die Villa in Flinsberg nur für besondere Zwecke. Sie diente einmal als Domizil für Aufenthalte im Heil- und Erholungsbad Flinsberg und zum anderen als Dauerwohnort für einen Sohn der Familie Pintsch, der im Rahmen der Firma nicht eingesetzt werden konnte. Wenn ihm meine Tante am Samstag alle neuen Rätselhefte im Zeitungsladen gekauft hatte, dann hatte er bereits am Montag alle Kreuzworträtsel korrekt ausgefüllt. An normaler Kommunikation war er aber nicht interessiert. Tante Lene musste für ihn sorgen wie für ein Kind. Gott sei Dank, war er total ungefährlich und verließ das Grundstück auch nicht allein, brauchte also nicht eingesperrt zu werden.

Von links: E. Pintsch, Onkel „Iwo"; auf der Sessellehne sitzend: Tante Lene

Auch diese Villa war in jenen Tagen ein beliebtes Einquartierungsobjekt des Militärs. Das Militär hatte das Telefon des Hauses beschlagnahmt. Man konnte Tante Lene dennoch ab und zu erreichen. Bei ihr war also eine Koordinierungsstelle zwischen Vater und uns auf der Flucht sowie zu Uschi, ebenfalls auf der Flucht mit dem Treck ihrer Arbeitgeber aus Liegnitz.

Zweitens: Lotte Büchner auf dem Büchner'schen Bauernhof in Leuterwitz, Kreis Döbeln, in Sachsen. Auch sie hatte ein Telefon auf dem Hof. Mein Vater hatte Karl Büchner in der Ukraine kennen und schätzen gelernt. Meine Eltern hatten während eines Fronturlaubs 1942 Büchners in Leuterwitz besucht. Bei der Gelegenheit schlossen beide Ehepaare Freundschaft. Auch Karl und Lotte Büchner hatten uns gleich anschließend in Schlesien ebenfalls besucht. Wir hatten von Büchners schon vor unserer Flucht das Angebot, dass im Fall der Fälle auf ihrem Hof Platz für uns sei. Sie könnten allein auf dem eigenen Hof ca. 20 Personen unterbringen und hätten einen leeren Stall für unsere Pferde.

Keiner jedoch hatte zu Beginn unseres Treckzuges ernsthaft im Auge, bis nach Leuterwitz durchmarschieren zu wollen. Unter Extrapolation der Verhältnisse hätte das zwei volle Monate benötigt. Ein derartiger Marsch war zu diesem Zeitpunkt für uns unvorstellbar. *http://www.entfernung.org/Leisnig/Brieg*

Über die Koordinierungspunkte hatten wir über längere Zeit weder von Vater noch von Uschi irgendwelche Nachrichten erhalten. Wir hatten nach Verlassen von Bankau nicht lange Zeit für Gefühle des Abschieds von der Dorfgemeinschaft unseres Trecks, denn schon Minuten, nachdem wir Bankau verlassen hatten, standen wir an der nächsten Straßenkreuzung und mussten entscheiden, ob wir den direkten Weg nach Strehlen einschlagen sollten oder den besser bekannten, aber längeren über Wansen. Ich erinnere mich an die Diskussion: Wir fuhren über Wansen. Das ist jetzt aber völlig unwichtig. Was ich aber noch sehr gut erinnere ist, dass Eingriffe des Militärs auf unsere Straßenwahl ständig wieder passierten. Im Treckplan des Dorfes war das sicherlich bereits berücksichtigt. Wir mussten während der gesamten Zeit immer wieder auf Nebenstraßen und Feldwege ausweichen, was uns alles an Einsatz und Ausdauer abverlangte nach dem Grundsatz: Was einen nicht umbringt, macht einen stärker. Andererseits hat es uns beim Vorankommen ständig verlangsamt. Unsere Tagesleistung betrug tatsächlich nur 7 km/Tag. Bei der Berechnung dieses Wertes habe ich die Luftlinie von Konradswaldau nach Hirschberg zugrunde gelegt. Auch habe ich die eingelegten Rasttage vernachlässigt. Sie waren ja – bis auf den in Bankau – nur notwendig, weil wir total überfordert waren, gerade auch wegen der Straßensperrungen durch das Militär.

Je nebensächlicher die Nebenstraßen waren, desto schlechter waren sie ausgeschildert, desto seltener traf man in der Einsamkeit jemanden, den man nach dem Weg fragen konnte, desto holpriger waren die Fahrbahnen und desto mehr und größere Höhenschwankungen mussten wir überwinden. Es herrschten weiterhin eisige Temperaturen. Die Pferde und Menschen waren einen Tag lang körperlich in Bankau geschont worden. Die Straßen waren ohne Neuschnee geblieben, aber der lausige Wind hatte für Windwehen gesorgt. Es war ein Tag ohne besondere Vorkommnisse. Ich fühle mich durch die Schneewehen stapfen. Der Schnee beginnt in meinen Wollgamaschen anzubacken und festzufrieren. Sie rutschen auf die Schuhe. Auf den Gamaschen findet Schnee Halt, um sich darauf aufzubauen und bildet einen Schneemuff um meine Wollstrümpfe. Die Wagen werden durch die Schneewehen gebremst. Die, die zu Fuß trecken, schieben einen der drei Wagen und helfen den Pferden, die ihr Äußerstes geben. Ist die Schneewehe durchfahren, geht es ohne Zusatzleistung weiter. Doch das ist auch schon genug. Zumindest kommen die Pferde nicht zum Atemschöpfen, denn sie sind ständig im Kampf. Es dauert nicht lange, bis zum nächsten Busch oder Straßenhaus oder Sandhaufen, der eine Schneewehe ausgelöst hat, und schon geht die Sonderschicht wieder los. Edith sieht alle beim Schieben und entscheidet, ihr Fahrrad mit ihrem Schifferklavier auf dem Gepäckträger in den Straßengraben zu schieben und bei einem der Wagen mit anzupacken. Als wir durch die Schneewehe durch waren, erinnert einer sie daran, dass ihr Fahrrad noch ein Stück zurück im Graben liegt. Sie entscheidet sich: „Ich kann damit jetzt nicht fahren und abends habe ich auch nicht mehr die Kraft und Lust, Schifferklavier zu spielen. Vielleicht findet es einer und kann es gebrauchen. Ich lasse es auf jeden Fall hier liegen."

Mittags gegen 12.00 Uhr legten wir an einem einsamen kleinen Gehöft eine Pause ein. Alle Tiere bekamen Futter in einem Futtersack und zum Schluss Wasser zum Saufen, das wir in dem kleinen Gehöft bekamen. Mama machte Hühner-Nudel-Eintopf auf einem Spirituskocher warm, das war nahrhaft, aber schon ein bisschen langweilig. Sie kochte auch Tee, denn kaltes Wasser durften wir nicht trinken. Worauf kann man sich eigentlich hier setzen? Oder müssen wir im Stehen essen und uns ausruhen? Überlegen sie doch selbst einmal. Ihnen wird schon was einfallen, wie uns damals. Wir blieben nicht lange, denn wir konnten nicht zulassen, dass die Tiere anfangen zu frieren und zu sehr auskühlten. Trotz der Decken, die wir ihnen während der Pause übergeworfen hatten, sind wir schon nach weniger als einer Stunde wieder weitergezogen. Wir sammelten alle Futtersäcke ein und nahmen den Pferden die Decken wieder ab und verstauten alles wieder auf den Wagen. Dann ging es wieder auf in die Schlacht mit den Schneewehen.

Auch ich hätte dort nicht länger Pause machen wollen. Auf meiner Haut an den Beinen über den Schuhen hatte sich der Schnee in Wasser verwandelt und kühlte meine Beine jetzt ziemlich deutlich. Wenn ich dort zu lange gesessen hätte, wäre das Wasser wohl wieder gefroren. Auch merkte ich plötzlich kalten Schweiß auf meinem Rücken. Aber alle begannen zu frösteln, und nicht nur ich, und wollten weiter. Mama sagte: „Morgen müssen wir die doppelte Oberbekleidung rechtzeitig ausziehen, bevor wir anfangen zu schwitzen, sonst erkälten wir uns in den Pausen und fangen an zu husten und Fieber zu bekommen. Das fehlt uns gerade noch."

Auch am Nachmittag mussten wir wieder eine ganze Reihe von Schneewehen durchfahren. Es klappte ohne Zwischenfälle, aber mit dem ganzen Einsatz von allen. Kurz vor dem Dunkelwerden erreichten wir den Ort, wo Tante Erika und der Herr Thomas Quartier gemacht hatten. Die Pferde und der Ochse fanden in einer Scheune Platz. Sie standen darin windgeschützt, obwohl es darin nicht viel wärmer war als draußen. Die Tiere wurden kurz nach der Ankunft mit Decken eingedeckt. Unter die Decken stopften wir Stroh, damit der Schweiß vom Nachschwitzen aufgesaugt wurde. Wenn man nach einer Stunde drunterfasste, dann war es unter der Decke sehr schön trocken und körperwarm. Eigenartig, dass Pferde gern fressen, ohne dass sie gleich Wasser zu saufen bekommen. Sie saufen erst, wenn sie das Kraftfutter gefressen haben und schon etwas von dem Heu. Wenn sie dann saufen, dann möchten sie aber gleich einen ganzen Eimer leeren. Wir haben es ihnen eingeteilt. Man musste zusätzlich darauf achten, dass das Wasser nicht zu kalt war.

Wir Menschen fanden nicht alle beim gleichen Quartiergeber Platz. Wir mussten uns aufteilen. Oma und die Tanten waren bei einer anderen Familie als Mama mit uns drei Kindern. Mamas Priorität: Die nassen Klamotten vom Leib und trockene Sachen anziehen! Der Erkältung keine Chance geben! Dann erst essen und trinken. An mich gewandt stellte sie fest: „Gestrickte Stützel sind bei den Schneeverhältnissen nicht die richtigen Gamaschen. Du bräuchtest jetzt welche aus Leder, die weiter über die Schuhe reichen und auch am Bein höher reichen. Nur, woher nehmen und nicht stehlen? Ich muss mir was überlegen. Deine Schuhe sind voll Wasser. Morgen ziehst du dein Ersatzpaar an. Das ist trocken und etwas größer.

Vielleicht passen bei denen auch noch Fußlappen rein. Wasser im Schuh ist nicht schlimm, wenn es warm ist."

Ich hab nicht mit Mama mit überlegt, zu müde war ich. An dem Abend auch nix mehr mit Singen.

Neues Schuhwerk

Mama weckte mich: „Zieh dich an und komm frühstücken!" Ich musste mich erst einmal strecken und zu mir kommen, so fest hatte ich geschlafen. Dann sagte ich zu Mama: „Ich zieh mich an, aber dann muss ich erst zu den Pferden gucken und füttern helfen. Dann komm' ich zum Frühstücken." Mama informierte mich aber, dass die Pferde schon längst ihr Futter erhalten hätten. Ich hätte verschlafen. Gudrun sei schon angekleidet. Kein Wunder! Sie war ja am Vortag auch nicht gelaufen.

Mir ist von diesem Morgen eine Begebenheit in Erinnerung. Mama wollte mich für das Laufen durch hohe Schneewehen besser ausrüsten. Dafür hatte sie ein ganzes Paket von Sachen bereitgelegt. Zuerst musste ich wieder gestrickte Stützel überziehen und bis zum Knie hochziehen. Sie würden zum Schluss als Gamaschen wieder in Position heruntergezogen werden und die Schuhe etwas überlappen. Dann hatte sie sich ein Paar zusätzliche Stricksocken gedacht und noch darüber Fußlappen. Als ich dann so ausgerüstet meinen Fuß in den Schuh steckte und ihn mithilfe eines Schuhlöffels hineinzwängte, riss das Leder entlang der Sohle über eine Länge von ca. 5 cm. Damit fielen die trockenen Ersatzschuhe für den laufenden Tag aus. Das andere Paar, das ich am Vortag getragen hatte, war noch zu nass. Was nun? Mama wusste Rat: „Du musst heute ein Paar meiner Schuhe anziehen." Nach kurzer Zeit kam sie von einem unserer Treckwagen mit einem Paar nagelneuer Damenstiefel zurück: „Sie werden dir noch etwas zu groß sein. Aber dagegen kann man leicht was machen." Sie bat mich, die Stützel wieder auszuziehen. Dann probierten wir aus, mit wie vielen Paaren Zusatzsocken meine Füße die Stiefel gerade richtig ausfüllten. Damit war mein Schuhproblem zunächst einmal gelöst. Als ich jedoch morgens mit den Stiefeln antrat, brach Tante Erika in lautes Lachen aus. Ihr Lachen verletzte meinen Stolz, denn ich war stolz auf mein festes neues Schuhwerk. Dann entschuldigte sie sich bei mir, sie hatte wohl meine Betroffenheit bemerkt.

„Entschuldige, Bertus! Die Stiefel vollenden deinen Auftritt! Du trägst über deiner Pudelmütze die dunkle, dick gefütterte Lammfellmotorradmütze deines Vaters, sodass dein Kopf größer erscheint, als er ist. Du hast oft die Ohrenklappen der Mütze offen. Sie stehen dann senkrecht ab vom Kopf, wie die Ohren bei einem Kater. Dann hast du dir eine Pferdedecke um den Körper gewickelt und einen Gurt drumrum gebunden. Und nun trägst du die elegantesten roten Damenstiefel mit weitem Schaft. Du bist der vollendete ‚Gestiefelte Kater‘ unseres Trecks." Alle lachten über ihre

*Der Gestiefelte Kater
des Trecks*

Bemerkung und schauten mich an. Ich wusste nicht, ob ich lachen oder wütend sein sollte. Aber mich interessierte die Geschichte vom „Gestiefelten Kater", ich hatte noch nie etwas davon gehört. Ich lief und kämpfte in den folgenden Stunden neben Tante Erika und bat sie, mir zu erzählen, was es mit dem „gestiefelten Kater" auf sich hätte. Sie erzählte mir dann die ganze Geschichte – immer wieder unterbrochen von Phasen des angestrengten Schiebens –, die Geschichte von den drei Söhnen eines Müllers und davon, dass der jüngste Sohn nach dem Tod des Müllers nur den Kater geerbt hatte. Es beeindruckte mich sehr, auf welch gerissene Art und Weise dieser Kater seinen Besitzer zum reichen Schloss- und Landbesitzer gemacht hatte. Und ich fing beim weiteren Trecken tatsächlich an zu überlegen, ob mir vielleicht auch ein Trick einfallen könnte, um unsere Situation auf der Flucht mit einem einzigen gerissenen Schlag zum Besseren zu wenden.

Ich bin allerdings mit dem Überlegen bis heute noch nicht ganz zu Ende gekommen. Bald kam die Zeit, da ich meine Ideen hätte rückwirkend verwirklichen müssen, und das geht bekanntlich nicht. Meine Idee sah damals so aus: Wir hätten einen Ort ansteuern müssen, in dem sich ein großes, reiches Schloss befindet. In Schlesien gab es ja viele davon. Bevor unser Treck den Ort erreichen würde, wäre ich schon als Quartiermeister dort aufgetaucht und würde den Reichsmarschall des Großdeutschen Reiches Hermann Göring mit Gefolge ankündigen und das ganze Schloss für eine Nacht beschlagnahmen. Damit der Schlossherr vor Ehrfurcht erstarrt und alle meine Befehle ausführt, hätte ich auf einem Krad ankommen müssen. Eine Motorradmütze hatte ich ja schon. Gudrun wandte aber ein: „Batu, du bist doch noch viel zu jung, dich nimmt der nicht ernst so ohne Weiteres." Aber ich beruhigte sie: „Du hast es doch selber in der Wochenschau bei Giersbergs gesehen, dass Hitlerjungen schon mit der Panzerfaust schießen dürfen. Wenn die schon schießen dürfen, dann dürfte ich auch Quartiermeister sein." Gudel hatte die Wochenschau zusammen mit mir gesehen als Vorausfilm für den Film „Quax, der Bruchpilot". Sie war vielleicht nicht ganz überzeugt, aber blieb wenigstens ruhig.

„Quax, der Bruchpilot"
https://www.youtube.com/watch?v=RkJBiN99PTI

Also, der Schlossherr würde vor Schreck erstarren und alles für uns herrichten lassen, die Betten, die Speisen und Getränke und die Salons und für unsere Gespanne die schönsten Boxen in den Ställen und Futter ohne Ende. Wir würden alle eine Nacht in Saus und Braus feiern und könnten danach einen zusätzlichen Pausentag einrichten. Da fragte Gudel mich, wen ich als Reichsmarschall vorstellen würde. Da fiel mir keiner von den 41 Personen unseres Trecks ein. Es gab keinen darunter, der so fett war wie der Reichsmarschall des Großdeutschen Reiches. Mein Plan konnte also nicht unmittelbar durchgeführt werden. Er enthielt noch ungelöste Probleme.

An irgendeiner Stelle machte mich Tante Erika auf ein Straßenschild aufmerksam: „Rechts ab geht es nach Großburg. Es liegt gar nicht weit von hier." Ich fragte sie, ob es in Großburg ein großes Schloss mit einem reichen Schlossherrn gäbe und sah schon Chancen für meinen Plan kommen. Ihre Antwort: „In Großburg gibt es tatsächlich ein schönes Schloss, aber was für uns Schmidtleins wichtig ist: In Großburg wurde mein Vater geboren, Karl Schmidtlein, dein Großvater." Ich fragte sie, warum ich den nicht kennen würde. Sie erzählte mir, dass er leider schon gestorben war, als meine Eltern heirateten. Wir konnten über meinen Großvater an diesem Tag nicht viel sprechen, weil wir uns durch zu viele Schneewehen kämpfen mussten. Trotzdem habe ich noch erfahren, dass Tante Erika's Großvater „Richard" hieß und seine Frau „Anna". Richard und Anna Schmidtlein, das waren für mich ja bereits die Urgroßeltern. Richard sei damals Oberinspektor auf dem riesigen Rittergut in Großburg gewesen, als Karl geboren wurde. Ich fragte Tante Erika, ob der Richard auch schon gestorben war, als Karl heiratete. Sie erzählte mir, dass Richard ganz schön alt geworden sei. Er sei erst gestorben, als Tante Erika in die Schule gekommen sei.

Bis auf die vielen Schneewehen und die Tatsache, dass wir ständig nur Nebenstraßen benutzen durften, was unser Vorankommen natürlich reduzierte, kamen wir relativ gut voran. Tante Erika und

Edith waren vorausgegangen und hatten sollen Quartier machen. Da es schon spät geworden war, hatten sie in einem Dorf um Quartier gebeten, wo uns schon andere zuvorgekommen waren. Entmutigt hatte sich Ethel auf die eisigen Stufen der Bürgermeisterei gesetzt und heulte vor sich hin. Da kam der Bürgermeister doch noch einmal zu ihr und brachte Hilfe. Wir fanden mit allen 41 Personen in dieser Nacht in der Turnhalle Platz, und die Tiere übernachteten in einer Scheune, in der schon andere Flüchtlingspferde standen. Wir waren alle froh, dass es geklappt hatte. Nur Mama sagte: „Hoffentlich hat keins der anderen Pferde eine ansteckende Krankheit."

Wir unterhielten uns beim Abendbrot darüber, wie wohl der große Treck von Konradswaldau Unterschlupf finden würde. Wie sollte das denn überhaupt funktionieren? Vaters Ansicht, dass wir mit einem kleinen Treck besser dran wären, wurde heute wieder klar bestätigt. An diesem Abend fanden wir kein Telefon mehr, um unsere Koordinierungspunkte nach dem Verbleib von Vater und Uschi abzufragen.

Lange nach dem Krieg, habe ich mit meiner Mutter Giersbergs in Bremen aufgesucht. Dort hatten sie ein kleines Bauerngehöft erstanden und arbeiteten wieder als Landwirte. Sie erzählten, dass sich der Konradswaldauer Treck mehrmals geteilt hätte, weil das Zusammenhalten einer so großen Gruppe von Menschen und Wagen unüberwindliche Probleme aufwarf.

Mutters Geburtstag auf der Flucht

Ich will bewusst davon weg, Ihnen unsere Flucht je Fluchttag zu schildern. Der zu einem Ereignis gehörende Zeitpunkt ist in der Regel nicht in mir gespeichert. Hängen geblieben ist, was mich damals bewegte. Das ist längst nicht das objektiv Wichtigste und nicht alles, was sich ereignete. Doch keine Regel ohne Ausnahme! An Mutters Geburtstag kann ich mich gut erinnern. Geboren am 01.02.03 – leicht zu merken – wurde sie an diesem Tag auf der Flucht 42 Jahre alt. Am 01.02. waren wir einen Tag lang in Langseifersdorf, einem schier endlos lang erscheinenden Straßendorf. Wir waren am Abend vorher, also am 31.01.1945, dort angekommen und sind erst am Tag danach, also am 02.02., früh wieder weitergetreckt.

Edith hatte unserer Mutter an diesem Tag des Verweilens einen Geburtstagskuchen gebacken. Das hatte sie bis zum Nachmittag geheim halten können, weil sie nachts getrennt von uns bei einer freundlichen Familie untergekommen war. Die hatten ihr sogar die Zutaten für einen schlesischen Streuselkuchen gegeben. Tante Erika hatte gleich in der Früh ihre Schwester Lene in Bad Flinsberg in der Hoffnung angerufen, von ihrem Bruder Max eine gute Nachricht zu hören. Er war aus dem Lazarett am 29.01. abgereist Richtung Dresden in ein anderes Lazarett. Leider hatte er sich noch nicht wieder gemeldet. Auch über Uschi gab's nichts Neues. Sie war weiterhin mit dem Liegnitzer Treck auf der Flucht.

Der Hauptgrund für die eingelegte Pause war aber nicht Mutters Geburtstag, sondern ein Akt zur Erleichterung. Edith hatte ihr Fahrrad und ihr Schifferklavier dem Straßengraben anvertraut. Recht bald war die Milchkanne voller Sirup gefolgt. Es hatte sich gezeigt, dass dem Sirup eigentlich nur von mir und Mama zugesprochen wurde. Wozu sollten die Pferde eine ganze Milchkanne voll davon schleppen? Sein Wert wurde nicht mehr daran gemessen, wie viel Mühe seine Erzeugung gekostet hatte. Die ganze Kanne landete samt Inhalt im Straßengraben. Irgendwann war der Hühner-Nudel-Eintopf aufgegessen. Der leere Bottich und die leere Milchkanne landeten an anderer Stelle im Straßengraben samt der Wagenschlittenkufe, auf der sie geruht hatten. Meine ausgemusterten Schuhe landeten im Straßengraben. Nicht nur wir schmissen weg, auch andere aus unserer Treckgruppe taten dasselbe. Erstaunlich, wozu der Straßengraben alles gut war!

Die Gewichtserleichterung reichte jedoch noch nicht aus. Für die gegebenen Straßenverhältnisse waren unsere Wagen alle zu schwer beladen. Unseren Pferden konnten wir die damit verbundene Leistung nicht länger abverlangen. Einige husteten und Ricke hatte sich die Druse eingefangen. Sie hatte sich nachts hingelegt und kam morgens nicht mehr hoch. Der Tierarzt, den wir gerufen hatten, machte uns keine Hoffnung mehr. Unter diesen Umständen hatte Tante Erika entschieden, dass Ricke nicht länger leiden sollte. Der Tierarzt hat sie in unserem Auftrag erschossen. Dann sagte er uns, dass er sie ohnehin nicht hätte ziehen lassen dürfen, denn Druse sei hochansteckend. Tante Erika ist mit mir aus dem Stall gegangen, als Ricke erschossen wurde. Wir haben ganz furchtbar weinen müssen. Sie war doch mein Spielpferd, mein Schlittenpferd und das Zirkuspferd von Horst und mir gewesen! Jetzt hatte ich nur noch Paulick. Ich hab nun besonders auf ihn aufgepasst. Wenn ich ihn streichelte, durfte er mich ruhig mit seinen großen Zähnen anfletschen. Ich liebte ihn sogar dafür, wenn er es tat.

Am Morgen des 1. Februars haben Mama und Tante Erika mit dem Pfarrer der Kirche von Langseifersdorf verabredet, dass wir Gepäck von unseren Wagen im Kirchenkeller einlagern dürften. Wir könnten es dort wieder abholen, wann immer wir wollten. So sind wir mit allen drei Wagen zur Kirche in Langseifersdorf gefahren und haben ziemlich viel Gepäck abgeladen und eingelagert. Alle mussten etwas dalassen. Mama ging mit gutem Beispiel voran. Sie holte zwei schwere Pakete runter. In dem einen war das ganze teure Porzellan von Tina Kubitsch aus Brieg, das wir aus lauter Gefälligkeit mitgenommen hatten. Das andere Paket enthielt ihre teure Ausstattungswäsche. Mama sagte: „Tina wird es verstehen, wenn ich ihr die Umstände schildere. Außerdem kann sie sich ihre Sachen noch in unbeschädigter Verpackung hier wieder abholen. Der Pfarrer darf nix klaun."

Am Nachmittag haben wir dann mit Kaffee und Kuchen Geburtstag gefeiert. Beim gemütlichen zusammensitzen erwähnte Mama, dass wir beim Weitertrecken dem Riesengebirge näher kämen. Dann würde es für die Pferde noch schwerer. Dann erzählte sie, dass wir mal mit unserem DKW im Riesengebirge gewesen seien. Es gibt für den Bauern eine Zeit, da sind die Felder bestellt und die Ernte hat noch nicht eingesetzt. In solch einer günstigen Periode seien wir ins Riesengebirge gefahren. Ich sagte, dass ich mich nicht mehr daran erinnern könnte. Mama rechnete dann: „Wart' mal, wie alt warst du denn damals? Das muss ja vor 1939 gewesen sein, denn 1939 haben sie unser Auto beschlagnahmt. Als wir damals im Riesengebirge waren, musst du demnach drei oder vielleicht erst zwei Jahre alt gewesen sein. Daran kannst du dich wirklich nicht erinnern. Es ist aber sehr schön dort, im Winter wie im Sommer." Ich freute mich aufs Riesengebirge. Mama sagte aber: „Hoffentlich müssen wir nicht so weit flüchten. Mit schweren Wagen durchs Riesengebirge, das möge uns Gott ersparen."

Die Schlacht in den Bergen

Konradswaldau lag im Urstromtal der Oder. Das Gelände ringsherum war ganz flach. Der Zutaberg, der sich ein wenig aus der Ebene erhob, war weit weg, sodass wir mit unseren Wagen nie hinkamen. Der Zutaberg diente uns mit seinen Farben lediglich als Wetterprophet.

Unsere Leiter- oder Kastenwagen brauchten demzufolge keine Bremsen und hatten auch keine. Nur unser gummibereifter Plateauwagen hatte Bremsen. Sein Typ wurde wohl in großer Stückzahl gefertigt und auch an Kunden verkauft, die im Gebirge wohnten. Es kam hinzu, dass auch unsere Pferde keine Berge kannten und keine Erfahrung hatten, wie sie sich bergauf und bergab verhalten müssen.

Der Zutaberg (Zobten), eine nicht sehr hohe,
aber auffällige Erhebung im flachen Land

Auf unserem Treck ließ es sich nicht vermeiden, dass wir uns irgendwann mit Bergen rumschlagen mussten, denn wir mussten westwärts – weg von der Front –, und damit gezwungenermaßen ins Bergige mit den Spitzen im Riesengebirge. Das fing sanft an und wurde dann zu einer täglichen, immer schwerer zu bewältigenden Schlacht. Der Plateauwagen fuhr immer voraus. Er war der schwerste Wagen und sollte das Tempo bestimmen. Als Paulick merkte, dass der Wagen schwerer zu ziehen war als gewöhnlich, wollte er nicht mehr Schritt gehen, sondern fing an zu galoppieren. Er wollte den ganzen Anstieg im Galopp machen. Gretel, die neben ihm eingespannt war, passte sich ihm an und versuchte im Tempo mitzuhalten. Die ersten flachen Anstiege hatten sie so gemeinsam gemeistert, hatten sich aber dabei ziemlich verausgabt. Wir konnten bei dieser Technik auch nicht hinten schieben, denn es war einfach zu schnell für uns.

Beim nächsten Anstieg konnte Gretel nicht mit Paulick mithalten und blieb zurück. Jetzt wurde es für Paulick immer schwerer, sodass auch er stehen bleiben musste. Der Kutscher nahm die Peitsche in die Hand – mein Weihnachtsgeschenk – und forderte beide Pferde auf, wieder anzuziehen. Paulick stieg mit beiden Vorderbeinen in die Höhe, bewegte seine Hinterfüße zwei kleine Schritte nach vorn und ließ sich dann wieder mit seinem ganzen Gewicht, die Hebelwirkung nutzend, in die Strengen fallen. Er wollte den Wagen ins Rollen bringen, aber er erreichte stattdessen, dass es seine Deichselschwester nach hinten versetzte. Sie war einfach nicht so stark wie er, obwohl auch sie sich voll anstrengte. Da wir ohnehin schon alle mit all unseren Leibeskräften mitgeschoben hatten, musste man jetzt zu einer anderen Maßnahme greifen. Tante Erika entschied, dass unser Ochse Moritz zusätzlich vorzuspannen sei. Das heißt, dass sein Ortscheit mithilfe eines Kettenstückes an der Deichsel eingehängt wurde, sodass der Ochse vor den Pferden herlief und alle drei ziehen konnten. Die Methode funktionierte zunächst gut. Doch später wurde es noch steiler. Dann wurde nicht der Ochse, sondern ein ganzes Pferdegespann zusätzlich vorgespannt. Es gab sogar einmal den Fall, dass außer einem vorgespannten Pferdepaar davor noch zusätzlich der Ochse vorgespannt wurde. Tante Erika rechnete aus, dass wir unsere Tagesstrecke dadurch halbieren oder sogar dritteln würden, weil die im Vorspann laufenden Tiere, aber auch die beweglichen von uns die Tour mehrmals hintereinander gehen mussten. Das war der erste Teil unserer Schlacht in den Bergen.

Der andere Teil ergab sich beim Bergabfahren. Der Plateauwagen hatte gute Profile und eine funktionierende Bremse. Der Kutscher hatte bald raus, wie er die Handbremse bergab einsetzen konnte, um ein ruhiges, ungefährliches Tempo einzuhalten. Das hatte er

dadurch gut lernen können, dass zunächst nur flachere Hänge auf-
traten und die Neigung von Tag zu Tag anstieg. Mit den beiden
Kastenwagen war das Bergabfahren dagegen sehr gefährlich. Der
Herr Thomas, der ja Stellmacher war, hatte sich das Bremsen folgendermaßen vorgestellt: Man hält an, bevor das Gefälle beginnt.
Dann steckt man einen dicken Holzknüppel zwischen die Speichen
eines Hinterrades und fährt wieder an, erst ganz langsam, bis eine
Speiche den Knüppel eingeklemmt hat. Das betreffende Rad wird
vom Knüppel nun daran gehindert, sich zu drehen, das Rad rutscht
und bremst. Dann kann man das Tempo auf die normale Marsch-
geschwindigkeit erhöhen, während der Mensch mit dem Knüppel
in der Hand nebenhergeht.

Die Methode funktionierte manchmal gut, aber ab und zu überhaupt nicht. Wenn nämlich die Straße vereist war funktionierte das
gebremste Rad wie eine Schlittenkufe, nämlich ganz ohne Brems-
wirkung. Wir hatten Glück, dass wir diese Erfahrung an einem
Hang machten, der nicht so steil war. Der Herr Thomas hatte den
Knüppel loslassen müssen, weil er nicht so schnell rennen konnte.
Gott sei Dank hatte es den Knüppel in seiner eingeklemmten Position gehalten. Der Wagen rollte nicht so schnell, dass die Pferde
hätten galoppieren müssen. Aber am Fuß des Hanges ging's um
eine enge Kurve. In der Kurve wäre der Wagen fast umgekippt. Von
diesem Erlebnis ab mussten wir ein Tau an einer Runge des Wagens
befestigen, um mithilfe dieses Taues den Wagen durch Menschen zu
bremsen. Als wir merkten, dass es mit solch einem Tau sehr sicher
funktionierte, verließ uns die Angst mit der Zeit. Mir fiel das Tau-
zieherlied ein. Wenn ich jetzt beim Ziehen statt „rei–ßen, rei–ßen"
laut „schei–ßen, schei–ßen" gebrüllt hätte, hätten die anderen nur
gelacht und kein Kanter Wagner hätte mich mehr mit der Sente
versohlt.

Die Plagen

Nach Husten und Schnupfen bei einigen Menschen und nach Fieber, Husten und Druse bei einigen Pferden stellten einige bei sich fest, dass es auch noch Läuse gab. Gudrun hatte das ja richtig heraufbeschworen, weil sie als Frisur einen sogenannten Läusebunker trug. Den konnte sogar ich ihr machen: Die Haare von der oberen Kopfseite in ein Kämmchen eingewickelt und dann der Haut entlang festgesteckt, fertig war der Läusebunker. Edith trug auch einen. Die beiden Bunker machten ihrem Namen alle Ehre. Mama wunderte es nicht, dass wir Läuse aufgegabelt hatten: „Wo wir inzwischen schon überall übernachtet haben! Da ist es doch kein Wunder! Da war doch zwischendurch keiner drin, der nach Auszug einer Partei alles wieder gesäubert hätte." Mama suchte nun alle Familienmitglieder nach Läusen ab und stellte dann fest: „Edith, Gudrun, Erika und Oma sind voller Läuse! Punne, Hubertus und ich, wir haben anderes Blut. An uns sind sie bisher noch nicht gegangen. Wer weiß, uns werden dann bestimmt die Wanzen befallen." Sie organisierte im nächsten Ort einen Haufen Läusepulver und wir mussten uns alle im nächsten Nachtquartier von oben bis unten einpudern und mit Puder auf der Haut einwickeln und es bis zum nächsten Morgen einwirken lassen. Wenn ich oben „alle" gesagt habe, dann meine ich auch „alle", denn auch wir drei, die wir sauber waren, mussten bei der Schlacht gegen die Läuse mitmachen. Mama sagte: „Vorsicht ist die Mutter der Porzellankiste." Dabei hatten wir gar kein Porzellan mehr bei uns. Das stand alles in Langseifersdorf.

Die Pferde hatten sich übrigens keine Läuse aufgegabelt. Nur Moritz, unser Ochse, wurde von einer anderen Plage befallen. Er trug seit Konradswaldau einen eisernen Beschlag mit eisernen Spitzen und kam damit gut zurecht. Aber durch den verharschten Schnee waren seine Ballen darüber wund geworden. Paul pflegte sie mit Salbe und umwickelte sie jeden Morgen mit dem Material von Jutesäcken.

Leider hielten die Wickel nicht einen ganzen Tag hindurch. Nach einem Marsch von vielleicht zwei Stunden hingen sie nur noch oberhalb der Klauen lose am Bein. Dann mussten die Wickel wieder erneuert werden. Ansonsten war der Moritz ein ganz treuer Treckochse. Der machte seine Arbeit ohne Aufregung in aller Ruhe. Das hat auf die Pferde ausgestrahlt.

Endlich eine Nachricht

Auf einem Verkehrsschild tauchte Bolkenhain auf. Da erwähnte Tante Erika: „Bolkenhain ist auch ein bedeutender Ort für uns. Hier im Kreis Bolkenhain, genau gesagt in Oberlauterbach, hat sich Josef Schmidtlein als Erster unserer Familie auf schlesischem Boden angesiedelt. Seitdem lebt unsere Familie in Schlesien." Ich wunderte mich, dass wir nicht schon ewig Schlesier waren und fragte: „Wo lebte unsere Familie denn vorher?" Da erzählte mir Tante Erika die Geschichte: „Ich habe dir doch kürzlich erzählt, dass Richard Schmidtlein dein Urgroßvater war. Dessen Vater hieß Josef Schmidtlein. Er ist mein Urgroßvater und dein Ururgroßvater. Er lebte in Wien und arbeitete als Hauslehrer für den Grafen Ernst von Hoyos-Sprinzenstein. Eines Tages schickte der Graf unseren Vorfahren als Verwalter auf seine schlesischen Güter." Ich wollte mehr von Tante Erika wissen, aber sie bekam damals nicht mehr alle Details auswendig zusammen, sondern versprach mir, meine Fragen später zu beantworten.

Inzwischen waren wir schon über zwei Wochen unterwegs und befanden uns nicht mehr weit von Hirschberg entfernt. Damit waren wir kurz davor, unser vorläufiges mit Vater verabredetes Fluchtziel zu erreichen und fragten uns, was wir denn danach machen sollten. In den letzten Tagen hatten wir zwar jeweils Tagesziele von der Volksfürsorge vorgegeben bekommen, im Ernstfall wäre uns aber

Vaters Anweisung wichtiger gewesen. Er hatte gesagt: „Ihr flüchtet zunächst einmal nur bis Hirschberg und nicht weiter. Wenn aber Brieg und Breslau bis dahin gefallen sind, dann flüchtet ihr weiter westwärts. Aber darüber werden wir uns mithilfe von Lene noch einmal abstimmen."

Inzwischen war Brieg der Roten Armee übergeben (05.02.1945) worden. Wir wussten also, dass es die deutschen Truppen nicht geschafft hatten, den Vormarsch der Russen an dieser Stelle aufzuhalten. Mutter versuchte seit Tagen ohne Erfolg, Kontakt zu Tante Lene zu bekommen. Plötzlich hatte sie erstmals wieder Erfolg: Vater hatte eine Karte an Tante Lene gesandt und sie gebeten, uns auszurichten, wir sollten nach Leuterwitz zu Büchners kommen. Außerdem ließ er uns ausrichten, dass er in einem Notlazarett in Leisnig sei und davon ausginge, dass er wohl auch dort bliebe und nicht weiterverlegt werden würde.

Die Nachricht elektrisierte Mama. Wir fuhren in einem Gewaltmarsch bis Seiffersdorf, kurz vor Hirschberg und übernachteten dort. Mama, Tante Erika und Oma beratschlagten, wie der Wunsch von Vater umzusetzen sei. Ich hörte dabei aufmerksam zu und erinnere mich, dass sie nochmals Tante Lene sprechen wollten, um herauszufinden, wie die Karte von Vater genau lautet. Das Telefonat mit Tante Lene klappte diesmal umgehend, aber erbrachte nur den Wortlaut der Karte von Vater. Es war zu dumm, dass wir ihn nicht selbst telefonisch erreichen konnten. Scheinbar wusste er gar nicht, dass uns die täglichen Treckziele inzwischen vorgegeben wurden und dass die vorgegebene Route durch das Riesengebirge nach Böhmen führte. Leuterwitz lag weitab von dieser Route. Die Diskussion der Frauen dauerte bis in die Nacht, dann hatten sie einen Plan. Sie wollten einen Waggon der Reichsbahn mieten, um die drei Wagen mit allen Leuten per Bahn nach Leuterwitz zu transportieren.

Am nächsten Morgen ließ sich Mama mit Tante Erika nach Hirschberg auf den Bahnhof bringen. Mama hatte eine halbe Seite Schwei-
nespeck abgeschnitten, um damit den Bahnbeamten freundlich zu
stimmen. Mit viel Bettelei hatte ich erreicht, dass ich mitfahren
durfte. Als wir auf dem Bahnhof ankamen, fiel Mama vor Schreck
das Herz in die Hose. Die Zufahrtsstraßen und der ganze Vorplatz
waren voller Menschen und Fahrzeuge. Wir haben uns tapfer bis an
den Schalter vorgekämpft. Dort erfuhr Mama, dass alle Waggons
nur für Flüchtlinge zur Verfügung ständen, die zu keinem Treck
gehörten. Mama hatte schon die halbe Speckseite auf den Schalter
gehoben und hielt sie ihm hin, der Beamte nahm sie ihr ab, aber
blieb eisern: Er hätte keinen Waggon für uns! Wir fuhren enttäuscht
zurück nach Seiffersdorf. Dort steckten die Tanten, Oma und Mama
noch einmal ihre Köpfe zusammen. Wie ich später heraushörte,
wollte Mama unsere gegenwärtige Haushaltshilfe, die auch Frieda
hieß (wie die, bei der wir in Bankau übernachtet hatten), mit Edith,
mir und Gudrun allein per Bahn nach Leuterwitz schicken. Oma
sagte ihr, dass sie das nicht machen könne. Sie könne nicht einem
unerfahrenen Hausmädchen die Verantwortung für zwei Kinder und
eine Jugendliche zumuten. Dies insbesondere nicht bei einer Bahnfahrt mit derart großen Risiken. Oma legte fest: „Wenn du dir zu-
traust, deine drei Kinder heil per Bahn nach Leuterwitz zu bringen,
dann musst du es wagen. Es ist aber wegen der ständig drohenden
Luftangriffe sehr gefährlich. Das musst du wissen. Auf jeden Fall
bin ich viel zu alt und schwach, um mich noch in das herrschende
Gedränge zu wagen. Ich bleibe bei unserem Treck, und der fährt
nach den Tageszielplänen durch das Riesengebirge nach Böhmen.“

Mama überhörte Omas Hinweise auf die Risiken einer solchen Reise
und beschloss, die Bahnfahrt nach Leuterwitz mit uns, ihren drei
Kindern, zu wagen. Es war ihr bei dem Gespräch mit dem Bahnbeamten klar geworden, dass ihr Plan ein Risiko gleich zu Beginn
enthielt, und zwar, als Flüchtling anerkannt zu werden, der nicht

zu einem Treck gehört. Daher verabredeten Tante Erika und Mama, dass der Wagen, der uns am folgenden Morgen von Seiffersdorf nach Hirschberg bringen würde, nicht ganz bis zum Bahnhof fahren sollte. Er sollte von den Bahnbeamten nicht gesehen werden. Einige unserer Arbeiter sollten das schwere Gepäck bis zum Gepäckschalter tragen.

Am nächsten Morgen fuhr uns der ausgesuchte Treckwagen nach Hirschberg. Mama war nervös bei dem Gedanken, ob wir es schaffen würden, dass uns die Bahn mitnimmt. Ich dachte, dass wir unsere drei Treckwagen mit allen Leuten bald nach Leuterwitz nachholen würden. Daher erinnere ich mich auch an keine große Szene der Verabschiedung von Oma, Tante Punne, unseren Arbeiterfamilien oder von Paul, dem Franzosen, bei dem ich den Umgang mit Ochsen gelernt hatte, von Kijans, der ukrainischen Familie, von Thomasens, Fasskes, Weißens und von Paulick und den anderen Pferden und vom Ochsen Moritz. Wir sind nur einfach weggegangen, von Oma und Tante Punne mit Handschlag.

Und aus der Sicht meines Lebensabends stelle ich fest, dass am 12. Februar 1945 die Nachkommen des Einwanderers Josef Schmidtlein ihre schlesische Heimat verließen, ohne zu wissen, dass es für immer war. Vier Generationen lang hatte diese Familie in Schlesien ihre Heimat gehabt und verließ dieses reiche Land 135 Jahre später an ziemlich genau der gleichen Stelle, an der der einwandernde Vorfahr es betreten hatte.

Mein Rat für Sie: Fahren Sie hin, besuchen Sie es, und Sie werden feststellen, was es war und was es heute – auch wieder für einen Deutschen – sein kann. In Polen herrschen nach wie vor nationalistische Kräfte, aber das Geld des Besucherpotenzials einer Bevölkerung von 80 Millionen Deutschen stinkt nicht. Man denkt kapitalistisch-wirtschaftlich.
https://www.youtube.com/watch?v=kOVZVhgThaM

Bahnfahrt nach Görlitz

Tante Erika ließ das Fuhrwerk ca. 200 m vor dem Bahnhof anhalten. Dann luden einige unserer Arbeiter unser schweres Gepäck ab und trugen es vor den Gepäckschalter. Edith blieb bei dem schweren Gepäck und hatte auch den Rucksack bei sich. Sie passte auf das Gepäck auf. Mama kämpfte sich mit der schweren Tasche zum Fahrkartenschalter durch. Tante Erika hielt sich in gutem Abstand von Mama. Gudrun und ich blieben außerhalb des Gedränges vor dem Fahrkartenschalter und warteten, was passieren würde.

Nach ca. 30 Minuten war Mama am Schalter angekommen und an der Reihe. Blöderweise empfing sie dort der Beamte, der sie schon am Tag zuvor belehrt hatte, dass die Züge nur für Leute da seien, die nicht mit einem Treck unterwegs seien. Er erinnerte sich an Mama und lehnte ab, ihr Fahrkarten zu verkaufen. Sie benutzte eine Notlüge: „Der Treck ist gestern ohne uns weitergetreckt. Sie haben uns nicht mehr weiter mitgenommen, weil sie ins Gebirge müssen und nicht so viel Gepäck schleppen können. Ich bin jetzt mit meinen Kindern hier ganz allein und komm nur noch mit der Bahn hier weg." Da verkaufte ihr der Beamte die vier Karten für uns und sagte: „Wenn Sie mehr als nur etwas Handgepäck haben, dann müssen Sie es als Stückgut aufgeben. Das können Sie nicht als Handgepäck mitnehmen, denn der Zug ist sowieso zu voll."

Tante Erika sah nun, dass wir Fahrkarten hatten und verabschiedete sich unauffällig von uns. Wir waren auch bei diesem Abschied nicht auf das Abschiednehmen konzentriert. Ich sah Tante Erika zur Gruppe unserer Arbeiter gehen und sah, wie sie mit der ganzen Gruppe hinter Häusern verschwand. Wir standen nun auf dem Bahnhof allein mit einem Rucksack und einer großen Tasche als Handgepäck und drei großen Kisten, die wir als Stückgut aufgeben wollten und vertrauten darauf, dass wir es in einen Zug schaffen würden und dass die Reichsbahn uns zu Papa transportieren würde. Die Nabelschnur zu unserem Treck war gekappt, aber uns allen war ein Stein vom Herzen gefallen, denn Mama hatte Fahrkarten ergattert.

Nun drückten wir uns durch die Menschenmenge zum Gepäckschalter, vor dem unser schweres Gepäck in der Obhut von Edith lagerte. Als Mama dran war, fragte der Beamte dort: „Haben Sie schon Fahrkarten? Sie müssen zuerst die Fahrkarten lösen, damit wir wissen, ob wir ihr Gepäck annehmen dürfen." Sie zeigte ihm stolz die Fahrkarten. Er kontrollierte, machte ein Loch in ihre Karte und gab sie ihr zurück. Außerdem erhielt sie Formulare, auf die sie die genaue Zieladresse schreiben musste. Dann durfte das Gepäck auf die Rampe. Er kontrollierte wieder alles, stempelte jedes Stück ein paarmal ab, dann hatten wir es los, bis auf das Handgepäck, den schweren Rucksack mit den Wertsachen und Proviant und eine große Handtasche mit den Papieren und Geld.

Jetzt fühlten wir uns viel freier. Es war uns schon eine Menge gelungen. Aber die nächste Sorge türmte sich auf, als der Zug angesagt wurde und alle auf den bekanntgegebenen Bahnsteig stürmten. Mama: „Schaut euch mal das an! Alle Leute vom ganzen Bahnhof wollen in den gleichen Zug. Das wird ein Kampf." Als der Zug in den Bahnhof rollte, stellten wir erleichtert fest, dass er leer war. Über Lautsprecher erfuhren wir, dass der Zug zur Entlastung zusätzlich eingesetzt würde und bis Görlitz keinen Zwischenhalt einlegen würde. Daher sollten nur Fahrgästen einsteigen, die nicht auf einem Bahnhof unterwegs aussteigen wollten. „Nur für Fahrgäste nach Görlitz."

Die Waggons hatten die Einstiege ganz vorn bzw. ganz hinten. Man ging dort über vier Stufen auf eine Plattform, die größtenteils nicht überdacht war. Über eine schmale Brücke zwischen den Puffern konnte man von einem Waggon in den anderen gelangen. Als der Zug in den Bahnhof hereinfuhr, standen die Leute gleichmäßig dicht. Als der Zug zum Stehen gekommen war, strömten alle nur noch zu den Eingängen. Dort wurde das Gequetsche unerträglich.

Ein Schaffner gab durch, dass der Zug heute noch einmal zur Entlastung eingesetzt würde. Wer sich die etwa einein- halb Stunden leisten könnte, sollte bitte auf die nächste Fahrt warten. Nach die- ser Durchsage verließen tatsächlich ei- nige den Bahnsteig. Wir aber konnten uns das nicht leisten. Mama sagte: „Wir wollen morgen bei Vater sein und müs- sen den Anschluss in Görlitz bekom- men. Da gibt es kein Pardon."

So wie bei diesem Waggon war der Einstieg unseres Zuges nach Görlitz.

Mama hatte den Rucksack auf ihren Rücken geschnallt. Mit Edith gemeinsam trugen sie die schwere Tasche. Jeder wurde von allen Seiten von Menschen eingeklemmt. Einige trugen Koffer. Gudrun, unsere Kleinste, geriet zwischen Koffer und wurde fast erquetscht. Sie schrie in Angst laut auf. Mama geriet in Rage und schrie: „Sie erquetschen mir ja mein Kind." Dabei machte sie einen Buckel über Gudrun wie eine Glucke und rammte ihre Ellenbogen in die Rippen der Kofferträger, bis die merkten, was sie taten. Wir brauchten ca. 15 Minuten, bis wir an den Stufen eines Eingangs angekommen waren. Jetzt mussten wir nur noch hochsteigen. Aber machen Sie das mal, wenn die Stufen von Leuten bereits besetzt sind, die sich sagen: „Ich hab's geschafft! Ohne mich fährt der Zug jetzt nicht mehr ab." Ein Schaffner forderte die Fahrgäste auf, in den Wagen durchzugehen. Ein Witzbold schrie: „Gehen Sie doch ganz durch, am besten vorne gleich wieder raus!" Ein anderer sagte: „Ach ja! Heut ist ja Rosenmontag!" Mama hörte das: „Was is heute? Rosen- montag? Stimmt ja! Und wir haben nix, uns zu verputzen."

Die erste Schwierigkeit an den Stufen bestand nun darin, seinen Fuß auf die erste Stufe zu bekommen. Dazu musste man zunächst einmal sein Gewicht über die erste Stufe bekommen. Aber dort, wo man bei diesem Manöver mit seinem Kopf hinwollte, da hatte der vor einem Stehende seinen Arsch, und dieser Arsch gehörte einem, der sich in dem Gefühl wohlfühlte: „Ohne mich fahren sie hier nicht mehr aus dem Bahnhof." Man musste einfach handgreiflich werden, damit es dem vor einem unangenehm wurde. Ein Schlag in die Kniekehlen oder ein Stoß hinten rein halfen am besten.

Es dauerte mehrere Minuten, bis wir alle vier auf der Plattform waren. Edith und Gudrun waren schon im Gang und Mama kurz davor. Mich hatte es auf den Übergang zwischen den Waggons abgedrängt. Einige junge Männer kletterten aufs Dach des Zuges, andere richteten sich auf den Puffern ein, um dort während der Fahrt zu balancieren. Auch ich entdeckte einen freien Puffer und rief Mama zu: „Ich geh für die Fahrt auf einen Puffer und bleib da drauf." Mama: „Was willst du? Du bist wohl total verrückt. Komm sofort zu mir!" Und das schrie sie derart im Befehlston, dass die Leute scheinbar innerlich strammstanden und mich zu Mama durchließen. Es ist manchmal schlau, seine Mutter richtig aufzuregen.

Familiengeschichte

Tante Erika hatte mir während des Trecks aus Zeitgründen nicht alles über Josef Schmidtlein erzählt, was sie wusste. Es hat mich aber ständig weiter interessiert, warum der Graf seinen Hauslehrer als Verwalter von Gütern nach Schlesien geschickt hatte, in einen komplett anderen Beruf und warum Tante Erika so viel Hochachtung vor den Hoyosses hatte.

Ich habe dann im Jahr 2006 eigene Recherchen angestellt, nachdem ich bei meinem ersten Besuch in Wien das imponierende Palais Hoyos-Sprinzenstein kennengelernt hatte. Kurz gesagt: Ernst von Hoyos-Sprinzenstein war ein persönlicher Bekannter und Schulfreund des Österreichischen Kaisers. Er war sehr reich und ein Finanzier des Kaiserhauses. In Österreich hatte die Familie Hoyos-Sprinzenstein das „von" im Namen nach dem ersten Weltkrieg eingebüßt.

https://de.wikipedia.org/wiki/Palais_Hoyos-Sprinzenstein

Der Graf Ernst von Hoyos-Sprinzenstein hatte eine Frau aus dem schlesischen Hause derer von Schlabrendorff geheiratet, die mehrere Güter mit in die Ehe gebracht hatte. So musste der Graf ab und zu die weite Reise von Wien nach Schlesien in der Kutsche zurücklegen, um auf den Gütern nach dem Rechten zu sehen. Das kostete ihn viel Zeit, und eine solche Reise in der Kutsche war auch ein ziemliches Geschüttel und immer auch ein kleines Abenteuer. Ich bin der Frage nachgegangen, warum der Graf plötzlich auf den Hauslehrer seiner Söhne verzichten konnte. Die Antwort erhielt ich 2006 aus dem Hause Hoyos: Es waren zwei der damals bereits geborenen drei Söhne des Grafen an einer Kinderkrankheit gestorben. Deshalb konnte der Graf auf Josef Schmidtlein als Hauslehrer verzichten und ihn nach Schlesien schicken. Josef Schmidtlein hat nach dem Ratschlag des Grafen die Hauslehrerin Antonia Huber aus Korneuburg in Wien am 12.06.1810 in St. Peter geheiratet und ist mit ihr noch im gleichen Jahr nach Schlesien gezogen. Bis zu diesem Zeitpunkt wollte er eigentlich katholischer Priester werden und hatte die niederen Priesterweihen bereits empfangen. Das Ehepaar wohnte auf dem Gut in Oberlauterbach. Josef Schmidtlein hatte als Oberamtmann neben Oberlauterbach noch mehrere Rittergüter, zum Beispiel das in Altröhrsdorf und das in Schweinhaus, mit ihren Inspektoren unter sich. Jahre später wurde dem Grafen ein vierter Sohn geboren. Beide lebende Söhne haben sich in Schlesien niedergelassen. Die beiden älteren Söhne vom Josef Schmidtlein wurden „ihre" Verwalter. Josef Schmidtlein starb am 12. März 1839 und wurde am 15. März auf dem katholischen Friedhof in Oberlauterbach beerdigt. Seine Frau Antonia, geb. Huber, starb am 06. August 1854 in Hirschberg und wurde auf dem Heiligen Geist Kirchhof beerdigt.

Mit unserer Abreise von Hirschberg bzw. von Görlitz am 12.02.1945 endete die 135-jährige Geschichte meiner Familie auf schlesischem Boden.

https://www.youtube.com/watch?v=HkSNMSrDdIk
https://de.wikipedia.org/wiki/Johann_Ernst_Hoyos-Sprinzenstein

Weiterfahrt nach Dresden Hbf

Die Fahrt von Hirschberg nach Görlitz war kurz und schmerzlos, nix gegen einen der vergangenen Trecktage. Wie fanden zwar keinen Sitzplatz, standen halt. In Görlitz mussten wir ca. eine Stunde auf den Anschlusszug nach Dresden warten. In dieser Zeit fanden wir ein Plätzchen im Wartesaal, wo wir sitzen – wenigstens abwechselnd – und ausruhen konnten. Der Bahnsteig war voller Menschen, die alle in unseren Zug wollten. Als der Zug zum Stehen gekommen war, standen wir wieder falsch, gleich weit entfernt von den beiden Eingängen des vor uns stehenden Waggons.

Mama wusste gleich: „Jetzt hilft nur, die Gudrun zum Fenster rein zu reichen, damit die schon mal drin ist." Sie sah einen Soldaten mit einer verbundenen Hand, der gutmütig dreinblickte. Ihn fragte sie, ob er ihr helfen könne, Gudrun durchs Fenster in den Waggon zu reichen. Vielleicht glaubte er, dass Gudrun im Abteil von einer Verwandten empfangen würde, auf jeden Fall fasste er Gudrun mit beiden Händen und reichte sie durch das Fenster in fremder Leute

Hände. Die nahmen zwar Gudrun in Empfang, aber schrien zurück: „Was sollen wir denn mit dem Kind machen. Hier ist doch schon alles voll." Mama sagte: „Legt sie ins Gepäcknetz." Und an Gudrun gewandt: „Gudel, hab Geduld und keine Angst! Ich bin gleich bei dir." Gudrun heulte trotzdem laut vor sich hin, aber was sollte sie sonst tun? Sie landete im Gepäcknetz und schrie laut: „Mama, Mama, lass mich nicht allein."

Nun sagte Mama zu mir: „Wir müssen schleunigst zu Gudrun. Du bist schlank. Würg dich durch zum rechten Eingang. Ich bleib dir auf den Fersen. Edith komm ganz nah vor mich. Wir bilden eine schmale Reihe und drücken alle in eine Richtung." Wir gelangten tatsächlich relativ schnell in den Wagen, Mama drängte sich an mir vorbei und schrie immer wieder: „Gudel, Gudel, wo bist du." Und Gudel schrie zurück: „Mama. Mama, komm." Wegen des Geschreis machten die Leute Platz und ließen Mama vorbei, so fand Mama das Abteil, in dem Gudrun im Gepäcknetz lag. Das Geschrei hörte auf. Edith und ich waren schließlich auch vor dem Abteil angekommen. An ein Reinkommen war aber nicht zu denken. Im Gang zwischen den Sitzreihen standen Menschen dicht an dicht. Die einzige kleine Erleichterung bestand darin, dass sich Leute im Sitzen ablösten. So durfte auch Mama ein paarmal sitzen und hatte Gudrun dabei auf ihrem Schoß.

Wir waren ca. 3 Stunden in dem Zug. Zunächst musste er lange Zeit warten, bevor er sich in Bewegung setzte. Danach hielt er einige Male an, ohne dass wir einen Grund dafür erkennen konnten. Sein Tempo war auch nicht besonders hoch. Schließlich erreichten wir Dresden Hbf. Der Zug hielt, und wir konnten aussteigen. Es war kurz vor 21.00Uhr.

Eine Nacht auf dem Bahnhof in Dresden

Wir suchten und fanden den Wartesaal und fanden sogar Platz an einem großen ovalen Tisch. Mama staunte: „Ich hätte erwartet, dass der Wartesaal viel voller wäre. Wie kommt's, dass es noch so viel freien Platz gibt?" Wir konnten Wiener Würstchen kaufen und Malzbier. Wäre ich nicht so müde gewesen, wäre es ein Festmahl gewesen. Wir lümmelten mit den Unterarmen auf dem Tisch und hatten unsere Köpfe auf die Arme gelegt, als plötzlich Luftschutzbeauftragte auftauchten und von uns verlangten, dass wir den Wartesaal verlassen und uns in einen entfernt liegenden Luftschutzbunker begeben sollten. Nach der großen Wanduhr war es inzwischen schon 23.20 Uhr geworden. Morgens um 6.46 Uhr wollten wir bereits wieder einen Zug besteigen, den nach Leisnig. Mama weigerte sich, den Wartesaal zu verlassen. Die Luftschutzbeauftragten drohten mit Verhaftung: Mutter bot an: „Verhaften oder nicht! Sie dürfen mich sogar erschießen. Ich gehe hier trotzdem nicht raus. Wir haben unsere Heimat vor Wochen verlassen und sind schon viele Tage lang auf der Flucht. Jetzt kann ich nicht mehr. Schluss!"

Ich hörte die Luftschutzbeauftragten miteinander leise sprechen. Der eine sagte zum anderen: „Wenn heute eine Bombardierung stattfinden sollte, müsste sie schon angefangen haben." Dann beachteten sie uns nicht mehr und gingen weiter. Wir waren durch die Attacke der Luftschutzbeauftragten wieder hellwach geworden und feierten fröhlich Mamas Sieg. Wir hatten es geschafft, nicht in den Luftschutzbunker gehen zu müssen und im gemütlichen geheizten Warteraum bleiben zu können. Wir hatten seit Verlassen unseres Hofes ganz viel geschafft. Es brauchte nur noch einen kleinen Schritt und wir würden Vater wiedersehen. Mama war ganz aufgeräumt und erinnerte uns, wie wir früher Faschingsmontag in unserem Haus gefeiert hätten.

Fasching in Konradswaldau: in der Mitte Mama zwischen ihren Schwestern.

Wir unterhielten uns darüber, dass wir uns sogar noch am letzten Silvester in Konradswaldau verputzt hatten und dass ich schon
während der ganzen Flucht als „Gestiefelter Kater" mit roten Stiefeln
aufgetreten war. Wir waren uns einig, dass man sich nicht unterkriegen lassen darf. An das Risiko einer Bombardierung Dresdens
haben wir gar nicht gedacht. Nur Mama hat still gebetet, dass Gott
uns vor einer Bombardierung bewahren möge. Das hat sie uns aber
erst später verraten.

Die Nacht war quälend. Wir begannen mit den Armen auf dem Tisch
und den Köpfen auf den Armen. Mama und Edith hielten in dieser
Position bis zum Morgen durch. Gudrun legte sich nach einer Weile
auf zwei nebeneinander gestellte Stühle. Ich wählte zunächst die
gleiche Lösung, landete aber schließlich auf dem Fußboden, auf
dem man sich wälzen kann, ohne runterzufallen, und verschlief
die Nacht auf dieses Weise.

Mama weckte uns: „Wir müssen langsam zum Bahnsteig gehen." Sie hatte schon Brote geschmiert und Milch organisiert, während wir langsam unsere tauben Knochen und unsere verschiedenen Backebären zusammensuchten. Wir bekamen noch nichts von dem Frühstück runter. Daher packten wir es in die Tasche und begaben uns allmählich auf den Bahnsteig. Der Zug war schon da. Wir stiegen ganz bequem ein, denn er war nicht überfüllt. Ein ganz tolles Gefühl. Wir hatten ein Abteil für uns. Ich schlief ziemlich gleich ein und bekam von der Bahnfahrt nicht viel mit. Wir mussten umsteigen; einmal oder zweimal? Es wurde heller Tag und mein Appetit erwachte und ließ mich das Frühstück genießen. Dann waren wir in Leisnig und stiegen aus dem Zug. Vor uns lag eine Landschaft, in der es ähnlich bergauf und bergab ging wie in der, die wir gerade rund um Hirschberg verlassen hatten.

Wiedersehen im Lazarett

Mama fragte eine Frau, wo denn das Lazarett zu finden sei. Die Frau zeigte nach oben und beschrieb uns den Weg: „Sie können in einer Viertelstunde zu Fuß hingehen." Wir marschierten auf dem Bürgersteig einer gewundenen Straße langsam bergauf und erreichten schließlich den oberen Teil der Stadt. Plötzlich standen wir vor einem Gebäude mit dem Notlazarett. Mama öffnete die Tür und erkannte die Anmeldung. Dort wurden wir sehr freundlich begrüßt: „Ach, die Familie von Herrn Schmidtlein! Bloß gut, dass Sie da sind! Ihr Mann hat nicht mehr geschlafen und nicht mehr gegessen und ist mit seinen Kräften am Ende. Folgen Sie mir, ich bringe Sie zu ihm!" Dann brachte er uns zu einem Zimmer mit drei Betten. Mama schickte zuerst Gudrun zu ihm rein. Die ging zu Papa und umarmte ihn in seinem Bett. Dann schickte Mama mich zu ihm rein. Auch ich umarmte Papa und musste plötzlich heulen. Schließlich kam Mama mit Edith ins Zimmer. Wir lagen uns alle im Arm und konnten nur noch heulen. Auch die beiden anderen kranken Männer konnten sich nicht zurückhalten.

Nach einer Weile schaute Vater zur Tür, so, als würde er noch jemanden erwarten, stand auf und sagte uns, er würde kurz die Lotte Büchner anrufen, damit die jemanden schickt, der uns abholt. Dann kam er wieder ins Zimmer und Mama bat ihn, sich wieder ins Bett zu legen. Er wäre ja zu schwach zum Rumlaufen. Papa legte sich wieder in sein Bett. Mama und Edith zogen je einen Stuhl vor das Bett und setzten sich vor ihn, während Gudrun und ich auf dem Rand seines Bettes saßen. Dann fragte uns Papa, wo denn Oma, seine Mutter, und seine beiden Schwestern seien. Er war sehr traurig, als wir ihm mitteilten, dass die weiterhin beim Treck seien und zurzeit wohl gerade auf dem Weg mitten durchs Riesengebirge. Er wusste ja noch gar nicht, dass wir uns schon in Bankau von den Konradswaldauern getrennt hatten, dass wir Ricke verloren hatten, dass wir viele Sachen im Keller der Kirche in Langseifersdorf eingelagert hatten und dass man im Treck nicht selbst über sein Ziel entscheiden durfte. Dann wollte Papa wissen, wie es seiner Mutter gegangen ist. Mama erzählte ihm, dass Oma zunächst gar nicht mit flüchten wollte, dass sie ums Verrecken zu Hause bleiben wollte und was sie mit ihr gesprochen hatte, dass sie doch noch mitkam. Vater umarmte Mama dafür. Dann konnte Mama ihm erzählen, dass Oma immer gut mitgekämpft hätte. Sie hätte keine Schäden davongetragen, bis auf die Tatsache, dass sie sich auch Läuse aufgegabelt hätte und dass sie selbst richtigerweise entschieden hätte, nicht mit uns die Fahrt im Zug hierher zu wagen. Wir hätten sie im Gedränge der Menschenmassen nicht beschützen oder durchs Fenster in ein Zugabteil schieben können.

Papa war einigermaßen beruhigt, dass es unseren Lieben noch gut ging, als wir uns von ihnen getrennt hatten. Er erklärte aber auch seine Absicht: „Wir müssen alles tun, um meine Mutter und meine

Schwestern auch nach Leuterwitz zu holen. Da muss ich mir etwas einfallen lassen." Mama sagte: „Du musst dich erst einmal auskurieren. Dann kannst du wieder Pläne machen."

Es waren schon zwei oder drei Stunden vergangen, als einer von der Anmeldung zu uns kam und uns mitteilte, dass die Fuhrwerke von Büchners eingetroffen sein, um uns abzuholen. Wir waren auch total fertig von den vergangenen Tagen und besonders von der letzten Nacht im Wartesaal auf dem Dresdner Bahnhof; und unsere Anspannung hatte sich im Wiedersehen gelöst, sodass wir uns von Papa trennen wollten, um in ein Bett zu kommen. Mama sagte: „Jetzt trennen uns nicht mehr Welten, sondern nur ein paar Kilometer. Ich komme dich Morgen wieder besuchen. Dann sagten wir uns Auf Wiedersehen und gingen zur Kutsche von Büchners. Der Kutscher begrüßte uns sehr freundlich und zeigte auf ein weiteres Gespann mit einem Kastenwagen: „Ist euer Gepäck noch auf dem Bahnhof?" Papa hatte bei seinem Telefonat mit Tante Lotte wohl noch angenommen, wir hätten unser großes Gepäck als Begleitgepäck in den Personenzügen mitgebracht. Wir stiegen mit unserem Handgepäck in die Kutsche, das andere Fuhrwerk fuhr leer hinterher. Ich war gespannt, welche Landschaft uns der Weg eröffnet. Mama kannte sie schon von ihrem Besuch 1942. Schließlich mussten sich die Pferde noch einmal ein kurzes Stück bergauf anstrengen und wir erblickten Büchners weißes Wohnhaus vor uns und fuhren geradewegs in den Hof hinein. Es war ungefähr 16.00 Uhr, wir hatten unser Ziel noch vor dem Dunkelwerden erreicht.

Spießrutenlaufen in Leuterwitz

„Überwintern" bis zur Rückkehr
nach Konradswaldau

Dadurch, dass wir uns mit unseren drei Wagen und 41 Personen in Bankau vom Dorftreck getrennt hatten, hatte ich alle meine Schulfreunde und Spielkameraden mit einem Schlag verloren. Ich bewegte mich nur noch unter den 41 Menschen, die zu unseren drei Wagen gehörten, denn in den Orten, in denen wir übernachteten, war ich abends nach dem vielen Laufen zu müde, um noch neugierig zu sein. Immer wieder einmal beim Marschieren fehlten mir die, mit denen ich die spannenden begonnenen Spiele hätte fortsetzen wollen.

Während der Kutschfahrt von Leisnig nach Leuterwitz fragte ich Mama, wie lange wir in Leuterwitz bleiben wollten. Ich hoffte, dass ich aus ihrer Antwort schließen könnte, wann ich Horst und Marianne und alle anderen wieder treffen würde. Mama erklärte mir, dass wir bei Büchners so lange bleiben würden, bis wir wieder nach Hause ziehen könnten, um unseren Hof in Konradswaldau dann wieder in Ordnung zu bringen und in Betrieb zu nehmen. Büchners hätten uns eingeladen, bei ihnen zu „überwintern", solange die Waffen toben würden. Nach dieser Antwort war ich genau so schlau wie davor.

Ich überlegte bei mir: Wenn der Krieg beendet ist, dann ist wieder Frieden. Dann bitten wir Tante Erika, unseren Treck wieder nach Konradswaldau zu führen. Dann wären wieder viele Menschen auf unserem Hof, die mit anpacken würden. Mir leuchtete der Plan ein, denn ich hatte keinerlei Ahnung, was die Ergebnisse des Krieges für uns bedeuten sollten. Ich machte mir auch keine Gedanken, ob denn alle, die mit uns geflüchtet waren, auch wieder auf unseren Hof zur Arbeit zurückkommen würden. Paul, mein Ochsen-Fahrlehrer, was wird denn mit dem? Dafür fand ich keine Antwort.

Dann stellte ich Mama die Frage, wieso Büchners und wir befreundet seien. Mama erzählte uns, dass unser Vater und der Karl Büchner sich in der Ukraine bei der Arbeit kennengelernt hätten und Freunde geworden seien. Im Jahr 1942 hätten sich die Ehepaare gegenseitig besucht und Bruderschaft geschlossen. Nachdem ich das gehört hatte, entsann ich mich ganz schwach, dass es da einen Besuch bei uns gegeben hatte, der Besuch von einem uniformierten Mann mit seiner Frau. Ich entsann mich auch, dass beide eigenartig gesprochen hatten. Ich hätte aber nicht mehr genau beschreiben können, wie sie aussahen. Mama sagte uns, dass wir Kinder die Frau Büchner mit „Tante Lotte" anreden. Das hätte ich schon 1942 getan.

Das „Tante Lotte" auszusprechen, fiel mir von ersten Wiedersehen an leicht, weil sie mir mit weit geöffneten Armen und einem freundlichen Gesicht entgegenkam, als ich aus der Kutsche stieg. Sie umarmte mich herzlich: „Nu, Hubertus! Bist du aber scheen groß geworn!" Bei ihrer Art zu sprechen fiel mir schlagartig wieder ein Wort ein, das ich seit ihrem damaligen Besuch in Konradswaldau auch benutzte, und zwar hatte ich seitdem öfters einmal den Ausdruck „äscha" benutzt, wenn ich etwas betont verneinen wollte. „Uf scheeden Foll" empfand ich sie gleich als sympathisch und dachte mir: Mit Dande Lodde werde ich gut zurechtkommen. Das wird kein Problem werden.

Mit dieser Einschätzung lag ich total richtig, denn noch im Jahr 1990 – nach 41 Jahren der politisch bedingten, absoluten Trennung – begrüßte sie mich wieder mit den gleichen weit geöffneten Armen. Inzwischen war ich 60 Jahre alt geworden und wusste nicht, ob ich sie immer noch als Tante anreden sollte. Sie merkte mein Zögern und sagte: „Isch bin immer noch deine Dande Lodde, und wärschte domols nich weggemacht, dann wär aus men'n Schungs och was Rischt'sches g'wor'n." Sie nahm meinen Mercedes 260 E in der Farbe Silberdistel wohl als Beweis eines von mir gewonnenen Reichtums. Ich fragte mich, was ihre Schungs wohl empfunden hätten, wenn sie diesen Satz – losgelöst aus dem Zusammenhang – gehört hätten und antwortete: „Wäre ich hier geblieben, dann wäre aus mir nicht der geworden, der heute vor dir steht. Wären deine Jungs, wie damals ich, mit 13 Jahren aus der DDR ausgewandert, dann hätten sie sich auch zu anderen Menschen entwickelt. Keiner kann sagen, ob das Ergebnis besser gewesen wäre oder vielleicht sogar schlechter, auf jeden Fall anders."

Der Funke zwischen Tante Lotte und mir war schon am 13.02.1945, am Tag der Ankunft in Leuterwitz, übergesprungen und verband uns auch nach 41 Jahren.

Die weit geöffneten Arme meiner „Tante Lotte" beim Wiedersehen 1990

Wohnräume für uns

Die Südansicht des Büchner'schen „Einfamilien-Wohnhauses"

Wir waren bei unserem Eintreffen in Leuterwitz total übermüdet. Deshalb war für uns zunächst einmal ein Bett das Wichtigste. Tante Lotte zeigte Mama zwei Zimmer, die wir für uns allein nutzen sollten, ein Schlafzimmer im Obergeschoss und ein kleines Wohnzimmer im Parterre. (Beide Räume befinden sich auf der Rückseite des abgebildeten Hauses.) In der ersten Nacht haben Mama, Gudrun und ich in unserem neuen Schlafzimmer im Doppelbett geschlafen, Edith in einem Einzelbett. Bereits für die Nacht darauf mussten wir diese Regelung ändern. Denn mit Uschi, die einen Tag nach uns in Leuterwitz eingetroffen war, waren wir schon fünf Personen. Tante Lotte fand eine gute Lösung für uns. Ich zog mit Uschi in einen Schlafraum im Nebengebäude (siehe grünen Pfeil im Foto), das sich mit 90 Grad ans Wohnhaus anschloss. Es enthielt neben zwei Räumen, die vom Haus aus direkt zu begehen waren, hauptsächlich den Kuhstall. Diese Lösung hatte für mich und besonders aber für Uschi, die schon 17,5 Jahre alt war, den Vorteil, dass keiner bemerkte, wann wir ins Bett gingen, denn das Stallgebäude hatte hofseitig einen Eingang, über den man unser Zimmer ebenfalls erreichen konnte. Wir konnten so unbeobachtet von denen im Haus unseren Tag etwas verlängern. Bei Büchners wohnten über dem Kuhstall Kriegsgefangene, die auf dem Hof arbeiteten, sowie andere angestellte Arbeiter. Ab diesem Zeitpunkt schliefen nur noch Gudrun und Mama im Doppelbett. Wie man sieht, hatte uns Tante Lotte von Anfang an gut untergebracht.

Wohngemeinschaft

Gleich am ersten Abend sagte Tante Lotte zu Mama: „Es gibt ja nur eine Küche bei uns im Haus, deshalb werden wir erst einmal zusammen essen und kochen. Jemand von euch kann mir ja dabei bissel helfen." Mamas Wahl fiel auf Edith: „Edith hat schon etwas Kochen gelernt, sie kann dir schon gut zuarbeiten. Bei der Gelegenheit möchte ich eine dringende Bitte vorbringen: Wir haben uns in den letzten Tagen gar nicht waschen können. Wir sind dreckig wie die Ferkel. Wir müssten uns alle erst mal richtig schrubben. Dann geht's aber gleich weiter mit meinen Bitten. Unser großes Gepäck ist noch mit der Bahn unterwegs. Da ist auch unsere Wechselwäsche drin. Die Nachtwäsche, die wir bei uns haben, möchte ich keinem zeigen müssen. Die ist noch dreckiger als wir. Damit können wir uns nicht in deine schönen sauberen Betten legen. Hast du vielleicht etwas für uns vier für die erste Nacht?" Tante Lotte verschwand kurz irgendwo in ihrem Haus und kam nach kurzer Zeit mit einer Sammlung von Klamotten zurück und gab sie Mama mit den Worten: „Guckt alles mal durch, was ihr gebrauchen könnt. Vieles wird zu groß oder zu klein oder nicht lang genug sein, aber wir sind ja auf keiner Schönheitskonkurrenz. Ich hab euch auch noch ein paar Handtücher mitgebracht." Mama war über all die Sachen sehr erfreut und bedankte sich bei Tante Lotte.

Noch ehe wir etwas gegessen hätten, führte Mama Gudrun und mich ins Badezimmer. Wir hatten Glück, dass das Wasser des Badeofens gerade heiß war. Mama ließ heißes und kaltes Wasser in der richtigen Mischung in die Wanne laufen. Dann zogen wir uns, das heißt Gudrun und ich, nackt aus und stiegen zugleich in die Wanne. Es konnte sich immer nur einer von uns ins Wasser legen und untertauchen, während der andere stehen bleiben musste. Dann haben wir uns vom Kopf bis zu den Füßen eingeseift und geschrubbt. Mama hat mit einer Badeschüssel Wasser aus der Wanne geschöpft und es uns über den Kopf gegossen, bis die Seife und mit ihr aller Dreck heruntergespült war. Dann hüllte uns Mama je in ein großes Badetuch und wir rubbelten uns trocken. Als ich dann nach unten schaute, entdeckte ich, dass das Wasser kohlrabenschwarz war. Als ich aus der Wanne stieg, um mich auf den Vorleger zu stellen, trocknete Mama mir noch die Füße einzeln ab.

Nun suchten wir die Klamotten von Tante Lotte durch. Mir reichte Mama ein viel zu kleines Unterhemd: „Das hat vielleicht zu kurze Ärmel, aber da kommt ja noch was anderes drüber. Es ist auf jeden Fall schön warm. Darüber zog ich ein langes Nachthemd mit einem hochstehenden Spitzenkragen. Hose brauchte ich keine. Gudels Klamotten waren ihr viel zu groß. Sie hatte ein enges ärmelloses rotes Westchen über einem riesigen Nachthemd, dessen Ärmel ein paarmal übergeschlagen werden mussten. Aber mit dem Westchen konnte man nicht mehr erahnen, wie weit das Nachthemd war. Als ich mich im Spiegel sah, erinnerte mich das, was ich sah, daran, dass es Faschingsdienstag war. Ein Junge mit einem so eifrig roten Gesicht, als könnte er gar nicht abwarten, zum Faschingsball zu gehen.

Gudrun und ich, wir stellten uns Tante Lotte in unseren neuen Kleidern vor. Sie freute sich mit uns. Während Mama schon wieder Bitten äußern musste: „Allein von diesen beiden habe ich jetzt einen Berg von Wäsche, die ich schleunigst waschen muss, weil ich auch für die Tageskleidung und Tageswäsche nichts Sauberes zum Wechseln habe. Tante Lotte sagte: „Nu komm erst mal zum Abendbrot. Danach sehn wir weiter." Zum Abendbrot habe ich zum ersten Mal die sächsische Biersuppe gegessen. Beim gemütlichen Abendbrot bin ich schon halb eingeschlafen. Faschingsdienstag musste ich diesmal vergessen. Das Einzige, was diesen schönen Abend gestört hatte, war die Sorge um Uschi auf ihrem unsicheren Weg zu uns nach Leuterwitz.

Leuchten in der Ferne

Mama rüttelte mich vorsichtig an der Schulter: „Hubertus, wenn du willst, kannst du mal wach werden. Dresden, wo wir in der letzten Nacht auf dem Bahnhof warteten, wird gerade bombardiert." Ich war sofort hellwach und ging mit Mama in das Nachbarzimmer, wo auch schon Tante Lotte stand und den Horizont beobachtete. Dass das der Himmel über Dresden war, der hell erleuchtet glühte, hätte ich selbst nicht gewusst. Das erklärte uns Tante Lotte. Die wusste, wo Dresden lag. Aber auch ich wusste, was Dresden war, denn dort hatten wir gestern unsere Nacht ungestört zugebracht. Mama jammerte: „Max hat Uschi gesagt, dass sie ebenfalls den Weg hierher suchen soll. Hoffentlich ist sie nicht gerade heute dort auf dem Bahnhof." Nach ca. 20 Minuten schickte Mama mich wieder ins Bett. Es war ungefähr Mitternacht. Ich konnte nicht sofort wieder einschlafen, weil ich mich um Uschi sorgte. Als ich dann eingeschlafen war, hatte ich Angstträume: Uschi rannte unter einem Bombenhagel weg und schrie um Hilfe. Ich flog eine Me 262 und versuchte Bomber abzuschießen. Ich musste dazu enge Manöver fliegen, um in Schussposition zu kommen. Es warf mich herum wie in einer Tonne. Wenn ich ab und zu zum Schuss kam und ein Bomber in Brand geriet, tauchten ständig neue wieder auf. Ihre

Zahl wuchs an zu Hunderten. Ich wusste mir nicht mehr zu helfen. Schließlich wachte ich schweißgebadet auf und war froh, dass ich nur geträumt hatte. Ich setzte mich auf im Bett und sah Gudrun neben mir in ruhigem Schlaf. Da fiel mir ein, dass die Bombardierung von Dresden wirklich stattgefunden hatte. Ich habe den Engländern und Amerikanern Rache geschworen. Wenn ich später Pilot einer Me 262 sein würde, würde ich es ihnen heimzahlen.

Ich habe Ihnen ein Stück Film herausgesucht, das meinem damaligen Albtraum nahekommt.

https://www.youtube.com/watch?v=ioyWdnDHla4

Als wir am Morgen mit Büchners beim Frühstück saßen und über die Bombardierung sprachen und Mama ihre Angst wegen Uschi herausjammerte, klingelte das Telefon. Tante Lotte ging ran, bekam ein breites Strahlen aufs Gesicht und reichte den Hörer an Mama weiter. Mama glaubte, Vater wäre am Apparat, aber nein, es war Uschi. Sie gab durch, wann sie in Leisnig ankäme. Tante Lotte sagte: „Ich stelle euch die Kutsche. Der Kutscher kann Uschi zuerst zu Max ins Notlazarett fahren und sie dann hierherbringen. Und von euch kann mitfahren, wer da möchte." Mama und ich fuhren mit, um Uschi abzuholen und Papa zu besuchen. Dabei erfuhren wir, wie Uschi den Bomben ausgewichen war.

Hier habe ich Ihnen eine Zusammenstellung über das Bombardement jener Nacht herausgesucht, die das Geschehen korrekt schildert, die aber nicht verdecken kann, dass die Alliierten ihren Overkill (Waffentechnische Überlegenheit) zum Morden eingesetzt haben. Damit haben die Alliierten ihre einmalige Chance vertan, sich anders zu verhalten als die Nationalsozialisten, nämlich ethisch einwandfrei. Sie hätten aus ethischen Gründen ihre zu viel produzierten Waffen verschrotten können. Das wäre ein überzeugendes

Vorbild für die Nachkommen der Deutschen gewesen. Aber nein, sie haben ihre Bomben weiter abgeladen. Sie haben den Teufel mit dem Beelzebub auszutreiben versucht, was bekanntlich nicht funktioniert. Jetzt benötigen sie sehr viele Worte gegen unsere heutigen Nazis, die den berechtigten Aufruf herumtragen des Inhalts: *Nie wieder Bombenterror!*

https://de.wikipedia.org/wiki/Luftangriffe_auf_Dresden

Die Kernfamilie Büchner

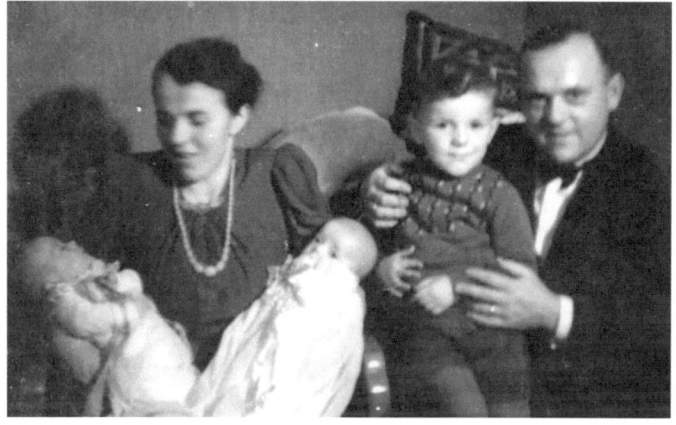

Lotte und Karl Büchner mit ihren drei Söhnen, im November oder Dezember 1943

Ich habe alle Bewohner des Hauses am Ankunftstag kennengelernt, bis auf einen. Dazu gehörte nicht Onkel Karl, der noch bei Militär war. Das folgende Bild zeigt Lotte und Karl Büchner mit ihren Kindern. Das Foto wurde wohl gegen Weihnachten 1943 aufgenommen. Er geriet in den letzten Kriegstagen in russische Gefangenschaft und wurde in einem Arbeitslager festgehalten bis zum September 1953. Er kam mit Lungentuberkulose zurück, musste die Abgabe seines Hofes an den Rat des Kreises unterschreiben und erlebte leider nicht mehr, als seine Familie die vollen Eigentumsrechte an seinem Hof wieder zurückbekam.

Karl Heinz, der älteste der drei Söhne, wurde am 06.09.1941 geboren. Er hat somit am gleichen Tag wie meine Schwester Uschi Geburtstag und ist 6 Jahre jünger als ich, ein Altersunterschied, der das gemeinsame Spielen begrenzte. Er war dreieinhalb Jahre alt, als wir nach Leuterwitz kamen. Die Zwillinge Frank und Klaus wurden am 06.08.1943 geboren. Sie waren 18 Monate alt, als ich sie kennenlernte.

Die Kinder von Tante Lotte

Die Zwillinge waren zwar noch Flaschenbabys, aber fielen durch ihr häufiges Schreien ins Gewicht. Schon innerhalb weniger Tage erfuhr ich ihre Vorgeschichte: Kurz nach ihrer Geburt war bei beiden ein Leistenbruch festgestellt worden. Klaus hatte einen einseitigen Leistenbruch, die Operation war gut gelungen und die Naht hielt. Frank, der etwas schwächere von beiden, hatte den Leistenbruch auf beiden Seiten. Die Operation war zunächst gelungen, doch brach die Leiste auf einer Seite erneut, sodass die Operation wiederholt werden musste. Beide sollten wegen dieser Problematik am besten gar nicht schreien. Die Frage war, wie man das erreichen könnte. Als wir ankamen, sorgte ein Kindermädchen Tag und Nacht für die beiden. Sie schlief sogar im Zimmer der Babys, damit sie auch während der Nacht sofort tätig werden konnte, wenn eines der Kinder zu schreien begann. Das Mädchen erfüllte sein Pflichtjahr bei Büchners.

Ich dachte damals an die Zeit zurück, als Gudrun so klein war, wie die beiden jetzt. Damals konnte ich mit Gudrun im Kinderwagen Autorennen veranstalten. Selbst bei Unfällen in zu schnell gefahrenen Kurven hat sie nicht einmal geweint. Angesichts der empfindlichen Gesundheit der Zwillinge wurde ich – so mein Eindruck – hier nicht gebraucht. Da sollte ich besser meine Finger entfernt halten.

Dann gab es im Haus noch Karl Heinz. Bei der ersten Begegnung empfand ich ihn als seltsam und fragte mich, ob er mein Spielkamerad werden könnte? Er war zu unserer Begrüßung nicht mit Tante Lotte aus dem Haus gekommen. Als wir dann den Flur betreten hatten, schaute sich Tante Lotte rings herum suchend um und sagte an mich gewandt: „Wo ist denn dein neuer Spielkamerad?" Er hatte sich hinter der Eingangstür versteckt. „Nu, komm mal her und sag dem Hubertus Guten Tag!" Ich ging einen Schritt auf ihn zu und reichte ihm meine Hand entgegen, aber er machte keine Anstalten, seine Hand hinter seinem Rücken hervorzuholen. Tante Lotte schritt noch einmal ein: „Nu gib dem Hubertus doch deine Hand!" Karl Heinz folgte und gab mir seine Hand, aber fasste dabei gar nicht richtig zu und drehte sein Gesicht zur Seite, sodass ich ihm nicht in die Augen schauen konnte. Tante Lotte erklärte dann an Mama gewandt: „Der war hier zwei Jahre lang Alleinherrscher und fühlt sich beleidigt, dass die Zwillinge jetzt so viel Aufmerksamkeit bekommen. Es ist gar nicht schlecht, dass er jetzt einen großen Bruder bekommt." Ich dachte, dass es etwas Zeit braucht, bis wir Freunde sein werden.

Er versteckte in den nächsten Tagen seine Spielsachen vor mir. Er hielt mich wohl immer noch für einen bösen Eindringling. Sein Spielzeug fand ich außerdem langweilig. Solche Sachen hatte ich zu Hause schon längst beerdigt, wie z. B. das Straßensprengauto aus Bakelite im Treckerschuppen sein Grab gefunden hatte. Wenn ich dagegen mit ihm Düsenjäger Me 262 spielen wollte, ahmte er das Geräusch eines Kolbenmotors nach, weil er nicht wusste, dass ein Düsentriebwerk heult und nicht tättert. An einem Wochenende, als Papa mal zum Kurzurlaub gekommen war, hatte er zufällig gehört, dass ich Karl Heinz einen dummen Affen genannt hatte. Dafür habe ich die erste Backpfeife meines Lebens von ihm erhalten. Vater war nervös und wollte nicht, dass einer aus seiner Familie Streit provoziert. Wir mussten alle dankbar sein, dass Büchners uns aufgenommen hatten. Uf scheeden Foll passten Karl Heinz und ich zunächst nicht so gut zusammen.

Oma Schmitt

Aus dem Flur führte uns Tante Lotte ins Wohnzimmer. Dort saß ihre Mutter, Oma Schmitt. Sie saß auf einem Stuhl mit Armstützen und hatte ihre Beine auf einem Stuhl abgelegt, der vor ihr stand. Als wir ihr die Hand gaben, stand sie nicht auf. Sie war nicht zufällig anwesend, als wir eintrafen, sondern hatte ein eigenes Zimmer im Haus und wohnte dauernd bei ihrer Tochter. Es fiel mir sofort auf, dass Oma Schmitt unter einem Problem mit ihren Beinen litt. Mama sagte uns, dass sie offene Stellen an ihren Beinen hätte und dass diese Wunden nicht abheilen würden.

Später habe ich dann einmal zugeschaut, wie ihr die Beine von einer Krankenschwester gepflegt wurden. Sie hatte ihre Beine mit weißen Binden eingewickelt, die man wegen der Strümpfe nicht sehen konnte. Wenn sie die Binden abgewickelt hatte, konnte man viele offene, teils große wunde Flecken sehen. Die offenen Stellen mussten regelmäßig ausgewaschen und neu eingecremt werden. Dann wurden sie mit Mulllappen bedeckt und mit den weißen Binden eingewickelt. Am Schluss kamen die Strümpfe darüber. Trotzdem taten ihr die Wunden immer weh, sodass sie nur sehr selten ein paar Schritte lief. Sie hatte ein schmerzstillendes Medikament für den Fall, dass die Schmerzen unerträglich wurden. Meist saß sie und hatte ihre Beine auf einem Stuhl abgelegt. Sie hat im Sitzen

Kartoffeln geschält und das Gemüse geputzt. Sie konnte Lärm von Kindern und Säuglingen nicht gut aushalten.

Als wir mal unter uns waren, sagte Mama zu uns: „Eigentlich stören wir hier nur und müssen sehr dankbar sein, dass wir aufgenommen wurden. Seid nur alle recht rücksichtsvoll und hilfsbereit. Hoffentlich finden wir bald eine eigene Wohnung und können hier wieder ausziehen. Solch ein Aufeinanderhocken geht nicht lange gut. Es fällt mir schwer, fremde Sachen mitzubenutzen und jeden Pups mit Lotte abstimmen zu müssen. Es geht aber zurzeit nicht anders."

Herr Tannenberg

Schon am zweiten Tag in Leuterwitz lernte ich den Herrn Tannenberg kennen. Er kam gegen Mittag auf den Hof, um nach dem Rechten zu sehen. Ich wunderte mich über den Mann, weil er beim Laufen ein Bein mühsam hinter sich herzog. Tante Lotte bat den Herrn Tannenberg, eine Kutsche zum Bahnhof zu senden, um Uschi abzuholen, die schon auf dem Bahnhof warten würde. Er versprach, sich darum zu kümmern. Ich fragte Tante Lotte, was der Mann auf ihrem Hof täte, Sie erklärte mir, dass der Herr Tannenberg ihr hülfe, den Hof zu schmeißen, solange ihr Mann, mein Onkel Karl, noch Soldat sein müsse. Er war also Verwalter, wie Tante Erika bei uns. Ich meine, dass Herr Tannenberg ein Holzbein hatte. Ich kann es allerdings nicht beschwören.

Ich folgte Herrn Tannenberg auf seinem Gang in den Hof. Er fragte mich, ob ich mit dem Kutscher mitfahren wolle. Ich stimmte begeistert zu. Er rief einen Arbeiter zu sich und gab ihm den Auftrag, die Kutsche fertig zu machen und Uschi abzuholen. Er sagte ihm außerdem, dass ich mitfahren würde weil ich Uschi kennen würde. Der Arbeiter sagte Herrn Tannenberg, dass er noch etwa 15 Minuten benötigen würde, wenn er seine Arbeit in der Scheune erst noch beenden sollte. Daraufhin entschied Herr Tannenberg, das Pferd inzwischen selbst anzuschirren und vor die Kutsche zu spannen. Das füllte die Zeit aus, bis der Arbeiter frei war.

Anschließend folgte ich Herrn Tannenberg in den Pferdestall. Er zog ein Pferd aus dessen Box und band es an einem Ring an der Wand fest. Er fragte mich, ob ich schon einmal ein Pferd geputzt hätte. Ich bejahte eifrig. Er gab mir die Bürste und den Striegel in die Hand: „Dann putz Hella doch gleich e mol!" Ich kratzte Hella mit dem Striegel die verklebten Stellen vom Fell, dann putzte ich sie mit der Bürste und strich die Bürste über dem Striegel. Und immer dann, wenn sich der Striegel mit Talg und Staub gefüllt hatte, klopfte ich ihn auf dem Boden aus. So entstand ein weißer Strich auf dem Pflaster. Ich putzte sie auf jeder Seite „5 Strich".

Der Herr Tannenberg, der die ganze Zeit über zugeschaut hatte, sagte: „So sauber war die Hella schon lange nicht mehr. Wie alt bist du?" Meine Auskunft: „Im September werd' ich 10." Dann sagte er: „Dich kann man schon gut gebrauchen." Ich hatte einen Freund gewonnen.

Wir können Uschi in Leisnig abholen

Außer mir fuhr auch Mama mit, um Uschi abzuholen. Sie wollte bei dieser Gelegenheit fragen, ob unser großes Gepäck schon eingetroffen wäre. Außerdem wollten wir Papa im Lazarett aufsuchen. Die Kutsche wurde von einem kriegsgefangenen Polen gefahren, der recht gut Deutsch sprach. Wir hörten während der Fahrt, dass auch gegenwärtig viele Bomber in der Luft waren. Aber es war ein Tag mit dichten Wolken, sodass wir sie nicht sehen konnten. Der Pole versuchte uns auszuhorchen, wo wir herkommen würden und wie wir geflüchtet wären. Wir haben ihm aber nichts erzählt, denn die Polen kämpften ja auf der Seite unserer Feinde. Wahrscheinlich freute er sich, dass jetzt Städte in Deutschland bombardiert wurden.

Als wir beim Bahnhof angekommen waren, schauten wir uns vergeblich nach Uschi um. Mama hatte den Verdacht, dass Uschi schon zum Lazarett gegangen sein könnte. Sie ging zum Bahnhofsvorsteher und erzählte ihm, dass wir vor zwei Tagen in Hirschberg Gepäck aufgegeben hätten und fragte ihn, wann wir mit dem Gepäck rechnen könnten. Seine Antwort war sehr entmutigend: „Wahrscheinlich kommt ihr Gepäck gar nicht mehr hier an. Sie haben doch sicherlich auch vernommen, dass in Dresden alles verbrannt ist, nicht nur das Gepäck, sondern auch die Menschen. Gerade jetzt haben sie wieder Bomben abgeworfen. Jetzt kann ich dort keinen nach ihrem Gepäck fragen.

Sind Sie die Frau Büchner oder die Frau Schmidtlein?" Mama antwortete: „Ich bin die Frau Schmidtlein und wohne bei Büchners in Leuterwitz." Der Beamte sagte dann: „Sollte das Gepäck doch noch ankommen, dann weiß ich ja, wo Sie sind und werde Ihnen Bescheid geben. Aber seien Sie nicht zu hoffnungsvoll. Übrigens, Ihre Tochter hat hier hinterlassen, dass sie schon ins Lazarett gelaufen wäre und dort abgeholt werden möchte. Einen Koffer hat sie in der Gepäckaufbewahrung gelassen. Das soll ich dem Kutscher sagen, der sie abholt. Wollen Sie ihren Koffer gleich mitnehmen?"

Wir hatten eine gute und eine schlechte Nachricht im Kopf und Uschis Koffer in meiner Hand und ließen uns von der Kutsche zum Lazarett fahren. Uschi war schon über eine Stunde mit Vater zusammen gewesen, als wir hinzukamen. Die Begrüßung der beiden haben wir nicht miterlebt, aber die Freude darüber, dass wir nun auch Uschi wiederhatten, hat uns zusammen lachen und heulen lassen über unser sagenhaftes Glück. Uschi hatte es geschafft, dem

Feuer in Dresden zu entkommen. Bei diesem Beieinandersein im Lazarett waren wir erfüllt von der Überzeugung, dass Papa bald aus dem Lazarett rausdürfen würde und dass wir dann alle sechs wieder zusammenleben könnten. Wir wollten auf den Kutscher von Büchners Rücksicht nehmen und haben uns bald von Papa verabschiedet. Papa sagte: „Beim nächsten Mal lasst ihr euch nicht von einer Kutsche fahren, sondern leiht euch Fahrräder von Lotte. Da seid ihr zeitlich unabhängig."

Wie Uschi den Bomben entkam

Wie Uschi dem Chaos der Bombennacht entgangen ist, das wollten wir zwar begierig wissen, verabredeten uns aber, dass wir das nicht vor den Ohren des polnischen Kutschers erzählt bekommen wollten. Erst am Abend im Wohnzimmer im Beisein von Tante Lotte und Oma Schmitt erzählte Uschi die Geschichte: „Als die Sirenen zu heulen begannen, mussten wir alle den Wartesaal verlassen, um in einen Luftschutzbunker geführt zu werden. Neben mir stand ein Kriegsversehrter mit nur einem Bein und zwei Krücken. Er war höchst misstrauisch und glaubte nicht, dass es im Luftschutzbunker noch freie Plätze gäbe. Er hätte schon so viele Lügen erlebt, dass er nicht bereit wäre, in einen der angepriesenen Luftschutzbunker zu gehen. Das seien sicherlich nur gewöhnliche Keller. Er wüsste, wie man sich jetzt retten könnte." Uschi erzählte dann, dass sie diesen Mann als kriegserfahren und deshalb trotz des fehlenden Beines als sehr stark empfunden habe. Sie sei ihm mit ihrem Koffer gefolgt. Der Mann lief mit seinen Krücken vor ihr her, und sie folgte ihm wie ein Küken seiner Henne.

Plötzlich rief er ihr laut zu: „Komm schnell! Eil dich! Da fährt gleich ein leerer Zug aus dem Bahnhof. Uschi hörte die Durchsage: „Bitte nicht in den Zug auf Bahnsteig xy einsteigen! Dieser Zug fährt nur zum Rangieren." Der Mann sagte: „Gut, mit dem kommen wir aus dem Bahnhof und springen dann raus, wenn er am weitesten weg von der Stadt ist. Uschi berichtete, dass sie beide in den leeren Zug gestiegen seien. Der Zug habe sich dann sofort in Bewegung gesetzt, während Flugzeuge die ersten Christbäume in die Luft gesetzt hätten. Der Zug sei dann in ruhigem Tempo lange Zeit dahingerollt und hatte die Zone mit den Christbäumen in der Luft hinter sich gelassen, als er anhielt. Nun sagte der Kriegsversehrte zu Uschi: „Jetzt verlassen wir den Waggon und legen uns zwischen die Schienen unter den Zug. Da haben wir noch einen kleinen zusätzlichen Schutz vor Splittern: „Sollte der Zug weiterfahren und wir das nicht früh genug mitbekommen, kann uns nichts passieren. Uschi machte nach, was er vormachte. Sie lagen stundenlang unter dem Zug.

Sie hörten den Lärm der Bomber und der explodierenden Bomben. Sie sahen die hell erleuchtete brennende Stadt aus der Froschperspektive ihrer Position unter dem Zug, die Kondensstreifen der Bomber. Aber sie trauten sich nicht aufzustehen, um besser zu erkennen, was da vorging. Der Kriegsversehrte erzählte Uschi, dass die Bomber manchmal ihre Bomben sogar auf eine falsche Stadt abwerfen würden, weil sie so schlecht geführt seien. Auf jeden Fall könnten sie in ihrem Versteck nicht sicher sein, dass ein Querschläger rein zufällig auf sie selbst fallen könnte. Die Bombardierung einer Stadt sei blindwütig und träfe Tausende Zivilisten und sei nichts anderes als Massenmord.

Uschi berichtete, dass sie beide bis in die Morgenstunden unter dem Zug gelegen hätten. Als dann keine Bomber mehr am Himmel zu sehen gewesen seien, hätte sich Leben im Zug eingestellt. Die Lokomotive hätte schwarzen Rauch ausgestoßen, offensichtlich hätte der Heizer Kohlen aufgelegt. Da seien sie aus ihrem Versteck gekrochen und zur Lokomotive gelaufen. Dort hätten sie erfahren, dass der Zug nach Meissen fahren würde. Dort würden für den weiteren Einsatz

Entscheidungen getroffen. Das war für Uschi eine gute Lösung, mit einem Anschlusszug von Meissen nach Leisnig zu gelangen. Und auch der Kriegsversehrte, dem sie so viel verdankte, sei bis Meissen im Zug geblieben.

Tante Lotte sagte dann zu Uschi: „Das Feuer, das du aus der Nähe gesehen hast, haben wir aus dem ersten Stock von Ferne beobachtet und haben für dich gebetet. Mama brachte dann noch zur Sprache, dass unser Gepäck möglicherweise verbrannt sei und fragte Tante Lotte, wo man ein paar Ersatzklamotten kaufen könne. Es sei ja nicht durchführbar, so viele Kleidungsstücke täglich zu waschen und wieder trocken zu bekommen. Tante Lotte: „Haste Bezugsscheine, kriegste vielleicht neue Kleidungsstücke. Ober sicher is es och nich.“

Die Büchner-Oma

Die Büchner-Oma (Flora, genannt Flörchen) hatte als Mutter des Hofbesitzers, meines Onkels Karl, ihre Wohnung im Auszugshaus. Trotzdem kam sie zu den Mahlzeiten zu Tante Lotte und aß bei ihr mit. Das war ganz anders geregelt als bei uns in Konradswaldau. Die Mutter meines Vaters hatte nicht im Auszugshaus gewohnt, sondern bei uns im Haus, und sie hatte nicht bei uns mitgegessen, sondern selbst für sich gekocht. Ich hatte den Verdacht, dass die Büchner-Oma vielleicht keinen Herd im Auszugshaus hat. Deshalb freute ich mich, dass sie uns eines Tages zu sich zum Kaffee einlud. Sie hatte zu unserem Empfang eine Babe gebacken und Kaffee gekocht. Für Mama und Edith hatte sie Bohnenkaffee gekocht und für Gudrun und mich Blümchenkaffee. Ich konnte mich nun selbst davon überzeugen, dass sie einen richtigen Herd in ihrer Wohnung hatte. Vielleicht hat sie bei Tante Lotte mitgegessen, weil es sie nichts kostete.

Die Gespräche an jenem Nachmittag waren für mich langweilig. Es ging ums Kochen. Ich bekam den Eindruck, dass ihr das Essen nicht immer schmeckte, das Tante Lotte kochte. Mama fand auch, dass man es hätte besser machen können. Aber mir hatte früher in Konradswaldau auch nicht alles geschmeckt, was Mama kochte, z. B. die sauren Kartoffelstückchen, die ich überhaupt nicht mochte. Wenn es die gab, dann hatte ich immer sehr wenig Hunger. Aber Mama setzte mir das, was mittags auf meinem Teller blieb, zur Vesper und zum Abendbrot wieder vor, so lange, bis es alle war. Mama hätte doch eigentlich gewusst haben müssen, dass man alles isst, was auf den Tisch kommt. Die Büchner-Oma hatte bei Tante Lotte nichts zu bestimmen. Sie hatte das Gefühl, dass die Oma Schmitt alles beherrschte. Für mich war das Weiberkram.

Im Parterre des Auszugshauses hatte sie ein schönes Wohnzimmer, eine Wohnküche mit einem Esstisch und Stühlen, einem Sofa und dem Herd, einen Raum mit einer Mangel. Sie zeigte uns auch ihr Schlafzimmer, das im Obergeschoss lag. Mama war in der Folge öfters mal zu einem Schwätzchen dort. Ich war selten dabei, weil es mir zu langweilig war.

Ein Besuch im Lazarett

Wir lebten schon mehrere Tage bei Tante Lotte in Leuterwitz, ungefähr 10 Tage. Mama hatte Vater inzwischen schon zweimal im Lazarett besucht und jedes Mal berichten können, dass es ihm in kleinen Schritten immer besser ging. Es war abgemacht, dass ich sie bei ihrem nächsten Besuch begleiten würde. Wir machten uns auf zwei Fahrädern nach dem Frühstück auf den Weg. Unser erstes Ziel war der Bahnhof. Der Bahnhofsvorsteher hatte uns zwar versprochen, dass er uns sofort informieren würde, falls unser Gepäck auftauchen würde, aber fragen kostete nichts. Wenn es heute da wäre, dann könnte er es uns direkt sagen und bräuchte keinen Brief zu schreiben. Er hatte leider wieder nur eine negative Aussage für uns. Was man inzwischen alles über den Zustand des von Bombern verwüsteten Dresden gehört hatte, ließ für den Verbleib unseres Gepäcks keine Hoffnung aufkommen.

Im Lazarett trafen wir Papa recht aufgeräumt an. Seine Rollkur hatte er schon absolviert und war aus dem Bett aufgestanden. Er erwartete uns in seiner Tageskleidung. Während der Umarmung duftete er nach Alaunstein und nach einem für mich fremden Rasierwasser. Bald nach der Begrüßung machte er einen Vorschlag: „Ganz in der Nähe ist ein nettes kleines Restaurant. Es ist gutes Wetter, wie wäre es, wenn wir einen kleinen Spaziergang dorthin machten? Wir könnten einkehren und uns gemütlich unterhalten, und es ist nicht so steril wie im Lazarett. Ich empfand den Vorschlag ganz toll und freute mich auf eine Limonade oder ein Malzbier.

Mama und Papa hatten ganz unterschiedliche Themen, die sie besprechen wollten. Mama berichtete, dass unser Gepäck immer noch nicht eingetroffen sei. Bei diesem Thema kam raus, dass wir noch eine Woche abwarten sollten. Wenn das Gepäck dann noch immer nicht angekommen wäre, dann müssten wir es verloren geben und bei der Volksfürsorge Bezugsscheine zur Neubeschaffung der verlorenen Sachen beantragen. Wir könnten all die Dinge nicht von Büchners erbetteln, denn sie hätten die passenden Stücke gar nicht. So lange müsste Mama unsere wenigen Kleidungsstücke immer schnell waschen und trocknen, auch wenn wir Kinder mal im Bett bleiben müssten, bis die Sachen trocken sind. Mama passte das nicht, musste aber zustimmen, weil sie auch nichts Besseres wusste.

Papa hielt uns vor Augen, dass unser Treck immer noch weiter auf der Flucht sei und dass seine alte Mutter wie eine Zigeunerin von

Tag zu Tag auf fremdem Notlager liegen müsse. Diese Treckeinheit mit ihren Menschen – darunter die Arbeiter des Hofes -- und mit den Wagen und Pferden stellten alles dar, was uns für einen eventuellen Wiederanfang auf der heimischen Scholle noch geblieben sei. Es müsse jetzt alles getan werden, damit die komplette Treckeinheit zu uns nach Leuterwitz käme. Lotte hielte schon die ganze Zeit über ihren Gaststall für unsere Pferde frei. Auch brauchte unser Treck frisches Geld. Mama warf ein, dass wir ja nicht einmal wüssten, wo sich unsere Leute aufhielten und dass die Volksfürsorge ihnen die Tagesziele vorgäbe. Papa sagte uns dann seinen Plan: Über die Volksfürsorge könnten wir erfahren, wo der Treck wäre. Dann müssten wir mit Lotte zum Bürgermeister gehen und uns eine Bescheinigung ausstellen lassen, dass von Lotte und der Gemeinde für die Unterbringung der Pferde und der Menschen gesorgt wäre. Mit dieser Bescheinigung müsste man dann losfahren, unsere Treckeinheit suchen und der dortigen Volksfürsorge die Bescheinigung unserer Bürgermeisterei zeigen.

Mama sagte dann zu Papa: „Wer soll denn fahren? Wenn du dich hier gesund stellst, dann lassen sie dich raus, aber an der nächsten Straßenecke brichst du mit Magenkrämpfen zusammen. Wenn sie dich hier entlassen, dann gehörst du außerdem wieder deiner militärischen Einheit und weg bist du von uns und musst irgendeinen Quatsch machen." Papa antwortete: „Ich dachte an Edith, die könnte es machen."

Mama erregte sich außerordentlich über diese Vorstellung: „Es bedarf eines Titanen, um unsere Treckeinheit dem hiesigen Bürgermeister aufzudrücken, und es bedarf eines weiteren Titanen, um unsere Treckeinheit aus den Fängen der NSDAP-geführten Volksfürsorge des Sudetenlandes herauszulösen. Du kennst diese hirnlosen Wichtigtuer gar nicht. Aber ich habe sie erfahren. Die tun nichts für die Menschen, die tun alles nur noch für ihre Vorgaben."

Ich bilde Ihnen hier einen realen Marschbefehl ab, den meine Tante
Erika, die Leiterin unserer Treckeinheit, zu erfüllen hatte. Sie können daraus erkennen, dass die Volksfürsorge eine Abteilung der
NSDAP war. Zu diesem Zeitpunkt verfügte Tante Erika nur noch
über 5 Pferde, statt 7. Der Ochse war wegen Maul- und Klauenseuche
zurückgelassen worden, und sie hatte nur noch 30 Menschen bei
sich, statt der ursprünglichen 37 (mit uns 41).

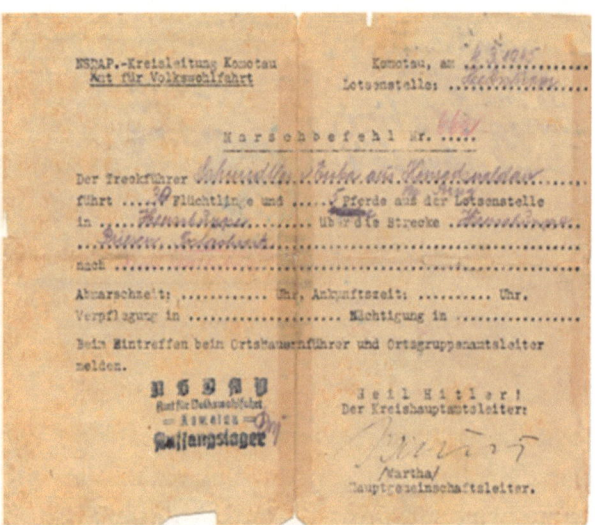

Mama regte sich aber aus einem weiteren Grund über Papas Vorschlag auf, und zwar, dass er Edith diese schwere Aufgabe auflasten
wollte: „Ja, Edith ist das Pflichtbewusstsein in Person; ja, sie ist
auch unsere intelligenteste und einsatzbereiteste Tochter, aber sie
ist mit ihren 16 Jahren noch ein halbes Kind und sie ist doch schon
eine junge hübsche Frau, die in diesen unsicheren Zeiten schnell
mal vergewaltigt ist."

Gott sei Dank, dass Mama es schaffte, Papa den Plan auszureden.
Sie setzte die Priorität so, dass das Leben der Menschen vorgeht vor
dem unsicheren Wiederbeginn einer Landwirtschaft. Sie konnte ihn

außerdem überzeugen, dass zwei tatkräftige Frauen, seine Schwestern Erika und Punne, für seine Mutter und für seine Treckeinheit in seinem Sinne sorgen würden und dass es keiner besser könnte als diese beiden Frauen.

Papa hatte Lebenmittelkarten aus dem Lazerett mitgebracht. So konnten wir das Gespräch mit einem kleinen Festmahl beenden. Papa aß nichts, aber musste zu seiner nächsten Rollkur zurück ins Lazarett. Wir mit unseren Fahrrädern fanden es anschließend gemein, dass der Rückweg nach Leuterwitz so lange Steigungen enthält. Beim Schieben fragte ich Mama: „Muss Papa wirklich wieder von uns weggehen, sobald er gesund ist?" Sie bejahte das. Die Antwort entrüstete mich: „Wozu sind wir denn überhaupt vom Treck weggegangen? Wir haben hier nichts anzuziehen, wir haben nichts von unserem gepökelten Schwein, das sich auf einem der Treckwagen befindet, und wir müssen um alles betteln, und hier schmeißen unsere Feinde Bomben auf Menschen, wie dort die Russen mit ihren Stalinorgeln unsere Soldaten vernichteten." Wir blieben mal kurz stehen, um zu verpusten. Da zog mich Mama mit einem Arm an ihre Seite: „In Deutschland gibt es keinen einzigen sicheren Platz mehr. Daran ist Hitler schuld. Ich wollte 39 nicht, dass er einen Krieg beginnt. Wir müssen jetzt ganz offene Augen haben und der Gefahr ausweichen, um zu überleben." Im Weiterlaufen dachte ich: Wir müssen jetzt schlau sein, aber zusammen mit und nicht getrennt von Papa.

Als wir wieder bei Tante Lotte im Hof angekommen waren, machte Mama den Vorschlag: „Komm, wir gucken uns den Gaststall von Büchners mal an." Der Teil, der für Pferde vorgesehen war, war überraschenderweise voller Pferde. Von Tante Lotte erfuhren wir dann, dass der Bürgermeister ihr Flüchtlinge aus Sprottau zugewiesen hätte. Mama sagte dann vor sich hin: „Vater weiß gar nicht, dass Lotte den Gaststall gar nicht für unsere Pferde freihalten konnte.

Hier ist alles schon besetzt. Unser Treck muss bleiben, wo er ist. Wir werden das Vater beim nächsten Treffen berichten."

Frauenbesuch an der Front

Tante Lotte erhielt einen Anruf von Onkel Karl, ihrem Mann. Er wollte wieder einmal ein Lebenszeichen von sich abgeben und hören, ob zu Hause noch alles gut läuft. Seine Einheit läge bei Görlitz, und es sähe so aus, als hätten die Russen kein Interesse, die Neiße zu überschreiten. Tante Lotte hielt es bei der ruhigen Frontlage nicht mehr zu Hause. Sie wollte ihn unbedingt an der Front besuchen, aber traute sich allein nicht. Sie hatte das Ziel, ihn nach Leuterwitz zu holen. Edith entschloss sich kurzerhand, sie zu begleiten. Ich wunderte mich, dass meine Eltern zustimmten.

Sie suchten sich eine Zugverbindung heraus, die Dresden vermied, und fuhren los und versprachen, uns täglich ein Lebenszeichen zu geben. Tante Lotte hatte keine Möglichkeit, Onkel Karl mitzuteilen, dass sie kommen würde. Sie hoffte, dass seine Einheit inzwischen nicht in den Norden verlegt würde, wo die Russen ihren Hauptangriff in Richtung Berlin führten. Am zweiten Tag nach ihrer Abreise von Leisnig erhielten wir eine Nachricht von ihnen. Oma Schmidt hatte den Anruf empfangen; so wussten wir, dass sie wohlbehalten waren und sich wieder auf den Rückweg machen würden.

Nach ihrer Rückkehr stellte sich als Erstes heraus, dass sie ohne Onkel Karl kamen. Der Kompaniechef hatte nur gesagt: „Wo kämen wir denn da hin, wenn alle Frauen ihre Männer einfach an der Front einsacken und mit nach Hause nehmen würden? Wer verteidigte denn dann noch das Vaterland?" Tante Lotte hatte Edith als ihre jüngere Halbschwester ausgegeben. Immerhin war er so freundlich, beide Frauen von einem Adjutanten zu den Schützengräben führen zu lassen, denn es herrschte gerade keine Kampfaktivität. Schließlich mussten sie an einem Schuppen stehen bleiben und warten, während der Adjutant Onkel Karl zu ihnen holte. Das muss eine ziemliche Überraschung für ihn gewesen sein, als er seine Frau sah und umarmen konnte. Tante Lotte stellte Edith mit den Worten vor: „Das ist übrigens meine Halbschwester Edith, die ich dir bisher verheimlicht habe." Da schaute er Edith ins Gesicht und sagte: „Das ist doch eine der beiden Töchter vom Max. Schmidtlein, sie sind also inzwischen bei euch angekommen."

Dann führte er die beiden Frauen näher zu den Schützengräben und zeigte ihnen einzelne russische Soldaten und sagte: „Wir könnten jetzt einzelne Soldaten heimtückisch erschießen, aber nutzen würde es nichts. Dann begänne ein wahnsinniges Artilleriefeuer, und wir hätten nichts dagegen zu setzen. Anschließend führte er die Frauen in einen größeren zurückliegenden Unterstand. Dort ließ er sich die Situation in Leuterwitz erzählen. Dabei konnte er sie sogar mit Kaffee und Broten bewirten. Als Tante Lotte ihm erzählte, dass sie gekommen war, um ihn mitzunehmen, umarmte er sie und sagte: „Das wäre wunderbar, wenn das so ginge. Aber so etwas gibt es nur im Märchen. Ich schlage vor, dass ihr jetzt wieder heimfahrt. Vermeidet Dresden! Die Bombardements haben noch nicht aufgehört. Die Amis und die Tommys haben zu viel Material und sind jetzt im Blutrausch."

Edith wird Kindermädchen

Tante Lotte sprach bei Mama ein Problem an. Das Pflichtjahr des Kindermädchens würde zum Monatsende auslaufen und diese wollte leider pünktlich an diesem Datum wieder zu ihren Eltern zurück. Ohne eine Nachfolgerin aber würde es nicht gehen. Daher stellte sie die Frage, ob Uschi oder Edith die Aufgabe übernehmen könnte. Mama bot an, dass sie Vater ohnehin am Mittwoch besuchen würde und bei der Gelegenheit diese Frage gern mit ihm besprechen würde.

Mama kam von diesem Besuch mit einer guten Nachricht zurück: Am Donnerstag wollten die Ärzte entscheiden, ob Vater zu einem dreiwöchigen Genesungsurlaub nach Leuterwitz entlassen würde. Er könnte die Rollkuren auch in Leuterwitz fortführen. Bei dem Thema, wer das Kindermädchen der Zwillinge in Zukunft sein sollte, hatten sich die Eltern für Edith entschieden. Wenn Edith in das Zimmer der Zwillinge zöge, dann wird ihr Platz in Schlafzimmer frei, wodurch Papa seinen Schlafplatz neben Mama finden könnte. Vater meinte: „Edith entlastet Lotte dadurch sehr. Wir können damit etwas dafür zurückgeben, dass wir Büchners jetzt unvermeidlich zur Last fallen werden.

Tatsächlich wurde Vater von einem Auto des Notlazaretts am Freitag, dem 02.03.1945, nach Leuterwitz gebracht und durfte in den nächsten drei Wochen bei uns wohnen, und Edith schlief seit Donnerstag, dem 01.03., bei den Zwillingen und war ihr Kindermädchen. Tante Lotte hatte ihr den Zusammenhang erklärt, nämlich dass bei kräftigem Schreien eine Operationsnarbe wieder aufplatzen kann. Edith machte ihre Arbeit sehr gut, bekam aber in der Folgezeit immer tiefere Augenringe, weil sie in jeder Nacht durch das Geschrei eines der Zwillinge aufgeweckt wurde. So, wie ich meine Schwester Edith kenne, nahm sie ihren Auftrag zu genau. Damit keiner der beiden kräftig schreit, lag sie sicherlich die ganze Nacht über im halb wachen Zustand im Bett, um bereits den ersten Muckser zu registrieren, um sofort einzuschreiten, bevor der Muckser zum Schreien geworden ist. Mama fragte Edith: „Sag mal, Ethel, warum siehst du in letzter Zeit so schlecht aus?" Und sie antwortete: „Weil ich in keiner Nacht zum richtigen Schlafen komme. Muss ich das jetzt dauernd machen, an jedem Tag in der Woche?" Vielleicht hat sie sich erhofft, dass sie mal mit Uschi wechseln könnte. Aber Papa sagte: „Wo man dich hinstellt, dort stehst du deinen Mann." Sie hat nie mehr aufgemuckt.

Meine Ausbildung am Baby

Wenn mir langweilig wurde – und das passierte anfangs oft –, ging ich zu Edith und sah dabei zu, wie sie die Zwillinge badete, wickelte, ihnen das Fläschchen gab und sie fütterte. Eine zweite Person konnte bei diesen Arbeiten sehr gut behilflich sein. Ich schaute mir alle notwendigen Handgriffe bei Edith ab und bald konnten wir gleichzeitig hantieren. Mir fielen die Narben von der Leistenbruch-Operation auf. Sie sahen schon gut aus, fest zusammengewachsen und trocken. Ich glaubte, dass sie nie mehr aufreißen würden. Wenn ich an Klaus oder an Frank arbeitete, machte ich Späße und quatschte mit ihnen Babysprache. Ich war schon eine richtige Baby-tante. Ich begann die beiden in mein Herz zu schließen und hätte sie auswendig zeichnen können. Sie werden das für eine romantische Übertreibung halten. Das sollten sie nicht:

Bei dem oben erwähnten Wiedersehen im Jahr 1990 war ich ohne Anmeldung bei Tante Lotte aufgeschlagen. Sie hatte den Einfall, die beiden Zwillinge, die nicht so weit entfernt wohnten, zu einem gemeinsamen Abend zu sich zu rufen. Während wir beide schon einmal die Gläser klingen ließen und auf die Zwillinge warteten, sagte ich zu Tante Lotte: „Ich habe nie wieder einen Menschen ge-troffen, der so wie dein Sohn Klaus ein blaues und ein braunes Auge hat." Tante Lottes Blick verfinsterte sich: „Da erinnerst du dich falsch. Klaus hat keine verschiedenfarbigen Augen." Ich fühlte mich verunsichert, blieb aber bei meinem Dafürhalten. Die Spannung stieg und wir konnten es beide kaum abwarten, bis Klaus kam. Als Klaus dann durch den Türrahmen trat, leuchtete ihm seine Mutter mit der runter gezogenen Hängelampe in die Augen, schaute genau und stellte fest: „Stellt euch das mal vor. Ich als Mutter hatte bis heute noch nicht bemerkt, dass mein Sohn verschiedenfarbige Augen hat. Und da sitzt einer, der das als Kind beobachtet hat und es noch nach 41 Jahren weiß."

Jener Abend spülte noch einen zweiten Punkt hoch, der bewies, dass ich die Zwillinge genauer kannte, als sie sich selbst kannten: Tante Lotte begann zu berichten, was sich alles ereignet hatte, nachdem ich vor 41 Jahren Leuterwitz verlassen hatte. Dabei schilderte sie auch die Enteignung ihres Hofes. Klaus stand auf und zog die Vorhänge vor und wies uns darauf hin, dass wir bei politischen Themen leiser sprechen sollten. Noch seien die Kommunisten nicht weg. Ich stellte auch fest, dass sich weder Klaus noch Frank an den politischen Themen beteiligten. Ich merkte, dass ihnen dieses Thema unangenehm war. Darum wechselte ich das Thema und fragte beide, ob ihre Operationsnarben im Leistenbereich noch zu sehen seien. Sie waren ob dieser Frage bass erstaunt, fast wie in ihrer Privatatmosphäre gestört. Wir hatten zu diesem Zeitpunkt schon einige Gläser Wein getrunken und waren lustig. Da ließen beide ihre Ostjeans fallen, weiteten die Bündchen der Unterhosen und suchten und fanden die Operationsnarben. Klaus fragte: „Woher kennst denn du mein Geheimnis, das ich bis zu diesem Moment selbst nicht einmal kannte?" „Weil ich jeden von Euch x-mal gewickelt habe." Ab diesem Moment sprachen beide ungebremst über ihre Probleme mit der Staatsmacht der DDR. Ich war wieder ihr Vertrauter.

So viel zu meiner oben gemachten Behauptung: Ich hätte Klaus und Frank damals auswendig zeichnen können. Nun komme ich aber wieder zu meinem Bericht über die Anfangszeit in Leuterwitz zurück: Ich hab Klaus und Frank damals lieb gewonnen, hab an ihnen gelernt, wie man Babys badet, wickelt und füttert, sodass ich später meine eigene drei Tage alte Tochter Susanne ohne jeden Zusatzkurs komplett allein versorgen konnte, als deren Mutter wegen einer Brustentzündung und des zugehörigen Fiebers einige Tage lang ausfiel.

Vereint in Leuterwitz

Papa war nun auch in Leuterwitz. Als er ankam, begrüßte er zunächst alle im Haus. Dann setzten wir uns in unserem kleinen Wohnzimmerchen um den Tisch und waren glücklich. Papa sprach uns aus der Seele: „Alles Schwere ist auszuhalten, solange die Menschen am Leben geblieben sind. Wir können glücklich darüber sein, dass wir hier gesund und wohlbehalten beieinandersitzen können. Hätten wir doch auch unsere Gruppe mit meiner Mutter und meinen Schwestern in der Nähe!" Ich dachte, dass Tante Erika für die anderen sorgen würde und fühlte nur das Glück, das wir auf unserem Fluchtweg von allen Gefahren verschont geblieben waren. Besonders dachte ich dabei an das Bombardement von Dresden und an Uschi, die den Bomben besonders knapp entkommen war. Ich hatte in diesem Moment das Gefühl, dass ich Papa nie mehr loslassen wollte, stand von meinem Stuhl auf, ging zu Papa und umarmte ihn. Dabei musste ich plötzlich heulen, obwohl doch alles gut war. Papa umarmte mich und küsste mich auf die Backen, aber blieb ganz still.

Nach unserem Beisammensein wollte Papa raus an die frische Luft: „Komm, Bertus, wie ich dich kenne, hast du hier schon alles ausgekundschaftet. Führe mich mal bissel rum!" Gudrun hatte sich meiner Führung angeschlossen, und wir gingen zuerst einmal aus dem Hof heraus und außen um ihn herum. Der Blumengarten sah um diese Jahreszeit unauffällig aus. Er war noch im Winterschlaf. Aber ich muss gestehen, dass wir ihn auch nicht beachtet haben, sonst hätten wir z. B. Schneeglöckchen entdecken können. Unter dem Blumengarten stand ein Schuppen, in dem Tante Lotte ihre Küken aufzog. Der sollte sich demnächst erst füllen.

Die Dorfstraße (weißer Pfeil) verläuft zwischen Autogarage (roter Pfeil) und Wohnhaus.

Dann kamen wir an Büchners Autogarage vorbei. Papa wollte hineinschauen, aber sie war verschlossen, und fragte: „Warum ist die denn verschlossen? Da ist doch bestimmt kein Auto drin." Tante Lotte antwortete später, als wir sie nach unserem Spaziergang danach fragten: „Doch, da ist unser Auto drin. Es ist aber stillgelegt und die Reifen haben sie uns abgenommen." Dann kamen wir am Hühnerstall vorbei. Ich wollte eigentlich nicht anhalten, um reinzugehen, aber Papa guckte mal kurz hinein. Da war nichts Besonderes zu sehen, es sah aus wie in jedem Hühnerstall, Sitzstangen für die Hühner, an einer Seite Kästen für die Eiablage, der Fußboden belegt mit roten gebrannten Ziegelsteinen. Papa fand den Stall interessant. Ich wunderte mich darüber. Erst viel später begriff ich, warum ihn der Hühnerstall interessierte. Auf der dem Hof abgewandten Seite des Hühnerstalles schloss sich ein langer Maschinenunterstand an, und an dessen Ende befand sich ein Komposthaufen. Papa nahm ein Büschel Unkraut in die Hand und sagte dann: „Der Haufen ist erst kürzlich aufgeschüttet. Man könnte noch nicht darauf laufen."

Wir gingen dann die Dorfstraße bergauf an der Rückseite von Büchners Kuhstall entlang, an dessen Ende wir durch die Durchfahrt wieder ins Innere des Hofes gelangten.

Die Durchfahrt (grün) glich aus, dass man durch die Scheunen (rosa) nicht in den Hof fahren konnte. Die Keller für Kartoffeln und Rüben unter der Scheune hatten bei dieser Hanglage des Bauernhofes sehr bequeme Zugänge (gelb). Eine Wäscherin ist auf diesem Bild vor dem Brunnen des Hofes zu sehen. Die Flüchtlinge und Arbeiter wuschen tatsächlich an dieser Stelle ihre Wäsche.

In der Ecke, wo Wohnhaus und Kuhstall aufeinandertraffen, befanden sich die Eingänge zum Wohnhaus beziehungsweise die zu den Zimmern über dem Kuhstall und zum Kuhstall.

Als wir bei unserem Rundgang durch die Durchfahrt gelaufen und auf dem Hof angekommen waren, sahen wir neben den vielen Fenstern des Wohnhauses auch die große Anzahl von Fenstern der Räume über dem Kuhstall, über dem Pferdestall und im Auszugshaus, und ich konnte Papa zeigen, wo überall Leute wohnten. Er sah, dass auf Büchners Hof aus jedem Loch, in das man jemanden stecken konnte, auch tatsächlich jemand herausschaute.

Dann führte ich Papa in den sogenannten Gaststall. Und er sah, dass die Pferdeboxen proppenvoll waren. Im Gaststall war Frau Beier gerade dabei, ihre Pferde zu versorgen. Papa sprach sie an, und von ihr erfuhren wir, dass sie aus Sprottau hierhergeflüchtet waren. Nach ihrer Herkunft hatte ich sie noch gar nicht gefragt. Dann stellte Papa im Weitergehen fest: „Unseren Treck hierherzuholen, das müssen wir uns abschminken. Das ist jetzt zu spät. Hier ist schon alles voll. Wenn noch viele kommen, dann muss man für sie ein Lager aufmachen. Ich hoffe, dass das in Böhmen nicht auch so ist." Ich fragte ihn, warum er von Böhmen spräche und

Gelber Stern: Kutschenremise; weißer Pfeil: Zugang zu einer Scheune; grüner Pfeil: Der Gaststall befand sich direkt neben der Kutschenremise

wo Böhmen läge. Seine Antwort: „Böhmen liegt auf der anderen Seite des Erzgebirges. Dort irgendwo muss unser Treck jetzt sein."

Beim Weiterspazieren fragte ich Papa, wo denn dieses Sprottau läge, von wo die Frau Beier käme. Darauf antwortete er, dass Sprottau auch in Schlesien läge, aber nördlicher als Konradswaldau. Wenn wir eines Tages wieder zurück in unsere Heimat zögen, dann könnten wir den ersten langen Weg gemeinsam trecken. Wenn wir auf dem gemeinsamen Weg bei den Sprottauern mitwandern würden, dann hätten wir aber ab Sprottau kein eigenes Gefährt. Tante Erika müsste unseren Treck durch Böhmen direkt nach Konradswaldau zurückführen und könnte nicht über Sprottau fahren. Wir müssten uns daher noch ein Pferd und einen kleinen Wagen und Saatgut kaufen. Das war Musik in meinen Ohren; endlich in Zukunft wieder ein eigenes Pferd für mich!

Beim Weiterspazieren trafen wir im Hof auf Herrn Tannenberg. Papa erklärte ihm, dass der Karl Büchner sein guter Freund sei und ihn gebeten hätte, sich um seine Familie zu kümmern. Papa verabredete sich für den nächsten Tag auf einen Spaziergang über Büchners Felder.

Ein Treffen mit Herrn Tannenberg

Der Herr Tannenberg holte Vater an der Haustür ab und führte ihn über die Felder, während ich nicht von Papas Seite wich. Sie unterhielten sich über landwirtschaftliche Fragen, und es wurde mir langweilig. Erst als Herr Tannenberg zu mir sagte: „Dabei kannst du tüchtig mithelfen, wenn du willst", wurde ich wach. Ich hatte aber verpasst, wobei ich mithelfen könnte. Zum Glück sprach er weiter: „Ja, wir haben nicht nur die Rübenpflanzen zu stecken, sondern auch die ganzen Kohlpflanzen. Da kommen schon ein paar Hektar zusammen."

Ich fragte ihn, wie man die vielen Pflanzen steckt, ob ich das schnell lernen könnte. Dann schilderte Herr Tannenberg, dass beim Pflanzen immer zwei Personen zusammenarbeiten. Einer sticht den Spaten in die Erde, erweitert mit ihm den Spalt noch etwas und zieht ihn wieder aus der Erde. Der Zweite steckt eine Pflanze in den entstandenen Spalt. Anschließend tritt der Spatenmann den Spalt wieder zusammen. Beim Reinstecken der Pflanzen könnte ich mit machen, wenn ich wollte. Das sei leichte Arbeit für Frauen oder Kinder. Ich versprach Herrn Tannenberg, dass ich beim Pflanzen sehr gern mitarbeiten möchte. Da sagte er: „Da kannst du viel helfen, denn wir stecken in diesem Jahr außer den Rüben auch einen Haufen Kohlpflanzen: Kohlrabe, Blumenkohl, Rosenkohl, Weißkohl, Rotkohl und Wirsing." Ich freute mich, dass mich der Herr Tannenberg für die Pflanzarbeit haben wollte.

Dann stellte er Papa eine Frage: „Wie ist denn der Wunsch vom Karl Büchner zu verstehen, dass Sie sich nun um seine Familie kümmern sollen. Werden Sie jetzt die Aufgabe des Verwalters übernehmen?" Das verneinte Papa: „Das habe ich nicht vor. Wenn einmal meine Mitarbeit benötigt wird, dann sollten Sie mir Aufgaben zuteilen." Der Herr Tannenberg sagte zu diesem Punkt: „Ich kann doch keinem Großgrundbesitzer Vorschriften machen, ich mit meinen 6 ha." Papa erklärte dann dem Herrn Tannenberg, dass er in dem Moment, wo die Flüchtlinge wieder in ihre Heimat zurückdürften, wieder auf die eigene Scholle zurückgehen würde. Der Herr Tannenberg sollte bei dringendem Bedarf doch bitte nicht zögern, ihm Arbeiten zuzuteilen. Es ginge ihm darum, Lotte dann zu helfen, wenn im Zusammenhang mit einem Waffenstillstand die Kriegsgefangenen für die Arbeit ausfallen.

Am Abend erzählte Papa im kleinen Familienkreis Mama davon und sagte: „Tannenberg befürchtet, dass ich jetzt der Verwalter des Büchner'schen Hofes sein möchte. Ich habe ihm erklärt, dass ich das nicht beabsichtige und dass das gar nicht so gemacht werden dürfte, weil ich in dem Moment, wenn wir wieder nach Konradswaldau zurückziehen, nicht mehr hier zur Verfügung wäre. Vielleicht fühlt er sich zusätzlich fachlich nicht gut genug als Verwalter. Ich werde aber den Verdacht nicht los, dass es ihm lieber wäre, wir wären hier nicht aufgetaucht. Er sieht mich als eine Gefahr für sein Einkommen als Verwalter." Mama sagte: „Wir sind bei Büchners untergekommen und fallen ihnen zur Last. Es wird hoffentlich nicht zu lange wären."

Familie Ebert

Von der Büchner-Oma hatten wir erfahren, dass ihre Tochter Louise mit einem Herrn Ebert verheiratet war. Sie hatte eines Tages gesagt: „Eberts solltet ihr mal kennenlernen. Die haben ein großes Gut. Die passen zu euch." Bald danach hatte Herr Ebert eine Kutsche geschickt. Papa und Mama wollten erst allein zu dem Besuch fahren, aber machten bei mir eine Ausnahme, ich durfte mit.

Papa wollte eigentlich einen zivilen Anzug anziehen, unser Gepäck war aber noch nicht angekommen. Deshalb musste er in seiner Uniform zu Eberts fahren und sagte zu Mama: „Wenn unser Gepäck nicht bald ankommt, dann müsste man eine meiner zwei Uniformen umarbeiten, damit ich etwas Ziviles habe."

Es wurde ein sehr schöner Nachmittag bei Eberts. Nach dem Kaffee hat uns Herr Ebert den ganzen Hof gezeigt. Wir waren im Pferdestall, im Kuhstall, im Schweinestall und in den Scheunen und haben seine Maschinen gesehen. Papa war von dem Hof sehr angetan. Weil viel Zeit für die Besichtigung verbraucht worden war, luden uns Eberts zum Abendbrot ein. Die Kutsche hätte für solche Zwecke ja ihre Leuchten, die man anzünden konnte.

Während die Frauen das Abendbrot richteten, saß ich bei den Männern im Herrenzimmer. Papa und der Herr Ebert haben Duzbruderschaft getrunken, wobei Papa sich wegen seiner Magenprobleme nur ein paar Tropfen Schnaps einschenken ließ. Zusätzlich ließ er mir davon noch etwas übrig in seinem Glas. Ein Teil der Unterhaltung der beiden Männer hat mir Angst gemacht, und zwar, dass man jetzt auch mit dem Fall rechnen müsste, dass Deutschland den Krieg verliert. Ich hörte, was dann passieren könnte. Die Kriegsgefangenen und die eingesperrten Verbrecher kämen frei und würden sich an den normalen Leuten rächen. Dann kämen die bisherigen Bürgermeister und alle Hitleranhänger in Gefängnisse. Es käme wie bei der Französischen Revolution.

Auf der Heimfahrt nach Leuterwitz war ich voller Angst vor dem, was ich gehört hatte, und fragte Papa, wie es bei der Französischen Revolution gewesen wäre. Er war von meiner Frage verdutzt, und ich musste ihn daran erinnern, dass er mit Herrn Ebert darin übereingestimmt hätte, es käme jetzt wie bei der Französischen Revolution. Dann erklärte er mir, dass sie nur einen Vergleich gemacht hätten, dass aber die Französische Revolution nicht noch einmal passieren würde. Mir ließ das aber keine Ruhe und ich fragte ihn, ob wir jetzt den Krieg verlieren würden. Er antwortete, dass das wohl so käme, dass ich das aber vor Fremden nicht sagen solle. Leute, die jetzt so etwas in der Öffentlichkeit herausposaunten, würden den Soldaten die Kraft zum Kämpfen nehmen und könnten standrechtlich wegen Wehrkraftzersetzung erschossen werden. Mama sagte: „So weit ist es in Deutschland gekommen, dass man noch nicht einmal seine Meinung sagen darf." Ich aber wusste jetzt, dass der Krieg bald verloren gehen würde, dass ich das aber keinem sagen dürfte. Am meisten hat mich dabei geärgert, dass ich es den Amis und den Tommys nicht als Pilot einer Me 262 würde heimzahlen können, was sie unseren Städten angetan hatten.

Im Weiterfahren fragte ich Papa, ob er nach dem Krieg ins Gefängnis müsste, weil er doch daheim in Konradswaldau Bürgermeister gewesen wäre. Er gab mir zur Antwort, dass ihn der Stefan Jorg 1941 abgelöst hätte, als er selbst eingezogen worden wäre. Aber er hätte sich selbst als Bürgermeister nichts zu Schulden kommen lassen: „Ich habe keine Verbrechen begangen." Mama ergänzte: „Du hast doch der einzigen obdachlosen Familie von Konradswaldau eine Wohnung in unserem eigenen Auszugshaus gegeben, damit du ihn nicht melden musstest." Papa sagte dann: „Vieles unter Hitler hat sich falsch entwickelt. Da konnte man nicht einfach gehorsam sein, sondern musste manches zurechtbiegen." Das hatte ich vorher alles nicht gewusst und war froh, dass Papa als Bürgermeister gerecht gehandelt hatte.

Aber meine Angst war noch nicht gewichen. Daher fragte ich Papa weiter: „Mama hat den Hitler noch nie gemocht, warum warst du für ihn?" Da schwieg er lange und sagte dann: „Das ist so kompliziert, dass ich es dir nicht erklären kann. Dazu weißt du zu wenig von der Geschichte nach dem Ersten Weltkrieg. Aber wenn ich es kurz machen soll, dann kann ich sagen, dass die NSDAP die einzige Partei war, die die Politik gegen die Bauern nicht mitgemacht hat." Mama ergänzte: „Bevor Hitler an die Macht kam, ging es uns sehr schlecht. Immer wieder kam der Gerichtsvollzieher und holte eine Kuh. Wir waren von 30 Milchkühen schon runter auf nur noch 12." Da leuchtete es mir ein, dass Papa Mitglied der NSDAP geworden war.

Mama nahm sofort in den nächsten Tagen den Vorschlag von Papa auf und begann eine seiner Uniformen auf ein ziviles Aussehen umzuarbeiten. Sie wählte dazu die besser erhaltene aus. Mama machte das viel zu gern: „Wenn er keine Uniform mehr hat, dann kann er auch nicht mehr Soldat sein, denn die haben doch keine neuen Uniformen mehr." Sie trennte die Abzeichen und Schulterklappen ab, alles, was in Zukunft nicht mehr gebraucht würde. Dann färbte sie sie mit einer dunklen Farbe, die sie ergattern konnte. Das Ergebnis ergab leider keine gleichmäßige Färbung. Wenn man aber nicht so genau hinsah, dann merkte man es nicht. Im Bereich des Kragens fehlte viel Stoff, um einen Kragen wie bei einem Anzug herauszuarbeiten. Es kam nur eine Lösung wie bei einer Trachten-jacke infrage, hoch geschlossen, fast ohne Kragen. Das passte nicht nach Sachsen und Mama fragte, ob sie nicht die zweite Uniform als Stoff für die erste verwenden dürfte. Das gestattete Vater aber nicht. Die Hose ließ sich noch schwerer umarbeiten als die Jacke. Unter-halb der Knie fehlte ein Haufen Stoff. Deshalb entschied Papa: „Wir lassen sie Reithose bleiben."

Als Mama fertig mit dem Umarbeiten war, probierte Vater seine neue zivilisierte Uniform im Familienkreis an. Das sah vielleicht komisch aus, wenn er in Halbschuhen seine Trachtenjacke über den Reithosen trug. Mama sagte: „Die Kombination kannst du eigent-lich nur beim Fasching tragen. Der Fasching ist aber für dieses Jahr schon vorbei."

Vater meldet sich beim Volkssturm

Wir hatten Vater bereits seit zwei Wochen bei uns in Leuterwitz. Es blieb nur noch eine Woche vom genehmigten Genesungsurlaub übrig, dann würde er zu seiner Einheit müssen und wäre wieder getrennt von uns. Auch während der Flucht war er nicht bei uns ge-wesen, und ich hatte die Angst um ihn noch in Erinnerung. Wir hat-ten alle Angst, dass die Russen bald auch nach Leuterwitz kommen würden und klammerten uns daran, dass alles leichter zu über-stehen sein würde, wenn Papa bei uns wäre. Außerdem verstand er es von uns allen am besten mit Tante Lotte. Je näher der Tag des erneuten Abschieds kam, desto nervöser wurde Mama. Er war zum Nachgespräch im Lazarett gewesen, wo sie den Genesungsurlaub nicht verlängert hatten. Rechtzeitig bevor sich Papa bei seiner Ein-heit gemeldet hatte, verlangte Mama ganz entschieden von ihm, dass er sich nicht gesund melden sollte, weil er nicht gesund sei. Wir saßen in unserem kleinen Wohnzimmerchen zum Vespern zusammen: „Deine Magenprobleme sind nur etwas beschwichtigt. Sobald du keine Rollkuren mehr machen und die Diät nicht mehr einhalten kannst, werden mit dem Stress auch die alten Probleme zurückkehren und du musst wieder kotzen. Du bist doch wirklich nicht einsetzbar."

Papa erwiderte, dass es ihm erheblich besser ginge als zum Zeitpunkt, als wir auf die Flucht gehen mussten und er beim Lazaretttrupp zu bleiben hatte. Die zuständigen Ärzte im Lazarett hätten ihm diesmal keine weitere Krankschreibung ausgestellt. Mama brachte nun ihren nächsten Punkt vor: „Die Arbeit, für die sie dich als landwirtschaftliche Fachkraft damals zum Sonderführer gemacht haben, kannst du gar nicht mehr ausführen, denn die Ukraine ist längst wieder von den Sowjets zurückerobert. Papa sagte darauf, dass in den damals von ihm unterschriebenen Papieren nicht steht, dass sie ihn nur als landwirtschaftliche Fachkraft einsetzen dürften: „Die können mich jetzt z. B. zur kämpfenden Truppe stecken." Mama wurde laut: „Das ist ja noch schlimmer. Du erfindest ständig neue Gründe, warum du nicht bei uns bleiben kannst. Es sieht ja fast danach aus, als sei es dein eigener Wille, von uns wegzugehen und uns wieder einmal unserem Schicksal zu überlassen."

Das konnte Papa nicht auf sich sitzen lassen: „Ganz und gar nicht! Ich bliebe viel lieber bei euch. Aber ich habe einen Fahneneid geschworen, der mich verpflichtet. Als ich damals eingezogen wurde, haben wir einen Antrag auf Unabkömmlichkeit gestellt, der abgelehnt wurde. Ich arbeitete dann anschließend in Charkow als Sonderführer für die Landwirtschaft und konnte eine notwendige und sinnvolle Arbeit machen, die der Ernährung der Bevölkerung und unserer Truppen diente. Damit habe ich innerlich zu meiner Verpflichtung zugestimmt. Unseren Hof in Konradswaldau nicht führen zu können und die Gefahren bei der Arbeit in einem besetzten Land auf mich zu nehmen, habe ich als mein Opfer angesehen, das ich in der Zeit dieses Krieges für das Vaterland erbringen musste. Als Edith ihre Schule unterbrechen musste, um bei der Organisation Barthold Küchenarbeiten zu leisten (Bau von Panzergräben bei Festenberg, Groß Wartenberg), habe ich das als ihr Opfer fürs Vaterland angesehen. *https://de.wikipedia.org/wiki/Unternehmen_Barthold*

Als Uschi ihr Pflichtjahr antreten musste, hat sie das auch nicht zu ihrem Vergnügen getan. Auch sie hat ein Opfer fürs Vaterland erbracht. Ja, ich muss klarstellen: Ich stimme zu, dass ich und unsere beiden älteren Töchter sich fürs Vaterland opfern."

An der Stelle wurde Mama noch giftiger: „Hitler missbraucht eure Opfer für seinen Krieg. Und wer ist denn das Vaterland? Das sind doch wir." Papa antwortete: „Ich werde in dieser kritischen Zeit nicht Hitler vor meinen kleinen Kindern beurteilen. Aber du musst wissen, dass ich letztendlich zustimme, dass ich und unsere beiden älteren Töchter sich dafür opfern, damit es dir und unseren beiden jüngeren Kindern wieder besser gehen soll." Mama warf ein: „Auch dir und Uschi und Edith!" Papa fuhr fort: „Ich verspreche dir, dass ich mich nicht bei meiner Einheit als genesen melden werde. Ich kann es vor meinem Gewissen verantworten, mich bei einer anderen Stelle zu melden, die mir eine Bescheinigung ausstellt, dass ich mich als verwendungsfähig gemeldet habe. Diese Stelle wird nicht die Feuerwehr sein können."

Papa erkundigte sich danach, wie in Leisnig der Volkssturm organisiert war und stellte sich dort vor und erzählte ihnen, dass seine Einheit zerfallen sei und er nun nicht wisse, wo er sich melden sollte. Deshalb würde er sich bei ihnen melden. Der Verantwortliche sagte ihm, dass sie beim Volkssturm Leisnig keine Waffen hätten, keine Handgranate, keine Panzerfaust, kein Maschinengewehr, keine Kanone und erst recht keinen Panzer. Er stellte Papa die Bescheinigung aus, dass er sich beim Volkssturm gemeldet hätte und sagte ihm dann: „Wenn wir Sie brauchen sollten, dann melden wir uns bei Ihnen." Nach diesem Ergebnis des Besuchs beim Volkssturm waren wir alle sehr froh, aber unsere Angst war noch nicht ganz verflogen. Der Volkssturm Leisnig hat sich bei Papa nie gemeldet, sein Spießrutenlaufen vor der Deutschen Wehrmacht war für ihn zu Ende. Es gab aber leider noch andere Mächte, die später die Spießruten in ihren Händen schwingen sollten und noch viel mehr als das.

Was noch lange unter uns, die überlebt haben, für Diskussionsstoff sorgte, war seine Zustimmung dazu, dass er und seine beiden älteren Töchter sich für das Vaterland opfern bzw. dafür opfern, dass seine beiden jüngeren Kinder und seine Frau leben können sollten. Wie weit sollte denn diese Opferbereitschaft gehen?

Unser Treckgepäck trifft ein

An was keiner noch geglaubt hatte, traf ein; unser Gepäck, das wir am 12.02. in Hirschberg aufgegeben hatten, traf sieben Wochen später ein. Wir erhielten eine Benachrichtigung der Bahnstelle in Leisnig, und Tante Lotte ließ es abholen. Was der Wagen dann brachte, sah so aus, als hätte es gar nicht im selben Waggon gelegen. Unsere riesige Überseetruhe sah äußerlich wie Holzkohle aus. Omas vornehme Truhe, ein altes Erbstück meiner Urgroßmutter Anna Schmidtlein, geb. Kammer, hatte dagegen äußerlich gar nichts abbekommen. Ihr wichtiger Inhalt, unter anderem die Akten unseres Hofes, waren völlig unversehrt. Die Akten stehen mir noch heute im Jahr 2017 zur Verfügung. Der Inhalt der großen Überseetruhe war angesengt, aber glücklicherweise nicht verbrannt.

Als Mama die Truhen auspackte, stellte sie fest, dass sie die falschen Sachen gerettet hatte. Wozu brauchte Papa z. B. seinen besten

Festanzug? Er würde jetzt einen einfachen Werktagsanzug viel dringender brauchen. Mama sagte dazu: „Die Prinzessinnen werden immer höher eingeschätzt als die Aschenputtel. Dabei sind die Aschenputtel viel wichtiger als die Prinzessinnen. Das muss man sich für die Zukunft merken." Beim Auspacken kamen Sachen zum Vorschein, die man bei -20 Grad braucht. Inzwischen war es aber Frühling geworden Ediths Geburtstag (21. März) hatte ihn schon eingeleitet. Wir waren wieder gut versorgt mit wertvoller Tisch- und Bettwäsche, die wir vorerst nicht brauchten, solange wir bei Tante Lotte zu Gast waren.

Omas vornehme Truhe behielten wir in unserem kleinen Wohnzimmerchen. Die riesige Überseetruhe war zu groß fürs Zimmer. Im Keller war kein Platz. Daher versteckte Papa sie unter dem obenauf liegenden frischen Pflanzenabfall des Komposthaufens. Es war alles drin, was wir nicht täglich brauchten.

Tiefflieger über Leuterwitz

Papa hatte sich vorgenommen, den beschädigten Zaun zwischen den Wiesen und den Äckern von Büchners zu reparieren. Er sollte in Ordnung sein, wenn die Kälber auf die Weide kämen, und dieser Zeitpunkt war nicht mehr sehr fern. Wir hatten uns die Beschädigungen des Zaunes vorher angesehen und das benötigte Werkzeug herbeigeholt. Es war ein Pfahl direkt am Boden durchgefault, sodass der Stacheldraht auf der Erde auflag. Es musste also zunächst ein neuer Pfahl gesetzt werden.

Papa war gerade dabei, ein Loch mit dem Spaten auszuheben, als plötzlich ein Tiefflieger über uns von Ost nach West hinwegjagte. Er war so niedrig geflogen, dass wir ihn beim Arbeiten nicht kommen gehört hatten. Als wir ihn dann sahen, flog er bereits von uns weg und verschwand sehr schnell. Papa schnappte mich am Hemd und zog mich unter eine alte Weide, von denen viele den Bach säumten: „Wir müssen uns verstecken, damit uns der Pilot nicht sieht, falls er noch einmal zurückkommt. Es kam von Osten, war also wahrscheinlich ein russisches Flugzeug." Er kam zwar nicht zurück, aber stattdessen jagte ein zweites Flugzeug von Osten nach Westen über uns hinweg. Papa hatte diesmal die Zeichen am Flugzeug erkannt und sagte: „Es war ein amerikanisches Flugzeug. Die sind wahrscheinlich auf dem Rückflug zu ihrer Basis im Westen. Es sieht danach aus, als wollten die Amerikaner Sachsen besetzen und erst einmal feststellen, ob sich hier noch deutsche Abwehr zeigt. Lass uns mal schnell Schutz unter dem Maschinenunterstand suchen und abwarten."

Wir standen unter dem Dach und warteten. Papa holte aus seiner Jackentasche eine Handvoll getrockneter Brotstücke, die Mama regelmäßig für ihn trocknete. Er sollte wegen seiner Magenprobleme öfters am Tag ganz kleine Mengen essen statt einer großen Portion auf einmal. Ich aß den Apfel, den ich mir mitgebracht hatte. So war ca. eine viertel Stunde vergangen, in der kein neues Flugzeug aufgetaucht war, als wir uns dann wieder an die Arbeit gemacht und den Zaun repariert hatten.

Auflösungserscheinungen bei der Wehrmacht

Ein einzelner, schwer beladener Pferdewagen quälte sich auf dem Feldweg aus Richtung Leisnig kommend ins Dorf. Als er das Büchner'sche Wohnhaus passiert hatte, hielt er vor der Garage an. Einer von zwei Soldaten stieg vom Wagen und ging in Büchners Hof. Papa, der sich im Haus befand, hatte den Wagen bemerkt und ging durch den vorderen Ausgang zu dem beim Wagen verbliebenen Soldaten. Nach kurzem Gespräch zwischen den beiden Männern war klar, was die beiden Soldaten vorhatten: Sie wollten erstens zivile Bekleidung für sich organisieren, zweitens die gesamte Ladung des Wagens in Leuterwitz abladen und zurücklassen und sich als Flüchtlinge getarnt nach Thüringen in ihr Heimatdorf durchschlagen.

Unter Leitung des Soldaten wurde die Ladung des Wagens ins Gras geworfen. Zwei abgeladene Maschinengewehre samt Munition und die beiden Stahlhelme der Soldaten betrachtete ich als mein Eigentum. Alles andere wurde von Uschi und Edith ins Haus geschleppt und zusammen mit Tante Lotte dort untergebracht: 1 Sack gefüllt mit braunem Zucker, etwa 100 Dosen gefüllt mit Fleisch bzw. Wurst, 1 Karton voller Bettwäsche (blau-weiß gekästelte Bettbezüge, Leinenbetttücher). Während dieser Aktionen kam der, der als Soldat in Büchners Hof gegangen war, als Zivilist wieder heraus, um sich am Abladen und Verstauen zu beteiligen. Im Gegenzug begab sich der, der zunächst beim Wagen geblieben war, in den Hof. Es dauerte nicht lange, bis auch er als Zivilist wieder beim Wagen erschien. Nun sahen beide wie gewöhnliche Flüchtlinge aus. Die Zivilkleidung hatten sie für ihre Pistolen erhalten. Eine der Pistolen war – was wir erst viel später bemerkten – in der Hand eines polnischen Kriegsgefangenen gelandet.

Als der Wagen leer war, verhandelte Papa mit den beiden darüber, ob sie ihm den Wagen und die Pferde verkaufen würden. Sie wollten aber auf ihrem weiteren Weg als Flüchtlinge erscheinen und konnten deshalb auf den Wagen nicht verzichten. Aber sie waren bereit, Papa ein Pferd zu verkaufen; denn der Wagen war leer und wog nicht mehr viel.

Als der Wagen das Dorf verlassen hatte, fühlte ich mich als der reichste Mensch von Leuterwitz. Die Stahlhelme verbarg ich unter der Treppe des Büchner'schen Wohnhauses. Das gekaufte Pferd, dem wir den Namen Felix gaben, fand im normalen Pferdestall (nicht im sogenannten Gaststall) noch eine freie Box. Ich hatte den Namen „Ricke" vorgeschlagen, weil wir unsere Ricke auf der Flucht hatten erschießen lassen müssen. Der Name „Ricke" passte aber nicht, weil das neue Pferd ein Wallach war. Papa hatte nichts dagegen, dass ich Felix als mein Pferd betrachtete. Die beiden Maschinengewehre und die zugehörige Munition waren zu schwer, als dass ich sie hätte allein beseitigen und verstecken können. Ich wollte sie eigentlich so gut verstecken, dass sie keiner finden kann; denn ich würde sie noch ganz dringend benötigen, wenn wir Konradswaldau eines Tages wieder freikämpfen würden.

Papa hatte wegen der Maschinengewehre ein ganz anderes Problem: „Sie dürfen nicht in die falschen Hände kommen, in Hände, die uns gefährlich werden." Es würden derart viele Gefangene in Deutschland arbeiten, dass darunter bestimmt auch viele seien, die auf Rache sinnten. Waffen und Munition wurden zunächst einmal provisorisch in Büchners Kükenheim versteckt, in dem bereits die kleinen Küken lebten. Am Tag darauf wurden beide Maschinengewehre samt Munition in Ölpapier eingeschlagen, in einer Kiste, die von Teerpappe wasserdicht eingepackt wurde, im Kükenstall vergraben. Getan habe ich es mit zwei Soldaten aus Teplitz-Schönau, die ihre Uniform bereits ausgezogen hatten und meinten: „Wer weiß, wozu man so etwas noch einmal braucht." Papa wusste davon, hatte aber selbst an der Aktion nicht teilgenommen.

Wir verstecken unseren Schmuck

„Es wird nicht mehr lange dauern, dann ist Berlin gefallen. Dann wird es schwierig für uns." Das sagte Papa an einem der nächsten Tage und nahm mich zur Seite. „Wir müssen unseren wertvollen Schmuck sicher verstecken, den ihr durch alle Gefahren von Konradswaldau bis hierher gebracht habt; denn sobald die ausländischen Gefangenen in Freiheit kommen, werden sie versuchen, allen Deutschen ihren Schmuck und ihre Uhren abzunehmen. Was sie nicht entdecken, danach werden dann die nachfolgenden Soldaten der Besatzungstruppen suchen. Unser Schmuck muss also ab jetzt mehrere Monate lang so sicher wie möglich versteckt sein. Ich habe mich entschieden, dich ins Vertrauen zu ziehen; denn du bist ein Junge und in einem Alter, dass dich noch keiner so richtig ernst nimmt." Ich wollte gegen die Aussage von Papa aufbegehren, dass mich noch keiner richtig ernst nähme, wurde mir aber bewusst, dass Papa es offensichtlich tat; denn er zog mich ins Vertrauen. Darüber freute ich mich. Er konnte absolut sicher sein, dass von mir keiner jemals etwas über unser beider Geheimnis erfahren würde.

Als alle Arbeiter des Hofes mit der Versorgung der Tiere beschäftigt waren, führte mich Papa in Büchners Hühnerstall. Unter der Joppe versteckt trug er den Behälter seiner Gasmaske. Wir machten natürlich kein Licht an. Er zog die Tür von innen zu. Dann ging er in die linke Ecke des Raumes und machte von dort aus kleine Schritte entlang der Wand, die gerade so lang waren, wie der Ziegelstein, auf den er trat. Dabei zählte er flüsternd: „Eins, zwei, drei, vier, fünf, sechs, sieben, acht, neun, zehn. Die Zahl zehn musst du dir merken." Nun ging er mit den gleichen kleinen Schritten 5 Ziegelsteinlängen nach rechts ins Innere des Raumes: „Du musst dir die Zahl fünf merken. Das ist ja einfach die Hälfte von zehn." Nun erkannte ich, dass Papa vorgesorgt hatte. Einen Spaten und einen Rechen hatte er bereits im Stall deponiert. In diesem Moment wurde mir klar, warum sich Papa für diesen Hühnerstall interessiert hatte, als ich ihn am ersten Tag nach der Entlassung aus dem Lazarett im Hof herumgeführt hatte. Papa hob die Ziegelsteine in den Reihen 11 und 12 und in den Spalten 6 und 7 vorsichtig mit dem Spaten heraus. Dann grub er eine ca. spatentiefe Grube und legte den Gasmaskenbehälter mit unserem ganzen Schmuck hinein. Dann füllte er die

Grube mit entnommenem Sand und stampfte ihn fest. Bevor er die Ziegelsteine wieder einfügte, hatte er noch eine Schicht weichen Sandes mit der Hand ausgebreitet. Als er die Steine mit der geschlossenen Hand festgeklopft hatte, bildeten sie eine einzige Fläche mit den benachbarten, unberührt gebliebenen Steinen. Den übrig gebliebenen, vom Behälter der Gasmaske verdrängten Sand tat er in die Taschen seiner Joppe, um ihn später außerhalb des Hühnerstalles auszustreuen. Ganz zum Schluss streuselte er Hühnerkacke über die Fläche.

Nun prüfte mich Papa. Ich tat so, als käme ich gerade zur Tür herein, ging in die linke Ecke des Raumes, schritt 10 Steinlängen entlang der Wand ab, anschließend 5 Steinlängen nach rechts und zeigte auf die Steine, unter denen unser Schmuck vergraben war. Papa fragte mich, was ich mir merken müsste, um den Schmuck zu finden. Ich war gerade im Begriff ihm die Zahlen zu nennen, als er mich stoppte: „Auch mir darfst du das nicht mehr sagen, denn du weißt es nicht. Stell dir einmal vor, einer würde mich vor deinen Augen quälen und mich erpressen wollen: Du weißt auch dann von nichts!" Ich konnte diesen speziellen Befehl kaum ertragen: „Papa, das könnte ich nicht ertragen."

„Bertus, merk dir, uns kann keiner erpressen. Aber so schlimm wird es schon nicht kommen."

Hitlers Heldentod

Eines Tages in der zweiten Aprilhälfte bemerkten wir amerikanische Militäreinheiten auf der Teerstraße von Bockelwitz nach Leisnig. Sie fuhren nicht in die Dörfer hinein und unternahmen auch keine Kampfaktionen. Gott sei Dank gab es auch keine verrückten deutschen Kampfgruppen mehr, die gegen die Amerikaner vorgingen.

Die Brücke über die Mulde in Fischendorf war noch kurz vor dem Auftauchen der Amerikaner von deutschen Fanatikern gesprengt worden. Die Sprengung war nicht ganz gelungen, denn man konnte zu Fuß noch über sie nach Leisnig gelangen. Kurz danach hörten wir aus dem Radio, dass amerikanische und russische Kampfeinheiten in Torgau zusammengetroffen wären.

Aus Büchners Radio erfuhren wir es dann: Hitler war gefallen. *https://www.youtube.com/watch?v=w6GgXa23yLo*

Besonders Mama zeigte keinen Funken von Trauer: „Womit hat er denn gekämpft? Hat er in einem Panzer gesessen und geschossen? Oder hat er eine Handgranate auf einen toten deutschen Soldaten geworfen? Ich möchte gern einmal wissen, ob er wieder nur mit dem Maul gekämpft hat. Entweder er ist gar nicht tot, sondern ins Ausland geflohen, oder er ist wirklich tot, weil er sich feige selbst das Leben genommen hat." Mama wusste zu diesem Zeitpunkt nicht, wie recht sie mit ihrer Meinung hatte.

Tante Lotte litt dagegen sehr darunter, dass Deutschland nun führerlos war. Sie hatte Angst. Mama versuchte sie zu trösten: „Auf seine Führung, die nur zu Krieg geführt hat, hätten wir gut und gern verzichten können. Der fehlt uns wirklich nicht. Das Blöde ist nur, dass wir nun alles ausbaden müssen, was er angerührt hat."

Papa sagte: „Kampfhandlungen brauchen wir hier nun wohl nicht mehr zu befürchten, aber Raub und Plünderung und nicht nur durch die russischen Soldaten, sondern durch die freikommenden Gefangenen und durch die eigenen Deutschen. Ich werde unsere Truhe ins Haus bringen" Er befreite unsere Überseetruhe aus dem frischen Kompost und brachte sie nach Abstimmung mit Tante Lotte in Büchners Hauskeller unter. Das hatte auch den Vorteil, dass wir sie auch als Schrank benutzen konnten, denn die

Möblierung unserer zwei Zimmer wies nicht genügend Schrank-
volumen auf.

Mama wird krank

Als ich mich während der Auflösungserscheinungen Deutschlands
eines morgens zum Frühstück eingefunden hatte, bemerkte ich,
dass Mama fehlte. Papa erklärte, dass sie Schmerzen hätte und noch
etwas im Bett bleiben wolle. Während wir an Tante Lottes Tisch
frühstückten, ging er mit einer Tasse Blümchenkaffee und einem
Brot zu ihr ans Bett. Tante Lotte ging mit ihm. Als sie zurückkam,
berichtete sie der Runde am Tisch, dass Mama zur ärztlichen Untersuchung nach Leisnig müsste. Papa würde sie jetzt umgehend zu
Dr. Schießel bringen. Ihr Knie würde unbedingt behandelt werden
müssen. Als ich ein reifer Mann war, erzählte mir Mama, dass sie
damals eine Fehlgeburt erlitten hatte.

Ich erwartete, dass ich mitfahren dürfte und freute mich auf die
Kutschfahrt mit unserem neuen Felix, aber diesmal ließ sich Papa
nicht erweichen: „Du weißt, dass amerikanische Militäreinheiten
auf der Straße zwischen Bockelwitz und Fischendorf stehen. Ich
hoffe, dass wir an ihnen vorbeikommen. Du musst sicherheitshalber
in Leuterwitz bei Tante Lotte bleiben." Ich wollte von ihm wissen,
warum Mama zum Arzt müsste. Er verwies auf ihr geschwollenes
Knie, das sie vom vielen Laufen auf der Flucht davongetragen hätte.
Es täte ihr immer mehr weh. In Wahrheit gab es damals einen ganz
anderen Grund, weshalb es für eine Behandlung keinen Aufschub
gab: Sie hatte eine Fehlgeburt erlitten, und es hatte sich bereits Fieber eingestellt. Das erfuhr ich von ihr allerdings erst viel später, als
ich bereits ein erwachsener Mann war. Als Kind genügte mir ihr
geschwollenes Knie als Grund der Fahrt zum Arzt vollständig, denn
darüber hatte sie schon lange geklagt.

Nachdem die Kutsche Leuterwitz verlassen hatte, bat ich Tante Lotte, in ihr Zimmer im Obergeschoss gehen zu dürfen, um von dort aus zu beobachten, ob die Kutsche an den amerikanischen Einheiten vorbeigelassen würde. Papa ließ Felix nur im Schritt laufen. Warum fuhr er nicht auch mal im Trab oder im Galopp? Da wäre er doch schneller am Ziel. Mir kam der Verdacht, dass er die Amerikaner vielleicht nicht zu sehr auf sich aufmerksam machen wollte. Irgendwann sah ich wie die Kutsche vom Feldweg auf die Teerstraße rollte, um auf ihr weiterzurollen. In diesem Bereich standen keine Militärfahrzeuge mehr. Plötzlich sah ich wie die Kutsche angehalten wurde. Es waren zwei Soldaten, die mit Papa sprechen wollten. Ich fürchtete, dass jetzt gleich Schüsse ertönen würden, aber es passierte nichts. Dann sah ich, wie die Kutsche weiterfuhr und hinter dem Horizont verschwand.

Ich verließ das Fenster nicht mehr, bis ich nach ein paar Stunden Papa allein zurückkommen sah. Ich rannte ihm entgegen und erfuhr, dass Mama ein paar Tage im Krankenhaus bleiben müsse. Die Amerikaner, darunter ein Farbiger, hatten ihn mit seiner „kranken Frau" passieren lassen. Wie gut, dass Papa gut Englisch verstehen und sprechen konnte!

Kapitulation der Deutschen Wehrmacht

Eines Tages – genau gesagt war es am 08. Mai 1945 – kapitulierte die deutsche Wehrmacht. Hitler war – gemäß Radio – tapfer, bis zum letzten Atemzug für Deutschland kämpfend, gefallen. Ich fragte mich, ob ich jetzt die heimlich vergrabenen MGs wieder ausgraben sollte, um den Kampf fortzusetzen und beobachtete die Gespräche der Erwachsenen auf dem Hof. Mama, die noch im Krankenhaus lag, sagte: „Wir müssen leider noch abwarten, bis ich gesund bin. Dann können wir wieder nach Hause ziehen." Ich entschied mich daher, die MGs erst einmal dort zu lassen, wo sie waren, und sagte mir: „Ich kann sie später immer noch ausgraben."

Papa brachte die Neuigkeit: „Die drei Kriegsgefangenen haben ihre Arbeit eingestellt. Sie sind nicht bereit, weiterhin für Büchners zu arbeiten. Jetzt nach der Kapitulation unserer Wehrmacht kann sie keiner mehr zur Arbeit zwingen. Wir müssen so gut wie möglich einspringen und die verbliebenen deutschen Arbeiter ergänzen.

Mutti ist noch im Krankenhaus. Edith versorgt weiter die Zwillinge. Da sie ständig für sie da sein muss, kann sie nur im Haus helfen. Uschi gehört zu denen, die das Melken erlernen müssen, denn es fehlt der Schweizer. Außerdem wird sie sich mit um den Kuhstall kümmern. Hubertus kümmert sich um unseren Felix und setzt ihn auf dem Hof ein. Außerdem hilft er beim Melken. Gudrun wird Mutti helfen, sobald sie wieder da ist."

Es war alles klar, und ich stellte keine Fragen mehr. Papa hatte alle momentanen Notwendigkeiten erkannt, und ich hatte tolle neue verantwortungsvolle Aufgaben bekommen. Es waren Aufgaben, wie für einen Erwachsenen, und das machte mich stolz.

Kaum hatte Papa seinen Plan erklärt und uns alle eingespannt, da hatten die Kriegsgefangenen plötzlich das Heft in die Hand genommen, aber in einem ganz überraschenden Sinn: Sie sperrten alle Bewohner des Büchner'schen Wohnhauses ins Wohnzimmer ein und achteten darauf, dass keiner entkam. Mama war noch im Krankenhaus in Leisnig, aber alle anderen von uns waren mit eingesperrt. Wir hörten nun eifrige Füße, die bald über uns, unter uns und bald neben uns im Haus liefen. Gleichzeitig hörten wir Poltern, als würden schwere Gegenstände bewegt, die dabei an die Wände schlugen und hörten das Schieben von Schubladen und Klappern von Schranktüren.

Papa sagte: „Sie werden auch noch zu uns ins Zimmer kommen, um uns unser Geld, die Uhren und den Schmuck abzunehmen." Ich kam auf den Gedanken, alles zu verstecken, sah mich im Zimmer um und hatte sofort die Lösung. Ich bat alle im Raum, mir ihre Wertgegenstände zu geben, damit ich sie im engen Spalt unter der Feuerstelle des Kachelofens verstecken könnte. Papa fand meine Idee offensichtlich gut, denn er gab mir als Erster etwas zum Verstecken: Seine Armbanduhr und seinen Ehering. Alle anderen schauten auf den Spalt unter der Feuerstelle des Kachelofens und fast alle folgten seinem Beispiel. Immer dann, wenn ich von einem etwas bekommen hatte, ging ich zum Kachelofen und versteckte es im genannten schmalen Spalt. Es waren Alltagsgegenstände und keine königlichen Preziosen, aber Dinge, die von ihren Besitzern geliebt wurden, wie z. B. ein Silberkettchen mit Amulett (von Edith) oder Ohrringe.

Es waren – mit Edith und Uschi – etwa 10 Erwachsene und – mit Gudrun und mir – 7 Kinder im Zimmer eingepfercht worden, darunter auch einige enge Verwandte von Büchners, die aus Dresden aufs Land nach Leuterwitz geflohen waren. Auch Tante Lotte hatte mir ihren Schmuck gegeben. Darunter war der Ring – mit einem Edelstein geschmückt –, den sie vor ihrem Ehering trug. Den Ehering selbst bekam sie nicht vom Finger. Der schien wie eingewachsen und musste auf ihrem Finger bleiben.

Kaum hatten wir die Aktion beendet, betrat einer der Büchner'schen Gefangenen den Raum. Es war der, der uns am Tag unserer Ankunft in Leisnig mit der Kutsche vom Bahnhof abgeholt hatte und uns inzwischen gut kannte. Er hielt eine Pistole einsatzbereit in seiner Hand. Es war die Pistole, die ihm ein Volkssturmmann als Bezahlung für zivile Kleidung gegeben hatte, einer der Leute, von denen wir das einzige uns in Leuterwitz gehörende Pferd gekauft hatten. Der Pole ging an jeder einzelnen Frau vorbei und suchte sie mit seinen Augen nach ihrem Schmuck ab und hielt seine Hand auf.

Es war jetzt gut, dass er bei einer der Verwandten von Büchners, die mir ihren Schmuck nicht zum Verstecken gegeben hatte, noch Beute machen konnte, denn sonst wäre es ihm vielleicht aufgefallen, dass wir den größten Teil des Schmuckes versteckt hatten, und wir wären in eine verzwickte Lage gekommen.

Auch der Ehering von Tante Lotte, den sie bei größtem Bemühen nicht vom Finger bekam, sorgte für Ablenkung von unserer Versteckaktion. Sie versuchte mit allen Tricks, ihren Ring vom Finger zu bekommen, aber es gelang einfach nicht. Nun wurde die Mündung der Pistole an die Wurzel des Fingers gehalten und jeder konnte sich ausmalen, dass es gleich knallen und Blut fließen würde. Da schrie Gudrun, meine kleine Schwester, auf und weinte. Meine zartbesaitete Schwester Edith begann zu stöhnen. Da erwiderte ihr der Pole in gebrochenem Deutsch: „Ja, ja, Fräulein Edith! Auch ihr Deutschen habt mit Maschine Messerschmidt Bomben auf die Menschen in Warschau geworfen." Edith sagte mutig: „Aber es war keiner von uns aus diesem Raum dabei." „Auch die Menschen in Warschau hatten den Piloten nichts getan und mussten trotzdem sterben." Ich musste ihm innerlich zustimmen und war absolut hilflos. Er hatte die besseren Argumente und mit dem Revolver in der Hand auch die besseren Karten, und ich hatte große Angst. Deshalb verhielt ich mich total unauffällig, scheinheilig.

Schließlich verließ er den Raum ohne den Ehering von Tante Lotte und schloss uns ein. Ich hatte Angst, dass er irgendein Instrument holen würde, um doch noch an den Ring zu kommen. Aber es wurde und blieb ruhig im Haus, und wir hörten, dass ein Pferdewagen den Hof durch den Nebenzugang verließ. Nach einer Weile kam Frau Schirmer, eine Flüchtlingsfrau, die mit ihrem Sohn in einem Zimmer über dem Kuhstall untergebracht war, und schloss die Wohnzimmertür auf und ließ uns frei: „Ihr könnt rauskommen. Sie sind mit dem beladenen Fuhrwerk weggefahren." Ich fragte, wohin sie gefahren seien. Sie zeigte in Richtung Clennen/Sitten. Ich schickte mich an, sofort hinterherzujagen, aber Papa bat mich, es nicht zu tun.

Als der Spuk vorbei war, stellten wir fest, dass sie unsere große Überseetruhe mitgenommen hatten, die wir in Büchners Hauskeller untergestellt hatten und als Schrank für unsere Sachen benutzten. Ihr Transport durch das Haus hatte wohl einen Teil des Polterns verursacht, als wir in Büchners Wohnzimmer eingesperrt waren. In der Truhe befand sich z. B. unser ganzer Vorrat an kostbarer Leib-, Tisch- und Bettwäsche. Sie hatten keinem anderen Arbeiter bzw. Flüchtling auf Büchners Hof etwas abgenommen, nur uns. Aber wie sollten sie auch wissen, dass es unser Eigentum war, das sie mitgehen ließen?

Wir mussten erkennen, dass all die Mühen des Trecks mit den völlig überladenen Treckwagen und dass auch das Geschenk des Schicksals, dass unser Gepäck als Stückgut den Weg durch die Bomben bis nach Leuterwitz gefunden hatte, nichts anderes als ausschließlich Mühen eingebracht hatten. Ich erinnere mich nicht mehr, wer den Vergleich mit „Hans im Glück" als Erstes zog: Er war bekanntlich erst froh, als er nichts mehr besaß. Papa sagte: „Also lasst uns froh sein darüber, dass wir alle leben, beieinander sind und es uns gut geht. Materielle Güter lassen sich ersetzen, das Leben eines Menschen nicht. Aber ein bisschen was haben wir ja noch." Dabei schaute er mich verschmitzt an, und nur wir beide wussten, was alles er mit seiner Aussage meinte.

Übrigens waren die polnischen Kriegsgefangenen der anderen Höfe von Leuterwitz nicht am gleichen Tag, sondern erst später gegangen. Einige von ihnen hatten sich sogar bei der späteren Besetzung des Dorfes durch die Rotarmisten noch schützend vor ihre deutschen Arbeitgeber gestellt. Büchners wurde – berechtigt oder nicht –

vorgehalten, dass sie ihre Kriegsgefangenen nicht gut behandelt hätten. Ich kann es nicht beurteilen. Außerdem war Tannenberg der Verwalter des Hofes gewesen und hatte das arbeitstechnische Sagen.

Den Wagen mit dem entwendeten Gut hatten sie in Clennen und Sitten weitgehend abgeladen und die entwendeten Sachen armen Leuten sowie Flüchtlingen überlassen. Sie hatten nur ein Pferd von Büchners entwendet und waren damit ostwärts gezogen. Wir hätten über ein kurzes Zeitfenster zwar noch die Möglichkeit gehabt, sie zu jagen und zu bestrafen, doch Papa wollte es nicht, weil sie sich als Menschen gezeigt hatten, die ihre berechtigte Wut nicht hatten ausufern lassen. Weil nun in Büchners Pferdestall ein Platz leer war, stellten wir unseren Felix um. Er kam aus dem Gästestall, der in einem anderen Gebäude war, in den Stall der Büchner'schen Pferde und arbeitete mit einem ihrer Pferde im Gespann, sozusagen als Ersatz des Pferdes, das die Polen mitgenommen hatten. Wie sich später zeigte, war es von großem Nachteil, dass unser Felix den Stall gewechselt hatte.

Papa war sehr unruhig, weil er wusste, dass es sich nur noch um Tage, vielleicht nur um ein paar Stunden handeln konnte, bis die ersten Rotarmisten eintreffen würden. Er wollte auf jeden Fall vorher Mama wieder bei uns in Leuterwitz haben. Die Telefone funktionierten noch, sodass er die Klinik anrufen konnte. Auch die Klinikführung (Dr. Schießel) wollte möglichst alle Patienten vor dem Einmarsch der Roten Armee loswerden. Sie brachten Mama in einem Rotkreuzauto nach Leuterwitz. Mama hatte noch einige Tage das Bett zu hüten. Außerdem war ihr Knie unverändert heiß und geschwollen und schmerzte.

Die Rote Armee besetzt Sachsen

Die Rote Armee hatte all ihre Feuerkraft auf die Eroberung von Berlin konzentriert. Von Westen kommend hatten den Norden (Niedersachsen, Mecklenburg, Schleswig-Holstein, Hamburg) die britischen Truppen und den Süden (mit Bayern, Sachsen und Thüringen) die amerikanischen Truppen erobert. Breslau hatte erst am 06. Mai 1045 kapituliert. In Schlesien hatten die Russen bei einem letzten Aufbäumen der deutschen Truppen eine heftige Niederlage am Bober erlitten und es danach unterlassen, an dieser Front weitere Gebiete zu erkämpfen. Am 8. Mai.1945 waren z. B. Hirschberg und Görlitz noch fest in deutscher Hand.

Die Amerikaner waren längst aus Sachsen, Thüringen und Sachsen-Anhalt abgezogen und die Rote Armee besetzte das Gebiet kampflos, musste dabei aber immer noch damit rechnen, dass einige versprengte deutsche Fanatiker gefährlich werden könnten. Eine Einheit strebte gezielt nach Leisnig. Doch die Soldaten wussten natürlich, dass der Krieg zu Ende war und nahmen es mit der Marschordnung nicht mehr so genau. Deshalb kamen viele andere Grüppchen außerhalb des Hauptstoßes teils in angeheitertem Zustand. Das waren die, die einzeln in die Häuser gingen und sich bereicherten. Sie taten den Frauen von Leuterwitz nichts an. Sie suchten nur Uhren, Schmuck und andere Wertgegenstände und verließen die Häuser meist sehr schnell wieder, weil sie selbst Angst hatten, von versteckten deutschen Fanatikern erschossen zu werden. Die Soldaten allerdings, die sich im Zentrum des Vormarschs hielten, verhielten sich anders.

Mama passierte Folgendes: Sie lag im Bett und hörte einen vor sich hin lallenden Russen die Außentreppe des Hauses hochstolpern. Sie wusste, dass er gleich bei ihr im Zimmer stehen könnte und zog die Bettdecke übers Gesicht. Der Soldat kam tatsächlich später nichtsahnend herein und begann seine Sucharbeit in einem Schränkchen. Da bemerkte er wohl, dass er im Zimmer nicht allein war und erkannte die Stirn von Mama. Mama war voller Angst, nahm sich aber ein Herz und sagte: „Krank!" Dabei hustete sie so schlimm, wie es ihr möglich war und sagte: „Ich kaputt!" Da ließ er den Revolver in der Koppeltasche, salutierte mit der Hand am Käppi und verließ – mit dem ganzen Körper schwankend – den Raum und sofort auch das Haus.

Mein Vater hatte auch ein so glimpflich verlaufenes Erlebnis: Er kam morgens um 5.00 Uhr die Treppe herunter, als er am Fuß der Treppe auf einen besoffenen Soldaten stieß. Keiner hatte ihn kommen gehört. Er allerdings hatte einen Revolver in der Hand und forderte Vaters silberne Sprungdeckeluhr, ein Konfirmationsgeschenk seiner Eltern. Sie hatte an einer silbernen Kette gehangen und sich deshalb verraten. Papa gab ihm die Uhr, und der Soldat verschwand still, wie er gekommen war. Wir kritisierten Papa, dass er die wertvolle Uhr in dieser Situation getragen hatte. Doch er war überzeugt: „Die Soldaten stehen miteinander in Kontakt. Die anderen werden uns nun in Ruhe lassen, weil sie wissen, dass schon einer bei uns war. So war es auch.

Ich denke jetzt auch noch an eine Begegnung mit einem versprengten Reiter. Sie war allerdings sehr beängstigend:

Felix gegen Felix

Ich war gerade dabei, den Stall in der Gebäudeverlängerung des Auszugshauses zu verlassen, wo ich den Kaninchen von Büchners einen Korb Grünfutter in die Box geschüttet hatte, als Papa aus dem Wohnhaus die Stufen herunterkam. Wir hatten uns verabredet, gemeinsam aufs Tomatenfeld zu gehen. In diese Szene platzte ein russischer Soldat hoch zu Ross. Er kam in den Hof hereingeritten, stieg ab und verlangte von Papa, dass er ihm ein frisches Pferd satteln sollte. Papa hatte ihn verstanden, aber tat zunächst so, als ob er ihn nicht verstehen würde. Er nahm ihm die Zügel ab und rief mir zu, ich sollte dem Pferd einen Eimer mit Wasser vorstellen. Ich rannte in den Stall, fand dort einen Eimer, der halb voll Wasser war und stellte ihn vor das Pferd des Russen. Das Pferd wollte gerade seinen Kopf in den Eimer senken, da wurde der Russe wütend und stieß den Eimer um: „Njet, njet!" Den Rest kann ich nicht wiedergeben, weil ich ihn nicht verstanden hatte. Zwischen Papa und dem Russen ging es auf Russisch weiter, was ich ebenfalls nicht verstand. Dann rief mich Papa zu sich, gab mir die Zügel in die Hand und bat mich, das Pferd zu halten.

Anschließend gingen beide in Büchners Pferdestall. Ich wusste, wen sie dort antreffen würden: Orange, eine braune zweijährige Sachsenstute und Zitrone, eine schimmelige zweijährige Sachsenstute. Beide waren noch nicht zum Arbeiten angelernt und hatten noch nie ein Gebissstück im Maul gehabt. Außerdem stand unser Felix im Stall, den Vater von den sich auflösenden deutschen Truppen billig gekauft hatte. Alle anderen Pferde waren auf den Feldern bei der Arbeit. Im Stall ging es zwischen Papa und dem Russen lange hin und her. Die Worte von Papa klangen immer bemühter, die Sprache des Russen wurde ständig lauter und befehlsmäßiger. Schließlich rief mir Papa zu, ich sollte das Pferd zu ihnen in den Stall bringen. Papa nahm es mir ab, führte es in eine leere Ständerbox, wechselte die Trense gegen ein Stallhalfter und band den Wallach an. Anschließend nahm er ihm den Sattel samt angeschnallter Satteldecke ab und legte ihn über die Ständerboxenwand. Der Russe stand auf dem Stallgang und schaute zu, wie nun Vater die Zitrone auftrenste. Zitrone stand nicht angebunden in einer Ständerbox, sondern in einer doppelt so großen Abfohlbox, in der sie frei laufen konnte. Sie rannte unruhig darin herum. Ich fragte Papa, ob ich sie festhalten solle. Er lehnte aber ab: „Du kannst sie noch nicht festhalten, sie würde dich einfach umrennen."

Er nahm ein Stallhalfter mit einem langen Führstrick vom Haken und zog es Zitrone über die Trense hinweg. Den Strick zog er dann zwischen den eisernen Gitterstäben der Box hindurch und band sie nicht fest, sondern hielt das Ende in der Hand, damit er etwas nachgeben konnte, wenn Zitrone zu heftig daran reißen würde. Dann bat er mich, den Sattel zu bringen. Bevor ihn Vater mir abnahm, musste ich zunächst noch die Steigbügel über dem Sattel verknoten und den Bauchgurt in den Knoten stecken. Dann nahm ihn Vater über seine Hand und versuchte, ihn vorsichtig auf Zitrones Rücken zu bekommen. Zitrone wollte entwischen, weil sie Angst vor dem fremden Ding über ihrem Rücken hatte. Aber schließlich war der Sattel doch auf ihrem Rücken. Nun versuchte Papa mit einer Hand den Bauchgurt aus dem Knoten der Steigbügelgurte herauszulösen, denn mit der anderen Hand musste er ständig den Strick halten. Als der Bauchgurt dann frei war und hinter ihr herunterglitt, erschrak sie wieder heftig und wollte sich losreißen. Doch Papa konnte sie mit seiner Stimme beruhigen, sodass er den Gurt unter ihrem Bauch dann greifen und schnallen konnte. Er zog ihn nur so weit an, dass der Sattel nicht mehr herunterfallen konnte. Dann zog er dem Pferd das nun überflüssige Stallhalfter wieder aus und führte sie am Zügel aus dem Stall und hielt sie ca. 5 m davor an. Nun wollte er den Sattelgurt etwas fester anziehen, aber Zitrone tanzte um ihn herum und wollte das nicht. Als Papa dann dachte, dass der Gurt ausreichend festgezurrt war, entknotete er die Bügelriemen und führte sie einzeln nacheinander mit seiner Hand herunter, bis sie hingen. Anschließend stellte er Zitrone vor den russischen Soldaten und erwartete, dass dieser jetzt aufsteigen würde. Der machte aber keine Anstalten, das Pferd zu übernehmen. Stattdessen beobachte ich heftige Worte des Soldaten gegen Papa. Den Inhalt verstand ich nicht, aber fühlte, dass es sehr gefährlich für Papa wurde.

Inzwischen war Mutter aus dem Haus gekommen, stand auf der Treppe und wollte sich darüber informieren, was vorging, warum so laut Russisch gesprochen wurde. Sie fragte Papa, was denn los sei. Papa sagte auf Deutsch: „Er will, dass ich das Pferd besteige und einreite. Geh jetzt bitte wieder rein." Mit allen Frauen war verabredet, dass sie sich beim Auftauchen von Russen verborgen halten. Mutter ging natürlich nicht ins Haus zurück. Dann ging der Streit auf Russisch weiter, was keiner von uns verstand. Plötzlich zog der Russe seinen Revolver und hielt ihn Vater auf die Stirn. Mama schrie laut: „Neieieieieieieieiein!" Auch ich schrie los und wusste nicht, was ich tun könnte. Papa sagte plötzlich in ruhigem Ton etwas auf Russisch. Er hat es uns später übersetzt: „Du kannst mich zwar erschießen, aber du kannst mich nicht zwingen, auf dieses Pferd zu steigen. Ich werde es nicht tun." Da erschoss der Russe den Hofhund, der sich noch bis in seiner Bude flüchten konnte. Dann steckte er den Revolver weg, nahm Vater das Pferd aus der Hand und schwang sich mit einem einzigen kräftigen Satz auf Zitrone. Er hatte die Steigbügel dabei gar nicht benutzt. Um den Hof zu verlassen, musste er das Pferd zuerst wenden, denn es stand mit dem Kopf in Richtung des Hofinneren. Dazu riss er gewaltig an einem der Zügel. Zitrone stieg senkrecht hoch und machte keine Anstalten, den Hof zu verlassen. Stattdessen buckelte sie fortwährend, sodass der Russe herunterfiel und mit dem Rücken und Hinterkopf auf das harte Pflaster schlug. Er hatte nur ein Käppi getragen und keinen Stahlhelm.

Ich sah ein Schmunzeln auf Vaters Gesicht, als er auf den Russen zuging und ihm auf die Beine helfen wollte. Plötzlich sprang Büchners Hofhund aus der Hütte, der nur einen Streifschuss abbekommen hatte und wollte sich auf den Russen stürzen. Vater konnte ihn gerade noch davon abhalten und in die Hütte schicken. Ich war noch von dem Revolver an Vaters Stirn so unter Schock, dass ich mich nicht freuen konnte, sondern vor Angst um Papa zitterte. Papa half dem Russen auf und sprach in ruhigen Worten, die er uns später übersetzte: „Ich habe es dir ehrlich gesagt, Kamerad, dass dieses Pferd noch nicht für die Arbeit vorbereitet wurde. Auf so ein Pferd kann keiner so ohne Weiteres aufsteigen und ruhig davonreiten." Der Russe schien nach dem heftigen Aufprall mit seinem Rücken aufs Steinpflaster langsam wieder atmen zu können. Jetzt einigten sie sich, Papa und der Russe, die Zitrone gegen unseren Felix auszutauschen. Ich spare mir, den Rest des Besuchs eines russischen Soldaten zu schildern. Der Russe war schließlich weg vom Hof. Das Geschäft war zu unserem Nachteil verlaufen, denn wir hatten unseren gesunden, erfahrenen und fleißigen Felix gegen ein fremdes, unbeurteilbares Pferd eingetauscht, und Büchners hatten ihre junge, unerfahrene Zitrone wieder. Wir gaben unserem neuen Pferd ebenfalls den Namen Felix.

Die originale Hundehütte auf dem Hofpflaster von Büchners, in die sich der angeschossene Hund verkrochen hatte.

Ich brachte Felix – nachdem der Russe den Hof verlassen hatte – in die Ständerbox von Felix 1 und gab ihm Wasser. Er schien sehr überanstrengt und wollte nichts fressen, sondern ließ den Kopf tief ins Stroh hängen. So teilnahmslos wie unser neuer Felix wirkte, so hatte keines unserer Pferde während der ganzen Flucht nachts in der jeweiligen Scheune gestanden, nur eine Ausnahme: Ricke, die unterwegs an Druse erkrankt war und erschossen wurde.

Am nächsten Tag rollte ein einzelnes Fuhrwerk, von unscheinbaren Panjepferden gezogen, mit 4 russischen Soldaten aus Richtung Clennen nach Leuterwitz. Da sie keine Stahlhelme trugen, sondern einfache Käppis, hielten wir sie nicht für gefährlich. Das Gespann wurde zielbewusst auf Büchners Hof gesteuert, als hätte jemand sie genau dorthin geschickt. Im Hof angekommen sprangen alle 4 Soldaten sofort vom Wagen, tauschten ihre Käppis blitzartig gegen ihre Stahlhelme und nahmen ihre Kalaschnikows in Anschlag. Zwei stürmten über die steinernen Stufen von Büchners Haus hoch und traten die Haustür auf. Während der eine uns beobachtete und in Schach hielt, suchte der andere den Treppenabgang zum Keller. Dort stolperte er als Erstes über meine Stahlhelme, die Stahlhelme der Volkssturmmänner, die uns Felix 1 verkauft hatten. Ich hatte sie aufgelesen und als meine Beute im Treppenabgang zum Keller sichergestellt und hatte mir dabei gedacht, dass wir sie vielleicht bei der Rückeroberung von Schlesien brauchen würden.

Die Aufregung war groß bei den Russen. Wahrscheinlich vermuteten sie, dass sich die zu den Stahlhelmen gehörenden deutschen Soldaten immer noch im Haus oder auf dem Hof versteckten. Vater versuchte auf Russisch, ihnen die Zusammenhänge zu erklären. Sie gaben sich aber damit nicht zufrieden, sondern durchsuchten das ganze Haus. Da sie aber außer Tante Lotte nur alte, zum Teil kranke Frauen fanden, gaben sie das Suchen auf. Sie gingen aber nicht ohne eine Beute. Einer der beiden auf dem Hof Verbliebenen wurde zusätzlich herbeigerufen, sodass zwei Rotarmisten die große Sauerkrauttonne von Büchners unter Aufsicht des dritten die Kellertreppe hochwuchteten und auf den Panjewagen heben konnten. Die deutschen Stahlhelme überließen sie mir.

Als sie verschwunden waren, rätselten wir gemeinsam, wer die Soldaten so gezielt zu den Stahlhelmen dirigiert haben könnte. Wir kamen zu der Ansicht, dass es nur der Russe gewesen sein konnte, der Mama im Krankenlager überrascht hatte. Er war auch an der Stelle des Kellerabgangs gewesen und muss dabei die Stahlhelme bemerkt haben. Vielleicht hatte er wegen der Stahlhelme das Haus ohne Beute so schnell wieder verlassen.

Leisnig wird eingenommen

Beim Einzug der Russen in Leisnig waren wir nicht zugegen. Dort kamen sie mit Panzern und Geschützen und die Soldaten mit Kalaschnikows im Anschlag. Sie filzten die Stadt nach Widerstandsnestern und vergewaltigten anschließend Frauen in Gruppenvergewaltigungen, manche bis zum Tod. Ich glaube, dass schon am Tag darauf die Übergriffe aufhörten und der Sieg auf eine ganz eigenartige Weise gefeiert wurde. Mit mehreren Panzern zerkleinerten sie alles, was den Marktplatz schmückte. Es blieb nur noch ein Acker zermahlener Steine übrig. Später wurden die Bewohner geheißen, den Marktplatz mit Tomaten zu bepflanzen. Ja, im Jahr 1945 wuchsen Tomaten auf dem Marktplatz von Leisnig. Als ich im Jahr 2018 in einem Lokal am neu gestalteten Marktplatz von Leisnig mit Beate eingekehrt war, musste ich an diese Geschichte denken und konnte es nicht lassen, sie auch unserer Bedienung zu erzählen. Sie wusste nichts davon. Ich recherchierte unter den anderen Gästen weiter und musste feststellen, dass sie kein Mensch im Lokal kannte.

Der Marktplatz von Leisnig heute (ca. 2015)

Ich erinnerte mich während des Besuchs auch an eine andere lustige Geschichte: Ein fröhlicher russischer Soldat hatte aus dem Schlossmuseum ein Fahrrad von dem hier gezeigten Typ „ausgeliehen".

Er versuchte zunächst, seine Fahrkunst mit diesem altertümlichen Gerät auf dem Marktplatz zu trainieren. Das war aber wegen des von den Panzern zermahlenen, lockeren Untergrunds trotz der Größe des Antriebsrades sehr mühsam, wenn nicht unmöglich. Daher entschied er sich, es auf einem besseren Untergrund zu versuchen und begab sich auf das unzerstört gebliebene Kopfsteinpflaster des Schlossbergs. Er kannte den Verlauf des Schlossbergs, der steil bergab führt, unten in einem rechtwinkligen engen Bogen ausläuft und auf die damals noch zerstörte Brücke über die Mulde weiterleitete, wohl noch nicht. Kurz gesagt: Sein Rad ließ sich nicht bremsen, ohne dass es ihn nach vorn übergeschlagen hätte. Es wurde immer schneller und trug ihn unten angekommen aus dem erwähnten engen Bogen heraus, sodass er mit Affentempo im Schaufenster eines Ladens landete.

Friedensfeier in Bockelwitz
Eine Gruppe von deutschen, kommunistisch eingestellten Männern, denen ich noch nicht begegnet war und zu denen ich noch keine innere Einstellung hatte, luden alle Bewohner der umliegenden Dörfer zu einer von der russischen Kommandantur genehmigten Feier nach Bockelwitz ein. Dort sollte die Befreiung von der nationalsozialistischen Gewaltherrschaft und der Beginn des Friedens und der Versöhnung mit der Sowjetunion gefeiert werden. Sie veranstalteten kleine Propagandafahrten mit einem Lautsprecherwagen in jedem Dorf und wollten damit erreichen, dass möglichst

alle Menschen die neue Situation fröhlich feierten. Das Lautsprecherauto tauchte auch in Leuterwitz auf.

Wir entschieden uns, dass die Situation viel zu viel Not und Ungewissheit beinhaltet, als dass wir fröhlich feiern könnten. Papa litt darunter, dass er nichts von seiner gebrechlichen Mutter wusste, die eigentlich keinen Strapazen mehr gewachsen war und jetzt unter den Tschechen zu leiden haben würde. Mama sagte, dass sie nicht wüsste, ob ihre Mutter, die in Groß Schottgau geblieben war, überhaupt noch lebte. Papa sagte, wenn sie uns zu einem Gebet und zur Gewissenserforschung einladen würden, dann würden wir hingehen. Das, was aber von den Veranstaltern dieser Friedensfeier zu erwarten ist, wird alles andere als Anleitung zur Versöhnung sein. Es wird der Auftakt zur stalinistischen Herrschaft in der für die nächste Zeit sowjetisch besetzten Zone sein. „Ihr erinnert euch sicherlich alle an die Familie Kijan, die mit unserem Treck nach Westen geflüchtet ist. Ich hoffe nur, dass die anderen Siegermächte schlimme Auswüchse nicht zulassen und dass auch die deutschen Kommunisten ihr Ansehen vor den Augen der Menschen in den anderen Zonen nicht zerstören. Noch wird gestorben, also gehen wir nicht hin!

Das galt für alle Mitglieder unserer Familie. Auch Tante Lotte entschied sich so, weil sie ihren Mann vermisste. Ihn hatte sie ja noch vor Kurzem zusammen mit Edith in der Nähe von Görlitz besucht. Er war also eigentlich so nah und war trotzdem noch nicht zurückgekommen. Sie fragte sich daher, ob er noch lebte. Cerny, ein Flüchtling aus dem Sudetenland, entschied sich, zur Feier zu gehen. Er sagte: „Alle, die nicht hingehen, werden anschließend als Gegner der neuen Bürgermeister und der Kommunistischen Partei eingestuft werden. So einfach darf man es den neuen Anführern nicht machen."

Als wir die Runde nach dem Abendbrot auflösten und ich mich mit Büchners Kaninchen beschäftigte, kam Uschi zu mir und bat mich, die Nebentür, über die man ungesehen in unser gemeinsames Schlafzimmer gelangen konnte, nicht zu verschließen. Sie wolle noch zu den Jugendlichen im Oberdorf gehen. Als es Zeit war ins Bett zu gehen, fragte mich Papa nach Uschi. Ich erzählte ihm, was sie mir erzählt hatte und dass ich die Nebentür nicht abschließen sollte.

Während ich schon schlief, saßen Papa, Mama, Tante Lotte, die Büchner-Oma und die Oma Schmitt noch lange zusammen im Wohnzimmer und unterhielten sich über die politische Situation und rätselten über den Verbleib ihrer vermissten Angehörigen. Gegen Mitternacht versuchte Uschi dann die Nebentür aufzustoßen, doch Papa hatte sie verschlossen, um mitzubekommen, wann seine Tochter heimkommt. So musste sie Rabatz machen, um ins Haus zu gelangen, und es kam heraus, dass sie beim Friedensfest gewesen war. Für meine Mutter war das Handeln von Uschi unakzeptabel und ihre Tat hinterlistig. Papa sagte: „Sie wird am 6. September 18 Jahre alt, und wir wollen, dass sie sich zu einer verantwortlichen, selbstständigen Erwachsenen entwickelt. Das erreicht man nicht durch Strafe, sondern nur durch überzeugen. Er redete ihr ins Gewissen. Dabei versuchte er sie zu überzeugen, dass sie falsch gehandelt hatte, dass es besonders niederträchtig gewesen wäre, ihren kleinen Bruder in ihr Betrugsmanöver einzuspannen.

Ich mischte mich ein: „Papa, ich bin nicht mehr klein. Ich habe Uschi nicht verpfiffen, aber auf dein Befragen die Wahrheit gesagt."

Der Patient Felix

Papa wurde zu unserem neuen Felix gerufen. Ohne nach dem Grund zu fragen, setzte er sich gleich eilig in Bewegung, und da es mich interessierte, warum er so eilig reagierte, rannte ich hinter ihm her.

Im Stall sahen wir die Bescherung. Felix lag flach auf einer Seite und machte keine Anstalten aufzustehen. Papa stellte fest: „Heu könnte er im Liegen fressen, um Wasser zu saufen und Hafer zu fressen, muss er aber aufstehen, auch zum Wasserlassen. Wir müssen ihn auffordern aufzustehen und ihm gleichzeitig dabei helfen. Ich nehme an, dass der Russe ihn zu hart beansprucht hat. Vielleicht hatten sie sogar einen Unfall mit ihm. Wenn wir Glück haben, dann ist nichts gebrochen und nichts zerrissen." Anschließend nahm Papa eine Peitsche verkehrt herum in die Hand, tatschte ihm mit dem Griff auf die Kruppe und forderte ihn auf: „Hoch, hoch, hoch! Komm hoch! Auf, komm hoch!" Felix hob seinen Kopf mit Schwung nach oben und bemühte sich, auf seine Vorderbeine zu kommen. Nun hätte er seine Hinterbeine stärker falten müssen, um die Hinterhufe unter den Leib zu bekommen. Das aber gelang ihm nicht. Er plumpste wieder zurück in die flache Lage auf dem harten Stallboden. Wir haben es noch ein paar Mal auf die gleiche Art probiert, wobei zusätzlich einer vorn bei ihm in der Box stand und ihm den Kopf hochzubekommen half und ein anderer sein Hinterteil unterstützte. Es war alles vergeblich. Felix konnte nicht aufstehen.

Es war klar, dass wir einen Tierarzt brauchten. Der Tierarzt, den Papa anrief, konnte nicht sofort kommen, aber er kam am Nachmittag. Da hatte Felix schon mehrere vergebliche Aufstehversuche hinter sich und zusätzlich einen aufgeblasenen Bauch. Der Tierarzt schaute sich alles in Ruhe an und sagte dann: „Wenn ein Pferd nicht von selbst aufsteht, dann kann es nicht aufstehen. Ich hole jetzt flache Gurte aus meinem Auto, mit denen wir ihn aufstellen. Außer mir brauchen wir vier kräftige Männer. Der Herr Tannenberg rief zwei kräftige Arbeiter vom Hof herbei. Der Tierarzt kontrollierte die seitlichen Wände der Ständerbox und befand sie für fest genug, für das, was er vorhatte. Ich wusste noch nicht, was er vorhatte, aber er erklärte es seinen Helfern: „Wir ziehen jetzt einen Gurt unter das liegende Pferd, und zwar so, dass er gleich hinter den

Vorderbeinen des Pferdes zu liegen kommt. Wenn wir dann später den Gurt über beide Seitenwände der Ständerbox hochziehen, dann hängt das Pferd mit dem Brustkorb in der Schlaufe des Gurtes. Den zweiten Gurt ziehen wir direkt vor den Hinterbeinen unter dem Pferd durch. Das ergibt die zweite Schlaufe. So schnell, wie er es erklärt hatte, war es nicht ausgeführt, denn so ein Pferd würde nach Meinung des Tierarztes mehr als eine halbe Tonne wiegen. Schließlich lagen beide Gurte in den richtigen Stellen unter dem Felix. Felix lag auf seiner rechten Seite. Deshalb wurden die Enden der Gurte, die links unter dem Pferd herausschauten, zweimal um das Rundholz der Ständerbox gewickelt und am Gurt befestigt. Anschließend arbeiteten immer zwei Mann an einem freien Ende eines Gurtes, die rechts unter Felix herausschauten. Der Tierarzt übernahm das Kommando: „Wir müssen beide Gurte so gleichmäßig verkürzen, dass das Pferd mit seinem Rücken immer in der Waage bleibt, sonst rutscht es uns nach vorn oder nach hinten aus den Gurten heraus."

Schließlich stand Felix auf seinen Beinen. Ich dachte, dass die Gurte nun überflüssig wären. Damit lag ich aber ganz falsch. Die Gurte blieben im Einsatz. Felix konnte selbst entscheiden, ob er auf seinen Beinen stehen oder sich hängen lassen wollte. Als Felix gerade zum Stehen gekommen war, musste er erst einmal ganz viel seechen. Der Tierarzt erklärte uns das: „Ein Pferd kann im Liegen nicht Wasserlassen."

Als ich mir Felix von allen Seiten ansah, bemerkte ich, dass er auf der Seite, auf der er sich festgelegt hatte, große wunde Placken hatte, wo er sein Fell und die Haut abgescheuert hatte. Wir versorgten ihm die Wunden, brauchten sie aber nicht abzudecken, weil er sich nicht mehr hinlegen konnte und die Wunden deshalb sauber blieben. Der Tierarzt sagte, dass sie an der Luft am besten heilen würden. Zum Schluss schaute sich der Tierarzt noch die Zähne an und sagte, dass Felix nicht älter als 5 Jahre sei. „Wahrscheinlich ist er erst 4 Jahre alt. Und steht im besten Reitpferdetyp. Wer weiß, wo der Russe ihn geklaut hat und wie er ihn geschunden hat. Vielleicht hatte er sogar einen Unfall mit ihm. Wir müssen nun abwarten, ob er wieder zu alter Stärke zurückfindet."

Ich nahm mir vor, alles für den armen Felix zu tun, um so schnell wie möglich wieder ein eigenes gesundes Pferd zu besitzen. Ich dachte mir, dass es für Felix besser wäre, spazieren zu gehen und am Wegesrand zu grasen, als untätig in der Box mit dem Gehänge auf der Stelle zu stehen. Daher fragte ich Papa, ob ich ihn aus dem Gehänge nehmen dürfte. Papa wollte die Entscheidung nicht allein treffen, sondern stellte dem Tierarzt die Frage. Der schaute sich das Pferd an und winkte ab: „Damit müssen wir noch ca. 2 Wochen warten. Danach können wir mal vorsichtig probieren, ob er sich schon selbst ausbalancieren kann. Danach muss er einige Zeit geführt werden, ehe man ihn wieder einsetzen kann."

Wann geht's zurück nach Hause?

Bei Büchners wohnte auch ein Herr Philipp, ebenfalls Flüchtling aus Schlesien. Er war ungefähr genauso alt wie Papa. Sie begannen, sich öfters miteinander zu unterhalten. Dazu trafen sie sich in einer kleinen Sommerlaube, die an der Rückseite des Maschinen-Unterstands von Büchners existierte. Wenn ich beobachtete, dass Papa in Richtung dieser Sommerlaube lief, war ich sofort neben ihm und freute mich schon darauf, Neuigkeiten zu erfahren; denn sie sprachen immer über die Frage, wann wir Schlesier wohl wieder in unsere Heimat zurückziehen dürften. Außerdem unterhielten sie sich über das, was jeder von ihnen in den letzten Jahren erlebt hatte.

Aus ihren Unterhaltungen entnahm ich, dass die vier Siegermächte vorerst je eine Besatzungszone besetzt hielten und die deutschen

Gebiete östlich der Oder-Neiße-Linie unter polnische Verwaltung geben wollten, ehe sie wieder eine deutsche Regierung einsetzen würden. Da weder Papa noch Herr Philipp wusste, ob die Glatzer oder die Lausitzer Neiße gemeint war, wussten wir nicht, ob Konradswaldau in einer russischen oder einer polnischen Verwaltungszone liegen würde. Herr Philipp war aus Niesky, was westlich der Lausitzer Neiße liegt. Bei ihm war diese Frage klar. In seinem Heimatort würde er es mit den Russen zu tun haben.

Papa hatte von den anderen Flüchtlingen, die auf Büchners Hof untergebracht waren, erfahren, dass sie umgehend wieder heimwärts ziehen wollten. Sie hatten keine Geduld mehr, auf irgendwelche Weisungen zu warten. Papa war sehr traurig, dass wir nicht mitziehen konnten; denn Mama war wegen ihres immer noch stark angeschwollenen Knies zu einem solchen Treck nicht fähig. Außerdem hing unser Felix noch im Gehänge und konnte noch keine Arbeit leisten. Es war wie verhext. Die Familien Niebel, Beier und Nerlich planten zurück nach Metschlau, Kreis Sprottau, zu ziehen. Sie hätten uns gern mitgenommen, aber wir mussten aus den genannten Gründen in Leuterwitz bleiben. Herr Philipp, der von Beruf Polizist war, den zu Hause keine Landwirtschaft erwartete, hatte keine Eile. Er hatte sich entschieden, eine Weisung der russischen Kommandatur abzuwarten. Ich hörte Papa am Abend zu Mama sagen, dass Herr Philipp wohl einiges zu verbergen hätte. Als ich an einem der nächsten Tage morgens in den Gaststall ging, um Büchners Kaninchen zu füttern, waren alle Pferde weg. Die Metschlauer waren in aller Frühe in die Heimat aufgebrochen. Besonders die Frau Beier fehlte, weil ich jetzt täglich noch eine Kuh mehr melken musste. Mama war untröstlich, dass sie wegen des Knies den Grund geliefert hatte, dass wir in Leuterwitz bleiben mussten. Papa hatte wieder mal einen schlauen Spruch bereit: „Wer weiß, wozu es gut ist."

Papa machte bei dem Tierarzt etwas Druck, denn wir wollten den

Metschlauern folgen und Felix musste dafür gesund werden. Der Tierarzt kam und befreite Felix vom Gehänge. Wir beseitigten auch alle seitlichen Stangen, damit Felix genügend Platz hatte, um sich bequem umwenden zu können, ohne dabei einen zu engen Radius einhalten zu müssen. Als er frei in der Stallgasse stand, schwankte er ganz erheblich. Wir wollten ihn eiligst seitlich stützen, aber der Tierarzt verbot uns das: Er muss und kann sich allein ausbalancieren. Er sollte zunächst nur noch nicht zu engen Wendungen gezwungen sein. Ich durfte ihn aus dem Stall führen und beabsichtigte, ihn geradeaus durch den Nebenzugang des Hofes auf den Feldweg zum Grasfressen zu bringen. Als aber Felix die frische Luft in seinen Nüstern und Lungen spürte, erwachten alle seine Lebensgeister. Er begann laut zu wiehern. Ich hatte seine Stimme noch nie gehört. Sie klang total ungewöhnlich, sie rumpelte wie ein ungestümer Jodler vom schwarzen Sensenmann. Dabei machte er kleine ungeschickte Buckler wie ein Schaukelpferd. Ich bekam Angst, dass er umfallen und mich unter sich begraben könnte, nach außen aber sagte ich: „Wenn er gesund wird, dann haben wir ein Mordspferd." Der Tierarzt sagte zu Papa: „Ihr Sohn hat recht. Es ist ein edles Pferd im Reitpferdetyp. Ob der Wallach Schaden erlitten hat, kann ich aber nur durch einige Tests ergründen, die ich ihm in seinem jetzigen Zustand aber noch nicht abverlangen kann. Ich werde demnächst wieder hereinschauen."

Als ich Felix wieder in seine Ständerbox brachte, bekam ich Angst, dass er sich hinlegen und nicht fähig sein könnte, wieder aufzustehen. Papa aber sagte: „Jetzt hat er sich nicht so verausgabt wie damals, als er auf den Hof kam. Pferde können im Stehen schlafen. Ich vermute, dass er sich nicht hinlegen wird." So war es auch. Als ich am folgenden Morgen zu ihm kam, stand er wach da und verlangte nach seinem Futter, und ich dachte bei mir und tönte: „Jetzt geht es aufwärts mit ihm und mit uns. Noch ein paar Tage, und wir können heimwärts ziehen." Nach diesen paar Tagen ereignete sich aber ganz was anderes. Die Metschlauer rollten wieder auf Büchners Hof. Sie waren bis nach Görlitz gekommen und hatten die Lausitzer Neiße passiert und waren dann von polnischer Miliz umzingelt worden. Die Polen hatten ihnen die Hälfte aller Pferde und die gesamte Ladung auf den Wagen und jeden zweiten Wagen abgenommen. Dann hatten sie ihnen die Uhren, den Schmuck und alle besonders hübschen Kleidungsstücke abgenommen und sie dann wieder westwärts getrieben. Dabei hatten einige Milizionäre mit Kalaschnikows im Anschlag den Vorgang abgesichert. Wer aufmuckte wurde verprügelt oder abgeführt. Alle, die nach Leuterwitz zurückkamen, waren total demoralisiert, entgeistert und hoffnungslos. Sie hatten keine Pläne mehr.

Auch Frau Beier war wieder in Leuterwitz. Daher brauchte ich nun keine Kühe mehr zu melken. Allerdings begann für mich der Schulbetrieb in Sitten, sechs Vormittage waren pro Woche verloren.

Das Foto wurde im Jahr 2018 aufgenommen. Es zeigt das Gebäude,
im dem ich 1945 zur Schule ging.

Auch die anderen Zurückgekommenen packten bei der landwirtschaftlichen Arbeit kräftig mit an, sodass es keinen Mangel an Arbeitskräften auf Büchners Hof mehr gab. Die Pferde, die die Zurückgekommenen mitbrachten, wurden von ihren Besitzern nicht mehr gebraucht. Sie arbeiteten lediglich fürs Futter bei Bauern mit.

Einer der Flüchtlingsbauern hatte dieses Problem mit seinen Pferden nicht, denn er durfte täglich die Milch des Dorfes zur Molkerei nach Leisnig fahren. Dabei konnte er zusätzlich einige Leute auf dem Wagen mitnehmen. Die Flüchtlinge auf Büchners Hof waren auf die Großzügigkeit von Tante Lotte angewiesen. Sie brauchten Lebensmittel und deckten sich – ohne zu fragen – mit Kartoffeln ein. Anderes als Kartoffeln war zu dieser Jahreszeit auf einem Bauernhof nicht mehr zu haben. Die Kartoffelvorräte ihrerseits waren aber als Saatkartoffeln oder als Futterkartoffeln für die Schweine vorgesehen, sodass es schon bald zu Streit kam.

In dieser Situation steckte eine Person den Kopf aus der Menge, die vorher überhaupt keiner beachtet hatte, ein gewisser Herr Bergau aus Bockelwitz. Er kam im Auftrag der russischen Kommandantur in die Dörfer, um Fragebögen zu verteilen, die binnen einer Woche auszufüllen und ihm zurückzugeben waren. Es ging um die Erfassung der Bevölkerung. Er verlieh dieser Aktion Nachdruck, indem er darauf hinwies, dass kein Mensch Lebensmittelkarten oder Bezugsscheine erhalten könne, von dessen Existenz die Behörden nichts wüssten.

Jeder sah ein, dass eine Erfassung der vielen geflüchteten und aus der Heimat ausgewiesenen Menschen notwendig war. Aber abgesehen davon, dass keiner gern lange Fragebogen ausfüllt, enthielt dieser Fragebogen auch einige sehr persönliche, ja sogar intime Fragen, die viele Menschen nicht gern ausfüllen wollten. „Hatten Sie Grundbesitz oder/und einen Betrieb? Wenn ja, welchen?", „Wie viele

Mitarbeiter haben sie beschäftigt?", „Welches Einkommen hatten Sie?", „Waren Sie Mitglied der NSDAP? Seit wann?" oder „Waren Sie beim Militär? Wenn ja, bei welcher Einheit, in welchem Rang?", „Waren Sie bei der SA oder SS?". Papa tat sich schwer bei der Frage nach seiner Mitgliedschaft in der NSDAP. Er füllte den Fragebogen wahrheitsgemäß aus, bis auf das Eintrittsdatum. Hier gab er ein späteres Datum an.

Mama bat ihn bei dieser Gelegenheit: „Lass uns sofort in die amerikanische Zone gehen. Hier bist du nicht sicher. Und unsere Kinder werden als Kinder von Kapitalisten abgestempelt und benachteiligt." Aber Papa sagte: „Ich habe absolut nichts verbrochen und kann Lotte und ihre Kinder gerade jetzt nicht allein lassen. Ich bin es meinem Freund Karl schuldig, seiner Frau mit dem Hof beizustehen."

Aufräumarbeiten

Kurze Zeit nach der Fragebogenaktion rief Herr Bergau eine Reihe deutscher Männer schriftlich zusammen. Auch Papa gehörte dazu. Sie wurden unterrichtet, dass es sich um eine Aufräumaktion in und um Leisnig handele. Genaueres würde ihnen an Ort und Stelle mitgeteilt. Papa verschwand an besagtem Tag in der Früh, während Mama voller Unsicherheit und Furcht bei uns zurückblieb.

Ich beobachtete dann am Vormittag, wie von einer Gruppe von Männern, Büchners Opel aus der Garage abgeholt wurde. Er war in der Kriegszeit wegen Treibstoffmangels stillgelegt worden. Außerdem fehlte ihm eine wichtige Kleinigkeit, und zwar die Bereifung, die für den Krieg eingezogen worden war. Er wurde – auf den Felgen rollend – von mehreren Männern auf einen Hänger bugsiert und fortgebracht. Papa konnte ich nicht in der Gruppe entdecken, daher fragte ich einen aus der Gruppe, wo sich mein Vater befinden würde.

Seine Antwort: Es wurden drei Gruppen gebildet. Dein Vater gehört zu einer anderen Gruppe.

Ich wollte der Gruppe mit Büchners Auto folgen, um zu sehen, was weiter geschehen würde, aber Mama erlaubte es mir nicht. Sie hatte Angst um Papa und wollte nicht auch noch Angst um mich haben. Die Autos wurden alle auf einen Platz am Rand von Leisnig gebracht, was wir erst am Abend erfuhren, als Papa wieder bei uns eintraf. Dort waren alle privaten Pkws vom TÜV untersucht und bewertet worden. Die, die nicht leicht wieder verwendbar gemacht werden konnten, wurden verschrottet. Herr Philipp und Papa kamen mit je einem Autosessel aus einem abgewrackten Auto abends von der Aktion zurück. Papa stellte seinen in unserem Zimmer auf einen Holzbock und setzte sich mit zufriedenem Gesicht darauf: „Unser erstes eigenes Möbelstück!" Dann sagte er: „Vielleicht hat der Fragebogen keine weiteren Auswirkungen als die, dass wir zu Arbeiten herangezogen werden können."

Mama aber bat ihn erneut, sofort mit unserer ganzen Familie in die amerikanische Zone zu gehen. Er aber fühlte sich verpflichtet: „Ich habe mit den Verbrechen, die im Namen des deutschen Volkes begangen wurden, nichts zu tun. Ich habe mich an keinem Verbrechen beteiligt." Mama meinte, dass sie persönlich ihm das glaube, dass ihm das aber kein Russe glauben würde: „Dich wird noch nicht einmal einer danach fragen, ob du unschuldig bist, denn du warst in der Partei und beim Militär, und das wird den neuen Machthabern genügen, um dich ohne gerichtliche Untersuchung schuldig zu sprechen. Hat Hitler denn irgendeinen Juden fragen lassen, ob er unschuldig wäre? Ihre Geschäfte und Synagogen wurden ihnen 1938 genommen, und sie mussten ohne jede Entschädigung um ihr Leben ins Ausland flüchten. Stalin ist nicht besser." Wir blieben in der Gemeinschaft bei Tante Lotte. Warum? Ich glaube heute als erwachsener Mann, dass mein Vater natürlich die Familie seines

Freundes nicht im Stich lassen wollte, dass er aber zusätzlich in der verfahrenen Situation auch keinen Weg sah, für seine eigene Familie finanziell/wirtschaftlich sorgen zu können.

Inzwischen war seine Familie sogar größer geworden, denn alle Deutschen, die unseren Treck bis ins Auffanglager Komotau in Böhmen mitgemacht und dort ausgeharrt hatten, wurden unter härtesten Bedingungen von den Tschechen ausgewiesen. Ein Brief von Tante Erika informierte uns, dass sie mit unserer Oma und Tante Punne in einem Massenlager in Langensalza untergebracht worden waren und dass sie nun bald eine Wohnung zugewiesen bekämen. Eine Zusammenführung der beiden Familiengruppen war in Leuterwitz nicht möglich. Edith fuhr nach Langensalza, um die Verbindung aufzunehmen.

Ein Erinnerungsstein an die Vertreibung der Sudetendeutschen
aus Böhmen und Mähren

Verhältnis Tannenberg – Papa

Wir in Leuterwitz arbeiteten alle fleißig in der Landwirtschaft. Mama übernahm z. B. den Kükenstall und behielt diese Arbeit über Jahre bei. Im Jahr 1945 bekamen die Bauern gesagt, was sie anbauen sollten. Ich erinnere mich, dass Papa, Uschi und ich viele Stunden in der Hitze – 1945 war ein heißes Jahr – auf den Tomatenfeldern arbeiteten. Mehr als die Hälfte der Tomaten waren Buschtomaten, die man nicht hochzubinden und nicht auszugeizen brauchte. Die anderen beschäftigten uns ständig. Wir hatten auch erhebliche Flächen mit Weiß- und Blaukraut bepflanzt. Das erforderte eine ständige Bekämpfung des Unkrauts.

Ich führte Felix zunächst täglich dreimal. Später spannte ich ihn vor einen Grubber, um das Unkraut zwischen den Kartoffelreihen zu hacken. Felix hatte Schwierigkeiten in einer Kartoffelfurche zu bleiben, weil sein Skelett nicht in Ordnung war. Der Tierarzt machte mehrere Tests mit ihm und gab folgende Empfehlung: „Es gibt genügend gesunde Pferde auf dem Hof. Da braucht man kein verletztes Pferd zur Arbeit zu zwingen." Papa gab Felix dem Tierarzt, damit er ihn behandelte und gesund machte. Da er nie zurückkam, nehme ich jetzt als erwachsener Mann an, dass er in Wahrheit im Einverständnis mit meinem Vater sofort geschlachtet wurde. Die Hungersnot war groß und die Menschen aßen damals Pferdefleisch, wenn sie es bekommen konnten. Ich fragte mehrmals Papa nach Felix. „Der Tierarzt konnte ihn gut verkaufen, da habe ich zugestimmt, weil wir ihn hier nicht benötigen. Und du darfst jetzt Pferde von Büchners fahren." Ich konnte den Verlust von Felix verkraften und hoffte, dass es ihm gut geht.

Im Juli hörten wir, dass die Russen einen Oberst des Ersten Weltkrieges verhafteten. Mama erschrak und bat Papa, die Ostzone sofort zu verlassen und nach Bayern zu gehen. Er lehnte das ab. Die

Siegermächte trafen sich in Potsdam. Man hörte, dass Stalin die Grenze Deutschlands entlang der Oder-Neisse-Linie (gemeint war die Lausitzer Neisse) festlegen wollte, dass Churchill dem aber nicht zustimmte. Stalin setzte sich insoweit durch, dass alles östlich der von Stalin gezogenen Grenze unter polnische Verwaltung kam. Die endgültige Lösung wurde künftigen Friedensverhandlungen überlassen.

Ende Juli begannen die Schulferien, und ich war ganztags mit Papa zusammen bei der Feldarbeit. Wir pflückten Tomaten und stapelten sie in Kisten. Meist wurden sie von einem sowjetischen Lastwagen abgeholt. Die Tomaten gingen in die Kasernen, sicherlich auch in die in Leisnig. Wenn ich auf dem Feld Hunger bekam, aß ich von den sonnenheißen Tomaten. Papa aber hatte immer Brotstücke bei sich, die Mama für ihn trocknete. Er konnte trockenes Brot besser vertragen als Tomaten. Zu den Malzeiten gingen wir vom Feld zurück auf den Hof und aßen alle zusammen am Tisch von Tante Lotte. Sie kochte zusammen mit Edith für ihre und unsere Familienmitglieder.

Das Anwachsen der Bewohner des Büchner'schen Hauses machte sich in einem Punkt, an den keiner gedacht hatte, sehr unangenehm bemerkbar; Leuterwitz hatte noch keinen Abwasserkanal, und mitten in der Periode der größten Hitze lief die Abwassergrube über und musste – sehr aufwendig von Hand, das heißt mithilfe eines Jauchenschöpfers – geleert werden. Offensichtlich waren wir schuld daran, dass sie nicht erst in der kalten Jahreszeit geleert werden musste. Wir merkten deutlich, dass wir hier störten.

Im August warfen die Amerikaner die erste Atombombe auf Hiroshima ab. Drei Tage später ließen sie die zweite folgen, und zwar auf Nagasaki. Ich hörte von Papa, was eine Atombombe ist: „Auch wir haben im Erzgebirge Uran gewonnen und waren an der

Entwicklung der Atombombe. Bloß gut, dass die Amerikaner so lange gebraucht haben, die Bombe zu entwickeln; denn wären sie damit früher fertig geworden, dann wären die ersten Exemplare sicherlich auf Deutschland gefallen." Ich ärgerte mich, dass ich bis zu diesem Zeitpunkt nichts von einer „Atombombe" gehört hatte.

Am 3. September, an meinem Geburtstag, verbrachte ich den Vormittag mit Papa auf dem Tomatenfeld. Am Nachmittag trafen wir als Familie uns zu einer kleinen Geburtstagsfeier in unserem Zimmer. Tante Lotte kam zu uns, um mir zu gratulieren. Sie brachte eine Schüssel mit wunderbaren reifen Tomaten als Geschenk. Ich fühlte mich geehrt, denn sie nahm als erwachsene Frau mich, einen 10-Jährigen, offensichtlich ernst. Doch Mama bewertete das Ereignis ganz anders als ich; denn sie sagte später im Familienkreis: „Tomaten esst ihr bei der Erntearbeit mehr als genug. Sie hätte doch sicher etwas Geeigneteres finden können, wenn sie sich in deine Lage versetzt hätte." Dieser Gedanke wäre mir selbst zu allerletzt gekommen; denn ich fühlte mich durch ihren Besuch geehrt, und das Geschenk war dabei völlig unbedeutend.

Zwei Tage später – Papa war auf dem Tomatenfeld, und ich war zufällig noch bei Mama – hielt ein russischer Dreiachser vor Büchners Hof. Fünf Soldaten sprangen vom Laster. Drei sicherten die Situation mit Kalaschnikows im Anschlag. Zwei kamen in Büchners Hof und wollten Max Schmidtlein sprechen. Tante Lotte sagte ihnen, dass er auf dem Tomatenfeld arbeite. Sie forderten sie auf, sie auf das Feld zu führen. Tante Lotte verließ mit den Soldaten den Hof.

Mama forderte mich auf, bei ihr zu bleiben. Sie wolle noch schnell einige Sachen für Vater zusammenstellen, denn sie wäre nicht sicher, dass er noch einmal auf den Hof zurückdürfe, um sich umzuziehen. Papa war z. B. ohne Socken, also barfuß in Holzlatschen auf dem Feld. Ich sollte schnell zu ihm rennen, um ihm die Sachen zu bringen. Aber dazu kam es gar nicht. Papa kam mit den Soldaten auf den Hof, durfte sich umkleiden und musste mit den Soldaten auf den Laster klettern, der mit Bänken ausgestattet war. Der Laster verließ Leuterwitz, das ja sehr klein und eng angelegt ist, sodass man nicht sehr schnell fahren konnte. Ich rannte hinterher. Als sie dann aber in Bockelwitz auf die Teerstraße nach Leisnig abbogen, konnte ich ihrem Tempo nicht mehr folgen, kehrte um und schlich entmutigt zurück nach Leuterwitz.

Mama und wir vier Kinder waren absolut am Boden zerstört. Mittellos in der Fremde bei Freunden, denen man zur Last fällt, und nun noch ohne unser Familienoberhaupt! Am Abend traf bei Tante Lotte ein Anruf ein: „Ich weiß nicht, wer mich angerufen hat. Er wollte nicht sagen, wer er war. Aber ‚uff scheden Foll‘ hat er gesagt, dass du morgen um 11.00 Uhr am Eingang des Gefängnisses der Burg Mildenstein sein sollst, wenn du den Max sprechen willst." Als Mama am nächsten Tag an die Gefängnistür klopfte, öffnete ihr Papa, der sie hineinzog. Sie landete in einem dunklen Gang, der eine Seitentür hatte. Papa öffnete die Tür und zog Mama in einen kleinen Raum, der sich als eine Toilette mit einem vergitterten Fenster neben der Eingangstür des Gefängnisses entpuppte.

Unsere Eltern hatten bei diesem Treffen zwei Verabredungen getroffen:

1. Mama sollte Vaters russische Korrespondenz ihm zur Durchsicht ins Gefängnis bringen, damit er das ihn Entlastende heraussuchen kann, was anschließend von Mama als Anlage zu einem Entlassungsantrag zur russischen Kommandantur gebracht werden sollte.

2. Ich sollte ihm täglich ein Kochgeschirr mit Speisen durch das erwähnte vergitterte Toiletten-fenster neben der Eingangstür

reichen. Außerdem sollte ich ihm Tabak zubereiten und fertig schneiden, wie er es mir vorher beigebracht hatte. Außerdem sollte ich den in Büchners Hühnerstall vergrabenen Schmuck allein und absolut unbeobachtet und unter vollständiger Verschwiegenheit ausgraben und Mama geben.

Es zeigte sich, dass unter den Wärtern des Gefängnisses einige waren, die auf unserer Seite standen und/oder bestechlich waren. Auf jeden Fall hatten wir – Mama und ich – nun voll zu tun. Mir gelang es, den Schmuck unbeobachtet auszugraben und ihn unbeobachtet Mama zu übergeben. Den Boden des Hühnerstalles bereitete ich wieder so auf, dass keiner auf die Idee kommen konnte, dass irgendetwas gegenüber vorher verändert wäre. Mama fuhr noch zweimal zu Papa ins Gefängnis und ich trabte an allen anderen Tagen auf dem kürzesten Weg durch den Görnitzer Grund mit dem Kochgeschirr zum vergitterten Toilettenfenster. Dazwischen bearbeitete ich Tabak. Mir kam bei diesem Programm zugute, dass die Schule nur täglich drei Stunden dauerte.

Mama hatte bei der russischen Kommandantur den Entlassungsantrag mit allen Anlagen gestellt. Und nun hofften wir, dass wir Vater bald freibekommen würden. Stattdessen erhielten wir eine Einladung zu einem Treffen mit Vater, um uns von ihm zu verabschieden. Er würde vorläufig in ein anderes Gefängnis verlegt, das uns allerdings nicht bekannt gegeben wurde. Ende September wanderten wir vier Kinder mit Mama ins Gefängnis auf Burg Mildenstein, um uns von Vater zu verabschieden. Dort trafen wir noch ca. 30 Leidensgenossen von Vater, denen es nicht anders ging als Vater. Man teilte uns nicht mit, ob der gestellte Entlassungsantrag bereits entschieden war. Deshalb schöpften wir Hoffnung, dass er ja – vielleicht in ein paar Tagen – noch positiv entschieden würde und dass Papa aus dem „neuen" Gefängnis entlassen würde. Der Abschied war jedoch einer für immer, und wir wussten es nicht.

Es war die übliche Methode von Stalin, Entnazifizierung auf sowjetisch, ohne Abwendung anerkannter Rechtsgrundlagen. Die Siegermächte hatten gemeinsam beschlossen, Entnazifizierungen in ihren Zonen durchzuführen. Somit hatte er sogar einen anerkannten formalen Auftrag.

Lebenszeichen

Tante Lotte erhielt in der ersten Oktoberwoche einen handgeschriebenen Brief ohne Absender mit dem Text: „In Mühlberg gut angekommen. Im Gedenken an die gemeinsame Feldarbeit! Max" Sie kam zu Mama und sagte: „Ich kenne nur einen Max. Kennst du diese Handschrift?" Es war Vaters Handschrift. Sie hatten ihn also in das NKWD-Lager 1 in Mühlberg an der Elbe gebracht.

Aus seinem zweiten Brief vom 30. Oktober: „Frauenholz, Dr. Langner und Landesbauerführer von Schlesien Päschke sind auch hier. Komm nicht selbst her, wenn du mir etwas senden willst."

Aus seiner dritten Nachricht: „Bin bei der dritten Kompanie zusammen mit den Kameraden, mit denen ich von Leisnig fortkam. Nimm mit den Frauen Kontakt auf, die zum Teil schon hier waren. Wir Leisniger halten hier zusammen, es wäre gut, wenn sich das auch auf unsere Frauen übertragen würde. Frau Guhlmann hat das Lebensmittelgeschäft nahe Hotel STADT CHEMNITZ. Frau Danker in der Liebgenmühle hinter den Kasernen. Wenn du mir etwas senden willst: Brot, Butter, Socken. Dr. Schießel, der dich behandelte, ist hier als Lagerarzt verpflichtet. Wenn ihr mir nichts schickt, geht es auch. Vielleicht aber einen Brief über euer Ergehen. Ich rechne auf ein baldiges Wiedersehen."

Aus seiner vierten Nachricht: „Es geht mir gut. Hörte, dass du hier warst, weil du meine Kompanie nicht wusstest (3. Kompanie, 9. Gruppe). Viele Frauen versuchen es, wenigen gelingt es. Oft erst nach mehrtägigem Aufenthalt und mehreren Versuchen. Versuche, den Leisniger Frauen etwas mitzugeben. Hoffentlich sind wir Weihnachten zu Hause. Wenn nicht, dann schon heute ‚Gesunde Weihnachten!', denn es klappt mit dem Brief nicht immer. Herzliche Grüße von meinem Kamerad Danker."

Aus seiner fünften Nachricht: „Gestern habe ich eure zwei Päckchen erhalten. Meine Kameraden haben ihre Frauen für den 19.12. bestellt. Ich würde auch einmal versuchen, mit der Kolonne rauszukommen. Beantrag Acker aus dem Bodenfond, falls wir doch in Leuterwitz bleiben müssen. Vor allem wir, die Ältesten, hoffen rauszukommen. Schlimm, dass Karl immer noch nicht zu Hause ist. In Danker Fritz habe ich einen sehr guten Freund gefunden. Wir teilen alles. Für alle Fälle: Schönes Weihnachtsfest!"

Aus seiner sechsten Nachricht: „Ich hoffe, morgen ein Paket von euch zu bekommen. Wenn nicht, sieh zu, dich mit Frau Danker in Verbindung zu setzen. Sie will herfahren und am 21. ihren Mann treffen. Wenn du mir für morgen etwas geschickt hast, dann kommen am 28.12. wieder Pakete rein, auch Kontakt mit Frau des Bauern Winkler aus Clennen. Wenn ihr selbst mal kommen wollt, dann mit Frau Danker oder Frau Loszeschnick (Tochter vom Bäcker Frohberg). Ich hoffe, dass euch etwas möglich ist und wenn ihr für mich von anderen Leuten mal etwas erbetteln müsst. Für den 21. müsste es sehr schnell gehen."

Der siebte und letzte Brief mit Datum 02.01.1946:

Meine liebe gute Mutti, meine lieben guten Kinder!
Ihr wisst, wie lieb ich euch alle habe und wie sehr ihr mir ans Herz gewachsen seid und könnt daher ermessen, wie schwer mich das

Schicksal trifft, wenn ich jetzt nicht zurück zu euch darf. Aber ich bin kein Verbrecher und habe daher den starken Glauben, dass die gerechte Sache siegen wird und trage daher mein Schicksal mit Würde, weil ich weiß, dass ich euch alle wiedersehen werde. Ich weiß auch, dass ihr über mein Schicksal sehr traurig seid und tragt aber euer Los mit Würde.

Vor allen Dingen haltet immer treu und fest zusammen. Und steht der guten Mutti recht bei, indem ihr immer hübsch artig seid und ihr immer gut folgt, denn auf ihr liegt jetzt wieder die Hauptlast, für euch zu sorgen. Seid alle recht lieb zueinander. Und sollte euch das Schicksal noch härter anfassen, dann haltet noch fester zusammen und denkt an euren Vater, der für euch das Beste gewollt hat und zeigt euch meiner Erziehung würdig. Im Vordergrund unseres Denkens muss immer sein, nicht nach materiellen Dingen zu schauen, sondern durch vornehmen Charakter und Treue zu uns selbst anderen Menschen ein Vorbild zu sein.

So grüße und küsse ich euch alle!
Euer treuer Vater

Offensichtlich hatten die Gefangenen erfahren, dass sie mit ihrer baldigen Entlassung nicht rechnen konnten.

Seit seiner dritten Nachricht wussten wir, dass die Lagerinsassen in Kompanien und Gruppen organisiert waren. Für mich als Zehnjähriger war das nur eine Adressenbezeichnung, um Vater etwas Gutes zukommen zu lassen. Erst viel später aber wurde mir bei meiner ersten Besichtigung der heutigen Gedenkstätte klar, was das bedeutete: Alle Maßnahmen der sowjetischen Lagerverwaltung waren durch die aus Lagerinsassen gebildete Organisation umzusetzen. Die Mitglieder der Organisation bedienten sich und ihre Lieblinge bei den Versorgungen zuerst und verschonten sich und ihre Günstlinge bei allen unangenehmen, manchmal tödlichen Pflichten.

Wer heute die Gedenkstätte in Mühlberg besucht und die Massengräber sieht, erfährt, dass man mit der plötzlichen Sterberate nur durch Massengräber und mithilfe von ungelöschtem Kalk fertig werden konnte. Dementsprechend hat meine Schwester Edith mitten in solch eine Massengräberzone ein Kreuz gepflanzt, um unseres Vaters zu gedenken.

Das Leben geht weiter

Wir fünf übrigen Familienmitglieder hingen selbstverständlich an Vaters Nachrichten wie ein viel zu großer Trichter unter einer unsicheren Tropfstelle. Aber auch damit war bald Schluss. Nach dem Januar 1946 wurde das Lager von der Lagerverwaltung hermetisch abgeriegelt. Es gelang den Frauen, die es bis zu diesem Zeitpunkt oft geschafft hatten, ihren Männern etwas zukommen zu lassen oder – im optimalen Fall – sie sogar zu sehen, nicht mehr, den Kontakt aufrechtzuerhalten. Das fühlte sich grausam an, war aber in gewisser Hinsicht auch gnädig. Da wir an der Front „Vater" nichts machen konnten, gewöhnten wir uns langsam daran, dass es ständig neue Anforderungen gab.

Familie Philipp ging zurück nach Niesky O/L, Plittstr. 28, weil klar wurde, dass diese Gegend nicht unter polnische Verwaltung kam. Diese Tatsache ließ im Auszugshaus von Büchners Platz entstehen. Da sich auch die Büchner-Oma einen Schubs gab und uns ihre Wohnung im Auszugshaus bis auf einen Raum im Obergeschoss mit allen Möbeln und ihrer Nähmaschine überließ, konnten wir – bis auf Edith, die bei den Zwillingen im Büchner'schen Haus blieb – ins Auszugshaus ziehen. Die Büchner-Oma bestand als Mutter des Eigentümers und im Auszug befindlich auf ihrem Recht, von Tante Lotte verköstigt zu werden. Sie hatte ja praktisch auch keine eigene Rente. Mama, Uschi, Gudrun und ich hatten nun einerseits unser eigenes Reich im Auszugshaus, aber andererseits auch die alleinige Aufgabe unserer Versorgung. Unsere alten Sparbücher nutzten nichts mehr. Das Geld war verfallen. Wir hatten nicht einmal das Geld, das Wenige, was es auf Lebensmittelmarken gab, zu bezahlen. Tante Lotte gab uns manchmal etwas Geld für die Arbeit, die Edith bei ihr leistete. Kurz nach dem Eintreffen der ersten Nachricht von Vater aus Mühlberg zogen wir also ins Büchner'sche Auszugshaus um.

Mama hatte in der Zwischenzeit zu vielen Frauen, deren Männer ebenfalls in Mühlberg gelandet waren, Verbindung aufgenommen. Darunter erwies sich die Freundschaft mit Frau Danker als besonders hilfreich; denn dort lebte ein Schneider, bei dem Uschi behilflich sein und wohnen konnte und sich somit selbst versorgte. Jeder musste etwas zur eigenen Versorgung beitragen. Ich bekam zu Weihnachten zwei Kaninchen und ein Paar selbst gestrickte Socken von Mama geschenkt. Aus den beiden Kaninchen entwickelte ich unverzüglich eine schwungvolle Kaninchenproduktion. Das Futter besorgte ich mir an den Feldrainen und den Straßenrändern. Das Blöde war nur, dass ich von meinen geschlachteten Kaninchen nichts essen konnte. Sie dienten mir doch auch zum Spielen und hatten eigene Namen. Gudrun war noch zu klein, um bei dem Prozess der Selbstversorgung eine Rolle zu spielen.

Doch im Januar war mit dem letzten Brief von Vater klar geworden, dass wir nicht auf seine baldige Entlassung hoffen durften. Darunter litt ich sehr, und ich lernte, mich zu beobachten und die Ablenkungen beim Spielen und durch die Schule anzunehmen. Doch wenn ich dann nach Hause kam und meine Mutter sah, wie sie am Tisch saß und ihr Gesicht weinend in ihren Händen verbarg, rissen meine eigenen Wunden jedes Mal wieder auf. Nach dem letzten Brief von Vater kam es zu einer Explosion: „Mama, wenn ich morgen nach Hause komme und du wieder am Tisch sitzt und heulst, dann komme ich nie mehr nach Hause. Dann suche ich mir einen anderen Schlafplatz und eine andere Arbeit." Dabei hatte ich meine Aussage mit einem gewaltigen Faustschlag auf den Tisch unterstützt.

Mama wurde im gleichen Moment ruhig, trocknete ihre Tränen, nahm mich in den Arm und versicherte mir: „Ich werde nicht mehr mutlos sein. Ihr Kinder seid jetzt meine wichtigste Aufgabe. Das habe ich jetzt begriffen." Jahrzehnte später sagte sie jedem, der es hören oder nicht hören wollte: „Ohne Hubertus und seine Worte und seinen Faustschlag hätte ich damals meine Verantwortung für meine Kinder nicht gefunden. Ich war der Verzweiflung gefährlich nahe." Mama hatte ihre Schaffenskraft wiedergewonnen.

Der sich auflösende Volkssturm hatte einen Stapel von blau-weiß karierten Bettbezügen hinterlassen, und Mama hatte die Nähmaschine von der Büchner Oma zur Verfügung. Bald gingen meine drei Schwestern in schicken Kleidern aus diesen Bettbezügen. Tante Lotte überließ uns die Federn von den geschlachteten Gänsen. Alle Leute von Büchners Hof machten mit beim Federschleißen, damit wir uns wieder eigenen Betten machen konnten.

Eintrag ins Gästebuch

Bei Frau Schmidtlein wurden Federn geschlissen,
Denn für ihre Töchter sollte entstehen ein Ehebett.
Da haben sich Büchners Leute um die Plätze gerissen
Und schlissen die Federn um die Wett.
Die Finger zogen,
Die Federn flogen.
Untern Tisch schmiß man die Kiele,
Ach, war das ein Gewühle.

Vertreten war fast nur die Weiblichkeit,
zwei Männer nur, ach du liebe Zeit!

Es wurden nicht nur Federn geschlissen,
Auch derbe Witze wurden gerissen.
Es wurde gesungen und gelacht,
Fast jeden Tag bis in die Nacht.
Auch wurden Kuchen und Äpfel verteilt,
Damit sich jeder tüchtig beeilt.

Wenn einst Schmidtleins Töchter im Ehebett liegen
Und ihre Gedanken in die Vergangenheit fliegen,
Dann sollen sie denken an jene Zeiten,
Als Büchners Leute die Federn schleißten.
Damit sie die Namen der Leute nicht vergessen,
Waren diese so vermessen
Und trugen sich ins Gästebuch ein,
Unter dem Motto „Gedenke mein"!

Leuterwitz vom 24/01. bis 24/01./1946

Die 11 Teilnehmer am Federschleißen waren Flüchtlinge/Vertrie-
bene aus Schlesien bzw. aus Böhmen und Mähren.

Ich ging in Bockelwitz zur Schule. Dort stand für die Klassen 5 bis 8
ein einziger Raum zur Verfügung. Bald gehörte ich zu denen, die die
Jüngeren still flüsternd mit dem Stoff unterrichteten, den ich schon
gelernt hatte, während der Lehrer eine höhere Klasse unterrichtete.
Gudrun ging in Sitten in ebenfalls eine Ein-Raum-Schule, wo die
Klassen 1 bis 4 zusammen unterrichtet wurden. Das Fach Russisch
interessierte mich sehr; denn ich wollte mich unbedingt mit unserem Vater russisch unterhalten können, wenn er aus dem Lager
Mühlberg freikam. Irgendwann mussten sie ihn doch freilassen.

Erstkommunion in Wermsdorf

Tante Erika hatte ich am Tag meiner Erstkommunion, am 08. September 1946, zum ersten Mal, seit wir uns in Hirschberg vom Treck getrennt hatten, wiedergesehen. Damals lebte sie mit Tante Punne noch in Langensalza und sorgte für ihre alte Mutter, meine Schmidtlein Oma. Tante Erika war allein gekommen, während Tante Punne bei Oma geblieben war. Meine Oma war schon nicht mehr ohne Weiteres transportfähig. Sie ist bald nach meiner Erstkommunion im Jahr 1947 verstorben.

Vor dem Ereignis hatte ich bereits 4 Wochen lang zur Unterrichtung und Vorbereitung in Wermsdorf in einem kleinen Kinderwohnheim gelebt und war dort auch zur Schule gegangen, und nach dem Ereignis musste ich noch einen Tag länger bleiben, damit Fotos gemacht werden konnten. Die Fußmärsche unserer Gruppe von Leuterwitz nach Wermsdorf und zurück, bei denen die Zeit zum Sprechen gegeben gewesen wäre, hatte ich also gar nicht mitgemacht.

Die Erstkommunion fand in der Kapelle im Schloss Hubertusburg statt, dem Jagdschloss von August dem Starken. Das war ein würdiger und feierlicher Rahmen für uns alle in den Zeiten der zerstörten Städte, der Vertreibung und Not.

https://de.wikipedia.org/wiki/Hubertusburg

Mama hatte mir schon viel früher einmal erklärt, dass sie sich in den Namen Hubertus verliebt hatte, als sie den Roman Hubertusburg von Ludwig Ganghofer mit 16 Jahren gelesen hatte. Ich wusste nicht, wie ich reagieren sollte, als mich am Tag meiner Erstkommunion mehrere auf diesen Zufall ansprachen: Hubertus, das Kommunionkind, andererseits Schloss Hubertusburg, der Ort der Erstkommunion. Ich glaube, dass es mich verlegen machte.

Zum Empfang der Hostie mussten wir nüchtern sein. Direkt danach hielt der Leiter des Kinderwohnheims eine Rede und eröffnete damit die Beglückwünschung durch unsere Angehörigen. Erst danach bekamen wir Kinder unser Frühstück und alle Gäste der Feier einige belegte Brote. Es war wenig Zeit zum Kommunizieren, denn meine Gruppe musste ja noch wieder zu Fuß zurücklaufen nach Leuterwitz.

Im Gästebuch meiner Eltern hat Tante Käthel (Schlegel), die mit Onkel Willi und ihrer Tochter Sieglinde gekommen war, das Ereignis festgehalten:

> Ernst ist die Zeit und schwer das Leben,
> doch wir wollten es nicht verfehlen,
> zu kommen zu Hubertus' Erstkommunion.
> Auch Tante Erika kam zu später Stunde,
> zu füllen unseres Festes Runde.
> Leider wurde uns die Freude nicht zuteil,
> dass der gute Vater kam herbei.
> Die kirchliche Feier in Wermsdorf
> werden wir nicht vergessen.
> (Siehe Hinweis unten!)
> zu Hause erfreute uns ein Festtagsessen,
> das trotz dieser schweren Zeit köstlich war und unbemessen.
> Es fehlten aus unserer Verwandtschaft noch viele,
> wir gedachten ihrer in großer Liebe
> und hoffen, dass sie beim nächsten Feste
> wieder alle sind Eure Gäste.
> Wir wünschen euch allen recht viel Glück
> Vor allem, dass der liebe Vater kehre bald zurück.
> In treuem Gedenken

Willi, Käthel und Sieglinde
Leuterwitz, Mariä Geburt 1946 (8. September)

Die Feier fand in der festlichen Kapelle von Schloss Hubertusburg in Wermsdorf statt.

Es gibt kein typisches Kommunion-bild von mir. Die Aufnahmen sollten am Montag von einem professionellen Fotografen gemacht werden. Ich musste also noch bis Montagabend in Werms-dorf bleiben. Mama hatte mir leichtsin-nigerweise berichtet, dass meine Häsin Junge bekommen hatte. Deshalb traf ich Montag in aller Früh die Entscheidung, sofort von Wermsdorf nach Leuterwitz zu meinen Kaninchen zu traben. Das ist wörtlich zu verstehen. Daher soll hier ein einfaches Foto reichen, das wir spä-ter zu Hause gemacht haben.

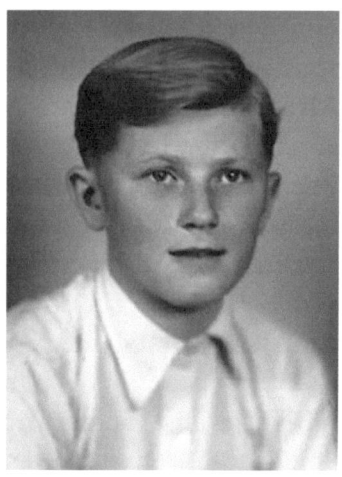

Hubertus im Kommunionhemd

Wann immer es mir zeitlich möglich war, nahm ich an der Feldar-beit bei Büchners teil. Beschäftigung war die Futterbeschaffung für meine immer zahlreicher werdenden Kaninchen, nach Fischendorf rennen, um unsere Ware gemäß Lebensmittelkarten einzukaufen. Viel Schularbeiten brauchte ich Gott sei Dank nicht zu machen, weil mir die Dinge zufielen, nur die Hausaufsätze, die ich leider selbst schreiben musste, beanspruchten meine Mühen. Deshalb war ich in Rechtschreibung wahrhaft schlecht. Ich verzieh es mir, denn ich hatte Wichtigeres zu tun.

Weihnachten 1946 schenkte mir Mama einen primitiven Stabil-baukasten, den jemand aus Blech und Draht „geschneidert" hatte.

Mit dem baute ich ein Kettenkarussell für Puppen und nahm damit meiner Schwester Gudrun und all ihren Freundinnen das Geld ab. Sie wollten ihre Puppen unbedingt Karussell fahren lassen.

Ich war Ährenstoppeln gewesen und musste nun den Weizen aus den Ähren herausbekommen. Ich baute mir eine Dreschmaschine aus dem Stabilbaukasten und trieb sie mithilfe des Tret-Mechanismus der Nähmaschine der Büchner Oma an. Danach fegte Mama die Spreu im Zimmer zusammen und bekam dafür von mir den Weizen. Bei den häufigen Stromausfällen im Winter trieb ich mit dem Tret-Mechanismus meinen Fahrraddynamo an und schaffte über einige Fahrradbirnen ein freundliches Licht. Tante Lotte schenkte mir den Talg, der noch vom vorherigen Jahr in den Kerzenhaltern ihres Weihnachtsbaumes war. Ich goss mir daraus Kerzen für unseren Weihnachtsbaum. Als Docht nahm ich einen zusammengedrehten Faden aus Wollresten. Zum Gießen der Kerzen stand mir ein gläsernes Tablettenröhrchen der Oma Schmitt zur Verfügung. Um das Röhrchen mehrmals benutzen zu können, entwickelte ich einen Weg, wie man die Kerze mithilfe von Wärme aus dem Röhrchen bekommt, ohne es zu zerstören.

Wir hatten alles, nur bei den Nahrungsmitteln blieb Schmalkost Küchenmeister.

Die Rochade meines Lebens,
meine persönliche Flucht
in den Westen

Mein Weg in die Zukunft

Wenn du nicht weißt, wohin du willst, dann hast du keinen Grund, nach dem Weg zu fragen. Mein gleichaltriger Cousin Horst Morawietz und ich waren im Internat in Neiße angemeldet gewesen, um dort das Gymnasium – möglichst bis zum Abitur – zu besuchen. Damals war ich von meinen Eltern gar nicht gefragt worden, was ich wollte. Mein Vater hatte den Plan: „Hubertus sollte nicht mein Nachfolger als Landwirt auf unserem Hof werden, sondern Tierarzt. Dann kann er sich für den Hof einen Verwalter nehmen und hat die Patienten seiner Tierarztpraxis gleich ringsherum." Damals hätte ich die Volksschule mit Abschluss der vierten Klasse verlassen, um aufs Gymnasium zu wechseln. Dieser Plan war nun aber zum „hätte, hätte, Fahrradkette" entartet, nicht nur der Besuch des Gymnasiums in Neiße, sondern ich hatte den Anschluss an ein Gymnasium grundsätzlich und im Jahr 1948 bereits um mehr als drei Jahre verpasst. Was nun? Es lag die Frage auf dem Tisch, nicht nur ob, sondern auch wie ich gegebenenfalls eine höhere Schulbildung erringen könnte und ob die neuen politischen Kräfte in der SBZ meinen zu fassenden neuen Plan zulassen würden.

Ein Weg kann schon lange existieren oder kann erst gerade verschlossen oder eröffnet worden sein. Was das für ein Unterschied ist, das merken Sie im normalen Leben, wenn Sie für die Fahrten in Ihrem Auto ein Navigationsgerät nutzen. Auf den schon lange existierenden Straßen werden Sie vom Navi sicher zu Ihrem eingegebenen Ziel geführt. Anders ist es, wenn die Polizei einen Weg

z. B. wegen Bauarbeiten oder wegen eines Unfalls kurzerhand gesperrt hat oder neue Straßen für den Verkehr freigegeben wurden und dieser Umstand dem Navi nicht bekannt ist. Meine Ziele für die Zukunft waren nebulös. Viele Wege, die früher zur Verfügung gestanden hätten, waren verbaut. Etwas Ähnliches wie ein Navi besaß ich nicht.

Situation der Familienmitglieder

Wir schrieben das Jahr 1948. Wir hatten drei Jahre zuvor unsere Heimat in Schlesien verlassen und hatten schon drei Jahre lang hinnehmen müssen, dass sich für uns ein Zurück nicht bot. Es gab noch nicht einmal eine deutsche Regierung, die mit den Siegermächten einen Friedensvertrag hätte aushandeln können. Die polnische Regierung hatte aus dem vorläufigen „unter polnischer Verwaltung" faktisch ein „zu Polen gehörig" gemacht. Demnach mussten wir wohl davon ausgehen, dass unsere Heimat für uns für ewig verloren war.

Unsere Familie war enthauptet, weil Vater nicht bei uns war. Unsere Hoffnung war, dass er sich noch im NKWD-Lager in Mühlberg an der Elbe befand und noch lebte. Faktisch hat sich jeder von uns nach seinen Randbedingungen und seinen Interessen betten müssen.

Uschi, unsere Älteste, litt unter ihrer nur 1,5 Jahre jüngeren Schwester Edith. Dafür konnte Edith gar nichts. Um es zu kennzeichnen, verweise ich auf das Sprichwort: „Wie man in den Wald hineinruft, so schallt es heraus." Uschi litt in Wahrheit unter sich selbst: Edith hatte das Lyzeum in Brieg erfolgreich besucht und es bis zur mittleren Reife gebracht. Uschi hatte nach dem zweiten Mal Sitzenbleiben die höhere Schule geschmissen. Ihr Selbstbewusstsein war schon damals angeknackst. Uschi strahlte anderen gegenüber offensichtlich kein natürliches Selbstbewusstsein aus.

Edith beherrschte ein großes Repertoire von Stücken auf dem Klavier. Daher wurde sie bei jeder Gelegenheit aufgefordert, Klavier zu spielen. Sie kam aber auch selbst auf die Idee, es zu tun, weil sie in der jeweiligen Gruppe Geselligkeit herstellen wollte. Sie beherrschte es meisterhaft, mich und meine jüngere Schwester Gudrun zum Singen unter ihrer Begleitung auf dem Klavier anzustiften. Wir waren in jenen Tagen ein eingespieltes Team mit einem vielfältigen Repertoire und oft von einer Menschengruppe umgeben. Uschi war eine solche Leichtigkeit nicht gegeben wie Edith.

Bald zeigten sich die ersten Verehrer. Edith wehrte zunächst einmal alle lachend ab. Sie hatte ja noch lange Zeit für die Liebe. Uschi dagegen hielt das sexuelle Interesse eines Mannes an ihr für Liebe und Zuneigung, wonach es sie wegen ihres Komplexes besonders verlangte. Ich geriet öfters in Verlegenheit, wenn ich das beobachtete, doch fand ich die Worte zu ihr damals nicht. Diese hätte nur Vater finden und sagen können, und der war leider nicht bei uns. Als der Mann, dem Uschi ihre erste Nacht schenkte, anschließend sich in die Schlange bei Edith wieder einreihte, verließ Uschi Sachsen und flüchtete nach Westdeutschland. Sie wollte möglichst weit weg von Edith, der alles von selbst zuzufliegen schien. Sie heiratete bald danach einen Kriegsblinden, bei dem sie nicht befürchten musste, dass er sie wieder verlassen würde, bei dem sie sich entfalten konnte.

Ich hatte mich von uns allen eigentlich am besten in der neuen Situation zurechtgefunden. Wenn in mir einmal der Gedanke an das Los meines Vaters angestoßen wurde, legte sich zwar immer noch ein Eispanzer um mein Herz und meine Seele, und ich litt wie ein Hund. Das war aber selten, denn ich hatte sehr viele Interessen, Freunde und Abwechslungen. Mir machte die Schule Spaß. Wir bekamen alle naselang schulfrei in Form von erntefrei, Kohleferien, Märchenspieleinüben, Chorsingen, Klassenfahrten. Die Schule gab mir eine Tribüne zum Auftreten. Ich sang z. B. den Soloteil, wenn der Chor mit dem Lied „Aus der Jugendzeit" auftrat. Ich war noch nicht im Stimmbruch und sang den Solopart mit meiner schönen Altstimme so unschuldig, getragen und klar, dass es den Erwachsenen unter den Zuhörern die Tränen in die Augen trieb. Ich musste dabei nicht weinen.

Aus der Jugendzeit: Text von Friedrich Rückert, Komposition vom schlesischen Komponisten Robert Radecke. *https://www.youtube.com/watch?v=NZjBuqKJKyw*

Berlin wird durch die UdSSR
von den Versorgungen abgeriegelt

Im Jahr 1948 zeigte es sich für alle Welt deutlich, dass das Verhältnis zwischen den drei westlichen Siegermächten einerseits und der UdSSR andererseits zerbrach. Die UdSSR schnitt die drei westlichen Zonen Berlins von allen Versorgungen ab und wollte so erpressen, dass die Westmächte die Stadt verließen. Sie wollte Deutschland und die osteuropäischen Länder ihrem Machtbereich eingliedern. Am 26. Juni eröffneten Großbritannien und die USA eine Luftbrücke zur Versorgung der Stadt, die mit ihren Rosinenbombern weltberühmt werden sollte.

https://de.wikipedia.org/wiki/Berliner_Luftbr%C3%BCcke

Jeder einzelne Deutsche hatte plötzlich eine Wahl, und zwar, ob er einer der Seiten mehr Sympathie schenken wollte. Für die überzeugten Kommunisten, die schon in der sich abzeichnenden neuen Organisation Ämter bekleideten, war es klar. Sie standen hundertprozentig auf der Seite der Sowjetunion. Die meisten Einheimischen konnten sich gar nicht vorstellen, ihre Heimat je zu verlassen. Für sie kam diese Frage erst gar nicht hoch. Auch für viele Flüchtlinge kam sie nicht hoch, denn sie wollten noch immer in ihre alte Heimat zurück. Sie blieben vorerst. Andere begannen aber bereits mit den Füßen abzustimmen. Doch das wollten beide Seiten der Siegermächte nicht, also auch der Westen nicht, denn dort gab es auch viel mehr Menschen als Wohnungen, Nahrung sowie Schul- und Arbeitsplätze.

Ich selbst hatte inzwischen einen großen Freundeskreis, kannte mich geografisch in meiner neuen Heimat gut aus und begann, mich zu Hause zu fühlen. Außerdem wollte ich nicht weiter weg von Mühlberg und nicht weiter weg von Schlesien. Wir hatten zwar seit Vaters letztem herausgeschmuggelten Brief vom 02.01.1946 von ihm kein Lebenszeichen mehr bekommen, gingen aber davon aus, dass er noch lebte und sich noch dort befände; denn allen uns bekannten Angehörigen seiner Leidensgenossen ging es so wie uns: Sie wussten nichts. Die Besatzungsmacht und deren deutsche Schergen hatten es nicht nötig, die Angehörigen der eingesperrten Männer und Frauen über deren Verbleib zu unterrichten.

Ich hätte gern etwas tun wollen, um Vater zu befreien. Aber mir fiel nichts ein, was ich mit Erfolgsaussicht hätte tun können; ich war jetzt keine 10 Jahre mehr wie zu dem Zeitpunkt, als ich die deutschen Wehrmachts-MGs und die zugehörigen Munitionsketten auf Büchners Gelände unter dem Kükenstall insgeheim vergraben hatte. Jetzt mussten sie verrosten.

Pfarrer Heilmann, zum Zweiten

Der Krieg hatte Millionen Familien und andere Gemeinschaften zerschlagen. Es gab Suchhilfen vom Roten Kreuz, von den Kirchen und von anderen Vereinen, mit deren Hilfe man sein Glück versuchen konnte, um jemanden wiederzufinden. Mama hatte Anfang 1948 unseren Pfarrer aus Herzogswaldau wiedergefunden. Pfarrer Heilmann betreute inzwischen eine Gemeinde bei Hannover.

Mama vertraute keiner Partei mehr, weder denen der Kriegsverlierer noch denen der Sieger, auch nicht den neuen Bürgermeistern und sonstigen Instanzen. Sie vertraute allein den Kirchen, natürlich am meisten „ihrer" katholischen Kirche. Daher schrieb sie Pfarrer Heilmann sofort, nachdem sie seine Adresse herausgefunden hatte, einen langen, sehr informationsreichen Brief. Sie las ihn mir beim Entstehen mehrmals vor. Damit nicht der Eindruck entsteht, dass sie mich bevorzugte, muss ich hier anführen, dass Uschi und Edith nicht mehr in unserer Wohnung lebten und dass Gudrun noch zu uninteressiert erschien. Von Lesung zu Lesung nahm Mama Verbesserungen und Klarstellungen vor. Am Schluss war der Brief 12 Seiten lang, und der Pfarrer Heilmann würde durch ihn, falls er ihn erhalten sollte, über alles Wichtige auf unserer Seite informiert. Ich fragte mich, was sich Mama von diesem Mann, der mir beim Beichtunterricht so weltfremd und veraltet vorgekommen war, eigentlich versprach. Sollte ich nun zum zweiten Mal etwas mit ihm zu tun bekommen? Wie beim Angebot während einer Auktion: Pfarrer Heilmann, „zum Ersten und zum Zweiten und zum ..."!?

Aus Mamas Brief (sinngemäß): „Uschi ist bereits im Westen und kann sich in Freiheit entwickeln, wenn auch ganz auf sich gestellt. Ich hoffe, dass sie es gut macht und sich ihrer Erziehung würdig erweist. Edith hat eine gute schulische Bildung bis zum Einjährigen bereits in Brieg bekommen und hat nun zusätzlich eine Ausbildung in der höheren Landwirtschaftsschule gemacht, die ihr ihr Verlobter, Eitel Friedrich Wadewitz (ein Landwirt), empfohlen und ermöglicht hat. Gudrun geht noch 4 Jahre in die Volksschule, wenn es auch schöner wäre, wenn sie jetzt schon auf die höhere Schule wechseln könnte: Denn sie ist auch sehr begabt. Bei ihr wird die Bildungs- und Ausbildungsfrage aber erst in vier Jahren richtig dringend. Hubertus, als unser Stammhalter und einziger Mann in der Familie, muss genau jetzt eine weitere Schulausbildung erfahren. Er ist sehr begabt und hat einen guten und festen Charakter. Hubertus kann sich in der SBZ (sowjetisch besetzte Zone) nicht entwickeln. Hier gilt er als Sohn eines schlesischen Großgrundbesitzers und Kriegsverbrechers (weil Max von den Russen ohne juristisches Verfahren nach einer Denunziation im NKWD-Lager in Mühlberg an der Elbe gefangen gehalten wird). Hilfe für Hubertus wird jetzt sehr dringend benötigt."

Die Antwort von Pfarrer Heilmann ließ nicht lange auf sich warten. Mama las mir seinen Brief vor. Zum Thema „weitere Schulausbildung für Hubertus" schrieb er (sinngemäß), dass er von einer katholischen Organisation gehört hätte, die sich der Jungen in meiner Situation annehmen würde. Er hätte konkret etwas für mich unternommen, wüsste aber nicht, ob es erfolgreich sein würde; denn die Not sei riesengroß. Im Erfolgsfall würden wir von einem Verein (Studienwerk für heimatvertriebene Schüler) angeschrieben. Er versprach, auch seinerseits für mich weiterhin am Ball zu bleiben. Mama war überzeugt: „Die katholische Kirche wird einen Weg für dich finden. Warten wir es ab." Nach dem Brief vergingen Monate, ohne dass sich etwas tat, sodass ich den Vorgang komplett vergaß. Ich hatte nach meinem früheren Eindruck von Pfarrer Heilmann ohnehin nichts erwartet. Außerdem stand die Aufführung des Theaterstückes „Der Bärenhäuter" in der Adventszeit bevor, bei der ich die männliche Hauptrolle spielte, was mir sehr viel Spaß machte.

Der Bärenhäuter

Unser Klassenlehrer, Herr Kummer, hatte beschlossen, ein Märchenspiel mit uns einzuüben und es im Saal des Gasthauses „Sächsischer Reiter" in Bockelwitz während der Adventszeit für alle Dorfbewohner aufzuführen. Er stand also eines Tages vor uns und erzählte uns, was er vorhatte, ohne uns den Inhalt des Märchenspiels zu erklären. Gleich anschließend verteilte er die Rollen. Gemäß seiner Liste hatte ich eine Rolle von einem Menschen zu spielen, der ständig in einem Bärenfell aufzutreten hatte und erst zum Schluss davon befreit wurde. Jutta Zabel, ein Jahr jünger als ich, war für die Rolle der Prinzessin vorgesehen, die den im Bärenfell am Schluss heiratet. Wir alle – wie schon gesagt – kannten das Märchenspiel zu diesem Zeitpunkt noch nicht.

Herr Kummer ließ zunächst Jutta und mich vor die Klasse treten und sagte sinngemäß: „Du, Hubertus, spielst den Johann im Bärenfell, und du, Jutta, spielst die Prinzessin, die ihn nach seiner Befreiung aus dem Bärenfell heiratet. Ich hoffe, dass ihr der Aufgabe gewachsen seid." Nach dieser Erklärung schaute Jutta mich und ich sie an. Dann nickten wir beide und signalisierten Zustimmung. Nach uns beiden wurde einer nach dem anderen zusätzlich nach vorn gerufen, sodass am Schluss keiner mehr in seiner Bank saß und alle ihre jeweilige Rolle gefunden hatten. Dann gab uns Herr Kummer noch einige Erklärungen für seine Rollenzuteilung: „Wer Theaterrollen übernimmt, muss teilweise sehr viel Text auswendig lernen, und der Text ist in Prosa und nicht gereimt in Gedichtsform. Das macht die Sache schwerer. Ein Theaterspieler muss seine Hemmungen überwinden, sonst vergisst er den Text. Er sollte auch nicht rot werden. Ein Theaterspieler sollte verständlich sprechen und nicht zu sehr sächseln."

Der Bärenhäuter *https://www.youtube.com/watch?v=isDBoKc0aYA*

Jutta und ich, wir beiden konnten unsere Texte bereits nach zwei Wochen aufsagen. Anschließend begann die Zeit, die Texte aller Schauspieler zu den Gesprächen der Handlung zusammenzufügen. Danach wurde die Bewegung der Personen auf der Bühne noch hinzugenommen, wir begannen zu schauspielern, uns abgestimmt zu bewegen, unsere Blickrichtung und Körperhaltung zu kontrollieren, an den richtigen Stellen Sprechpausen zu machen. Wir übten zweimal in der Woche, und es machte von Mal zu Mal immer mehr Spaß.

Jutta musste sich in einer Szene in meinen rechten Arm einhaken und sich an mich anschmiegen. Sie wurde von Herrn Kummer sehr dafür gelobt, wie sie es ausführte, während ich verlegen wurde, ohne dies zu zeigen, weil ich ihre sprießenden Brüste plötzlich warm an meinem rechten Arm spürte. Ich dachte bei mir: Wenn solch eine Übertreibung zum Schauspielen gehört, dann will ich nicht zurückstehen und auch mal etwas übertreiben. Ich hob meinen rechten Unterarm zunächst einmal bis in die Höhe meines Kopfes, um ihn erst anschließend Jutta in der Form zum Einhängen anzubieten. Es geriet offensichtlich zur Posse, denn Jutta lachte lauthals raus und Herr Kummer stoppte mein Tun mit den Worten: „Das sieht so aus, als wolltest du herumalbern, als käme dein Arm gar nicht von Herzen." Ich verhielt mich danach wieder natürlicher, drückte ihren eingehängten Arm aber fest an meine Seite und Jutta drückte ihren Busen fest an meinen Arm. Jetzt nannte Herr Kummer es „natürlich", und wir hatten uns im Stillen ineinander verliebt, ohne es uns mit Worten zu sagen.

Ein Jahr später, als ich schon nicht mehr in Leuterwitz wohnte, schickte sie mir in einem Brief ein Foto von sich. Auf der Rückseite stand in mädchenhafter Schrift, wie man sie in einem Poesiealbum findet: „Deine Jutta". Für Jutta und mich war in Wirklichkeit etwas anderes vorherbestimmt. Wir waren in diesem Leben offensichtlich die zwei Königskinder, die nicht zueinanderkommen konnten, wie es in dem wehmütigen Lied heißt.

Ein entscheidender Hausaufsatz
in der achten Klasse

Nach dem Ende der Sommerferien 1948 begann mein achtes Volksschuljahr. Ich war gerade 13 Jahre alt geworden. Vorgegeben für die achten Klassen war u. a. die Behandlung der Nürnberger Kriegsverbrecherprozesse. Wir lernten also, wer von den Nazigrößen und Generälen in Nürnberg angeklagt worden war, wer verurteilt und gegebenenfalls hingerichtet worden war und wer freigesprochen und in die Freiheit entlassen worden war. Wir hatten den Prozess zwar in den Jahren 1945/46 schon bis zu einem gewissen Grad mitbekommen, aber das war nun schon eine gefühlte Ewigkeit her.

Herr Kummer machte uns gleich zu Beginn seines Unterrichts darauf aufmerksam, dass wir einen Hausaufsatz darüber schreiben werden müssen, der der Schulbehörde in Döbeln zur Beurteilung vorzulegen sei. Mich hätte er nicht zur Aufmerksamkeit auffordern müssen; denn ich wusste meinen Vater noch im NKWD-Lager Mühlberg und verstand nicht, warum er dort festgehalten wurde. Damals wusste ich noch nicht, dass mein Vater bereits im November 1947 gestorben war und zum Zeitpunkt des Unterrichts zum Nürnberger Kriegsverbrecherprozess bereits von seinen Qualen erlöst war. Ich brannte noch darauf, etwas über den Sinn und Zweck des NKWD-Lagers zu erfahren, um ihn zu befreien. Papa hatte in seinem letzten herausgeschmuggelten Brief (vom 02.01.1946) geschrieben, dass er sich keiner Schuld bewusst war. So lautete sein letzter Brief:

„Meine liebe gute Mutti, meine lieben guten Kinder!
Ihr wisst, wie lieb ich euch alle habe und wie sehr ihr mir ans

Herz gewachsen seid und könnt ihr daher ermessen, wie schwer mich das Schicksal trifft, wenn ich jetzt nicht zu euch zurück darf. Aber ich bin kein Verbrecher und habe daher den starken Glauben, dass die gerechte Sache siegen wird und trage daher mein Schicksal mit Würde, weil ich weiß, dass ich euch alle wiedersehen werde. Ich weiß auch, dass ihr über mein Schicksal sehr traurig seid und tragt aber auch euer Los mit Würde.

Vor allen Dingen haltet immer treu und fest zusammen. Und steht der guten Mutti recht bei, indem ihr immer hübsch artig seid und ihr immer gut folgt, denn auf ihr liegt jetzt wieder die Hauptlast für euch zu sorgen. Seid alle recht lieb zueinander, und sollte euch das Schicksal noch härter anfassen, dann haltet noch fester zusammen und denkt an euren Vater, der für euch das Beste gewollt hat und zeigt euch meiner Erziehung würdig. Im Vordergrund unseres Denkens muss immer sein, nicht nach materiellen Dingen zu schauen, sondern durch vornehmen Charakter und Treue zu uns selbst anderen Menschen ein Vorbild zu sein.

So grüße und küsse ich euch alle!
Euer treuer Vater"

Ich lernte und begriff im Unterricht, dass es für die Siegermächte schwierig war, sich darauf zu einigen, welcher Verbrechen die deutschen Kriegsverbrecher angeklagt werden sollten, denn jeder Staat hatte seine eigenen, daher unterschiedlichen Rechtsgrundlagen. Der Begriff „Kriegsverbrechen" kam darin gar nicht vor. Diesmal musste er formuliert werden. Schließlich hatten auch die Siegermächte nicht zimperlich gehandelt. Die Amerikaner und Briten hatten z. B. alle großen deutschen Städte in Schutt und Asche gelegt und damit einen Krieg gegen die Zivilbevölkerung geführt, wie wir es – besonders meine Schwester Uschi – in Dresden selbst erfahren hatte. Die Amerikaner hatten zwei Städte in Japan (Hiroshima und

Nagasaki) mit Atombomben ausgelöscht. Viele Menschen, die durch die Explosion nicht gleich getötet wurden, wurden dauerhaft verstrahlt und starben langsam unter schlimmsten Schmerzen. Die Kriegsverbrechen wurden so definiert, dass sich die Siegermächte dadurch nicht selbst anklagten.

Ich lernte und begriff, dass jeder Angeklagte in Nürnberg einen Verteidiger hatte, der ihn bei Gericht verteidigte und darauf drängen musste, dass dem Angeklagten seine Verbrechen nachgewiesen wurden. Die Angeklagten durften nicht gefoltert werden. Außerdem erfuhr ich, dass die Angehörigen der Angeklagten vor Beginn des Prozesses informiert worden waren, dass sich ihr jeweiliger Verwandter unter den Angeklagten und in Nürnberg befindet. Wir hatten dagegen von Vater keinerlei offizielle Information. Wir besaßen nur die wenigen, kurzen persönlichen Briefe, die er hatte herausschmuggeln können.

Ich begriff weiterhin, dass die schwersten Verbrechen, derer ein deutscher Kriegsverbrecher in Nürnberg angeklagt werden konnte, die Verbrechen gegen die Menschlichkeit waren. Jeder, der derartiger Taten angeklagt wurde, endete durch den Strang, wenn ihm die Verbrechen tatsächlich nachgewiesen werden konnten. Wir Schüler hatten von diesen Verbrechen erst nach dem Krieg erfahren und hatten dabei tiefe Scham empfunden. Wir konnten nicht verstehen, dass sich deutsche Menschen zu derartigen Taten hatten hinreißen lassen. Ich sah es als gerecht an, dass die verurteilten Kriegsverbrecher gehängt wurden und konnte meinen Hausaufsatz überzeugend gestalten.

Einige Tage nach Abgabe der Hausaufsätze überraschte mich unser Klassenlehrer damit, dass er meinen Aufsatz angeblich nicht in seinen Unterlagen gefunden hätte. Ich war mir sicher, dass ich ihn ihm gegeben hatte. Wir rätselten eine Weile herum, wo er sein könnte.

Da machte ich den Vorschlag, den Aufsatz noch einmal zu schreiben. Ich hätte ihn damals sehr gründlich überlegt und könnte ihn auswendig. Herr Kummer war einverstanden und sagte: „Schreib ihn noch einmal und gib ihn mir morgen, lasse aber bitte das weg, was du über deinen Vater geschrieben hast. Das gehört nicht zum Nürnberger Prozess."

Mir wurde schlagartig klar, dass Willy Kummer meinen Aufsatz hatte, dass er ihn aber in einer anderen Version haben und bei der Schulstelle in Döbeln einreichen wollte.

Ich hatte in meinem Aufsatz geschrieben, dass mein Vater aufgrund einer Denunziation vom Tomatenfeld weg am 05.09.1945 von russischen Soldaten mit der Kalaschnikow im Anschlag verhaftet und entführt worden sei und wir offiziell nicht einmal wüssten, wo er sich befände und ob er überhaupt noch leben würde. Er sei ein Opfer sowjetischer Verbrechen gegen die Menschlichkeit.

Ich hatte nun die Chance, meine Anklage gegen die Art der Behandlung meines Vaters durch die sowjetische Besatzungsmacht aus meinem Aufsatz herauszulassen und auf eine wohlwollende Wertung meines Aufsatzes durch die Schulbehörde in Döbeln zu hoffen. Wie sollte ich mich entscheiden? Wen könnte ich um Rat fragen? Sollte ich Mama in meine Entscheidung einbeziehen? Ich entschied mich, meine Entscheidung allein zu treffen. Ich schrieb den Aufsatz noch einmal mit meinen genannten Anklagen gegen die Besatzungsmacht und gab ihn meinem Klassenlehrer. Den interessierte nur die letzte Seite. Dann stöhnte er kopfschüttelnd leise – wie mir schien auch traurig – und steckte ihn in seine Aktentasche.

Statt der Erlaubnis eine höhere Schule besuchen zu dürfen bekam ich ein Angebot von Herrn Tannenberg, bei ihm nach Beendigung der Schulzeit als Landarbeiter anzufangen. Das war sicherlich abgesprochen. Es war mir völlig klar, dass ich davon keinen Gebrauch machen wollte, sondern mit dem Abgangszeugnis in der Tasche in eine westliche Zone wechseln wollte. Uschi, meine älteste Schwester, hatte gerade Leuterwitz verlassen und hatte „aus dem roten Osten über die grüne Grenze in den goldenen Westen gemacht". Sie unternahm diesen Schritt mit 21 Jahren. Ich war erst 13, war aber überzeugt, dass mir dieser Schritt ebenfalls gelingen würde. Ich war auch überzeugt, dass ich Mama schon herumkriegen würde, dass sie zustimmt. So lebte ich meine Tage völlig unaufgeregt.

Klassenfahrt zum Völkerschlachtdenkmal in Leipzig

Nach den großen Ferien 1948 gingen wir auf eine Klassenfahrt zum Völkerschlachtdenkmal bei Leipzig. Es gab in der Bahn keine für uns vorreservierten Plätze, wir mussten uns irgendwo mit reinquetschen. Ich fand zusammen mit einem Klassenkameraden noch Platz in einem Abteil für sechs Personen. Auf den anderen vier Plätzen saßen erwachsene Männer. Als wir Platz genommen hatten, sah ich mir die Männer verstohlen an. Alle vier waren sehr schlecht genährt, trugen aber einfache neue Kleidung. Sie sprachen miteinander in sehr gedämpftem Ton. Es war mir bei dem herrschenden Geratter des Zuges kaum möglich zu verstehen, was sie miteinander sprachen.

Als ich das Wort „Mühlberg" aufschnappte, sah ich sie mir noch einmal aufmerksam an. Dabei kam mir ein Verdacht und sagte deshalb zu ihnen: „Mein Vater wird in Mühlberg gefangen gehalten, kennen Sie ihn?" Die Männer waren perplex und antworteten nicht, und ich fragte erneut: „Kennen Sie ihn?" Da kam von einem der vier die Gegenfrage: „Wie heißt denn dein Vater?" „Er heißt Max Schmidtlein. Kennen Sie ihn?" Die Männer schauten sich an, dann antwortete der neben mir: „Ja, ich kenne ihn, aber ich habe ihn schon lange nicht mehr gesehen." Ich wollte mehr von ihm erfahren und bat ihn um weitere Informationen. Doch er behauptete, dass er mir nicht mehr über meinen Vater sagen könne, weil er ihn schon lange nicht mehr gesehen habe. Im Lager würde einer nicht täglich jeden anderen treffen. Aber im Übrigen würde das Lager jetzt aufgelöst. Er könne mir zu meinem Vater nicht mehr sagen.

https://de.wikipedia.org/wiki/Speziallager_Nr._1_M%C3%BChlberg
https://www.youtube.com/watch?v=PkokDyg6CDs
http://www.rottenplaces.de/main/gedenkstaette-speziallager-nr-1-muehlbergelbe-14009/
https://www.in-berlin-brandenburg.com/Brandenburg/Landkreise/Elbe-Elster/Orte/Muehlberg/Sehenswuerdigkeiten/Gedenkfriedhof-Muehlberg.html
https://www.mdr.de/zeitreise/ddr/sowjetische-speziallager-in-der-sbz-ddr-interview-nemetz-100.html
https://www.politische-bildung-brandenburg.de/publikationen/pdf/nkwd.pdf
https://www.politische-bildung-brandenburg.de/publikationen/pdf/nkwd.pdf

Das Gespräch war sehr bald beendet, weil alle vier Männer beim gleichen Bahnhof ausstiegen. Mir wurde beim Überdenken des Gesprächs klar, dass die Männer mir nichts Weiteres sagen wollten. Oder durften sie vielleicht generell nichts über die Zustände und Ereignisse im Lager Mühlberg erzählen? Ich bedachte noch einmal alle Worte, die sie gesagt hatten, und mein Verstand sagte mir in diesem Moment, dass mein Vater nicht mehr lebte. Mein Klassenkamerad sagte: „Warte es doch geduldig ab! Wenn dein Vater noch lebt, wird er bald wieder bei euch sein. Wenn er nicht bald bei euch auftaucht, dann ist er wohl gestorben."

Rückblickend gesehen: Es hielt keiner für nötig, die Angehörigen zu informieren. Weder die Besatzungsmacht, die das Lager zu verantworten hatte, noch die deutschen Gehilfen, die mit dem Lager zu tun hatten, noch die deutschen Bürgermeister, die vielleicht selbst nichts wussten. Offiziell wussten wir ja nicht einmal, dass Vater im Lager Mühlberg war. Wir wussten es nur aus herausgeschmuggelten Briefen.

Bei der Besichtigung des Völkerschlachtdenkmals waren Frauen und Männer aktiv, die uns führten und viele gute Erläuterungen zur Völkerschlacht gaben. Wir aus Bockelwitz waren ja nur eine unter vielen Gruppen. Neben den Voraussetzungen, Vorgängen und Ergebnissen der Schlacht hat sich bei mir die von einer der Frauen besonders herausgestellte Lehre eingeprägt: „Von Russland **konnte** man das Siegen lernen. Das sieht man am Beispiel des Napoleonischen Krieges gegen Russland. Jetzt kann man von der UdSSR bzw. dem Sozialismus das Siegen lernen."

Damals wusste ich noch nicht, weil ich es erst im Jahr 2017 erfuhr: In der Völkerschlacht bei Leipzig hat der Großvater meiner Großmutter Friederike Schmidtlein, geb. Mosisch, als Ulan mitgekämpft. Er, Johann Friedrich Mosisch, ist bei der Parade der Siegesfeier in Paris mit aufmarschiert und hat anschließend die Mittelmühle in Booßen bei FFo erworben. Das bezeugt eine Biografie, die sein ältester Sohn Friedrich August Mosisch über ihn zu seinen Lebzeiten geschrieben hat, die ich von einem anderen Nachkommen dieses Vorfahren bekam. Es legt aber auch eine Gedenktafel in der Kirche in Booßen Zeugnis davon ab, auf der er als Freiheitskämpfer geehrt wird. Damit ist ja wohl völlig klar, von wem man das Siegen lernen kann: von Johann Friedrich Mosisch, einem meiner Ururgroßväter. Diese Sicht der Dinge ist mir lieber.

Wieder zurück in Leuterwitz berichtete ich meiner Mutter von meiner

Begegnung mit den vier Männern aus Mühlberg nur sehr spärlich. Ich äußerte lediglich die Vermutung, dass die Gefangenen vom Lager Mühlberg jetzt scheinbar freigelassen würden. Ich erwähnte aber nicht meine Vermutung, dass Vater nicht mehr lebte. Ich fürchtete, dass Mama zusammenbrechen würde, wenn sie von Vaters Tod erfahren würde und litt selbst in Stille. Edith allerdings erzählte ich alles im Detail. Sie stimmte mir zu, dass wir die Details meiner Unterhaltung mit den Männern im Zug für uns behalten sollten.

Dr. Schießel, der Mutter direkt nach unserer Ankunft in Leuterwitz einmal medizinisch behandelt hatte, war Im Lager Mühlberg neben seiner Tätigkeit als Arzt im Krankenhaus in Leisnig zusätzlich als sogenannter Lagerarzt eingesetzt worden und hatte dafür zu sorgen, dass dort keine Seuche ausbrach, denn eine Seuche hätte auch die sowjetischen Soldaten betreffen können. Als Mama das erfuhr, hatte sie ihn nach Vater befragt. Er war zu äußerstem Stillschweigen verpflichtet und drückte sich so sybillinisch aus, dass Mama nicht klug daraus wurde. Erst viele Jahre später erfuhr sie von ihm, woran Vater gestorben war. Er litt zunächst nur unter fürchterlichen Kopfschmerzen. Danach gesellten sich zahlreiche andere Beschwerden hinzu. Dr. Schießel fehlte im Lager die technische Ausrüstung, ihn ordnungsmäßig zu untersuchen und zu behandeln. Von der Lagerverwaltung aus war es ihm verboten, ihn in ein Krankenhaus außerhalb des Lagers zu überweisen. Nach dem Tod meines Vaters hat er ihm den Schädel geöffnet und einen Tumor vorgefunden. Weitere Untersuchungen des Tumors konnte er nicht vornehmen. Ich bin der Meinung, dass mein Vater wegen unterbliebener Hilfeleistung schon mit 48 Jahren gestorben ist.

In den NKWD Lagern wurde durchaus Buch geführt. Unter Gorbatschow wurden die Bücher geöffnet. Sie enthielten den Geburtstag und den Todestag meines Vaters, nicht jedoch die Todesursache. Heute 2019 unter Putin sind sie wieder verschlossen.

Das Ziel, der Weg, der Plan

Die Entscheidung der Schulbehörde in Döbeln, mich vom Besuch der höheren Schule aus politischer Begründung auszuschließen, hatte meinen entschlossenen Trotz geweckt nach dem Motto: Jetzt erst recht! Mein festes Ziel war es fortan, das Abitur zu machen. Das Ziel einer optimalen Ausbildung hatte mich besetzt und hielt mich lange Zeit so besetzt, dass ich noch beim Abschluss meines Studiums der Luft- und Raumfahrttechnik in Darmstadt im Jahre 1961 30 Prozent mehr Fächer studiert und mit Prüfung erfolgreich abgeschlossen hatte, als es überhaupt notwendig gewesen wäre. Es hatte mich aus lauter Spaß gar keine besonderen Mühen gekostet.

Im März 1949 war Mama zu Uschi gefahren, um ihr beizustehen, denn Uschi hatte ihren erstgeborenen Sohn Klaus-Dieter Krämer geboren. Während Mamas Abwesenheit traf ein Einschreiben des Vereins „Studienwerk für heimatvertriebene Schüler e. V." aus Recklinghausen bei uns in Leuterwitz ein. Edith und ich machten den Umschlag auf. Er enthielt neben einem langen, informativen Schreiben die Zuzugsgenehmigung für mich nach Recklinghausen. Pfarrer Heilmann, von dem Mama alles und ich nicht viel erwartet hatte, hatte das angestoßen. Ich lernte daraus, welche Möglichkeiten die katholische Kirche in sich birgt.

Eitel Friedrich Wadewitz, mein späterer Schwager, damals noch Bauer in Clennen und mit Edith verlobt, hatte die Idee, wie ich nach Recklinghausen gelangen sollte: In einem Flugzeug der Luftbrücke, das auf dem Rückflug von Berlin Tempelhof nach Lübeck Flüchtlinge aus der SBZ mitnahm. Bei der notwendigen Bahnfahrt von Lübeck bis nach Recklinghausen hielt man sich nur in der englischen Besatzungszone auf, weshalb die Schwierigkeiten eines Zonenübergangs nicht existierten. Und die Berliner Luftbrücke selbst war seit Längerem wie für mich eingerichtet.

Eine Woche, nachdem Mama von Uschi aus dem Odenwald zurückgekommen war, hatte ich Mama überzeugt, mich loszulassen, und wir saßen schon im Zug zu Tante Elisabeth, der ältesten Schwester meines Vaters, die in der Joachim-Friedrich-Straße in Halensee und damit in einem Westsektor wohnte.

Fahrt nach Berlin

Das genaue Datum meines Abschieds von Leuterwitz erinnere ich nicht mehr, aber ich will mal rückwärts rechnen: Ich bin am 6. Mai früh um 4.00 Uhr in Recklinghausen mit dem Zug angekommen. Der 6. Mai war als spätester Termin für mein Eintreffen vom „Studienwerk für heimatvertriebene Schüler e. V." in Recklinghausen vorgegeben worden, und ich hatte diesen Termin gerade noch pünktlich eingehalten. Ich war mit Mama ca. vier Wochen lang bei Tante Elisabeth in der Joachim-Friedrich-Straße in Berlin-Halensee und wartete auf den Termin meines Fluges nach Lübeck, weil alle früheren Maschinen vollständig ausgebucht waren. Ich muss also Anfang April aus Leuterwitz verschwunden sein.

Das Wort „verschwunden" ist richtig gewählt, denn wir hatten niemanden von meiner Absicht unterrichtet. Es hätte gefährlich sein können, meine Pläne auszuposaunen. Zum Beispiel war ich mir überhaupt nicht mehr sicher, ob Herr Kummer meinen Wunsch, die höhere Schule zu besuchen, innerlich noch unterstützte, nachdem ich im Aufsatz über die Nürnberger Kriegsverbrecherprozesse die Verantwortlichen für das NKWD-Speziallager in Mühlberg der Verbrechen gegen die Menschlichkeit bezichtigt hatte. Ich wusste, dass er ein Anhänger des Kommunismus war und dass er deswegen während der Naziherrschaft bereits im Gefängnis gesessen hatte. Doch hielten wir alle ihn für einen „Edelkommunisten", der Gewaltanwendung und Unmenschlichkeit ablehnte. Ich hatte damals allerdings nie ein einziges Wort von ihm gehört, mit dem er die Behandlung der Gefangenen in den Speziallagern und die Behandlung ihrer Angehörigen abgelehnt hätte. War er zum Mitläufer geworden?

Die DDR war zu diesem Zeitpunkt noch nicht gegründet, es war also noch die SBZ, die **S**owjetisch **B**esetzte **Z**one. Man wollte in der SBZ nicht, dass junge Leute das Land verließen; denn man brauchte sie für den Aufbau und wollte sie zum Sozialismus gefügig machen. Als ich meine Flucht antrat, empfand ich ein Hochgefühl darüber, dass wir einen Weg gefunden hatten, die politische Machtanmaßung der Schulbehörde in Döbeln bezüglich meiner Schulbildung wirkungslos zu machen.

Alle Großbauern wurden aus Sicht der neuen Machthaber als Ausbeuter der Arbeiterklasse eingestuft, und zwar ohne dass es auf den Einzelfall ankam. Ihre Nachkommen durften höhere Schulen nicht besuchen. Dass wir unser Eigentum in Schlesien verloren hatten, spielte ebenfalls keine Rolle. Ich brauchte diese Demütigung nicht länger zu erdulden. Sie hatten leider Macht über meinen Vater. Ich, sein Sohn, schüttelte sie für mich ab.

Mit meinen 13 Jahren hatte ich natürlich noch keine Ahnung, welche anderen Hindernisse und Schwierigkeiten sich mir auch im Westen in den Weg stellen würden. Dennoch: Mein Trotz und Stolz haben etwas Gutes bewirkt; sie haben mich dazu getrieben, dass mein Diplomzeugnis der Technischen Hochschule in Darmstadt im Jahr 1961 viel mehr Fächer auswies, als für den Titel Dipl.-Ing. der Luft- und Raumfahrt notwendig gewesen wäre, dass ich außerdem die Einladung von Prof. Dr. Günter Bock zur Assistententätigkeit und zur Promotion an seinem Institut erhielt und ergriff. Ich hatte noch während des Studiums das latente Gefühl, jemand würde mir das Lernen verbieten. Es sind alle gescheitert, die glaubten, sie könnten mir etwas verbieten.

Auch Mama muss bis unserem Abschied auf dem Flughafen Tempelhof die Furcht gehabt haben, es könnte noch etwas schiefgehen. Deshalb steckte sie den Entschuldigungsbrief an die Schule mit der Begründung meiner Abwesenheit vom Unterricht (Begründung: Familientreffen in Berlin) vorsichtshalber erst in Dresden auf dem Bahnhof in den Briefkasten. Er erreichte daher Herrn Kummer mit Sicherheit erst, als wir längst in Berlin waren. Auch bei meinen Freunden hatte ich nichts von meinem Vorhaben durchblicken lassen. Mama musste mir daher versprechen, meine Adresse in Recklinghausen meiner Freundin Jutta Zabel später zu geben und ihr mein Verhalten zu erklären. Hätte ich mich von Jutta verabschiedet, dann hätte ich sie sicherlich offen umarmt, was damals für Jugendliche absolut unmöglich gewesen wäre. Der Abschied hätte mir sehr wehgetan. Es schmerzte mich noch lange danach sehr, dass ich sie zurücklassen musste.

Eitel hat uns das Geld für unsere Reise nach Berlin und für meine Reise von Berlin nach Recklinghausen, insgesamt 1.000 Ostmark spendiert. Wir hätten sonst das Geld erst durch Verkauf unseres verbliebenen Familienschmucks beschaffen müssen. Unsere Bahnfahrt und meinen Flug konnten wir mit Ostmark bezahlen. Den Rest des Geldes konnten wir in Berlin in neue D-Mark wechseln, die in den Westzonen im Juni 1948 eingeführt worden war und konnten damit das Bahnticket für die Fahrt von Lübeck nach Recklinghausen bezahlen. Mir blieben 20 D-Mark zur freien Verfügung als Taschengeld. Mama hatte mich gebeten, ihr nach meiner Ankunft in Recklinghausen sofort ein Telegramm zu schicken. Ich sandte ihr aber stattdessen einen kurzen Brief, der sie zwar etwas später in Szene setzte, aber weniger kostete. Westgeld war in meinen Augen wie Gold.

Unsere Bahnfahrt nach Berlin verlief reibungslos. Alle Züge waren voll, und wir hatten keine Platzreservierungen. Nach jedem Umsteigen saß ich für gewöhnlich auf meinem Koffer und nicht neben

Mama auf der Bank. Wir waren nicht sehr gesprächig miteinander, und die wenigen Worte, die zwischen uns gewechselt wurden, wurden geflüstert. Keiner sollte sie hören. Ich glaube, dass wir beide auch aus Unsicherheit vor dem, was wir zu tun im Begriff waren, nicht sprechen konnten.

Schließlich waren wir im letzten geplanten Bahnhof und damit in Westberlin angekommen und fühlten uns endlich sicher. Mama rief Tante Elisabeth wie verabredet an, und es dauerte nur ca. eine viertel Stunde, bis sie auftauchte, um uns abzuholen und zu ihrer Wohnung zu leiten. Die Freude unseres Wiedersehens war groß und herzlich. Ich war vorher noch nie bei Tante Elisabeth in Berlin gewesen. Berlin und eben auch ihre Wohnung waren mir völlig fremd. Ich erwartete ein zerbombtes Haus. Stattdessen gingen wir in der Joachim-Friedrich-Straße in Halensee in ein Haus, das wie ein Wunder bei den Bombardements und bei der Eroberung durch die sowjetischen Bodentruppen unzerstört geblieben war. Tante Elisabeth berichtete, dass bei den Kriegshandlungen nur alle Fensterscheiben zerborsten wären. Sie wäre damals nie in den Luftschutzkeller gegangen, sondern hätte betend in ihrer Wohnung ausgeharrt, und Gott hätte sie und das Haus beschützt.

Die früheren Besuche von Tante Elisabeth und Onkel Iwo in Konradswaldau waren für mich nie interessant gewesen. Sie kamen, um die Schmidtlein-Oma zu besuchen. Da sie keine Kinder hatten, kam auch niemand zum Spielen für mich mit. Interessant war ihr Besuch nur am Anfang und am Ende, weil sie vom Bahnhof in Brieg mit der Kutsche abgeholt und wieder zum Bahnhof hingebracht werden mussten. Dann riss ich mich um die Erlaubnis, die Kutsche wenigstens auf der freien Strecke fahren zu dürfen.

Warten auf den Flug

Bereits beim ersten Vorsprechen im Büro der englischen Organisation der Luftbrücke erfuhren wir, dass sie mich mitnehmen werden. Entscheidend für diese Zusage war die Zuzugsgenehmigung für Recklinghausen, die wir vom Verein „Studienwerk für heimatvertriebene Schüler e. V." in Recklinghausen erhalten hatten und vorlegen konnten. Damit wussten wir, dass unser Plan aufgehen würde und waren äußerst erleichtert und kauften mein Flugticket sofort. Da aber noch mehrere Wochen lang alle Flüge bereits ausgebucht waren, lag mein Flug in großem zeitlichem Abstand.

Ich freute mich auf eine nun vor uns liegende entspannte Zeit in Berlin und vertrieb mir inzwischen die Zeit unter anderem mit S-Bahn-Fahren. Mit einer Fahrkarte für 20 Pfennige konnte man damals 90 Minuten lang mit der S-Bahn durch ganz Berlin (inkl. Ost- und Westsektoren) fahren. Da ich mich aber auf keinen Fall mehr im Ostsektor aufhalten durfte, musste ich meinen Zug immer vor der nächsten Sektorengrenze wechseln. Das hatte ich Mama fest versprechen müssen, um ihre Zustimmung für die Alleinfahrten überhaupt zu erlangen.

Bei einer der Fahrten war es mir passiert, dass ich nicht rechtzeitig ausgestiegen war. Ich bemerkte den Fehler, als der Zug bereits wieder im Anrollen war und sprang noch eilends aus dem Zug, leider bereits leicht außerhalb des Bahnhofs auf die unebenen Gleise. Ich verlor das Gleichgewicht und kam zu Fall und versuchte den Aufprallstoß mit der linken Hand abzufedern. Dabei ging irgendetwas in der Hand kaputt, und es entstand ein stechender Schmerz. Ich wollte den Fall für mich behalten und Mama nichts davon erzählen. Der Schmerz aber war doch so stark und dauerhaft, dass ich zu dem Ergebnis kam, dass meine Hand verbunden werden müsste.

Als ich wieder in der Wohnung in Halensee angekommen war, berichtete ich, dass ich hingefallen sei und versucht hätte, den Aufprallstoß mit der Hand abzufangen und dass die Hand jetzt ziemlich schmerzen würde. Mama sagte: „Du wirst dir hoffentlich nicht die Hand gebrochen haben. Wir müssen in unserer jetzigen Situation sie sofort röntgen lassen." Aber Tante Elisabeth vertrat: „Nein, es ist nichts Ernstes". Ich hatte immer noch ein schlechtes Gewissen, weil ich beim Bahnfahren nicht auf die Zonengrenze geachtet hatte, und sagte: „Das wird schon nicht so schlimm sein." Aber die Schmerzen wurden immer schlimmer. Tante Elisabeth war ein Mitglied der „Christlichen Wissenschaft" der Begründerin Mary Baker Eddy.

https://de.wikipedia.org/wiki/Christian_Science

Die Mitglieder dieses Glaubens vertreten, dass Gott nichts Böses schickt und dass alle Krankheiten durch den Glauben an Gott geheilt werden können (Geistheilung). Sie verbieten dem einzelnen Gläubigen zwar nicht zum Arzt zu gehen. Aber Tante Elisabeth bewies ihre Glaubensfestigkeit mit ihrem eigenen Leben: Sie endete später lieber elend an Darmkrebs, als zum Arzt zu gehen. Sie redete in meiner damaligen Situation auf mich und Mama ein: „Nein, der Hubertus muss nur beten und fest daran glauben, dass ihm nichts fehlt. Dann fehlt ihm auch nichts." Ich bin schon damals prinzipiell offen gewesen für solche medialen Gedanken und versuchte den Schmerz wegzudenken und zu Gott zu beten und mir zu sagen: „Gott schickt nichts Böses!" Aber der Schmerz wurde trotzdem immer schlimmer. Schließlich entschied meine Mutter: „Elisabeth! Hubertus kann noch nicht so tief glauben. Er ist ja noch ein Kind. Ich gehe jetzt mit ihm zum Röntgen!" Und so sind wir dann zu zweit zu einer Rotkreuzstelle gegangen, die uns eine Überweisung zum Röntgen ausstellten. Im Krankenhaus stellte man fest, dass ich einen Mittelhandknochen angebrochen hatte, als Fissur bezeichnet. Der Arzt sagte Mama, das täte genauso weh wie ein Bruch, weil die Knochenhaut verletzt sei. Dass der Knochen nur angebrochen sei, hätte den Vorteil, dass sie die Hand ohne weitere Vorbehandlung einschienen könnten und wir trotzdem sicher sein könnten, dass der Knochen korrekt verheilen würde. Die Hand wurde sorgfältig eingegipst, danach bekam ich eine schmerzstillende Spritze und durfte wieder gehen. Eine Schlinge um Hals und Schulter stabilisierte die Hand und den Unterarm in der richtigen Höhe am Körper. Die Schmerzen kamen zwar wieder zurück, als die Wirkung der Spritze nachließ, aber mit der Gewissheit guten Ausheilens im Bewusstsein lenkte ich mich von den Schmerzen ab. Nach ein oder zwei Tagen schmerzte die Hand kaum noch, aber die Schiene sollte trotzdem 6 Wochen dranbleiben.

Nach diesem Ereignis fuhr ich nun zwar ab und zu wieder mit der Bahn in Westberlin spazieren, verbrachte aber viel mehr Zeit bei Mama und Tante Elisabeth, eigentlich hauptsächlich mit Mama, denn Tante Elisabeth war meist abwesend. Sie arbeitete für ein Krematorium und verdiente dadurch ihren Lebensunterhalt. Dadurch angeregt, interessierte ich mich sehr dafür, wie man Tote verbrennt, obwohl ich eigentlich Angst vor dem Thema hatte. Tante Elisabeth aber wollte auf meine detaillierten Fragen nicht eingehen. Dieses Thema sei nicht wichtig und nichts für Kinder. Mama wiederum hatte kein Wissen davon und konnte mir nichts darüber erzählen. Tante Elisabeth betonte, dass beim Tod eines Menschen das einzig Wichtige sei, dass der Verstorbene nun Ruhe bei Gott gefunden habe. Deshalb würden die Trauerfeiern bei den Mitgliedern der Christlichen Wissenschaft keine Trauerfeiern, sondern Freudenfeiern sein. „Der Verstorbene ist zu Gott auferstanden."

Ich kannte Tante Elisabeth – gemessen an meinem jugendlichen Alter – schon eine halbe Ewigkeit. Während unseres Berlinaufenthaltes hat sie sich aber noch einmal ganz tief bei mir eingeprägt. Sie hatte eine dunkle, melodische Stimme und sprach sehr bedächtig und mit Betonung der Ausdrücke und Aussagen, auf die sie Wert legte. Dadurch klang alles, was sie sagte, sehr überzeugend und wichtig.

Ihre Eltern hatten ihr eine ordentliche Gesangsausbildung angedeihen lassen. Dadurch konnte sie ihre gute Altstimme, die auch in den tieferen Lagen sehr ausdrucksvoll war, ausgezeichnet zur Geltung bringen. Die bürgerliche Gesellschaft pflegte damals Liederabende abzuhalten, bei denen Elisabeths Auftritte sehr begehrt wurden. Eines dieser gutbürgerlichen Häuser war das von Dr. Constantin Schmidtlein in Berlin-Wilmersdorf, Binger Str. 54, einem Cousin ihres Vaters Carl Schmidtlein.

Ihre Gesangsnoten haben sich nach ihrem Ableben zuerst im Besitz meiner Schwester Edith befunden. Danach waren sie zu mir gelangt, und ich habe ihre Lieder gern und öfters gesungen.

Ich grolle nicht Robert Schumann Anna Moffo *https://www.youtube.com/watch?v=L8GJWgmYXTY*

Tante Elisabeth hatte den falschen Mann geheiratet, wurde unglücklich und suchte Hilfe im Glauben. Im Jahr 1949 war ihr Engagement für die Christliche Wissenschaft so stark, dass es sie praktisch ihre ganze Freizeit kostete. Unsere gemeinsame Zeit zu dritt an den Abenden war also sehr knapp bemessen.

Das erste Thema mit Tante Elisabeth drehte sich um unser letztes Zusammensein. Es hatte 1946 in Leuterwitz stattgefunden. Sie hatte Folgendes in Mamas Gästebuch eingetragen:

Mit leerem Magen und arm an Mut,
Zog vor wenigen Tagen ich ein.
Neu gestärkt und reich an essbarem Gut,

Muss ich leider nun wieder heim.
Gemütlich war's immer im Flüchtlingsheim,
Und mein Dank kommt von Herzensgrund.
Gottes Segen mög' immer bei Euch sein,
Ihr mögt bleiben (nicht mehr allein) und gesund.
Meines Herzens Wünsche und mein Gebet sind
Rückkehr des Vaters recht bald,
Und im eigenen Heim, ein Wiedersehn,
Befreit von des Schicksals Gewalt!
Dies sei der Segen, dies sei der Dank,
Für das, was an mir ihr getan.
Lebt wohl ihr Lieben, Gott segne Euch!
Ich trete den Heimweg an.

In Dankbarkeit und Liebe! Eure Elisabeth
Leuterwitz, den 6. August 1946

Wir sprachen darüber, welcher Hunger im Jahr 1946 in den Groß-
städten geherrscht hatte. Im Jahr 1949 war die Versorgung schon we-
sentlich besser, aber knapp war sie für die meisten Menschen noch
immer. Hungerleiden war kein lustiges Thema, und das Thema
wurde bald verlassen.

Wir versuchten dann über meinen Vater, ihren Bruder Max, zu sprechen. Das war aber kein gutes Thema; denn er war wahrscheinlich
schon längst tot. Wir wussten nichts Genaues über ihn.

Dann versuchten wir stattdessen über die halsbrecherischen
Kutschfahrten mit Paulick zu sprechen, wenn wir sie und Onkel
Iwo von der Bahn in Brieg abgeholt hatten. Das war doch ein Thema
zum Lachen, aber auch das war kein gutes Thema, denn Onkel Iwo
war verstorben, und Paulick hatten uns die Tschechen in Komotau
abgenommen.

Als Mama erwähnte, dass sie mich nur deshalb – wenn auch immer noch mit schlechtem Gewissen – allein in die Welt ließe, weil ich in einem von der katholischen Kirche geführten Schülerwohnheim unterkäme, war das auch kein gutes Thema. Nach der Überzeugung der Christlichen Wissenschaft war die katholische Kirche mit ihrem Glauben an die Dreifaltigkeit im Irrtum.

Tante Elisabeth war bereits bei der katholischen Hochzeit meiner Eltern nicht erschienen. Ich würde heute sagen, dass das Zusammenleben der evangelischen Schmidtleins mit den katholischen Schmiegels auf der Seite einiger Schmidtleins nur unter dem Gebot der Vernunft stattfand. Es gab auch einige, die sich sogar diesem entzogen, aber es gab auch andere, die sich an der Religionsfrage gar nicht störten. Und es gab meine spezielle Tante Elisabeth, die eine Vertreterin der Christlichen Wissenschaft war.

Mit der geschienten Hand in der Schlinge verbrachte ich also den größten Teil des Tages mit Mama. Meist wählte sie das Thema und meist drehte es sich um ungelegte Eier.

Zum Beispiel: „Deine Kleidung hält nicht ewig. Wer wird euch Jungens etwas stopfen oder flicken oder einen Knopf wieder annähen?" „Das kann ich selber." „Aber eu hast es doch noch nie gemacht." „Dann werde ich eben abgucken, wie man es macht."

Zum Beispiel: „Wenn du über Jahre hinweg weder mich noch Gudel noch Edith treffen kannst, wirst du dann nicht verzagen und leiden?" „Vielleicht werde ich zu Uschi in den Odenwald fahren können oder zu Tante Erika und Tante Punne nach Solingen oder zu Tante Erna und Onkel Konrad nach Seckbach oder zu Tante Male nach Heiligenrode. Du hast mir doch schon alle Adressen aufgeschrieben. Ich kann sie schon auswendig aufsagen."

Zum Beispiel: „Du wirst mir sehr fehlen. Wer füttert denn jetzt die Kaninchen? Wer hackt denn in Zukunft das Holz und bündelt das Reisig?" „Gudrun ist jetzt so alt, wie ich war, als ich die Arbeiten damals 1945 übernommen habe. Sie kann das alles auch."

Immer die gleichen Themen wurden täglich durchgekaut. Sie wurden mir langweilig, während ich neugierig war zu erleben, wie es sich anfühlt, in einem Flugzeug durch die Luft zu fliegen. Ich schwärmte noch immer von der Me 262.

Mama und ich begannen deshalb Spiele zu spielen: Mühle, Dame und Mensch ärgere dich nicht! Das ging nie ab, ohne dass ich zu mogeln begann; denn diese Spiele selbst waren mir im Prinzip auch zu langweilig. Das Mogeln dagegen war spannend, und zwar so zu mogeln, dass es Mama nicht bemerkte. Ich gewann zunächst beim Mensch ärgere dich nicht!-Spiel jedes Spiel. In Tante Elisabeths Sammlung hatten wir eines für 6 Spieler gefunden. Mama spielte für drei Spieler und ich für die anderen drei. Dabei hat man natürlich besonders viele Möglichkeiten zu mogeln.

Irgendwann war Mama der Verdacht gekommen, dass ich mogelte. Sie passte auf wie ein Luchs und erwischte mich. Danach bot sie mir an: „Jetzt spielen wir ganz offiziell mit Mogeln. Zu mogeln ist erlaubt, sich erwischen zu lassen ist nicht erlaubt. Wer erwischt wird, hat das Spiel verloren." Mama hatte schon als Mädchen hinter dem Ladentisch des Geschäftes ihrer Eltern gestanden und immer aufpassen müssen, dass keiner etwas unbezahlt mitgehen ließ. Beim Spielen von Mensch ärgere dich nicht! mit Mogeln gerieten wir beide immer mehr in Eifer, und es wurde dabei immer fröhlicher, aber auch anstrengender, bis einer von uns dann anbot: „Unentschieden!" Dann brachen wir ab und spielten am nächsten Tag erneut. Es stellte sich heraus, dass keiner von uns den anderen besiegen konnte und wir hörten mit dem Spielen komplett auf.

Das Patentanwaltsbüro von Constantin Schmidtlein in Berlin-Wilmersdorf, früher ein Anlaufpunkt für meinen Vater in Berlin, bestand zwar noch, es befand sich aber längst in den Händen eines Schwiegersohns von Constantin (Splanemann), den Mama und ich gar nicht kannten. Auch in dieser Ecke gab es keine Abwechslung für uns.

http://www.splanemann.eu/html_D/historie.html
http://www.splanemann.eu/html_D/partner_rs.html

Einen ganzen Nachmittag benötigten wir, um meine Bahnfahrt von Lübeck nach Recklinghausen herauszusuchen und die Fahrkarte zu kaufen. Wir mussten dabei mit Verspätungen des Flugzeuges rechnen und Luft beim Umsteigen für Zugverspätungen einkalkulieren. Es war wie eine Matheaufgabe.

Endlich nahte der Tag, an dem ich mit der Maschine Berlin verlassen konnte. Es war der 5. Mai 1949. Wir hatten am Vorabend alle meine Sachen an der Garderobe nebeneinander platziert. Das Gepäck lag auf dem Boden. Mein Flugticket, die Bahnfahrkarte und meinen Ausweis hatte ich gefaltet in meiner Geldbörse und damit ganz sicher verwahrt. Das Büchlein mit allen Kontakten war zu dick für meine Hosentasche. Es lag auf dem Schränkchen der Garderobe, denn ich wollte es erst in die Innentasche meiner Jacke stecken, wenn ich sie angezogen hatte. An der Garderobe hing meine Oberbekleidung. Ich war bestens vorbereitet. Am nächsten Morgen brauchte ich nur noch alle Sachen anzuziehen bzw. zu greifen und konnte ohne Zeitverlust die Wohnung verlassen.

Die Reise in den Goldenen Westen

Mama half mir dabei, meine Winterjacke anzuziehen, denn es war nicht so einfach, die eingeschiente Hand durch den Ärmel zu stecken. Danach legte sie mir die Schlinge für das Abstützen der verletzten Hand um und zog dann auch sich selbst an. Das Abenteuer konnte starten.

Der Abschied von Tante Elisabeth war Standard, von ihrer Seite voller guter Wünsche, ich bedankte mich bei ihr kurz und „herzlich". Dann schnappte ich mir alle meine Klamotten und verließ gemeinsam mit Mama die Wohnung hinab auf die Straße. Es war früh morgens am 05.05.1949. Meine Reise in den Goldenen Westen hatte begonnen. Es war damals ein bekannter Spruch: Man geht vom Roten Osten über die grüne Grenze in den Goldenen Westen. Was ich mit dem Adjektiv „Goldener Westen" verband? Ich weiß nicht, ob es viel mehr war als das: Vom „Roten Osten" loszukommen und mich nicht der Ungerechtigkeit des Ostens unterwerfen zu müssen, insbesondere zuzugestehen, dass jeder privater Großbauer ein Ausbeuter seiner Arbeiter war. Weitere Vorstellungen hatte ich vom „Westen" nicht.

- Hab ich in diesem Moment noch an meinen Vater in Mühlberg gedacht? „Nein!"
- Hab ich in diesem Moment an meine Freundin Jutta und an meine zurückgelassenen Freunde gedacht? „Nein!"
- Daran, dass ich Mama, Gudrun und Edith sehr lange nicht sehen würde" „Nein!"
- An mein in Leuterwitz zurückgelassenes Spielzeug und die zurückgelassenen Kaninchen? „Nein!"
- Hatte ich Angst vor dem Unbekannten? „Nein! Zumindest nicht bewusst."

Die Fahrt zum Flughafen Tempelhof war eingeübt und lief wie geplant ab. Der Abschied von Mama war eingebettet in Formalismen. Jeder weiß, wie das abläuft auf einem Flughafen. Jenseits der Barriere befinden sich nur noch die Fluggäste. Haben Mama oder ich geweint, als wir uns zum letzten Mal umarmten? „Nein!" Ich war nun allein, und Mama ging ohne mich aus dem Flughafengebäude zu einer Stelle, von wo aus sie mich zum Flugzeug gehen sehen konnte. Ich habe von ihr später erfahren, dass sie dort so lange gestanden hat, bis die Maschine über die Häuser herausgestartet und im Himmel verschwunden war. In Berlin war die Runway nicht lang, sodass die Rosinenbomber haarscharf über die Häuserkanten hinweg fliegen mussten, und das sowohl beim Landen als auch beim Starten. Als Mama mich dann sicher in der Luft wusste, kehrte sie um und begab sich mit einer Seele voller Unsicherheiten wieder in die Wohnung von Tante Elisabeth.

Ich meinerseits entdeckte das Flugzeug schon beim Verlassen des Flughafengebäudes. Es war ein dicker Propellerbrummer und damit das Gegenstück der von mir geliebten Me 262 mit Düsentriebwerken. Ich lief mit den anderen Passagieren zum Flugzeug. Englisch sprechende Soldaten gaben uns die Anweisungen auf Deutsch. Ich ging in einem großen Pulk von Leuten in die Maschine. Man sah der Maschine an, dass das Mitnehmen von Passagieren nicht ihre Hauptaufgabe war. Der Rumpf hatte keine festen Einbauten für Passagiere. An den Seiten gab es Klappbänke aus Rohrgerüst mit Tüchern bespannt, die herabgelassen worden waren. Da gab es auch Gurte mit denen wir uns festschnallen mussten. Ich hatte meine Winterjacke anbehalten, weil es so beschwerlich war, sie an- bzw. auszuziehen.

Sobald alle saßen gab uns ein Soldat je ein Päckchen und Verhaltensanweisungen zu drei Punkten:

1. wenn man mal zur Toilette muss,
2. zum Anschnallen,
3. wenn man sich übergeben muss.

Das Päckchen enthielt eine Kotztüte und schriftliche Anweisungen. Seine dringende Bitte war, in die Tüte und nicht neben die Tüte zu kotzen, falls einer mal kotzen müsse. Er erklärte uns, dass das Flugzeug in 3.000 Metern Höhe fliegen würde und dass die Luft dort regelmäßig und heute besonders böig sei. Das Flugzeug werde zwar durchgeschüttelt, aber es ginge dabei nicht kaputt. Der Flug durch böige Luft sei Tausende Male praktisch erprobt und völlig ungefährlich.

Wir rollten zum Startpunkt der Rollbahn, dann gab der Pilot Gas und wir wurden in die Stützen gedrückt, während das Fahrwerk auf der Rollbahn zunehmend polterte. Dann hoben wir ab, und es dröhnten nur noch die Motoren und die Propeller in voller Lautstärke. Doch bald wurde auch dieses Geräusch leiser, der Pilot hatte den Gashebel zurückgenommen, wohl weil wir die geplante Flughöhe erreicht hatten. Man konnte sich nur schreiend unterhalten, weil der Lärm immer noch ganz erheblich war. Vor dem Starten hatten wir uns untereinander Mut zugesprochen: „Es wird schon nicht so schlimm werden." Jetzt wurden wir ganz still. Das Flugzeug vollführte Bocksprünge, heftig und unberechenbar, wie die eines wilden Rodeo-Pferdes. Die ersten Passagiere griffen nach ihrer Kotztüte und begannen herzerweichend zu reihern. Bald kotzte es ringsherum um mich, bestialischer Gestank breitete sich im Flugzeug aus. Ein Kind von ca. 5 Jahren, ein erwachsener Mann und ich waren die Einzigen, die nicht kotzten. Bei mir war das kein Wunder, denn ich bin genetisch so veranlagt, dass mir das Schaukeln eines Flugzeuges oder eines Schiffes nichts ausmacht. Mein Sohn Martin und Günther, der Sohn meiner Schwester Edith, haben das auch geerbt. Wir haben es gemeinsam beim Hochseeangeln vor Cuxhaven Ende der 1980-er-Jahre erfahren.

Schließlich landeten wir in Lübeck, und wir konnten den scheuß-
lichen Gestank im Flugzeug verlassen. Direkt nach dem Verlassen
des Flugzeuges machte ich eine Gepäckkontrolle, ich hatte wieder
alles bei mir und lief im Pulk mit den anderen ins Flugplatzgebäude.

Ein Denkmal erinnert heute auf dem Flughafen Lübeck an die Luftbrücke, die Lübeck mit Berlin-Tempelhof damals verband. Es waren
australische Soldaten der Royal Airforce, die das bewerkstelligten.

Vor dem Ausgang des Gebäudes zur öffentlichen Straße warteten
Busse, die zum Hauptbahnhof fuhren. Ich war bereits mehr als eine
Stunde vor Abfahrt des von uns geplanten Zuges Richtung Hamburg
auf dem Bahnhof. Meine Mutter hatte mir zum Abschied eingebläut:
„Wenn du bei der Reise auf Bahnhöfen Aufenthalt hast, dann wende
dich an die religiösen Organisationen. Sie sind auf den Bahnhöfen
immer vertreten und können einem am besten weiterhelfen. Wenn
du zur Caritas gehst, dann sagst du, dass du Katholik bist. Wenn du

eine Station der Inneren Mission vorfindest, das ist eine entsprechende Organisation der Protestanten, dann sagst du: ‚Mein Vater ist Protestant.' Erzähle ihnen: ‚Ich versuche nach Recklinghausen zu gelangen, helfen Sie mir bitte weiter.'"

Auf dem Bahnhof In Lübeck traf ich zufällig auf eine Station der Inneren Mission. Ich ging hinein. Eine freundliche Frau begrüßte mich: „Na, junger Mann, was gibt's?" „Ich komme gerade vom Flughafen. Mein Zug geht erst in mehr als einer Stunde. Deshalb muss ich warten und darf den Zug nicht verpassen." Sie schaute sich meine Fahrkarte an, bot mir dann einen Platz an und fragte mich, wie der Flug war. Ich erzählte ihr, wie bockig der Flug gewesen war und dass ich jetzt die Ruhe gut gebrauchen könnte. Sie brachte mir ein großes Glas Apfelsaft mit den Worten: „Dann wollen wir den Magen jetzt mal wieder auffüllen." Sie wusste offensichtlich, dass in den Flugzeugen der Luftbrücke wegen der böigen Flughöhen häufig gekotzt wurde. Ich packte das Butterbrot aus, das mir Mama am Morgen geschmiert hatte, und machte es mir in der zugewiesenen Ecke gemütlich. Eine halbe Stunde vor Abfahrt des Zuges begann ich, mich für den Aufbruch zu richten. Als die freundliche Frau das sah, rief sie mir zu: „Du brauchst noch nicht auf den Bahnsteig zu gehen. Der Zug ist noch gar nicht da. Wenn es Zeit für dich ist zu gehen, dann geb' ich dir Bescheid." So geschah es, und außerdem brachte mich eine andere junge Frau auf den Bahnsteig zum Zug. Wie ich erfuhr, war es meine Verletzung, die mir diese Begleitung bescherte. Ich war in diesem Moment stolz darauf, dass mein Vater evangelisch gewesen war.

Ich musste zweimal umsteigen. Einmal hatte ich sehr viel Zeit zum Umsteigen, denn Mama hatte es mit Absicht mit dem Bahnbeamten so geplant nach dem Motto: „Lieber ein bisschen warten müssen, als den geplanten Zug verpassen." Den großen Aufenthalt hatte ich in Hamburg. Dort verbrachte ich meine Wartezeit bei den Leuten der Caritas außerhalb des Bahnhofs. Auch sie waren freundlich und haben mir unentgeltlich geholfen. Ansonsten habe ich nur noch behalten, dass es bald Nacht wurde, der Zug stundenlang ratterte, ab und zu pfiff und gelegentlich anhielt. Ich hatte alle meine Sachen immer direkt um mich und versuchte Körperkontakt mit meinem Gepäck zu halten. Das war meine Art, es zu bewachen. Zu schlafen, das habe ich mir nicht erlaubt. Wenn ich mal einnickte, schreckte ich bald wieder unruhig auf.

Punktlandung in Recklinghausen

Ankunft in Recklinghausen

Seit Münster hielt ich mich in achtsamer Aufmerksamkeit ohne mir zu gestatten, ein Auge zuzudrücken: „Nur nicht das Aussteigen verpassen!" Als der Zug wieder einmal zum Halten verzögerte und wir langsam in einen Bahnhof rollten und ich dann das Bahnhofsschild entdeckte, prangte darauf in großen Lettern: RECKLINGHAUSEN Hbf. Es war 04.02 Uhr und bereits ein ziemliches Gewimmel auf dem Bahnsteig. Ich achtete darauf, nichts von meinen Sachen im Zug zurückzulassen und verließ den Zug. Auf dem Bahnsteig angekommen kramte ich nach meinem so überlegt vorbereiteten Adressbüchlein, das auch alle Kontaktdaten in Recklinghausen enthielt. Da fiel mir siedend heiß ein, dass und wo ich es in der Wohnung von Tante Elisabeth zurückgelassen hatte. „Scheiße!" Jetzt half nur noch, meine Erinnerung zu befragen. Mir fielen nur zwei Adressen ein, aber nicht, wer unter welcher Adresse zu finden wäre.

Ich fragte dann einen Bahnbeamten, wohin es näher sei, zur Herner Straße 45 oder zur Hertener Straße 64. Er antwortete: „Ich weiß zwar nicht, wo sich die Hausnummern befinden, aber zur Herner Straße kannst du bequem zu Fuß gehen. Den Weg zur Hertener Straße würde ich dir nicht als Fußmarsch mit Gepäck empfehlen. Geh bis zum nächsten Bogen, den du dort siehst und dann immer gerade aus. Du brauchst nur eine viertel Stunde." Es waren die ersten Worte in dem typischen Kohlenpottslang, die ich vernahm. Außerdem stank die Luft nach Kohlengas und Schwefel, was mich die nächsten 6 Jahre begleiten sollte. Ich wurde täglich daran erinnert, warum das Ruhrgebiet „Kohlenpott" hieß.

Da ich alles, was ich bei mir trug, nur mit der gesunden Hand tragen konnte, war der Fußweg einigermaßen mühsam. Schließlich erkannte ich die Hausnummer 45, aber von einem klotzigen Schülerwohnheim war leider keine Spur. Das Haus hatte nicht nur eine Eingangstür, sondern auch ein Eingangstor. Ich suchte die Namensschildchen und die Klingelknöpfe des Hauses neben der Eingangstür mit der Hausnummer 45 und las „Tillmann". Jetzt wusste ich, dass ich bei der falschen Adresse gelandet war, denn ich musste mich ja im Schülerwohnheim melden. Bis zur Hertener Straße war es noch weit, so viel wusste ich vom Bahnbeamten, den ich befragt hatte. Scheinbar hatte mich aber ein Schutzengel geführt, denn ich konnte später den weiten Weg zum Schülerwohnheim bequem im Auto von Dr. Tillmann zurücklegen.

Doch zuvor möchte ich noch erzählen, wie ich Dr. Tillmann morgens um ca. 4.30 Uhr antraf. Ich klingelte an der Haustür des Hauses Nr. 45. Nach einer Anstandspause klingelte ich nochmals. Schließlich öffnete jemand im weißen Nachthemd, mit nackten Beinen und Latschen und fragte mich: „Was willst denn du hier zu nächtlicher Stunde?" Ich sagte: „Ich bin Hubertus Schmidtlein. Es ist heute der 6. Mai, an dem ich mich bei Ihnen melden muss."

„Das Schülerwohnheim ist in der Hertener Straße. Du kannst aber jetzt hierbleiben. Ich fahre nachher sowieso mit dem Auto hin, dann kann ich dich mitnehmen. Du kannst dein Gepäck hier im Flur lassen." Ich ging mit meinem Gepäck hinter ihm her, wobei er mich weiter informierte: „Ich muss erst noch eine Messe zelebrieren, dann fahren wir zum Schülerwohnheim." Er hieß mich, in einer Bank seiner kleinen Hauskapelle Platz zu nehmen. Kurze Zeit später kam er im Talar wieder. Von mir unbeobachtet müssen die zwei alten Frauen reingekommen sein, die ich dann noch in der Kapelle entdeckte. Ich dankte Gott aus Überzeugung für alles Gute, was mir widerfahren war, und betete für meinen Vater und meine ganze Familie.

Nach der Messe trug Dr. Tillmann eine Soutane. Wir stiegen in sein Auto und fuhren in die Hertener Straße. Dr. Tillmann sprach während der Fahrt nicht mit mir. Er schien seinen Kopf voll zu haben. Das Einzige, was er von mir wissen wollte, war, warum ich meine linke Hand verbunden hätte und in einer Schlinge tragen würde. Meine Antwort war nicht besonders kurz. Während ich noch beim Antworten war, tauchte das große, rote Backsteingebäude vor uns auf. Ich sah es zum ersten Mal, mein neues Heim, in dem ich dann sechs Jahre lang lebte, lernte, spielte und mich im Kreis von bis zu 140 Schülern behauptete. Wir kamen dort zur Frühstückszeit an. Dr. Tillmann lieferte mich bei meinesgleichen ab und verschwand. Ich traf ihn während des ganzen Tages nicht mehr. Er muss es sehr eilig gehabt haben.

Ich hatte – aus welchen Gründen auch immer – die Erwartung, dass ich in ihm nun einen Ersatz für meinen Vater haben würde. Aber so war unser Verhältnis zu keinem Zeitpunkt. Ich fand bei ihm nicht die körperliche Nähe, die ich mir in meinem Unterbewussten von einem Vater noch wünschte. Doch er sorgte derart umsichtig für mich, wie es kein Vater hätte besser machen können.

Ich nahm an jenem Ankunftstag in einem großen Speisesaal am Frühstück der Schüler teil, bestehend aus Mehlsuppe, mit Käse belegten Broten und Blümchenkaffee. Ich hatte keinen Hunger, da ich völlig übermüdet war. Daher stocherte ich in der Suppe unentschlossen herum. Mein Nachbar bemerkte das und fragte mich, ob er meine Suppe zusätzlich haben könne. Ich schob sie ihm zu und dachte bei mir: Die Verpflegung ist wohl nicht sehr reichlich hier. Dieser Verdacht bestätigte sich in den nächsten Tagen heftig. Wir hungerten zwar nicht, aber für Heranwachsende, die zudem noch mit meiner Veranlagung zum Längenwachstum belastet waren, war die Ernährung durchaus knapp.

Vorstellung beim Rektor Dr. Hofmann

Frater Andreas war bestimmt worden, mich zur Freiherr-von-Stein-Aufbauschule zu führen und dem Rektor Hofmann vorzustellen. Mir waren noch nie zuvor Fratres begegnet. Daher fragte ich auf dem Weg zur Schule, was das Wort Frater bedeutet: „Es bedeutet Bruder." Er erläuterte mir, dass er dem Orden der Maristen Schulbrüder angehöre. Der Orden habe seinen Ursprung in Frankreich. Die Fratres seien keine geweihten Priester, sondern Ordensbrüder, die durchweg als Erzieher bzw. Lehrer ausgebildet seien und unverheiratet blieben. Im Schülerwohnheim seien sie nicht als Lehrer, sondern als Erzieher eingesetzt. Ihre Ausbildung als Lehrer würden sie nur im Rahmen von Nachhilfeunterricht einsetzen: „Da Du – gemessen am Schuljahrbeginn – zu spät gekommen bist, werde ich dir helfen, den verpassten Stoff nachzuholen. Wenn du allerdings Nachhilfe in Mathematik oder in einem naturwissenschaftlichen Fach benötigen solltest, dann wird dir einer meiner Mitbrüder helfen. Es war ein interessantes Gespräch, und ich fand es genial, wie man im Schülerwohnheim zum Wohle der Schüler organisiert war. Dann fragte er mich aus, warum ich so spät gekommen wäre. Sie hätten uns doch die Zuzugsgenehmigung viel früher zugesandt. Ich erklärte ihm, dass die früheren Maschinen von Berlin nach Lübeck ausgebucht gewesen waren.

Ehe ich mich versah, waren wir an dem prächtigen Bau der Freiherr-von-Stein-Aufbauschule angekommen. Er führte mich hinein. Im Obergeschoss befand sich das Rektoratszimmer, in das man nur durch das Zimmer seiner Sekretärin hineinkam. Sie winkte uns durch zum Rektor Dr. Hofmann. Der begrüßte uns mit den Worten: „Grüß Gott, Frater Andreas! Sie wissen doch, dass wir in diesem Jahr keine Parallelklasse organisieren können. Deshalb sind wir voll. Die umliegenden Gemeinden protestieren ständig, dass wir zu wenige Schüler von ihnen aufnehmen, und Sie bringen uns trotzdem noch einen zusätzlichen Schüler aus der Ostzone." Frater Andreas hatte gute Argumente: „Den Hubertus Schmidtlein, der hier vor ihnen steht, haben wir Ihnen bereits vor drei Monaten gemeldet. Er konnte leider mit keinem früheren Flugzeug von Berlin nach Lübeck gelangen, weil alle ausgebucht waren."

Dann reichte der Dr. Hofmann mir die Hand: „Willkommen, Hubertus Schmidtlein! Jetzt bist du da, jetzt nehmen wir uns deiner an. Doch kein Schüler kann bei uns anfangen, wenn er nicht zuvor die Aufnahmeprüfung bestanden hat. Morgen um 8.30 Uhr beginnt deine Aufnahmeprüfung. Wir machen es kurz, du wirst nur in Mathematik, Deutsch und Geschichte geprüft. Die Naturwissenschaften lassen wir weg." Dann bat er Frater Andreas, mir die Turnhalle, die Aula und die Außenanlagen zu zeigen und entließ uns.

In der Aula hatte mich die Orgel mit ihrem Ausmaß überrascht. Viele Pfeifen fehlten allerdings. Waren sie für den Krieg kassiert worden? Eine Turnhalle wie die, die sich mir dann bot, hatte ich vorher noch nie gesehen. Beim botanischen Außengarten für den Biologieunterricht bestaunte ich, wie wichtig man es offensichtlich nahm, die Schüler beim Lernen durch ein derartiges Anschauungsmaterial zu unterstützen. Überwältigend empfand ich aber dann den Schulplatz, der von einer großzügigen mehrspurigen Laufbahn umrundet wurde. Ein eigener Sportplatz für nur eine Schule. Mir wurde bei der Besichtigung der Anlagen klar, wie gut ich es getroffen hatte. Wieder im Schülerwohnheim zurück, wies mir Frater Andreas in einem großen Saal im Obergeschoss ein Bett zu und einen Spind. In dem Saal schliefen ca. 50 Schüler und Frater Andreas, dessen Bett nur von einer spanischen Wand abgetrennt war. Außerdem wies er mir in einem großen Studierzimmer ein Pult zu, in dem ich die Schulsachen aufbewahren konnte, an dem ich in Zukunft auch meine Hausaufgaben verrichtete. In dem Pult landete als Erstes mein aus Leuterwitz mitgebrachter Fahrraddynamo. Ihn hatte ich mitgenommen, weil ich daraus einen Gleichstrommotor entwickeln wollte.

Während des weiteren Tages litt ich unter meiner Übermüdung und Überbeanspruchung, und alles Neue – die Mitschüler, die Malzeiten, die Räume, die Worte – erlebte ich nur verschwommen wie in einem ungeordneten Traum. Irgendwie brachte ich es dennoch fertig, ein paar Zeilen für Mama zu Papier zu bringen und in den Postkasten gegenüber dem Schülerwohnheim zu stecken. Dann schaltete ich ab und landete im großen Schlafsaal und in meinen unruhigen Träumen.

Am nächsten Morgen machte ich dann mit dem Ablaufplan des Schülerwohnheims Bekanntschaft. Vieles, was dieser Ablaufplan obligatorisch vorsah, berührte mich befremdlich. Daher soll ihm später ein eigenes Kapitel gewidmet werden, und zwar das Kapitel Gelobt sei Jesus Christus.

Die Aufnahmeprüfung

Als Erstes hatte ich mich der Prüfung in Mathematik zu unterziehen. Ein Dr. Farwick nahm mich in Empfang, führte mich in einen kleinen Raum, gab mir zwei Blätter mit den Prüfungsaufgaben und wies mir einen Platz zu mit den Worten: „Versuche alle Aufgaben zu lösen. Ich werde nicht bei dir sitzen bleiben, sondern zwischendurch anderes erledigen gehen. Aber ich werde regelmäßig bei dir vorbeischauen. Viel Erfolg!" Dann verschwand er.

Ich sah mir die Aufgaben an: Bruchrechnung, Prozentrechnung, Dreisatz. Mir war nur das Wort Prozent unbekannt. Ich nahm mir vor, ihn nach der Bedeutung von Prozent zu fragen, sobald er mal ins Zimmer käme. Die anderen Aufgaben meinte ich zu beherrschen und löste sie schnell auf die Art, die ich für richtig hielt. Schon bald kam Dr. Farwick wieder ins Zimmer und schaute mir über die Schulter mit der alsbaldigen Reaktion: „Du wandelst die Brüche in Dezimalzahlen um, ehe du sie weiterverarbeitest. Habt ihr denn nicht gelernt, wie man mit Brüchen direkt weiterarbeitet?" „Nein, das habe ich in der Schule nicht erfahren, aber das wird wahrscheinlich gerade jetzt gelehrt. Mir fehlt der Stoff des zweiten Halbjahres der 8. Klasse."

Dr. Farwicks Gesicht hellte sich auf und er nickte zustimmend: „Euer Schuljahr ist ja gegenüber unserem um ein halbes Jahr verschoben." Dann erklärte er mir, wie man Brüche kürzt, wie man Brüche miteinander multipliziert und wie man sie durcheinander dividiert, wie man Brüche addiert und wie man Brüche voneinander abzieht. Er tat es mit ruhigen Worten, aber sehr zügig und ohne Pausen, sodass ich Zeit gehabt hätte, das Gehörte zu schlucken. Vielleicht hatte er mich schon aufgegeben. Immerhin fragte er mich zum Schluss seiner Ausführungen: „Hast du alles verstanden?" Ich bejahte, worauf er den Raum sofort wieder verließ. Ich hatte nach vielleicht zwanzig Minuten alle Bruchrechnungsaufgaben auf die direkte Art gelöst. Zufällig kam er genau zu diesem Zeitpunkt erneut in den Raum zurück, schaute meine Lösungen durch und sagte: „Alles richtig!" Das gab mir große Sicherheit und ich wagte ihn zu fragen, was Prozent heißt.

Er erklärte mir nun auch die Prozentrechnung auf die gleiche ruhige und zügige Art wie zuvor die Bruchrechnungsarten. Er verließ auch danach den Raum sofort und wünschte mir viel Erfolg. Ich begab mich sofort an die Lösung aller noch verbliebener Prüfungsaufgaben. Kurze Zeit später tauchte er wieder auf, schaute meine Ergebnisse durch und sagte erneut: „Alles richtig!" Und ich war zum Bersten glücklich.

Anschließend wollte er unvermittelt von mir wissen, was wir in

Physik gemacht hätten. Ich berichtete ihm, dass wir das Prinzip des Gleichstrommotors durchgenommen hätten und dass ich mir meinen Fahrraddynamo mitgebracht hätte, um ihn in einen Gleichstrommotor umzubauen. Er fragte, welches Element mir dazu fehlen würde. Meine Antwort: „Ein Kollektor!" Er sagte wieder: „Richtig! Das ist das fehlende Element. Es wird für dich schwer sein, einen Kollektor zu bauen. Kannst du denn überhaupt schon die Spulen berechnen?" „Nein, das habe ich noch nicht gelernt. Aber ich werde eine Glühbirne in Reihe schalten, dann kann es keinen Kurzschluss geben." Seine Antwort: „Das ist korrekt! Meinerseits ist die Prüfung beendet. Jetzt kommt der Studienrat Neudecker, der dich in Deutsch prüfen wird. Warte hier, ich rufe ihn herbei." Mit diesen Worten verschwand er, und ich musste mal austreten gehen.

Nach kurzem Warten betrat ein Mann mit einem griesgrämigen Gesicht den Raum und stellte sich vor: „Ich bin Studienrat Neudecker und muss dich in Deutsch und Geschichte prüfen. Ich hatte sofort den Eindruck, dass ich ihm nicht genehm war. „Erst werde ich dir einen Text diktieren, um deine Rechtschreibung zu prüfen. Danach werde ich dir Fragen zur Geschichte stellen, die du mündlich beantworten musst. Danach musst du einen Aufsatz schreiben zu einem Thema deiner Wahl, das wir noch vereinbaren werden. Nach diesem Überblick ging es gleich zur Sache. Er diktierte in ziemlichem Tempo einen Text, der in meinem DIN-A-4-Block drei Seiten füllte. Danach ließ er mich die Seiten heraustrennen und sackte sie ein, ohne draufzuschauen. Danach begann er unmittelbar mit seinen Fragen zur Geschichte: „Was habt ihr im Fach Geschichte in den letzten 12 Monaten durchgenommen?" Ich berichtete ihm von unserer Klassenfahrt zum Völkerschlachtsdenkmal bei Leipzig, womit uns die napoleonischen Kriege nahegebracht werden sollten. Dann erläuterte ich ihm, dass wir auf der Fahrt in dem Sinn indoktriniert werden sollten, dass man vom Sozialismus das Siegen lernen könnte. Je mehr ich das Thema vertiefte, desto mehr stellte sich bei mir der Eindruck ein, dass ihn dieses Thema überhaupt nicht interessierte. Er wollte wissen, was wir denn noch im Geschichtsunterricht durchgenommen hätten. Ich berichtete ihm von unserem Hausaufsatz über die Nürnberger Kriegsverbrecherprozesse und über meine Schwierigkeiten mit der Staatsmacht in der SBZ, die sich im Fall meines Vaters in Verbrechen gegen die Menschlichkeit gefällt und die Gefangenen verhungern lässt. Neudecker: „Drei, drei, drei, Issos Keilerei; drein drein acht, Chaironeia Schlacht! Hast du davon nie etwas gehört?" Nein, Herr Studienrat, das habe ich nicht." Es gelang mir einfach nicht, ihm irgendetwas zu liefern, was ihn erfreute.

„Nun zum Aufsatz! Welches Thema möchtest du wählen?" „Ich würde ihnen gern den Bauernhof in Schlesien beschreiben, von dem man uns vertrieben hat." „Kannst du kein anderes Thema vorschlagen?" „Ich dachte es würde Sie interessieren, mehr über mich und meine Familie zu erfahren." „Gut, dann schreibe zu diesem Thema." Danach verschwand er und überließ mich meiner Aufgabe. Das Konzept, das ich mir für diesen Aufsatz ausgedacht hatte, war Folgendes: Ich liege noch im Kinderzimmer, während auf dem Hof alle Tiere erwachen und die Knechte und Mägde sie füttern bzw. melken bzw. anschirren und vom Hof fahren. Ich wollte alles nur anhand der Geräusche beschreiben, die ich im Bett im Kinderzimmer vernehmen konnte. Als ich den Aufsatz fertig hatte und ihn nochmals für mich selbst las, fand ich, dass er mir sehr gut gelungen war. Man spürte meine Liebe zu den Tieren und zu den Feldern und zu der Arbeit auf einem Bauernhof. Als Neudecker zurück ins Prüfzimmer kam, sackte er den Aufsatz ein, ohne ihn anzusehen oder zu kommentieren oder eine Frage zu stellen und verschwand mit den Worten: „Für heute sind wir fertig. Du kannst jetzt zurück zum Schülerwohnheim gehen."

Der Mann hatte eine Fistelstimme, wirkte miesepetrig, hasserfüllt und erschien mir ekelig. Sehr viel später erfuhr ich, dass er im

Lehrerzimmer die getrockneten Nasenpopel aus seinem Taschentuch kratzte und in den Aschenbecher legte, um das Taschentuch länger benutzen zu können. Auch kein anderer Lehrer hatte große Sympathien für ihn. Sie mussten ihn aushalten.

Die ersten Schultage in der Aufbauschule

Die Aufnahmeprüfung hatte stattgefunden. Das Ergebnis war mir allerdings noch nicht bekannt. Frater Andreas hatte erwirkt, dass ich schon mal am Unterricht teilnehmen durfte, damit ich nicht im Konvikt tatenlos herumsitzen musste. Ich war zu diesem Zeitpunkt überzeugt, dass ich bestanden hatte und ging mit vielen Schülern aus dem Schülerwohnheim – meist aus der Klasse über uns – unbelastet und fröhlich zur Schule.

Am ersten Tag musste ein Platz im Klassenraum für mich gefunden werden. Ich war der „Neue" und musste mit dem Platz in einer eilig in die erste Reihe geschobenen Bank zufrieden sein. Sie stand auf dem „Vorzugsplatz" direkt unter den Augen des Lehrers, der im Abstand von weniger als 2 Metern mit seinen Möbeln auf einem Podest thronte; denn der Raum war mit ca. 39 Schülern erheblich überbelegt.

Unsere Schulbänke bestanden damals nicht aus mechanisch getrennten Elementen, sondern die Bank und der zugehörige Tisch waren durch hölzerne Elemente fest verbunden, und eine solche Schulbank fasste immer zwei Schüler. Es gab daher unterschiedliche Schulbänke, für körperlich kleine, mittelgroße und große Schüler. Die für mich hinzugestellte Bank war eine vom Typ: für kleine Schüler. Immerhin hatte ich sie für mich allein. Ich gehörte zu den groß gewachsenen Schülern und musste mich unter dem Gelächter meiner Klassenkameraden dennoch in die kleinste Bank zwängen, weil der Herr Studienrat Neudecker in eine solch nebensächliche Festlegung nicht steuernd eingriff. Er musste das entstehende Gelächter meiner Mitschüler zwar hinnehmen, aber brauchte es nicht ohne Antwort zu lassen. Er sprang von seinem Podest und ohrfeigte den Schüler, der am lautesten gelacht hatte. Das war Manni (Manfred Kremser). Ohrfeigen waren damals einem Lehrer noch erlaubt. Ich bemerkte es dennoch voller Ablehnung; denn ich war in den vier Jahren in Leuterwitz kein einziges Mal geohrfeigt worden.

An diesem ersten Tag erklärte mir Studienrat Neudecker, dass es noch keine Geschichtsbücher gäbe, die nicht aus dem Dritten Reich stammten. Deshalb würde er in jeder Geschichtsstunde etwas diktieren, was die Schüler mitzuschreiben hätten. Dann forderte er mich auf, mir eine Kladde zu kaufen und die Texte aus allen vergangenen Unterrichtsstunden nachzutragen und zu lernen. Einer wohne ja im Konvikt. „Von ihm kannst du die von mir diktierten Texte bekommen."

Eine Woche später, erneut im Geschichtsunterricht, fragte mich Neudecker, ob ich den Stoff nun beherrschen würde. Wenn wir damals eine Frage des Lehrers beantworteten, mussten wir aufstehen und im Stehen sprechen. Beim Aufstehen klebte mir die Bank am Bauch, beim Hinsetzen polterte sie wieder zurück auf den Boden. Ich stand also auf und antwortete ihm kurz und klar: „Nein, ich beherrsche den Stoff noch nicht. Für eine Woche ist es zu viel. Es ist auch nicht das Einzige, was ich nachlernen muss." Danach setzte ich mich wieder hin und die Bank polterte zurück auf den Boden. Darauf sagte er mit mühsam beherrschter, gereizter Fistelstimme etwas, was ich als unverschämt empfand: „Ach, wer weiß, ob sich dieser Bursche überhaupt schon ein Heft gekauft hat?"

Ich zog meine nagelneue Kladde aus der Schultasche und knallte sie demonstrativ auf mein Pult, stand auf – wieder mit der Bank am Bauch – mit den Worten: „Ich lüge nie! Meine Aussage können Sie hier sofort kontrollieren." Dann setzte ich mich wieder, und die Bank polterte zurück zum Boden, während er von seinem Podest aufsprang, auf mich zustürmte, sicherlich um mich zu ohrfeigen. Im Näherkommen stoppte er: „Nein, den Burschen fasse ich nicht an. Dann erzählt er noch, ich hätte ihm den Arm gebrochen." Ihm war meine eingegipste linke Hand mit der Mittelhandfissur vielleicht erstmals aufgefallen. Es interessierte ihn nicht, ob ein Schüler Schmerzen hatte. Neudecker war derart im Schwung, dass er etwas unternehmen musste. In dieser Situation gefangen rannte er zu Manfred Kremser, griff ihm mit der linken Hand in die Haare und ohrfeigte ihn mit der rechten Vor- und Rückhand nach Strich und Faden. Neudecker war wohl ein Rechtshänder. Er schaute nicht einmal in meine Kladde, was ich ihm angeboten hatte, sondern schrie voller Hass: „Du machst hier nicht Abitur! Dich bringe ich wieder zurück hinter die Elbe." Er hatte völlig übersehen, dass Leuterwitz und Recklinghausen auf der gleichen Seite der Elbe liegen. Wie ich später aber des Öfteren beobachtete, hörte Deutschland für ihn an der Elbe auf. Die Menschen hinter der Elbe waren keine richtigen Deutschen mehr.

Ich nahm seine Drohung durchaus ernst, denn er war ja schließlich unser Klassenlehrer. Doch dachte ich mir, dass ich ein Wörtchen mitzureden hätte und dass auch die anderen Lehrer mitsprechen würden. In einem war ich mir ganz sicher, dass ich mich niemals misshandeln lassen, sondern alle Anfechtungen ruhig und standhaft durchstehen wollte. Schließlich hatte ich deshalb die SBZ verlassen.

Immer wenn ich in seinem Unterricht saß, schaute er von oben herab auf mich. Wenn ich zum Antworten aber aufgestanden war, blickte ich auf ihn hinter seinem Pult herab. Er entschied in einer großzügigen Geste, dass ich in Zukunft nicht mehr für meine Antworten aufstehen bräuchte. Ich aber ließ es mir nicht nehmen, die alte Ehrfurchtsregel streng beizubehalten. Das Ergebnis war gut. Ein anderer Mitschüler musste seinen Platz gegen meinen tauschen. Unser Spitzname für unseren Klassenlehrer Neudecker war „Nepos", der Enkel, ein Wort, das man auch für Mafiosi benutzt.

Ich entschuldigte mich bei meinem Freund Manni dafür, dass er leider die Abreagierpuppe für mich hatte sein müssen. Doch er sagte: „Nicht der Rede wert." Und alle anderen aus meiner Klasse waren der Meinung; „Du hast es ihm einmal richtig gezeigt. Das musste mal sein."

An jenem Tag wurde ich zum Rektor gerufen. Ich fürchtete, dass ich wegen Aufsässigkeit oder etwas Ähnlichem erscheinen sollte. Doch er hatte einen ganz anderen Grund. Rektor Hoffman wollte mir das Ergebnis meiner Aufnahmeprüfung mitteilen. Er tat es in etwa mit den Worten: „Wir haben uns in einer Lehrerkonferenz entschlossen, dich aufzunehmen. Es war nicht einfach. Da bei uns die Schüler, die nicht versetzt werden, die Schule verlassen müssen, kannst du unseren Entschluss durchaus als Aufnahme zur Probe betrachten. In Deutsch und Geschichte waren deine Leistungen nicht ausreichend. Du hast im Diktat über 40 Fehler gemacht. Auch dein Aufsatz enthält 48 Fehler und hat das Thema nicht getroffen." Er breitete beide Arbeiten vor meinen Augen aus. Was ich sah, war mir äußerst peinlich. Beide Arbeiten waren mit roten Strichen reich geschmückt und voller in Rot geschriebener negativer Bemerkungen. Ich muss ehrlich bekennen, dass mich die Fehler in Rechtschreibung und Interpunktation nicht kümmerten. Ich hielt sie nicht für wichtig. Wie Neudecker aber meinem Aufsatz abgekanzelt hatte, erregte mich zutiefst. Ich erkannte daraus, dass er gar nicht wusste, wie eine Kuh muht, die Schmerzen hat, und wie sie muht, wenn sie z. B. nur nach dem Schweizer ruft oder ihrem Kälbchen etwas mitteilt. Dieser Mensch wusste gar nicht, dass Tiere auch eine Sprache haben und dass man als Mensch lernen kann, sie zu deuten.

„Dr. Farwick hat dich sehr positiv bewertet, und zwar sowohl in Mathematik als auch in Physik. Ich sehe hier, dass du für deinen Fahrraddynamo in deinem wenigen Fluggepäck Platz gefunden hast, um nun einen Gleichstrommotor daraus zu basteln. Das zeigt dein großes Interesse für die Naturwissenschaften." Immer dann, wenn mich jemand lobte, wurde ich rot. Ich glaube, dass ich in dieser Situation bei Rektor Hofmann rot geworden bin. Dr. Fahrwick blieb mein Schutzengel in der Aufbauschule.

Ich meine mich zu erinnern, dass keiner aus meiner Klasse sitzen blieb, weil seine Mathematiknote schlecht war; denn Dr. Fahrwick war ein meisterhafter Lehrer. Ich ging während meines späteren Studiums an der Technischen Hochschule in Darmstadt nur zu jeder zweiten oder dritten Mathematikvorlesung, und trotzdem schrieben meine Kommilitonen während der Übungsstunden erfolgreich von mir ab. Das war Farwicks Verdienst.

Neudecker dagegen hatte nie wieder eine Chance bei mir. Erst als ich im Jahr 2016 in Heidekaten übte, wie ein Buddha zu gehen und dabei zu meditieren, begegnete er mir plötzlich aus heiterem Himmel. Ich sah, welche „Päckchen" ihn belasteten, worunter er litt. Er reihte sich ein in die ganze große Familie der Früheren. Wir alle – meine Eltern, Großeltern, Tanten und Onkel, Lehrer, Schulkameraden, alle Gerechten und auch alle Quälgeister – gehen im Gleichschritt und sind Geschwister, und es gibt keinen Hass mehr. Auch Bergau, der meinen Vater denunziert hat, geht in dieser Gruppe.

Das St.-Joseph-Konvikt

Das Schülerwohnheim – auch Konvikt genannt (von con vivere = zusammenleben) – war dem heiligen Joseph geweiht. Zunächst hatte ich natürlich keine Ahnung, was das bedeutete. Mir war schnell klar, dass mit dem Namen Joseph der Ziehvater von Jesus gemeint war. Ich war aber sehr erstaunt, als ich erlebte, wie St. Joseph für und von uns eingesetzt wurde.

Das zeigte sich bereits am ersten Abend, und zwar so: Frater Direktor trat vor uns hin und sagte sinngemäß: „Männer, der heutige Tag neigt sich, und es ist Zeit, Gott zu danken. Er hat uns alle beschützt, sodass wir uns vollzählig hier versammeln können." Dann drehte er sich um, sodass er uns seinen Rücken zuwandte, kniete in einer schmalen Betbank nieder und begann das Vaterunser zu beten. Alle Schüler knieten ebenfalls nieder und stimmten in das Gebet ein. Von vorn blickte ein etwa 1,30 m großes hölzernes Standbild von St. Joseph mit den Attributen eines Zimmermanns in bunten Farben auf uns herab, das mit einem freundlichen, andächtigen Gesicht ausgestattet war.

Danach setzte Frater Direktor das Gebet folgendermaßen fort: „Wir bitten dich, heiliger Joseph, hilf uns, dass uns der Vater im Himmel auch morgen wieder unser tägliches Brot gibt und wir nicht Hunger zu leiden haben."

Ich zuckte zusammen bei dem Gedanken, dass wir morgen vielleicht hungern müssten, und mir wurde dabei klar, dass im Mai 1949 auch in den Westzonen noch viele Menschen unter Hunger litten. Zum anderen fühlte ich mich geehrt, zu den Männern gezählt zu werden.

Frater Direktor wiederholte das Vaterunser mit der darin enthaltenen Bitte „Unser tägliches Brot gib und heute und vergib uns unsere Schuld" zweimal und sprach auch beide Male jeweils danach seine Bitte an St. Joseph, unseren Schutzpatron. Dann wünschte er uns eine gute Nacht und ein fröhliches Erwachen und überließ uns unserem Feierabend.

Ich bleibe jetzt mal beim Thema der Versorgung von ca. 140 Schülern im Jahr 1949. Frater Direktor rief mich bald nach meinem Erscheinen im Konvikt zu sich. Er wollte wohl wissen, wozu er mich einsetzen könnte: „Du bist doch der Sohn eines Bauern aus Schlesien. Stimmt das?"

„Ja, das stimmt."

„Kannst du gut Pferde an- und ausspannen?"

„Ja, das kann ich. Das habe ich sowohl bereits in Schlesien als auch nach der Flucht in Leuterwitz regelmäßig gemacht. Ich kann mit Pferden fahren und mit ihnen auch alle anderen üblichen Arbeiten leisten."

Er bat mich, ihm zu folgen und führte mich in den Hof auf der straßenabgewandten Seite des Schülerwohnheims zu einem kleinen Pferdestall. Einen Pferdestall hatte ich im Hinterhof eines Gebäudes mitten in einer Stadt von über 100.000 Einwohnern nicht vermutet. Ich freute mich sehr darüber, wieder Kontakt zu Pferden zu bekommen, streichelte sie und merkte, dass sie mich sofort annahmen. Es waren zwei Dülmener, die wild aufgewachsen und dann aus der Wildherde herausgefangen worden waren. Inzwischen waren sie an ihr neues Leben gewöhnt.

Die Fratres hielten auch Hühner, Schweine und eine Kuh. Frater Direktor bat mich, beide Pferde anzuschirren. Er sagte kein Wort dazu, wie ich dabei vorging, sondern beobachtete nur. Danach nahm er eins der Pferde an die Hand, bat mich das andere ebenfalls an die Hand zu nehmen und führte mich zu einem kleinen Schuppen mit einem mittelgroßen gummibereiften Plateauwagen: „Bitte spann beide Pferde vor den Wagen und dreh mal ein paar Runden durch den Hintergarten."

Als ich beide Pferde angespannt hatte, setzte ich mich auf den Bock und fuhr durch den großen Hintergarten. Ich hatte ihn zuvor noch nicht gesehen. Bei meiner Fahrt kam ich an Heiligenfiguren vorbei, die offensichtlich zu einem Kreuzweg gehörten. Es störte offensichtlich die Andacht nicht, dass auch Gemüse und anderes Weltliches zwischen den Figuren wuchs. Frater Direktor war beim Schuppen stehen geblieben und hatte mein Tun genau beobachtet. Anschließend: „Du beherrschst das Geschäft, wie ich sehe. Dich kann ich in Zukunft nun in deiner Freizeit auch zum Betteln in die umliegenden Dörfer einteilen."

Bei meiner ersten Fahrt in die benachbarten Dörfer waren wir zu zweit. Mein Mitschüler erzählte mir, dass das Konvikt die Pferde erst seit reichlich einem Jahr hätte und dass vorher Dr. Tillmann die Spenden der Bauern mit seinem Käfer (VW) eingesammelt hätte. Dazu hätte er nun keine Zeit mehr, weil er inzwischen 8 Internate bzw. Schülerwohnheime zu führen hätte.

Ich erfuhr bei dieser Fahrt noch etwas sehr Interessantes. Früher wäre ein gewisser Frater Johannes der Direktor des Schülerwohnheims gewesen, der hätte das Standbild vom heiligen Joseph einmal vor dem Beten mit dem Gesicht zur Wand gedreht, weil sie an diesem Tag Hunger gelitten hätten. St. Joseph musste sich in die Reihe der Schüler einreihen, damit er mit ihnen zu Jesus gemeinsam betete. Das verstärkte die Wirkung des Gebets. Ich war in der Zukunft daran beteiligt, dass das Standbild von St. Joseph niemals wieder mit dem Gesicht zur Wand gedreht werden musste.

Die Bauern der Umgebung waren gläubige Menschen. Der Krieg hatte zudem gezeigt, wozu Unglaube führt. Daher bekam der Glaube wieder mehr Bedeutung. Wenn wir auf die Dörfer fuhren, hatten wir stets einen Brief von Pfarrer Dr. Paulus Tillmann bei uns, mit dem wir das Herz jedes Landwirts knackten. Darin stand: „Gib… , sonst

kommt deine Seele in die Hölle! Gez. Pfarrer Dr. Paulus Tillmann."
In die Hölle wollte keiner, Karl Arnold, der Ministerpräsident von
NRW übrigens auch nicht. Seine Regierung spendierte nach meiner
Erinnerung 10.000 D-Mark jährlich für das Konvikt. Später gab es
den ersten Ministerpräsidenten von der SPD. Er musste sich vom Dr.
Tillmann vorhalten lassen, dass die SPD den Religionsbezug früher
nicht in der Satzung hatte und dass es nun nicht reiche, ihn einfach
hineinzuschreiben. Die Regierung von Dr. Steinhoff zahlte für die
Sünden der SPD in der Vergangenheit.

Dr. Tillmann, der Don Bosco von Recklinghausen, war immer auch
ein harter Verhandler zugunsten des von ihm ins Leben gerufenen
Studienwerks für heimatvertriebene katholische Schüler e. V. Er gab
uns unsere Würde zurück. Wir waren nicht mehr unerwünschte
Flüchtlinge und die Fußabtreter der Rücksichtslosen.

Es gab zwei Brüder mit dem Familiennamen Gutjahr, die sowohl
im Konvikt wie auch in der Ausbauschule meine Mitschüler waren. Wie ich heute weiß, waren sie genau von November 1949 bis
zum 31.08.1950 meine Mitschüler. Sie waren als einzige Bewohner
des Konvikts evangelisch. Ich erinnere mich, dass sie mir damals
erzählten, dass sie lieber in Deutschland bleiben wollten als in die
USA umzusiedeln. Daraufhin hatte ich Dr. Tillmann gefragt, ob sie
uns verlassen sollten, weil sie evangelisch waren. Seine Antwort:
„Nein, sie sind jüdisch und werden von ihren Verwandten in den
USA aufgenommen. Sie haben keine Eltern mehr."

Sie waren während der Judenverfolgung von einem evangelischen
Pastor (Frankfurt/Oder?) versteckt worden und bezeichneten sich
seitdem nach außen als evangelisch. Dr. Tillmann hatte herausgefunden, dass in den USA nahe Verwandte von ihnen lebten, die die
Jungs zu sich holen wollten. Die beiden verließen Recklinghausen,
um in Bad Godesberg das zweisprachige Pädagogikum-Internat zu

besuchen. Sie sollten vor ihrer Übersiedlung in die USA gut Englisch lernen und das Abitur noch nach deutschem Schulschema ablegen.

Ferien in Heemisch

Inzwischen war ich als Schüler im Schülerwohnheim St. Joseph und als Untertertianer der staatlichen Freiherr-vom-Stein-Schule in Recklinghausen installiert. Bis zur nächsten Versetzung konnte mir – an und für sich – nichts Bedrohliches mehr dazwischenkommen. Der Gips von meiner linken Hand war abgenommen worden. Die anfängliche Unsicherheit der befreiten Hand war gewichen. Ich konnte sie wieder ohne Schmerzen belasten. Ich hatte damit alle ersten wichtigen Meilensteine erreicht und war mit mir zufrieden.

Uschi und mein Schwager Adam Krämer, den ich noch gar nicht kennengelernt hatte, hatten in der Bahnstation Zell-Kirchbrombach im Odenwald eine Rückfahrtkarte für mich bezahlt und sie im Hauptbahnhof Recklinghausen ausstellen lassen. Ich bekam sie dort ausgehändigt, nachdem ich mich als Schüler der Aufbauschule ausgewiesen hatte. Die großen Ferien im Odenwald verbringen zu können – bei meiner großen Schwester, ihrem Mann und ihrem Baby Klaus-Dieter – erschien mir als ein Heimkommen zu einem vertrauten Teil meiner Familie. Ich sah es aber auch als Lohn für all den Stress der letzten Monate, und ich freute mich außerordentlich darauf. Andererseits war es für mich erneut ein Schritt ins Unbekannte, was mich nicht kalt ließ. Adam hatte sein Augenlicht im Krieg verloren, und ich konnte mir nicht vorstellen, was das für ihn, für Uschi und seine Umgebung bedeutete.

Aus finanziellen Gründen nutzte ich nur die billigeren Bummelzüge für die Reise, mit der Folge, dass ich mehrmals umsteigen musste und dass die Fahrzeit infolgedessen ganz erheblich war. Über den größten Teil der Strecke saß ich in einem Nachtzug, um am Spätvormittag in Zell-Kirchbrombach anzukommen; zu einer Zeit, zu der der Milchkutscher von Zell-Kirchbrombach für gewöhnlich wieder zurück nach Hembach aufbrach.

Meine Reise klappte plangemäß. Da aber die Höhen der Tritte des Zuges und der Bahnsteigkante nicht gut aufeinander abgestimmt waren, flog ich mit meinem Gepäck beim Aussteigen in Zell-Kirchbrombach fast auf die Nase, diesmal nur fast und nicht tatsächlich wie in Berlin. Der Ausgang des Bahnhofs war dann schnell gefunden, und ich entdeckte zu meiner großen Freude das Pferdefuhrwerk voller Milchkannen. Es hatte die Milch in der Molkerei abgeliefert und brachte Molke und andere Verarbeitungsprodukte aus Milch zu den Bauern zurück. Mit diesem Fuhrwerk sollte ich nach Kirchbrombach und weiter nach Hembach gelangen. So hatte Uschi meine Reise für mich vorgeplant, denn es gab damals keine Busverbindung von Zell-Kirchbrombach nach Hembach.

Der Kutscher und ich, wir hatten uns sofort entdeckt und gefunden, denn es gab nichts zu verwechseln. Es gab nur **einen** wartenden Milchkutscher vor dem Bahnhof, und es stieg nur **ein** fremder 14-jähriger, blonder Schüler mit Gepäck aus dem Zug. Dann aber begann ein Abenteuer für mich: Wie sollte ich diesen Mann nur verstehen? Er sprach eine Sprache, die ich noch nie gehört und noch viel weniger gelernt hatte. Ich verstand ihn, wenn er die Namen „Uschi" und „Adam" erwähnte, aber ich verstand nicht, warum er mir dauernd erzählte, dass Adam die Uschi gefreit hatte. Sie waren doch längst schon ein Ehepaar und hatten sogar schon einen Sohn. Ich konnte mir auch keinen Reim darauf machen, wenn er mir etwas von „Heemisch" berichtete. Ich saß bei ihm auf dem Bock und nickte zu seinen Worten, um nicht unhöflich zu erscheinen. So wie ich mich verhielt, verhält sich wohl ein glücklicher Insasse aus dem Irrenhaus.

Von Zell-Kirchbrombach nach Hembach geht es praktisch 10 km lang nur bergauf. Die Pferde gingen also im Schritt. Entsprechend lange dauerte die Fahrt. Wenn man so auf dem Bock sitzt und durch das Rumpeln des Fuhrwerks gelöst und auch geistig gelockert wird, dann spielt der Verstand mit dem Gehörten. Und plötzlich erschließt sich einem, was es bedeuten könnte. Ich verstand den Kutscher, der mir sagte, wie sehr sich Uschi und Adam freuen (frein) werden, wenn er mich mitbringt. Ja, und „Heemisch" ist doch ganz einfach „Hembach". Das kann man doch erraten. Es wurde mir während der Fahrt nach und nach klar, dass er meine ganze Geschichte kannte, meine Flucht aus der SBZ in einem Flugzeug der Luftbrücke von Berlin nach Lübeck, meine bestandene Aufnahmeprüfung in der Freiherr-vom-Stein-Aufbauschule in Recklinghausen usw. Mein Kommen war in Heemisch offensichtlich Dorfgespräch.

Hinter dem letzten Hügel konnte man auf ein kleines Dörfchen von drei oder vier Bauernhöfen herunterschauen, und gleich danach passierten wir das Ortsschild. Die Pferde brauchten nicht mehr zu ziehen, denn nun rollte der Wagen von selbst. An der Gastwirtschaft mitten im Ort kam der Wagen schließlich zum Stehen. Damit war ich am Ziel, doch mein Spaß mit der Odenwälder Mundart begann erst richtig. Eine junge Frau in Kittelschürze rannte die Sandsteinstufen des gegenüberliegenden Hauses hinauf und brüllte: „Uschi kumm, der Hubbetus is doa!". Sogleich kam Uschi aus dem Haus gestürmt, und wir lagen uns in den Armen. Es war nur ein reichliches Jahr her, seit wir uns in Leuterwitz zum letzten Mal gesehen hatten, aber was war seitdem nicht alles passiert?!

Ich fragte Uschi nach ihrem Baby und nach Adam, die ich nicht erblicken konnte. Uschi sagte: „Jetzt gehen wir zwei erst einmal Adam aus seiner Bürstenmacherstube holen, und dann feiern wir Wiedersehen bei Kaffee und Kuchen: Denn ich habe zur Feier des Tages einen wunderbaren schlesischen Streuselkuchen gebacken. Das ist doch dein Lieblingskuchen." Ich wollte mein Gepäck nicht auf der Straße liegen lassen, sondern in Sicherheit bringen. Uschi aber sagte: „Hier wird nichts gestohlen. Dein Gepäck kann vor der Treppe liegen bleiben. Wir nehmen es dann mit rein, wenn wir Adam geholt haben." Ich empfand es befreiend, dass ich in einem Dörfchen angekommen war, in dem keiner dem anderen etwas klaute. Das ganze Dorf erschien mir wie eine große Stube, die Leute wie eine Familie. Aber vor der Begegnung mit Adam fühlte ich noch eine gewisse Beklemmung. Ich stellte mir vor, dass ein Kriegsblinder ständig unter seinem Los leiden und daher psychisch gestört sein müsste und dass es nicht leicht sein würde, mit ihm zurechtzukommen.

Uschi hängte sich bei mir unter und führte mich dabei, so wie sie wohl Adam führen musste: „Wir gehen zum Hof von Adams Eltern. Da Adam wegen seiner Blindheit den Hof nicht übernehmen kann, bewirtschaftet ihn sein jüngerer Bruder Emil zusammen mit meinem Schwiegervater. Im Parterre des Wohnhauses hat Adam ein Stübchen, wo er Bürsten macht. Damit verdient er ein kleines Zusatzeinkommen, denn seine Kriegsversehrtenrente ist nicht besonders reichlich. Das hilft uns ganz schön bei Anschaffungen für unseren Haushalt." Inzwischen waren wir am Wohnhaus angekommen und gingen schnurstracks in Adams Werkstadt. Seitdem weiß ich, dass einige Blinde ausgezeichnet „sehen", denn sie haben gelernt, auf die Geräusche, die Windverhältnisse, die Gerüche zu achten und haben in aller Regel alles Alte und alles Neue und alle Planungen detailliert im Gedächtnis.

Adam hatte uns längst kommen gehört. Als wir seinen Raum betraten, erhob er sich und drehte sich mir entgegen: „Willkommen mein Schwager! Wie war deine Reise?" Meine Antwort – damals noch mit Kinderstimme: „Nu, ganz gut!" Meine wenigen Worte hatten ihm gereicht, mich zu orten und genau auf mich zuzukommen, ohne dabei die geringste Unsicherheit zu zeigen. Dann umarmte er mich herzlich, wobei er mir vertrauensbildend auf den Rücken klopfte. Dabei sagte er scherzhaft: „Du hast gar keine grauen Haare bekommen von all dem Stress. Deine Augen sind blau und nicht braun, wie die deiner Schwester. Wo hast du denn die Schiene deiner linken Hand gelassen? Die ist ja weg! Außerdem bist du ganz schön groß geworden." So detailliert informiert und so locker und schelmisch hatte ich mir meinen kriegsblinden Schwager nicht vorgestellt. Nach meiner Empfindung wurde er in diesem Moment zu meinem Bruder.

Ich schaute ihm in die Augen und bemerkte, dass eines der Augen aus Glas und herausnehmbar war. Das andere hatte eine stark zerkratzte und entartete Hornhaut. Mit diesem Auge konnte er – wie ich später erfuhr – wenigstens noch hell und dunkel unterscheiden, aber leider noch nicht einmal Umrisse erkennen. Immerhin konnte er es kontinuierlich bewegen, während das Glas des Glasauges natürlich nicht an die entsprechende Muskulatur angeschlossen war und deshalb nicht von ihm kontrolliert bewegt werden konnte. Leider lag es aber auch nicht ruhig in der Augenhöhle. Wenn Adam seine Blickrichtung schnell änderte, um nach links, rechts, oben oder unten schauen zu können, dann sprang die Iris des Glasauges wirr umher. Mit so unkontrollierten Blickrichtungen würde ein Schauspieler vielleicht einen Bösartigen oder einen Verrückten darstellen. Während ich es zum ersten Mal und aus so kleinem Abstand beobachtete, tränten mir die Augen. Hätte ein anderer mein Gesicht dabei fotografiert, so hätte dieses Foto wahrscheinlich einen heftig Verschreckten mit aufgerissenen Augen gezeigt. Statt wegzuschauen umarmte ich Adam erneut mit ganzer Kraft: „Adam, ich bin sehr froh, bei euch sein zu können." Adam freute sich über meine Bemerkung und schloss mich erneut in seine Arme.

Nach dieser Umarmung in der Bürstenmacherstube gingen wir sofort zurück in die Wohnung des Hauses, vor dem mein Gepäck lag.

Wir stiegen die Sandsteinstufen hinauf ins Hochparterre und gelangten über einen winzigen Flur zuerst in ein Schlafzimmer. Beherrscht wurde es von einem „ausgewachsenen" Ehebett mit Nachttischchen. Außerdem bot das Zimmer Platz für einen Tisch, auf dem einerseits Klaus-Dieter gewickelt werden konnte, der aber auch als Esstisch diente. Außerdem stand ein Kinderkorb auf Rädern dort, den Uschi und Adam gebastelt hatten.

Als wir ins Zimmer traten, lag Klaus-Dieter wach in seinem Körbchen und spielte mit seinen Fingern. Ich musste ihn natürlich bestaunen, ein normal geformtes Baby mit braunen Augen und einem hübschen Gesicht. Uschi legte ihn sich an die Brust zum Stillen, während Adam in den Nebenraum ging, um Kaffee zu kochen: „Komm mit Hubertus! Ich zeig dir unsere Küche." Ich folgte ihm durch den türlosen Durchgang in den Nachbarraum. Darin gab es zwei Kochplatten und ein Spülbecken aus Porzellan. Daneben sah ich anderes Hausgerät, wie z. B. ein Bügelbrett, Waschbrett, Nähmaschine. Ich fragte Adam, ob es einen dritten Raum gäbe. Er verneinte: „Nein, wir haben nur diese beiden Räume. Es reicht zum Glücklichsein. Das Klo ist übrigens von außen zu erreichen. Du bist vorhin an der Tür vorbeigegangen."

Der Kaffee bestand aus gebrannter Gerste (Kathreiners Malzkaffee). Adam füllte die Kaffeemühle damit und gab sie mir zum Mahlen. Bald saßen wir bei Kaffee und Streuselkuchen am Tisch und hatten uns unendlich viel zu erzählen. Parallel lief Babyfüttern, es zum Schlafen legen, Abendbrot richten und essen; langsam wurde es dunkel draußen. Ich fragte mich, wo ich wohl schlafen würde. Uschi hatte die Lösung dafür schon längst parat: „Ich schlafe auf der Ritze, Adam auf meiner linken Seite und du auf der anderen." Ich habe mit meinen 14 Jahren in dieser Nacht fest und traumlos an der Seite meiner großen Schwester (22 Jahre) hervorragend geschlafen.

Die Vorgeschichte

Uschi hatte sich im Jahr 1948 von Leuterwitz aus ohne Papiere über die grüne Grenze nach Hessen durchgeschlagen. Dabei hatte ihr ein Bahnarbeiter geholfen, einen unbeobachteten Weg über die Grenze zu finden. Er hatte ihr auch gesagt, dass die Familie Krämer in Hembach eine junge Frau für die landwirtschaftliche Arbeit suchte. (Adams große Schwester, die auch in der Landwirtschaft ihrer Eltern gearbeitet hatte, hatte geheiratet und war weggezogen.) Deshalb war Uschi schnurstracks zu Krämers gereist, hatte sich als Arbeitskraft vorgestellt und wurde eingestellt. Danach waren sich Adam und Uschi schnell nähergekommen – für Adams Eltern viel zu schnell –, und Uschi war prompt schwanger geworden. Während Adams Eltern Uschi nun als „leichtes Mädchen" ablehnten, beschlossen die beiden zu heiraten. Das Verhältnis zwischen Adams Mutter und Uschi war schlecht. Adams Vater verhielt sich neutral.

Bei der Hochzeit von Uschi und Adam konnten von unserer Seite einzig Bucks teilnehmen, Onkel Konrad Buck, seine Frau, meine Tante Erna (eine Schwester meines Vaters) mit ihren Töchtern Waltraud und Ute. Sie machten was her, gut gekleidet, Pelzmantel, mit dickem Mercedes, Großstadterscheinungen aus Frankfurt am Main. Im Standesamt wurde verlesen: Ursula Schmidtlein, geboren am 06. 09 1927 in Wachowitz, Kr. Rosenberg, Vater: Max Schmidtlein, Rittergutsbesitzer. Die Mutter von Adam wurde etwas zahmer, aber überzeugt war sie noch immer nicht. Nun kam ich als weiteres Familienmitglied unter ihre Augen. Sie lud mich geschäftig ein, bei der Heuernte zu helfen. Das nahm ich freudig an. Es wirkte auf mich wie ein herzliches Willkommen, denn ich wusste zu diesem Zeitpunkt noch nichts über das schlechte Verhältnis zwischen Uschi und ihrer Schwiegermutter.

Heuernte

Emil, der Bruder von Adam, mähte das Gras mit einem Balkenmäher, der von zwei Pferden gezogen wurde. Danach wendete er das gemähte Gras zweimal täglich mit einem von zwei Pferden gezogenen Heuwender. Ich kannte diese Arbeiten bestens, kam aber vorläufig noch nicht zum Einsatz. Man traute mir mit meinen 14 Jahren die Arbeit mit den Pferden und den Maschinen vielleicht nicht zu. Mein Einsatz kam erst zur Geltung, als es darum ging, das Heu auf den Wagen zu laden. Dazu mussten viele Arbeiten gleichzeitig verrichtet werden, was eine Aufteilung der Leute auf die verschiedenen Arbeiten erforderte.

Marrie (man betont im Odenwald die erste Silbe des Namens), die jüngere Schwester von Adam, hatte auf dem Wagen ihren Platz. Sie hatte das Heu so fachgerecht einzuschichten, dass es beim Fahren nicht herunterfällt. Emil und ich hatten das Heu auf den Wagen zu gabeln, wo es Marrie mit offenen Armen in Empfang nahm und setzte. Sie stellte sich immer auf die Stelle, auf der die nächste Gabel Heu hingesetzt werden sollte und breitete ihre Arme aus.

Eine Heugabel hat nur drei Zinken. Drei Zinken kann man leichter in einen Heuhaufen stechen als vier oder fünf Zinken. Daher dürfen die drei Zinken einer Heugabel sehr viel länger sein als die von anderen Gabeln. Die Menge Heu, die man bei Geschick auf eine Heugabel spießen kann, ist enorm. In Schlesien war es immer ein Wettkampf der Heugabler gewesen um den größten Haufen. Ein Heugabler konnte dadurch mit der Frau auf dem Wagen seine Scherze machen. Ich dachte mir, dass es auch im Odenwald so sein würde und gab mir die größte Mühe, den Wettkampf gegen Emil zu gewinnen.

Ich ging an den Anfang einer Heuschwad und ließ mit meiner Gabel, deren Zinken ich ca. 10 cm über der Ackeroberfläche hielt, im

Vorwärtsstampfen einen riesigen Haufen Heu anwachsen. Dann stach ich die Gabel unter Aufbieten meines ganzen Gewichts und meiner ganzen Kraft so tief wie möglich in den zusammengeschobenen Haufen von oben hinein, möglichst, bis die Spitzen der Zinken Bodenberührung hatten. Jetzt kam die schwierigste Aufgabe: Heugabeln haben lehr lange Stiele, denn man muss das Heu ja auch noch hochreichen können, wenn der Wagen bereits fast voll war.

70 oder 80 kg Heu an den Gabelzinken, das ganze Heugewicht an einem langen Gabelstiel, bei meinem damaligen Gewicht von vielleicht 70 kg, kann das gut gehen? Es ging! Ich drückte das freie Ende des Gabelstiels auf die Erde, setzte einen Fuß darauf, damit der Stiel sich nicht mehr von der Stelle bewegen konnte und richtete das schwere Arrangement aus Gabel und Heu mit beiden Händen senkrecht auf, bis es exakt austariert war. Einmal kurz in die Hände gespuckt, den Stiel mit der linken Hand so hoch wie möglich gegriffen und mit der rechten Hand bei gesenktem Arm umfasst, so hob ich das Gewicht um ca. 10 cm und ging mit zitternden Beinen langsam auf den Heuwagen zu und setzte das Heu zwischen Marries Arme. Danach war von Marrie nichts mehr zu sehen. Man hört nur noch ihr erstauntes Lachen und verstand daraus die Worte: „Tu langsam, Hubbetus! Isch will doch net beerdischt werre."

Als der Wagen voll war, nahm mich Marrie mit zum Mittagessen in die Küche von Adams Eltern. Dort schilderte sie ihrer Mutter prustend meine Art, Heu zu gabeln, und wie sie aufpassen musste, nicht vom Heu verschüttet zu werden und endete mit der Aussage: „Der Hubbetus konn Hei gabble. Und wie!" Das Mittagessen bestand aus einer Krause Leberwurst, die Adams Mutter bei der letzten Hausschlachtung eingeweckt hatte und aus einer Krause Birnenkompott, das Adams Mutter eingekocht hatte, und frischen Pellkartoffeln. Mir schien dieses Gericht ein Verwandter von „Schlesisches Himmelreich" zu sein. Dazu gab es gekühlte Kuhmilch. Alles, was normalerweise übrig geblieben wäre, bekam ich von Adams Mutter trotz meiner Abwehr auf den Teller gelegt: „Du bischt zu dinn und muscht mehr esse. Und moje brauchscht widder frische Kräfte." Sie hatte offensichtlich ihre Muttergefühle für mich entdeckt, denn sie ließ ein Bett in Adams Bürstenmacherstube für mich stellen: „Hier kannschte jetscht immer ungestert schlofe."

Am Schluss der Ferien hatte mir Adams Mutter eine lange Dauerwurst und Räucherschinken in den Koffer gesteckt.

Marrie war zu diesem Zeitpunkt noch unverheiratet und hatte noch nicht einmal einen festen Freund. Sie war ca. 22 Jahre alt, eine stets braun gebrannte, Fröhlichkeit ausstrahlende Gestalt und zu mir wie eine Schwester. Sie wurde ein Stück neue Heimat für mich.

Adam machte Schuhbürsten, Kardätschen, Kleiderbürsten, Möbelbürsten. Er verarbeitete dazu Rosshaar, Sisal, Kokos und Draht. Er konnte mit seiner Schreibmaschine, die auf mehreren Tasten kleine plastische Markierungen trug, schnell und fehlerfrei schreiben. Außerdem konnte er die Blindenschrift erstaunlich schnell lesen. Schon damals gab es Hörbücher für Blinde, die er kostenlos leihen konnte. Adam war immer aktuell und wach.

Fahrt nach Erbach mit dem Tandem

An einem der Ferientage machte ich meine erste Fahrt mit Adams Tandemfahrrad, natürlich nicht allein, sondern mit Adam auf dem Soziussitz. Weil Adam nach Erbach wollte, mussten wir direkt am Dorf einen engen Haken in einen schmalen Weg schlagen. Adam hatte mich vor dieser engen Kurve bereits gewarnt und für ein geringes Fahrtempo eigenfüßig gesorgt. Aber ich hatte eines noch nie erfahren: Wenn sich der Fahrer eines Tandems in die Kurve legt, dann tut es der blinde Mitfahrer nicht von selbst, denn er weiß nicht, wie nahe an der Kurve man ist. Der Fahrer muss sich zum Ausgleich also viel bewusster, d. h. mit mehr Nachdruck in die Kurve legen, er muss den anderen mitnehmen. Sonst wird der Bogen zu groß und man landet im Graben. Und das taten wir bei unserer ersten gemeinsamen Fahrt. Leider stand der Graben voll hoher Brennnesseln, und unsere Arme und Gesichter waren nackt, und der Aufprall war heftig, aber nicht so heftig, dass einem von uns etwas Nennenswertes passierte. Während ich danach ganz verlegen war und das Wort „Scheiße" zwischen die Zähne quetschte, kontrollierte Adam seine Kleidung und sonstigen Utensilien und sagte: „Mach dir nix daraus! In diese Brennnesseln hat mich schon jeder beim ersten Mal geschmissen, auch deine Schwester. Danach weiß jeder Neue Bescheid."

Abschied von den Ferien in Heemisch

Eines Tages kam ein „Fahrender Händler" in Heemisch vorbei, der alle möglichen Dinge anbot. Er kam offensichtlich regelmäßig; denn man kannte sich. Er hatte auch Hemden und Hosen dabei. Adam und Uschi dachten schon an den kommenden Winter und wollten mir eine lange Hose und ein Flanellhemd für die kalte Jahreszeit schenken. Aus der wenigen Kleidung, die ich besaß, war ich eigentlich schon herausgewachsen, und sie war zum Teil kurz davor, sich in Lumpen zu verwandeln. Was mich im wörtlichen Sinne am meisten drückte, waren die Schuhe; denn Schuhe wachsen nicht mit dem Fuß mit. Aber daran dachten Adam und Uschi nicht von selbst, und ich machte sie nicht darauf aufmerksam, denn sie hatten ganz offensichtlich nichts übrig zum Verschenken. Ich dagegen hatte ja noch über 20 D-Mark von dem Geld übrig, das ich beim Abflug von Lübeck besaß und wollte in Recklinghausen nach einem Paar passender Halbschuhe suchen.

Im Auto des Händlers fanden wir ein bunt kariertes Flanellhemd, das mir sehr gut gefiel. Die Ärmel hatten die richtige Länge, aber der Kragen und der Körper waren zu weit. Uschi stimmte meiner Auswahl dennoch zu: „Ein Hemd darf ruhig etwas zu weit sein, da man es ja in die Hose steckt. Was herausschaut sieht locker aus, und im weiten Kragen kannst du ein Tuch tragen." Wir fanden auch eine anthrazitfarbene Hose aus strapazierfähigem Cord, die ebenfalls viel zu weit war. Der Händler nahm die Maße von mir und nach zwei oder drei Tagen konnten wir sie beim Kutzeljean in Kirchbrombach geändert abholen, eine für Adam und mich inzwischen einfache Fahrt mit dem Tandem.

Mit jedem Tag, den ich in Heemisch verbrachte, fand ich mich besser in die Situation hinein. So ging ich z. B. mit Adam in den Wald zum Pilzepflücken. Er wusste die Stellen im Wald, wo die Pfifferlinge wuchsen und gab mir die Instruktionen, ihn zu diesen Plätzen zu führen. Ich brauchte dann nur noch hinzuschauen und die Pilze zu pflücken. Wir brachten einen großen Korb voller Pfifferlinge nach Hause.

Je nach Bedarf half ich in der Landwirtschaft oder gab meinem kleinen Neffen Klaus-Dieter das Fläschchen. Bald aß ich mittags bei der Krämer-Oma in der Küche mit und wurde verwöhnt, bald aß ich bei Uschi und Adam und wurde verwöhnt. Meist schlief ich in Adams Bürstenmacherstube, aber oft suchte ich die Wärme neben Uschi. Je näher das Datum meiner Abreise rückte, desto mehr verdrängte ich diese Notwendigkeit. Adams Eltern, seine Schwester Marrie, sein Bruder Emil und Adam selbst waren zu meiner Familie geworden. Ich fühlte mich mit ihnen verbunden.

Ein Milchkutscher bricht morgens sehr früh auf. Daher musste ich am Reisetag sehr früh aus den Federn. Von allen Menschen des Hofes hatte ich mich bereits am Abend zuvor verabschiedet. Als ich dann Uschi und Adam zum Abschied umarmte und drückte, unterdrückte ich tapfer jede Rührung, dankte vielmals und ging mit den Worten: „Im nächsten Jahr komme ich wieder!" Auch der Milchkutscher war mir vertraut und sein Mundartkauderwelsch verständlicher geworden, und der Abschied von ihm geriet persönlich und war verbunden mit vielen guten Wünschen, einem Handschlag unter von Herzen kommendem „Dankeschön".

Noch am gleichen Tag saß ich abends in der Kapelle des Konvikts St. Joseph und hörte die übliche abendliche „Ansprache" von Frater Johannes: „Männer, seid nicht traurig, dass die Ferien um sind und ihr wieder an die Arbeit müsst. Nur noch ein paarmal schlafen, dann ist schon wieder Weihnachten." Ich lehnte seine Worte ab und wollte in meiner Traurigkeit verharren, anerkannte aber dann: „Er versteht sein Handwerk an seinen weinerlichen ‚Männern'". Ich blieb traurig und brauchte Trost. Auf der Empore, hoch über den Betenden, stand ein Harmonium, und jemand lieferte das Vorspiel, die Begleitung und das Nachspiel zu jedem unserer Lieder. Ein Harmonium klingt wie ein Harmonium und trotz der orgelähnlichen Register nicht wie eine Orgel. Dennoch gibt es sehr große Unterschiede in dem, was ein Spieler daraus macht. Ich fühlte an jenem Abend den Trost, den ich brauchte. Ich schaute mich verstohlen um und sah über das Geländer hinweg, dass ein kleiner Schüler das Harmonium spielte und dachte: „Der ist noch um Klassen besser als Edith, meine große Schwester." Ich nahm mir vor, ihn kennenzulernen und zu meinem Freund zu haben. Er hieß Klemens Körner, stammte aus Strehlen, das ganz in der Nähe meiner Heimatstadt Brieg liegt, und hatte bereits seit frühester Kindheit Klavierunterricht bei Elly Pietsch, der berühmten schlesischen Konzertpianistin. Davon später mehr!

https://de.wikipedia.org/wiki/Harmonium

Alles bekannt

Mit dem Abschied von Mama in Berlin-Tempelhof hatte für mich die Fahrt auf eigenen Beinen begonnen. Ich hatte bis zum Eintreffen in Hembach fast drei Monate lang in kein mir vertrautes Gesicht mehr geblickt, sondern musste all meine Aufmerksamkeit darauf verwenden, herauszufinden, wem ich vertrauen durfte und wem nicht. Ich musste mir solange jedes Wort überlegen, bevor ich es aussprach. Es war eben alles fremd für mich, und ich wollte keine nicht wiedergutzumachenden Fehler machen. Auf Reisen gestattete ich mir nicht zu schlafen; denn jemand hätte mein Gepäck stehlen können, oder ich hätte das Aussteigen verpassen können.

Die Rückfahrt von Zell-Kirchbrombach nach Recklinghausen war die erste Bahnfahrt, die mich wieder an einen mir bekannten Ort in bekannte Umstände führte. Trotz einer gewissen Traurigkeit, meine neu gewonnene Familie im Odenwald wieder verlassen zu müssen, war ich nicht unter dieser extremen Anspannung wie beim Flug von Berlin-Tempelhof nach Lübeck oder wie bei der Fahrt von Lübeck nach Recklinghausen oder wie bei meiner Hinreise zu Uschi und Adam in den Odenwald. Ich brauchte nicht Angst zu haben, einen kapitalen Fehler zu machen und mich aus Versehen in eine gefährliche Situation zu bringen. Es wurde allmählich normal, etwas allein zu unternehmen, sich als Einzelgänger zu bewegen.

Die Gesichter der knapp 150 Schüler sowie Fratres und die der Frauen des Konvikts und die Gesichter der knapp 200 Schüler plus Lehrer der Aufbauschule waren mir – wenn auch unterschiedlich intensiv – bekannt. Bei meiner Rückkunft brauchte ich sie mir nicht erst einzuprägen, musste ich sie nicht erst prüfen, ob sie etwas Böses für mich bedeuteten. Ich kannte sie bereits und konnte sie einschätzen. Die Gebäude mit ihren verschiedenartigen Räumen und Außenanlagen, besonders aber die beiden Pferde im Stall des

Schülerwohnheims, begrüßten mich bei meiner Rückkunft vertraut und herzlich. Ich war zurück in den herrschenden Organisationen und Abläufen und bei den abgemessenen Mahlzeiten. Neben meinem Fahrraddynamo lagen nun die Räucherwaren und Dauerwürste von der Krämer-Oma gut unter Verschluss in meinem Pult in einem der Studierzimmer. Da es aus dem Pult gut duftete, schnitt ich manche Scheibe für einen meiner Freunde ab. Die Dauerwürste waren außerdem die Grundlage dafür, dass ich auf den Genuss der täglichen Tafel Milchschokolade, die wir in der Schule als Schulspeisung erhielten, verzichten und sie sammeln konnte, bis ein Päckchen zusammengekommen war, das ich meiner jüngeren Schwester Gudrun nach Leuterwitz sandte.

In der Schule trat etwas eigentlich Unmögliches ein. Nepos gab mir für einen Aufsatz zum ersten Mal eine 2+, und zwar für den Aufsatz zum Thema „Ein Ferienerlebnis". Nur zahlreiche Rechtschreibfehler hatten eine glatte 1 verhindert. Mir wurde klar, warum er meinen Aufsatz so gut fand. Es ging darin um meine Erlebnisse mit der Parallelität von Mundart und Hochsprache. Das war ein passendes Thema für einen Deutschlehrer. Im Aufsatz meiner Aufnahmeprüfung hatte ich auch das Thema der Sprache behandelt, die Sprachen der Tiere eines Bauernhofes. Das hatte er überhaupt nicht anerkannt, sondern hatte es als hässliches Tiergebrüll abgetan. Heute, als alter Mann, muss ich anerkennen, dass er als Deutschlehrer die Sprache der Tiere nicht als Sprache akzeptierte, was ja noch heute die meisten Menschen ebenfalls nicht tun. In meinem damaligen Aufsatz hätte ihn aber wenigstens interessieren können, dass ich die Sprache der Tiere zu verstehen glaubte und daraus exakt entnahm, was genau gerade auf dem Hof passierte. Aber das hatte wohl außerhalb seiner psychologischen und fachidiotischen Kompetenz gelegen.

Am 15.09.1949 saßen wir mit unseren Fratres im Speisesaal des Konvikts und hörten die Übertragung von der an diesem Tag durchgeführten Vereidigung des frisch gewählten Kanzlers Dr. Konrad Adenauer von der CDU. Das zu schwache Radio war voll aufgedreht worden, damit man noch bis in die entfernten Ecken des großen Raumes etwas mitbekam. Wir Schüler waren ausnahmsweise einmal totenstill, weil wir an unseren Fratres merkten, dass etwas ganz Wichtiges passierte. Als Adenauer die Worte gesprochen hatte „So wahr mir Gott helfe!", klatschten zuerst die Fratres und dann wir alle und freuten uns und waren der Überzeugung: „Nun wird alles besser."

Anschließend wurde eine Rede von Ludwig Erhard wiederholt. Darin begründete er, warum die Lebensmittelkarten und die Bezugsscheine sofort abgeschafft werden müssten. Ehrlich gesagt, war ich nicht seiner Meinung. Mir leuchtete das Argument von Kurt Schumacher von der alten SPD meines Großvaters Wilhelm Schmiegel mehr ein: „Wenn wir die Lebensmittelkarten und Bezugsscheine abschaffen, dann werden die armen Menschen hungern und in Lumpen gehen, und die Reichen werden alles wegkaufen. Erhard erwiderte: „Wir haben in unserem Volk einen hohen Stand des Wissens und der Fähigkeiten. Wenn wir die Lebensmittelkarten und die Bezugsscheine abschaffen, dann werden findige Unternehmer aufstehen und alles tun, um ihre Produktion hochzufahren. Dabei entsteht Konkurrenz, was die Preise sehr stark drückt. In zwei Monaten wird man ein Paar qualitätsvolle Halbschuhe für 8,50 D-Mark frei kaufen können." Ich dachte mir, dass die Zahl schnell geschossen war und nicht wörtlich genommen werden dürfte. Trotzdem nahm ich mir vor, diese Aussage von Ludwig Erhard zu kontrollieren; denn ich brauchte ein Paar Schuhe, weil mir mein einziges Paar zu klein geworden war.

Die Lebensmittelkarten und die Bezugsscheine wurden nach der Wahl sofort abgeschafft, und ich habe noch vor Weihnachten 1949 ein paar Halbschuhe in Recklinghausen für 8,49 D-Mark gekauft.

Sie hatten eine dicke, profilierte Specksohle und ein kräftiges gelb-braunes Oberleder. Ich schwebte in ihnen wie auf Federn dahin. Sie waren im Sommer etwas zu warm, und ich musste mich hüten, Käsegeruch aus ihnen aufkommen zu lassen. Sie haben viel länger gehalten, als ich sie tragen wollte. Meine Mutter hat sie später in ihrem Bollerofen **einzeln** verbrannt; denn zwei hätten auf einmal nicht in den kleinen Ofen gepasst. Und das war auch gut so; denn das lange Ofenrohr begann schon bei einem Schuh weiß zu glühen, sodass meine Mutter ernsthaft Angst bekam, dass das Gebälk des Hauses Feuer fangen könnte. In den ersten drei Wahlperioden, bei denen ich wählen durfte, wählte ich natürlich die CDU.

Ende September 1949 traf ein Brief an mich ohne Absender im Schülerwohnheim ein, der in Bockelwitz abgestempelt war. Damals waren unsere Fratres durch einen Fall gewarnt, bei dem ein Schüler durch faule Tricks zurück in die SBZ gelockt worden war. Seine Eltern hatten das gar nicht gewollt, nicht veranlasst und nicht gewusst. Dennoch war er nie mehr wieder nach Recklinghausen gekommen. Frater Direktor rief mich zu sich und übergab mir den Brief. Er war von Jutta Zabel und enthielt zwei Fotos, eines von meinen Mitschülern beim Abschluss des 8. Schuljahres und eines von Jutta und einem Baby mit der Widmung auf der Rückseite „Deine Jutta". Frater Direktor beobachtete mich aufmerksam, während ich spürte, dass ich rot anlief.

„Darf ich deine Fotos mal sehen?" Ich reichte ihm zuerst das Gruppenfoto meiner Abgangsklasse nach dem 8. Schuljahr. „Wart ihr nur 9 Schüler in der 8. Klasse?" „Mit mir waren wir 10. Das Foto zeigt nur 9, da ich zum Zeitpunkt des Fotos schon weggezogen war." „Hattet ihr so kleine Jahrgangsgruppen?" „Ja, aber es saßen die Schüler der 5. bis 8. Klasse immer gleichzeitig im Raum. Während der Lehrer mit einer Altersgruppe arbeitete, erhielten z. B. die jüngsten parallel von den besten älteren Schülern im Flüsterton Unterricht. Ich durfte im Rechnen und in Naturkunde oft jüngere unterrichten. Ich habe z. B. meine Freundin Jutta öfters unterrichtet." Bei diesen Worten gab ich ihm das Foto von Jutta, die das Baby des Ehepaars Bergau auf dem Arm hat. Frater Direktor schaute sich das Foto genau an und bemerkte dabei die Widmung auf der Rückseite. „Jutta ist offensichtlich deine Freundin?" Ich nickte zustimmend und erzählte ihm, dass wir beim Theaterspielen des Märchens Bärenhäuter ein Paar gewesen seien und dass wir Weidenruten für ihre Mutter zusammen geschnitten hätten und dass ihr Vater ebenfalls denunziert worden sei und in Bautzen umgekommen war. „Hubertus, würdest du dich von ihr nach Bockelwitz zurücklocken lassen?" „In die SBZ gehe ich nie wieder zurück. Dort hat man meinen Vater im Speziallager Mühlberg zu Tode gequält. Dort dürfte ich nicht eine höhere Schule besuchen. Dort wurde ich als Sohn eines schlesischen Großgrundbesitzers eingestuft, deren Nachkommen alle nach unten gedrückt werden müssen. Ich hasse Stalin und den Bolschewismus."

„Versprich mir, bei deiner Mannesehre, dass du nichts Geheimes im Schilde führst." Ich gab ihm meine Hand bei meiner Mannesehre und schrieb meiner Jutta, dass ich nicht in die DDR, die inzwischen gegründet worden war, kommen könnte. Sie könne sich sicherlich denken, warum. Ich schrieb: „Dein Vater wurde doch auch denunziert und in ein Lager gebracht. Wenn du willst, dann wirst du einen Weg zu mir finden. Dein Hubertus" Erst im Jahr 1990 habe ich sie zum ersten Mal wiedergesehen. Da war sie Frau Katzschmann und glückliche Mutter zweier Kinder.

Frater Direktor vertraute mir und gab mir den Brief und die Fotos zurück.

Solingen im Solling über Uslar, Kreis Northeim

In einem Atlas der Schule suchte und fand ich den kleinen Ort Solingen im Solling über Uslar, Kreis Northeim. Das war die Absenderangabe auf dem ersten Brief, der mich von Tante Erika und Tante Punne im Schülerwohnheim erreichte. Ich fand sie auch in meinem Adressbüchlein, das mir Mama nachgeschickt hatte, nachdem ich es bei Tante Elisabeth an der Garderobe vergessen hatte. Meine beiden Tanten hatten mich schon gleich nach den Sommerferien herzlich für die Weihnachtsferien eingeladen und mir das Geld für die Bahnfahrt im Briefumschlag gleich mitgesandt. Gemessen an meiner „Weltreise" in den Odenwald, war die Fahrt in den Solling nur ein Katzensprung, aber mit dem Zug nicht ohne zweimaliges Umsteigen zu erreichen. Aber es juckte mich nicht, denn ich fühlte mich schon als ein erfahrener Bahnfahrer.

Die frühe Einladung von meinen Tanten für die Weihnachtszeit versüßte mir die restliche Zeit bis dahin, und ich hatte eine fröhliche Periode in der Schule und im Schülerwohnheim. In Latein und Geschichte war Frater Andreas mit Erfolg dabei, mich auf Vordermann zu bringen. Selbst in Deutsch war Nepos zufrieden. In Mathe konnte ich gut mithalten. Mein Halbjahreszeugnis war – unter Berücksichtigung meiner Ausgangssituation – in Ordnung, ich war frei von Sorgen.

Bei den Fahrten auf die Dörfer zum Einholen der Produktspenden schlug ich mich wacker mit einem „renitenten" Bauern. Ich hatte ihm den Brief von Dr. Tillmann hingehalten, der normalerweise jeden Bauern überzeugte, doch er hatte ihn gar nicht mehr angesehen und hatte mich mit meinen beiden Kumpeln auf seinem Feld mit dem Vorwurf empfangen: „Wenn iten, denn friten. Wenn arbeiten, denn verstecken." Er war mit zwei Pferden beim Kartoffelroden. Auf dem bereits abgeernteten Abschnitt ackerte sein Sohn mit einem einscharrigen Ackerpflug gleichzeitig.

Ich hatte den Vorwurf zunächst gar nicht verstanden, denn er war in Münsterländer Platt. Als er es für mich noch einmal wiederholt hatte und ich den Sinn verstanden hatte, hielt ich dagegen: „Sie sitzen auf dem Sessel des Kartoffelroders und schleudern die Kartoffeln breit aus, und nur zwei Frauen müssen alle auflesen. Heute sind wir zufällig zu dritt hier und können ihnen jetzt helfen. Hätten Sie uns vorher angerufen, dann hätte ich noch ein paar Kumpels mehr mitgebracht und wir könnten jetzt gemeinsam alle Kartoffeln schaffen, und zwar genauso schnell, wie Sie Ihre Kartoffelschleuder ohne Kunstpause herauszaubert.

Er baute sich groß vor mir auf und blieb ziemlich lange ruhig. Hatte ich eine zu forsche Lippe riskiert? Er wusste nicht, dass ich ein Bauernsohn war. Wohl deshalb forderte er mich auf, mal eine saubere

Furche mit seinem Ackerpflug zu demonstrieren. Er erwartete wohl, dass ich mich blamierte. Als sein Sohn am Ende einer Furche angekommen war, übernahm ich ein bisschen kleinlaut das Gespann Pferde und den Pflug, drehte beides in die Gegenrichtung und zog meine erste Furche mit dem für mich ungewohnten Pflug. Solch ein einscharriger Pflug neigte dazu, aus der Zeile zu springen, wenn er auf einen Stein traf. Man musste also sehr aufmerksam und körperlich vorbereitet sein, um das zu verhindern. Es gelang mir, auch wenn der Pflug mich ziemlich stark rüber und nüber warf.

Das Ergebnis war toll: Anschließend an diese Prüfungsaufgabe halfen wir eine Stunde lang, Kartoffeln zu lesen und durften uns dann reichlich davon aufladen. Auch in der Zukunft waren wir gelegentlich bei ihm im Einsatz bei der Kartoffelernte, aber auch z. B. beim Verziehen der Rüben, beides Arbeiten, bei denen man wegen des geringen Automationsgrads der früheren Geräte zusätzlich viele Hände brauchte.

Weihnachtsferien im Solling

Die Reise klappte wie geplant. Tante Erika holte mich in Uslar auf dem Bahnhof ab, und wir liefen zu Fuß nach Solingen. Wir zogen mein Gepäck in einem Wägelchen hinter uns her, das Tante Erika vorsorglich mitgebracht hatte. Es schneite leicht, und beim Stapfen durch den Schnee hatten wir beide wohl die gleichen Assoziationen: Es ist diesmal nur noch ganz wenig Gepäck zu schleppen, und wir brauchen auch keine Pferde zum Ziehen. Eines jedoch war gleich: Wir hatten uns unendlich viel zu erzählen. Das war schon immer so, wenn wir beide, Tante Erika und ich, zusammenkamen. Aber Tante Erika sprach auf dem Weg vom Bahnhof Uslar nach Solingen einige für sie typische Worte: „Wir haben viel miteinander zu sprechen, aber wir nehmen uns diesmal auch die Zeit, es ganz in

Ruhe in den nächsten 14 Tagen zu tun. Heute wollen wir uns freuen, dass wir wieder zusammen sind. Wenn das dein Vater wüsste, dass du jetzt ganz allein in Recklinghausen bist und die Freiherr-vom-SteinAufbauschule besuchst, er wäre so stolz auf Dich, seinen Sohn, der sich nicht unterkriegen lässt. Wir wollen endlich mal wieder ungestört eine gesegnete Weihnachtszeit miteinander verbringen, auch wenn wir leider nicht mit der ganzen Familie vereint sind wie früher in Konradswaldau." Sie sprach mir aus der Seele.

In der Wohnung traf ich dann auf den für mich „Neuen" in unserer Runde, auf Herrn Pintsch, den wir unter uns heimlich Pipa nannten. Ihn hatte ich noch gar nicht persönlich kennengelernt, obwohl er schon lange mit meiner Familie verbunden war und wir früher schon manches Gespräch über ihn geführt hatten. Ein Sohn einer berühmten Industriellenfamilie im besten Alter gehört normalerweise in die Firma seiner Familie. Nicht so Pipa. Er nahm am Arbeitsleben nicht teil. Ich erlebte ihn folgendermaßen: Er saß ruhig in unserer Runde und löste Kreuzworträtsel. Tante Erika kaufte ihm alle Kreuzworträtselhefte, die sie vor einem Wochenende auftreiben konnte. Bis zum Donnerstag hatte er sie alle richtig ausgefüllt und wartete auf die neuen Hefte. An unseren Gesprächen beteiligte er sich kaum. Ich hatte den Eindruck, dass ihn außer Kreuzworträtseln nichts interessierte. Die Weihnachtslieder sang er manchmal mit. Wenn er sich freute, dann lachte er ganz normal. Ansonsten gehörte sein Gesicht nicht gerade zu den sprechenden Gesichtern. Auch heute, mit meinen über 80 Jahren, weiß ich nicht, was dem Mann fehlte, denn meine Beobachtungen hatte ich als Kind gemacht.

Rückblick 1

Tante Lene, eine weitere Schwester meines Vaters, hatte als Hausdame der Villa Pintsch in Flinsberg bis ins Jahr 1946 ausgeharrt. Während unserer Flucht war dort eine telefonische Relaisstation, um Informationen untereinander auszutauschen. Sie waren nicht geflüchtet. Nach einer Phase schlimmster Übergriffe durch die Polen wurde sie dann mit den anderen Bewohnern der Villa – wie die meisten in Schlesien verbliebenen Deutschen – in Güterwagen zwangsausgesiedelt. Sie gelangten nach Solingen im Solling, wo ihnen nach einer Phase in Notlagern eine Unterkunft in einem kleinen Haus zugewiesen wurde. Tante Lene zog sich leider im Jahr 1947 eine Lungenentzündung zu, hatte wegen ihres schlechten Ernährungszustandes nichts zuzusetzen und verstarb daran. Ihr Schutzbefohlener, E. Pintsch, ein Nachkomme der berühmten Industriellenfamilie Pintsch in Berlin, war nun plötzlich ohne Betreuung. Daher machten sich Tante Erika und Tante Punne von Langensalza auf, um an die Stelle ihrer verstorbenen Schwester zu treten. Sie waren gerade frei in der Wahl ihres Wohnorts geworden, weil ihre alte Mutter, meine Schmidtlein-Oma, ebenfalls verstorben war. Diese Vorgänge waren der Grund, warum ich bei meinem Ferienaufenthalt über Weihnachten 1949 bei meinen Tanten auch Herrn Pintsch begegnete und ihn ein wenig kennenlernte.

Obwohl jetzt in Polen gelegen, hat die Villa auch noch im Jahr 2019 ihren Namen behalten: „Villa Pintsch".

https://de.wikipedia.org/wiki/%C5%9Awierad%C3%B3w-Zdr%C3%B3j

Ende Rückblick 1

Tante Punne hatte bei einer Firma, die Kleinmöbel in Uslar herstellte, eine Anstellung als Sekretärin gefunden und war glücklich
darüber, wieder ein regelmäßiges, wenn auch bescheidenes Einkommen zu haben. Sie war die Einzige unter den fünf Schwestern
meines Vaters, die eine spezielle Berufsausbildung, und zwar die
zur Sekretärin, genossen hatte und die nicht nur die Allgemeinbil-
dung der höheren Schule vorweisen konnte. Sie beherrschte Steno,
schrieb auf der Schreibmaschine wie ein Wiesel, sprach Englisch
fließend und Französisch gut, beherrschte die Telefoniererei, kannte
die Kunden, Lieferanten und Produkte ihres Arbeitgebers bestens.
Im Betrieb war sie bald unersetzlich wie früher vor der Flucht bei
dem damaligen Arbeitgeber, einem großen Rittergut bei Liegnitz.

Tante Erika war diejenige, die nach dem Tod ihrer Schwester Lene
gegenüber der Familie Pintsch die Rolle der Hausdame für Pipa zu
spielen begann. Sie „schmiss" seinen Haushalt und pflegte seine

Kleidung. Da Pipa und meine beiden Tanten in derselben Wohnung zusammenlebten, in die ich während der Ferien ebenfalls einzog, gab es keine strikte Trennung mehr zwischen Pipa und den anderen wie früher in Flinsberg. Die Beziehungen glichen eher einem verflochtenen Wollknäuel, waren aber gut zu ertragen.

Tante Erika hatte bereits zu Beginn der Adventszeit einen Adventskranz geflochten und geschmückt, nach meiner Ankunft schmückten wir uns einen wunderbar gewachsenen Tannenbaum gemeinsam und sangen unsere heimatlichen Weihnachtslieder. Sogar die Pulsche Soße und schlesische Weißwürstel gab es am Heiligen Abend. Tante Erika hatte irgendwoher eine gebrauchte Gitarre aufgetrieben und begleitete unsere Lieder.

Mir war vieles nicht bekannt, was meine Tanten erlebt hatten, und ihnen war vieles nicht bekannt, was ich mit meiner engeren Familie erlebt hatte. So erfuhr ich z. B., dass unser Drei-Wagen-Treck bis nach Komotau gelangt war und dort in ein von der Volksfürsorge notdürftig vorbereitetes Lager gesteckt worden war und bis zur Kapitulation darin leben musste. Ich erfuhr, dass sich die französischen Gefangenen und die ukrainische Familie Kijan abgesetzt hatten, was ihnen keiner übelnahm. Kijans wollten nach USA und unsere französischen Gefangenen wollten nach Hause. Nach der Kapitulation hatten dann die Tschechen unseren Zugochsen, der unterwegs an Maul- und Klauenseuche erkrankt und zurückgelassen worden war, der aber überlebt hatte und nachgeholt worden war, geschlachtet und bei der Siegesfeier aufgefressen. Dabei ließen sie unsere Leute hungern. Selbstverständlich kassierten sie das komplette Eigentum unseres Drei-Wagen-Trecks. Meine Großmutter geht auf ein Ehepaar zurück, das aus Böhmen (Königgrätz) stammte, auf Jan Mogzis (alttschechische Schreibweise, später Mosisch) und seine Frau Elsbjetha Ruzova. Jan war wahrscheinlich jüdischen Glaubens und Elsbjetha war wahrscheinlich Hussitin.

Damals galt folgende Regel für christlich-jüdische Mischehen: Die Kinder wurden jüdisch erzogen, wenn die Mutter Jüdin war, sie wurden christlich erzogen, wenn die Mutter Christin war. Jan und Elsbjetha sind jedenfalls in die Nähe von Berlin ausgewandert und haben ihre gemeinsamen Kinder in der Brudergemeinde in Berlin taufen lassen. Die Brudergemeinde war damals eine lutherische Gemeinde, die aber Tür und Tor offen hatte für die versprengten Hussiten.

Meine Oma kam auf der Flucht aus Schlesien also ins Land ihrer Vorfahren und wurde auf die grausamste Art daraus vertrieben. Sie hätte auch ohne diese Vertreibung Böhmen verlassen, denn es war ja nicht ihre persönliche Heimat. Gerade deshalb aber war das Ausrauben und Verjagen der zertrümmerten Gruppe von Zivilisten eines Flüchtlingstrecks ein Verbrechen gegen die Menschlichkeit. Viele Sieger glaubten damals, nun endlich das Recht zu haben, Charakterschweine sein zu dürfen, weil es die Verbrecher von Nazideutschland gewesen waren. Sie haben sich – wie nennt man es neutral? – gerächt.

https://de.wikipedia.org/wiki/Hradec_Kr%C3%A1lov%C3%A9#/media/File:Hradec_Kr%C3%A1lov%C3%A9_-_elektr%C3%A1rna_u_jezu_Hu%C4%8D%C3%A1k.jpg

Meine Tanten interessierte am meisten, warum ich nach Westdeutschland flüchten musste. Sie ließen sich schildern, wie ich als ein Kind eines früheren Großbauern und eines politisch Verfolgten in meinem Werdegang benachteiligt wurde. Sie interessierten sich auch sehr für die Freiherr-vom-Stein-Aufbauschule und für das Schülerwohnheim in Recklinghausen und wollten alles über die Fratres und Dr. Paul Tillmann genau wissen. Dann stellten sie unter Freudentränen fest: „Wenn das der Max wüsste! Du wirst die Familie Schmidtlein in der Zukunft würdig vertreten können." Ich selbst fühlte mich aber erst so alt, wie ich damals war, nämlich 14 Jahre und fühlte mich von so viel Erwartung überfordert, obgleich ich wusste, dass sie ja nur ihr Vertrauen ausdrückten.

Die Weihnachtsferien verliefen insgesamt äußerst harmonisch und waren für mich besonders erholsam, weil ich mich in der Obhut meiner vertrauten Tanten vollständig entspannen konnte. Ich erkenne heute, dass ich in diesen Ferien mal wieder ein paar Tage lang Kind sein und die Verantwortung für mich bei Tante Erika abliefern durfte. Ich brauchte in diesen Tagen nicht ständig selbst meine übervolle innere Merkliste durchzugehen, um nichts Wichtiges unbeachtet zu lassen, um nicht vom richtigen Weg abzukommen.

Ich fuhr danach ausgeschlafen und gestärkt zurück nach Recklinghausen. Frater Direktor erreichte mich mit seiner Aussage bei seiner ersten Ansprache in der Kapelle vorbereitet: „Männer, seid nicht traurig, dass ihr wieder an die Arbeit müsst. Nur noch ein paarmal schlafen, dann sind die Osterferien da und ihr bekommt die Versetzungszeugnisse. Jeder, der brav gelernt hat, wird versetzt werden. Nun lasst uns gemeinsam dafür und für unser tägliches Brot beten! Vater unser, der du bist im Himmel ...“

Offensichtlich hatte ich „brav“ gearbeitet, denn mein Zeugnis enthielt die Aussage: „Versetzt in Obertertia“, und zwar ohne die Einschränkung „zur Probe“, wie es Rektor Dr. Hofmann nach meiner Aufnahmeprüfung ursprünglich zunächst angedacht hatte.

Auf der Schippe des Todes

Zu Ostern 1950 in Seckbach

Die Osterferien 1950 standen an, und ich war in Hochstimmung, weil ich von Tante Erna und Onkel Konrad für die Ferienzeit eingeladen worden war. Mit dem Versetzungszeugnis in der Tasche machte ich mich per Bahn auf nach Frankfurt am Main.

https://de.wikipedia.org/wiki/Frankfurt-Seckbach

Konrad Buck stammte aus Frankfurt-Seckbach, wenngleich er auch während seines gesamten Berufslebens in Gleiwitz gelebt und als selbstständiger Holzgroßhändler tätig gewesen war. Er beschaffte Holz für die oberschlesischen Kohlegruben, aber auch für die Bauindustrie. In dieser Eigenschaft kam er viel in Schlesien herum und war insbesondere auch allen bekannt, die Privatwald besaßen, so auch meinem Großvater und meinem Vater.

Der junge Kutscher auf diesem Foto ist mein Vater. Es zeigt den Moment des Abtransports von Langholz, das in den Wäldern des väterlichen Ritterguts Wachowitz geschlagen worden war. Gekauft hatte es Konrad Buck, der auf dem Foto leider nicht zu sehen ist. Er hatte meinem Vater Folgendes anvertraut: „Max, ich will dir sagen, dass ich eine Frau zum Heiraten suche. Du hast doch mehrere Schwestern. Könnte ich die mal kennenlernen?" Mein Vater soll geantwortet haben: „Im Grunde spricht nix dagegen, aber von den 5 sind heute nur 3 da. Die Älteste ist schon verheiratet und lebt in Berlin. Lene ist zwar noch ledig, ist aber in Flinsberg angestellt und lebt deshalb nicht mehr hier. Wie stellst du dir das Kennenlernen vor? Frauen wollen sich doch hübsch machen, ehe sie sich einem interessierten Mann zeigen. Deswegen lass uns einen Termin ausmachen, damit meine Schwestern eine kleine Vorwarnzeit haben." Konrad aber sah einen Vorteil darin, die Frauen zu überraschen und dabei zu studieren, welche mit der Situation am besten fertig wird. Außerdem vertrat er, dass es doch zunächst nur darum gehe, miteinander ins Gespräch zu kommen. Also nahm mein Vater den Holzhändler Buck mit ins Haus, rief seine drei Schwestern aus dem Haus zusammen und stellte ihn vor. Dabei beging er die Ungeschicklichkeit, ihnen zuzuflüstern, dass Herr Buck eine Frau zum Heiraten suchte.

Alice, die Jüngste, hatte nach dem Abitur als Einzige ihrem Vater abgerungen, eine Berufsausbildung zu absolvieren. Sie wollte Sekretärin werden und diesen Beruf ausüben, und zwar so lange, bis sie später vielleicht einmal Kinder hätte.

Erika geriet durch die Nachricht, Herr Buck suche eine Frau zum Heiraten, in Aufregung. Sie hatte immer wieder einige Zeit im Haus von Constantin Schmidtlein in Berlin zugebracht und sich dort zusammen mit dessen Töchtern in der besseren Gesellschaft gezeigt. Aber noch hatte kein interessanter Mann angebissen. Und nun befand sich ein Suchender direkt vor ihrer Nase im elterlichen Haus! Sie nahm sich vor, Herrn Buck in einer klassischen Konversation über die Themen der Zeit näherzukommen.

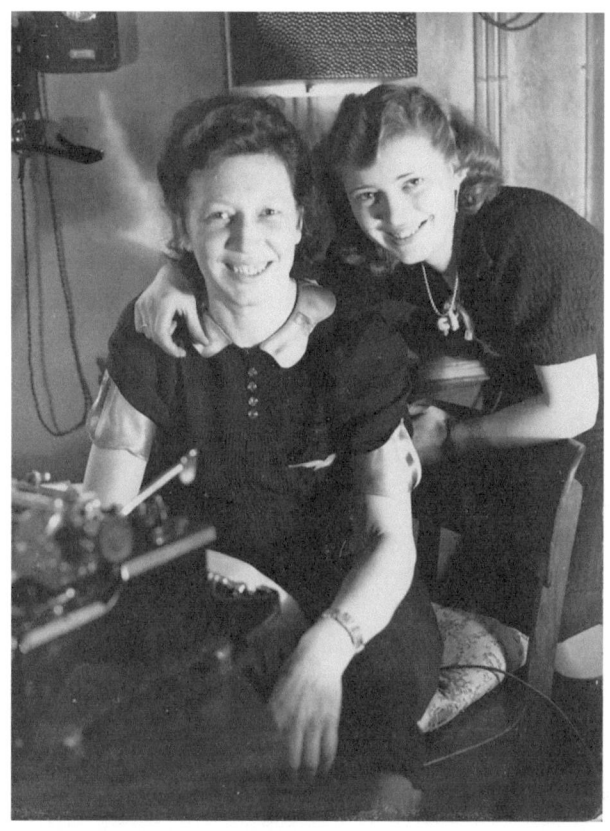

Das Foto zeigt Tante Punne (Alice) im Glück. Mit einer Arbeitskollegin an einer heute fast mittelalterlich anmutenden Schreibmaschine.

Erna dagegen hatte den richtigen Einfall. Sie fragte Herrn Buck, ob er lieber etwas Süßes oder etwas Herzhaftes essen möchte, Kuchen oder Strammer Max? Er entschied sich für die herzhafte Lösung. Ihre nächste Frage war: „Mit Bier oder mit Tee und Rum?" Er entschied sich wegen des unfreundlichen Wetters für Tee mit Rum. Das Ergebnis ist bekannt. Er nahm Erna zur Frau und wurde so zu meinem Onkel. Tante Erna hat ausgerechnet unsere kostbare Familienchronik in Gleiwitz zurückgelassen. Deshalb war ich ihr immer ein bisschen böse. Sie hielt so etwas wie eine Familienchronik über die Vorfahren – im Unterschied zu mir – wohl nicht für so wichtig.

Gleiwitz wurde zum gemeinsamen Wohnort. Auch die beiden Töchter Waltraud und Ute wurden in Gleiwitz geboren. Ute im Jahr 1927, wie meine älteste Schwester Uschi, und Waltraud ungefähr zwei Jahre zuvor. Die beiden waren die einzigen väterlichen Cousinen von mir, da keine der anderen Schwestern meines Vaters Kinder hatte.

Im Jahr 1950 hatten meine beiden Cousinen bereits ihre Berufsausbildung beendet. Ute war Säuglingsschwester geworden und arbeitete in einer Klinik bei Kassel, während Traude Fotografin geworden war und in Frankfurt bei einem Fotoatelier angestellt war. Es war noch die Zeit, in der die belichteten Filme von solch einem Fotoatelier nicht an ein Labor gesandt wurden, sondern selbst entwickelt wurden. Traude fotografierte also nicht nur, sondern entwickelte die belichteten Filme, machte Abzüge, retuschierte die Gesichter auf den Fotos und bediente die Kunden im Laden.

Waltraud Buck, heiratete   *Ute Buck, heiratete*
später Hans Rischka   *später Werner Gläser*

Meine beiden Cousinen waren recht groß. Da sie aber gleichzeitig sehr gut gebaut waren, hätte besonders Ute als Model auftreten können.

Bucks wohnten in der Wilhelmshöher Straße in einem mehrgeschossigen Wohnhaus, das bereits seinen Eltern gehört hatte. Er musste sich das Haus mit seiner Schwester teilen, die mit einem Herrn Nörper verheiratet war und mit ihrer Familie die Wohnung im Obergeschoss bewohnte.

Tochter von Frau Nörper: Heidemarie Wieczorek-Zeul

https://de.wikipedia.org/wiki/Heidemarie_Wieczorek-Zeul

Sowohl in Wachowitz als auch in Konradswaldau hatte mein Vater jeweils ein großes, wildreiches Jagdrevier besessen. Allerdings war er selbst das Gegenteil eines leidenschaftlichen Jägers. Wenn er mal auf einem Hochsitz auf der Lauer saß und sich seinen Augen ein stattliches Tier zeigte, dann bewunderte er es, steckte die Flinte weg und ging wieder nach Hause. Ich besitze dagegen einige Fotos von

Onkel Konrad in Jägerkleidung mit Gewehr, die mich daran erinnern, dass er sich um die Regulierung des Wildbestandes in Papas Revier nur allzu gern kümmerte.

In Wachowitz aufgenommen, Onkel Konrad mit Büchse

Natürlich kannte ich Onkel Konrad; wusste vorher, wie er aussah, als ich ihm bei meinem Osterbesuch wieder gegenüberstand. Aber ich hatte vergessen, dass Kinder für ihn keine Gesprächspartner waren. Sie hatten sich in Gegenwart von Erwachsenen still und unauffällig zu verhalten. Auch beim Wiedersehen in Seckbach interessierte ihn in keiner Weise, was ich und Mama in den letzten 5 Jahren erlebt hatten. Er begrüßte mich zwar freundlich, aber ich spürte bei ihm kein inneres Interesse.

Er hatte es irgendwie geschafft, während der Kriegszeit nicht eingezogen zu werden. Als die Front näher rückte, hatte er seine Frau und Kinder in den Mercedes gepackt, die Wohnung in Gleiwitz abgeschlossen und war nach Frankfurt gefahren. Holz – und damit für ihn zu tun – gab es auch in Hessen. Seine Familie war nicht durch die deutsch-deutsche Grenze getrennt. Er setzte sein früheres Leben relativ ungestört fort, denn die Aufbauarbeit in Westdeutschland hatte mit Wucht begonnen und verlangte nach Holz.

Am zweiten Tag zeigte mir Tante Erna den Garten auf dem Gelände der ehemaligen Buck'schen Gärtnerei. Ich erkannte sofort, dass es ein sehr fruchtbares Gartenland war. Ich erkannte dornenlose Brombeerhecken, Frühbeete mit Salatköpfen und andere Kostbarkeiten. Mitten im Gartengelände standen noch die kleineren gemauerten Gärtnereigebäude. Tante Erna öffnete das Türschloss, führte mich in das Gebäude hinein und erläuterte mir, was ihr Gebäudeteil barg. Da waren einmal die zum Schutz vor Diebstahl darin untergestellten Gartenmöbel. Da war aber auch ein etwa zwei Meter hoher Kaninchenstall mit 6 Fächern voller herumspringender Kaninchen. Mir lachte das Herz.

Tante Erna zeigte auf ein besonders großes Widderkaninchen: „Schau mal, Hubertus! Dieses Kaninchen wollen wir am Ostersonntag verspeisen. Du hattest doch in Leuterwitz auch Kaninchen, denkst du, dass du es schlachten könntest? Dann bräuchte ich nicht unseren Gartennachbarn darum zu bitten. Der kostet nur wieder Geld. Tante Erna hatte offensichtlich mit dem Schlachten des Kaninchens auf mich gewartet, also zog ich mir den Arbeitsanzug an, den sie mir reichte und schlachtete das Kaninchen. Es fiel mir leicht, denn ich kannte es nicht und es hatte keinen Namen, wie die, die ich in Leuterwitz gefüttert und umsorgt hatte. Tante Erna hatte mir das notwendige Werkzeug gegeben und war dann selbst in den Garten gegangen, um irgendwelche Arbeit zu verrichten. Danach liefen wir mit dem Osterbraten in der Einkaufstasche wieder in die Wilhelmshöher Straße zurück.

Hubertus, Ostern 1950

Traude machte einige Fotos von mir, um meine Mutter in Leuterwitz wissen zu lassen, wie ich aussah. Meine Mutter hatte sich eines dieser Fotos rahmen lassen und in ihrer jeweiligen Wohnung an die Wand gehängt. Es hing an ihrer Wand bis zu ihrem Tod im Jahr 1993.

Man kann auf dem Foto erkennen, dass der Junge ausgeprägte Augenringe hat. Ich war tatsächlich bereits mit einer leichten Bronchitis in Frankfurt angekommen und hatte gehofft, dass sie schnell wieder abklingen würde. Da ich aber im Wohnzimmer auf der Couch schlafen musste, deshalb morgens als Erster aufstehen musste und mich abends als Letzter hinlegen konnte, hatte sich meine Erkältung täglich ein wenig verschlechtert. Es schien mir nötig, nach dem Fieberthermometer zu fragen. Ich hatte erfreulicherweise nur eine erhöhte Temperatur leicht über 37 Grad. Ich hatte nun das Gefühl, dass ich den Onkel Konrad mit meiner Anwesenheit noch mehr störte. Aber ich konnte mich ja auch nicht unsichtbar machen. Am Ostertag kam auch Ute zu Besuch, Onkel Konrad goss mir zur Feier des Tages ein Gläschen Danziger Goldwasser ein, den ersten Alkohol meines Lebens. Es ging mir danach besser, aber ich habe das Thermometer vorsichtshalber nicht erneut befragt.

Als ich dann im Zug Richtung Recklinghausen saß, kämpfte ich mit Kodein-Tropfen gegen meine Erkältung, freute mich aber, wieder nach Hause zu fahren. Das Schülerwohnheim war bereits mehr mein Zuhause als Tante Erna und Onkel Konrad. Es machte mir nichts mehr aus, auf eigenen Füßen zu stehen und meine Entscheidungen allein zu treffen.

Direkt nach meiner Abreise hatte Onkel Konrad einen Rundbrief verfasst und ihn an alle meine in Westdeutschland lebenden Verwandten gesandt, die mich bisher unterstützt hatten, mit folgendem Inhalt: „Ich finde es unzumutbar, dass Trudel ihren minderjährigen Sohn allein in das Internat in Recklinghausen gesteckt hat und uns abverlangt, ihm zum Ausgleich seines Alleinseins angenehme Ferien zu bereiten und für den Ersatz seiner abgetragenen Kleidung zu sorgen. Wir alle haben durch das Ergebnis des Krieges selbst genug zu leiden. Ich mache daher den Vorschlag, dass wir unsere Unterstützung für Hubertus einstellen und dies Trudel mitteilen. Gez. Konrad Buck" Ich hatte von diesem Brief vor Antritt des nächsten Ferienaufenthaltes bei Bucks zu Ostern 1951 nichts erfahren.

In der Krankenstube des Konvikts

Eigentlich freute ich mich, dass die Osterferien vorbei waren. Mein dürftiger Leistungsstand in der Untertertia war für mich sehr ungewohnt gewesen. Ich hatte vorher nie erfahren, wie sich ein schlechter Schüler in der Schule fühlt. Gegen Ende des Schuljahres hatte ich mich aber etwas gefangen und wollte nun in der Obertertia darum kämpfen, meinen gewohnten Stand wieder zu erreichen. Ich hatte mir das Ziel gesetzt, in keinem Fach mehr auf der Kippe zu stehen und in meinen starken Fächern im oberen Feld mitzumischen.

Frater Direktor hatte uns alle am ersten Abend in der Kapelle aufgerufen, das neue Schuljahr mit Mut anzugehen. Das war genau das, was ich mir vorgenommen hatte. Mein gesundheitlicher Zustand allerdings verdarb mir den Spaß. Bald fröstelte ich, bald schwitzte ich aus unersichtlichen Gründen, und ich fühlte mich seltsam schwach. Nach zwei Tagen meldete ich mich morgens nach dem Frühstück bei Frater Joseph in der Krankenstube und stellte ihm die Frage, ob ich in die Schule gehen sollte. Es lagen sechs Schüler auf der Krankenstation, zwei Betten waren noch leer. Frater Joseph bat mich, ein Thermometer unter die Achsel zu stecken. Als er kurz den Raum verließ, fragte einer aus seinem Krankenbett: „Wenn du eine Arbeit schwänzen willst, dann musst du das Thermometer hochreiben. Du musst wenigstens 39 Grad haben, sonst musst du in die Schule." Gleich danach betrat Frater Joseph wieder das Zimmer und bat mich um das Thermometer. Es las ab: „37,3 Grad. Du kannst zur Schule gehen. Komm morgen früh noch einmal zur Kontrolle." Bei den anderen vier Patienten lag die Temperatur über 39 Grad. Ich habe den Vormittag dann gequält und unaufmerksam in der Schule zugebracht.

Die nächste Nacht verbrachte ich in meinem Bett im großen Schlafsaal und konnte von Stunde zu Stunde immer schlechter atmen.

Bereits vor dem Frühstück meldete ich mich erneut bei Frater Joseph im Krankenzimmer und klagte über meine Atembeschwerden. Er kontrollierte unter der Achsel und in beiden Leisten, ob meine Lymphdrüsen geschwollen wären. Dann gab er mir wieder das Thermometer und legte mir jeweils zwei Finger auf eine Stelle meines Rückens und klopfte mit seiner anderen Hand auf seine Finger. Das machte er nacheinander auf zahlreichen Stellen und lauschte dem Klang des Klopfens. Als er dann sah, dass meine Temperatur über 39 Grad lag, war er sich sicher: „Du musst ins Krankenhaus. Du hast wahrscheinlich auf der rechten Seite eine feuchte Rippenfellentzündung, wodurch das Stechen beim Atmen entsteht. So etwas können wir hier nicht ausheilen."

Ich kleidete mich an und packte einen sauberen Schlafanzug und mein Necessaire ein. Bereits eine halbe Stunde später hatte ein Johanniterauto mich und Frater Joseph in der Notaufnahme des alten Prosperhospitals abgeliefert.

Im Prosperhospital

Frater Joseph regelte im Büro der Notaufnahme die Frage meiner Krankenversicherung, während ich in ein Behandlungszimmer geführt wurde. Auch hier machten sie zunächst die allgemeinen Untersuchungen, wie z. B. Betrachten der Zunge, der Mandeln, Fühlen der Lymphdrüsen, Messen der Temperatur und meiner Größe und meines Gewichts. Dann wurde ich geröngt. Danach musste ich mich bemühen, durch Husten Schleim aus den Bronchien zu gewinnen. Danach unterrichtete der Facharzt mich und Frater Joseph über das Untersuchungsergebnis: „Du hast eine feuchte Rippenfellentzündung rechts. Du hast außerdem eine Lungenentzündung und deine Temperatur ist viel zu hoch. Wir punktieren dich sofort, um das Entzündungswasser abzulassen und dir die Schmerzen beim

Atmen zu nehmen. Danach bekommst du kalte Brust- und Waden-wickel, um das Fieber zu senken. Inzwischen wird dein Auswurf untersucht. Dann sehen wir weiter." Nach dieser Information ver-ließ Frater Joseph das Krankenhaus, denn er hatte sein Pensum im Schülerwohnheim zu verrichten: „Kopf hoch, Hubertus, du bist jetzt in guten Händen. Wir werden abends für dich beten."

Ich musste mich auf einen erhöhten Stuhl setzen, dessen Lehne eine große Aussparung hatte. Zwei Schwestern mussten mich gegen die Stuhllehne fixieren. Der Arzt erklärte, was er vorhatte: „Ich posi-tioniere jetzt eine ziemlich lange Nadel zwischen deinen Rippen hindurch an die Stelle, wo sich das Entzündungswasser befindet. Es wird bei vollem Bewusstsein gemacht, denn es darf dir nicht weh-tun. Wenn es dir aber wehtun sollte, dann musst du sofort Stopp sagen. In dem Fall mache ich dann einen erneuten und hoffentlich besseren Versuch. Die Nadel darf die Knochenhaut nicht verletzen." Er tat, was er angekündigt hatte. Ich fühlte zwar das Eindringen der Nadel, aber sie glitt offensichtlich an der Knochenhaut vorbei und es tat nicht ernsthaft weh. Plötzlich hörte ich, wie Flüssigkeit aus der Nadel in ein von einer Schwester bereit gehaltenes Glas floss. Bald tropfte es nur noch und dann hörte auch das Tropfen auf. Schließlich zog er die Nadel wieder langsam heraus und verschloss die Wunde mit einem Pflaster. Dann lobte er mich: „Du hast kein bisschen gewackelt. Es hat dir wohl auch nicht besonders wehgetan und hat dich scheinbar auch nicht besonders aufgeregt. Morgen oder übermorgen müssen wir es vielleicht noch einmal wiederholen. Das entscheiden wir aber erst morgen." Er hielt mir das Glas vor die Nase. Es war ca. ein Viertelliter Flüssigkeit darin und sah wie gelblicher Urin aus.

Nachdem das Entzündungswasser abgeflossen war, konnte ich we-sentlich besser atmen. Vielleicht aber gerade deswegen merkte ich deutlich, wie hoch ich fieberte und wie elend ich mich fühlte. Sie schoben mich in ein Vierbettzimmer. Die Menschen in den drei belegten Betten habe ich in dieser Situation gar nicht registriert. Dafür war ich zu apathisch. Obwohl ich wie ein Schneider fror, machte mir eine Schwester kalte Brust- und Wadenwickel. Sie blieb zwar nicht an meinem Bett sitzen, war aber ständig in meiner Nähe und kontrollierte meine Temperatur. Immer dann, wenn die feuchten Wickel zu warm geworden waren, nahm sie sie ab, bereitete sie frisch im kalten Wasser auf und legte sie erneut an. Das geschah mehrmals nacheinander. Dann blieb die Temperatur unter 39 Grad, ohne dass sie die Wickel erneuern musste. Ich zog dann meinen Schlafanzug an und blieb ohne Wickel.

Ich schaute mich im Zimmer um und fragte meine Zimmergenossen: „Wo bin ich hier eigentlich?" „In der Isolierstation für Lungenkranke", lautete die Antwort. Die erste Nacht im Krankenhaus habe ich mehr oder weniger im Wahn verbracht. Das Stechen beim Atmen nahm wieder zu und wurde erneut unerträglich. Ich fragte mich, ob sich ein Sterbender wohl so fühlt, wie ich mich gerade fühlte. Die Nachtschwester hatte den Arzt, der mich punktiert hatte, gleich früh zu mir gebeten. Ich wurde erneut punktiert. Wieder war das Glas fast voll mit urinfarbigem Wasser. Danach waren zwar die Stiche beim Atmen wieder erträglicher, aber ich rang offensichtlich mit dem Tod. Die Nachtschwester schob mich in einen kleinen Laborraum, damit mein Todeskampf meinen Zimmergenossen erspart blieb. Als die Tagesschwester des nächsten Tages ins Labor kam, begrüßte sie mich mit den Worten: „Na, du lebst ja noch!" Eigentlich fühlte ich mich schon tot. Ich war zu keiner Reaktion fähig und ließ alles, was sie mit mir machte, einfach geschehen. Ich konnte mich z. B. nicht mehr im Bett selbstständig herumdrehen oder aufsetzen, mich waschen.

Gegen 9.00 Uhr kam der Stationsarzt zu mir. Er wusste bereits, wie es mir während der Nacht ergangen war, und kam unmittelbar zu seiner Frage: „Hubertus, wer ist dein Erziehungsberechtigter?" Ich überlegte kurz und antwortete: „Ich selbst." „Wo wohnt deine Mutter?" „In Leuterwitz, Kreis Döbeln, in Sachsen, DDR." „Dann muss deine Mutter einen erwachsenen Menschen als deinen Vormund eingesetzt haben, sonst dürftest du gar nicht hier sein. „Meine Mutter hat keinen Erziehungsberechtigten für mich eingesetzt, sondern hat zu mir gesagt: „Pass schön auf dich auf!" Deshalb bin ich mein eigener Erziehungsberechtigter." „Gut, dann muss ich mir etwas überlegen. Ich will dir aber einmal erklären, warum die Frage nach deinem Erziehungsberechtigten so wichtig ist. Ich war gestern im Standort der britischen Armee und habe den Chefarzt um ein Medikament gebeten, das dich gesund machen könnte. Wir in Deutschland besitzen dieses Medikament nicht. Dieses Medikament ist in Deutschland auch nicht zugelassen. Selbst dann, wenn ich es als deutscher Arzt besitze, darf ich es bei einem Deutschen nicht anwenden. Wärest du erwachsen, dann könnte ich dich selbst fragen, ob du möchtest, dass ich es bei dir anwende. Ich müsste dich dann über die möglichen Nebenwirkungen aufklären. Wenn du dann erklären würdest, dass du es trotz der Nebenwirkungen einnahmen möchtest, dann dürfte ich es dir verabreichen." „Dann erklären Sie mir bitte die Nebenwirkungen." Er schaute auf einen Zettel – heute würde ich ihn Waschzettel nennen – und übersetzte aus dem Englischen „Hautpilz". „Du könntest einen starken Hautpilz davon bekommen." „Ist Hautpilz lebensgefährlich?" „Nein, das ist er nicht. Er ist nur sehr unangenehm, und es ist langwierig, ihn wieder loszuwerden." „Dann bitte ich Sie jetzt, mir dieses Medikament zu geben. Die englischen Soldaten sind Menschen wie wir und vertragen es offensichtlich und werden davon gesund." „Ich brauche aber die Zustimmung deines Erziehungsberechtigten, denn du bist minderjährig." „Wurde aber von meiner Mutter für reif genug gehalten, mein Schicksal in die eigenen Hände zu nehmen. Ich bin auch wirklich reif genug, um Ihnen die Anwendung des Medikaments zu erlauben." Nach dieser Unterhaltung verließ der Stationsarzt mein

Krankenzimmer mit den Worten: „Ich will mal sehen, was ich machen kann. In einer halben Stunde bin ich wieder bei dir."

Nach ca. einer halben Stunde betrat er zusammen mit einem Mann in einem Arztkittel und einem Mann in Zivil wieder mein Krankenzimmer. „Ich möchte dir den Chef unseres Krankenhauses vorstellen", und wies auf den mit dem Arztkittel. Dann wies er auf den in Zivil, „und das ist unser Hausjurist." Er wird dir einen Text vorlesen, den er aufgesetzt hat. Wenn du mit dem Text einverstanden bist, dann musst du ihn unterschreiben, dann werden wir dir das Medikament verabreichen."

Anschließend las der Jurist den Text vor. Es wurde darin meine Situation und die des Krankenhauses geschildert. Er endete mit einem Satz, der ungefähr folgendermaßen lautete. „Hubertus Schmidtlein, geboren am 3. September 1935 in Konradswaldau, Kreis Brieg, Schlesien, wohnhaft im Konvikt St. Joseph für heimatvertriebene Schüler, Hertener Straße 64, Recklinghausen, wurden alle Nebenwirkungen des Medikaments erläutert. Wir haben alle den Eindruck, dass er trotz seiner gesundheitlichen Beeinträchtigung die Nebenwirkungen des Medikaments verstanden und auf dieser Basis darum gebeten hat, das Medikament bei ihm anzuwenden."

Anschließend haben wir nacheinander das Papier mit unseren vier Unterschriften versehen und die drei Herren verließen den Raum. Gleich danach brachte mir eine Krankenschwester etwas Haferschleimsuppe und das Medikament. Mich ekelte die Suppe an, weil mir schlecht war und ich nichts essen mochte. Die Schwester aber war streng: „Ohne etwas vorher zu essen, darf ich dir das Medikament nicht geben." Ich würgte die Suppe gehorsam runter, denn ich wollte unbedingt gesund werden und schluckte anschließend das Medikament von einem Löffel. Dann ließen sie mich alle in Ruhe, und ich fiel in einen ohnmächtigen Schlaf.

In meiner Kopie des von mir unterschriebenen Textes konnte ich ersehen, dass das Medikament mit „Penicillin" bezeichnet wurde und eine Spende der britischen Streitkräfte war. Nach meinem Flug mit dem Luftbrückenflugzeug von Berlin nach Lübeck war es das zweite Mal, dass ich die Briten nicht als Feinde voller Hass und Overkill erlebte.

Das Penicillin wirkte blitzartig. Ich war z. B. umgehend fieberfrei. Bei der nächsten Visite fragte ich den Stationsarzt, wann ich aus dem Krankenhaus entlassen würde. Ich möchte wieder in die Schule gehen und meine Aufholjagd fortsetzen. Doch er lachte mich aus: Die Rippenfellentzündung und die Lungenentzündung bekommen wir jetzt ganz schnell in den Griff. Aber du hast dir eine Lungentuberkulose aufgegabelt. Die ist hoch ansteckend, und die Tuberkelbazillen verlassen deinen Körper nie mehr. Deshalb können wir dich erst entlassen, wenn sich die Tuberkeln eingekapselt haben und du nicht mehr ansteckend bist.

Feuchte Rippenfellentzündung – Lungenentzündung – Lungentuberkulose – alles auf einmal! Ich war der einzige Schüler aus dem Schülerwohnheim, den es so erwischte. Es hatte wohl mit den psychischen Belastungen der letzten Monate zu tun. Es ist vielleicht auch dem Umstand zuzuordnen, dass ich aus der rein ländlichen Umgebung von Leuterwitz in den Kohlenpott gezogen war, der für seine abgasschwangere Atemluft bekannt war.

Bei der täglichen Visite wurde ich mit der Frage zum Quälgeist: „Wann darf ich raus?" Die Antwort ließ nicht lange auf sich warten. Der Stationsarzt stellte mich auf die Waage – 62,5 kg –, nahm meine Größe – 1,70 m – und legte Folgendes fest: „Du darfst raus, wenn du mindestens 10 Prozent zugenommen hast. Du musst fette Sachen essen, umso größer ist die Wahrscheinlichkeit, dass sich die Tuberkeln einkapseln und du nicht mehr ansteckend bist." Ich drängelte weiter: „Mit Beginn der großen Ferien muss ich zu meiner Schwester und meinem Schwager mit ihrem kleinen Sohn Klaus fahren. Spätestens dann muss ich aus dem Krankenhaus raus sein." Der Stationsarzt wurde hellwach: „Wo wohnt denn deine Schwester?" „In einem kleinen einsamen Dorf im Odenwald, mitten im Wald." „Und wie alt ist dein Neffe?" „Er ist ein Jahr alt." „Das bedeutet erneut, dass du mit Sicherheit nicht mehr ansteckend sein darfst, wenn ich dich hier rauslasse; denn Kleinkinder stecken sich besonders leicht an."

„Ich kann aber gar nicht zunehmen, weil ich nicht den geringsten Appetit habe." Er war ehrlich zu mir: „Es ist leider wirklich so, dass Lungenkranke keinen Appetit haben. Dann müssen wir herausfinden, was dir besonders gut schmeckt." Er rief eine Frau aus der Küche herbei und fragte mich in ihrem Beisein, was ich jetzt gern essen möchte. „Gebratene Puffer aus rohen geriebenen Kartoffeln mit Apfelmus" war meine Antwort. „Machen Sie ihm bitte einmal eine ordentliche Portion davon außerhalb der Reihe" war seine Bitte an die Diätköchin.

Nach ca. einer halben Stunde erschien sie mit 6 mittegroßen, braun gebrannten, vor Fett glitzernden Kartoffelpuffern und einer Schüssel voller Apfelmus. Die ersten Bissen aß ich wirklich mit Appetit, danach simulierte ich Appetit und zwang alles in mich hinein. Die Köchin hatte bei mir ausgeharrt und beobachtet, wie ich die ganze reichliche Portion aufaß. „Möchtest du eventuell noch mehr?" „Ich könnte die gleiche Portion noch einmal essen", prahlte ich und meinte es als Scherz. Sie aber nahm es offensichtlich ernst, denn nach einer weiteren knappen Stunde kam ein Mädchen aus der Küche und brachte mir eine weitere Portion braun gebrannter, knuspriger Kartoffelpuffer mit Apfelmus. Auch diese Portion bekam ich runter, ohne es wieder zu erbrechen, weil ich mir Zeit ließ. Ich spulte mein Programm „Plus-10-Prozent-Gewicht" ab.

In den folgenden Tagen kam immer eine Schwester, die aufnahm, was ich essen wollte. Ich hatte wechselnde Gelüste wie eine Schwangere, bald Salzgurken, bald Pudding, Leberwurst oder Salzhering. Am Montag jeder Woche wurde ich gewogen, und das festgestellte Gewicht wurde in einem Diagramm festgehalten. Das Diagramm hing an der Wand über meinem Bett. Die Linie zeigte aufwärts. Währenddessen hatte ich die notwendige Portion an Penicillin komplett eingenommen. Manni Kremser hatte mir Schularbeiten vorbeigebracht, durfte aber nicht in die Isolierstation, um mich zu sehen. Doch der Arzt verbot mir zu arbeiten. „Wenn man so krank ist wie du, lässt man das Arbeiten. Du tust besser daran, alle Kraft in das Gesundwerden zu stecken. Du kannst in der Tageszeitung blättern und über die Erlebnisse der Mickymaus und über Witze lachen. Die Zeitungen können wir anschließend verbrennen, deine Schulbücher dagegen nicht."

Leider enthielt die Tageszeitung sehr Weniges über die Mickymaus und täglich nur einen Witz. Den kürzesten Witz weiß ich noch heute, weil ich ihn damals nicht gleich verstanden habe: Sagt der Tünnes zum Schäl: „Tünnes, Din Frou betrücht uns." Ich habe den Witz bis heute nicht verstanden, weil ich noch immer nicht weiß, ob man annehmen soll, dass der Schäl ein unerlaubtes Verhältnis mit der Frau von Tünnes hat. Die Tageszeitung enthielt aber viel über den Koreakrieg. Dieser Stalin hatte die Amis fast aus ganz Korea vertrieben. Nur noch Fusan war ihnen geblieben. Ich ärgerte mich über dieses Ekel Stalin. Ich hatte geglaubt, ich wäre ihm durch meine Flucht aus der SBZ entkommen. Stattdessen war er in fernen Ländern erfolgreich. Ich tröstete mich aber damit, dass er in Berlin hatte nachgeben müssen und die Versorgung der Stadt auf dem Landweg wieder hatte zulassen müssen. Die Berliner Luftbrücke war nicht mehr nötig und existierte nicht mehr.

Ich schrieb Mama sehr bald einen Brief, um sie selbst vorsichtig über meine Krankheit zu informieren. Ich legte meine Kopie meiner Einwilligung zur Anwendung des Penicillins bei und schrieb ihr, dass es mir wieder gut gehe, dass es aber vielleicht besser wäre, wenn Sie jemanden in Westdeutschland zu meinem Vormund erklären würde und schlug Tante Erika vor. Schon wenige Tage später erhielt ich einen ganz lieben Brief von Mama. Ich fühlte mich dadurch zurück im Leben. Sie bedauerte, dass sie nicht bei mir sein konnte, und sie hatte Dr. Tillmann zu meinem Vormund eingesetzt. Er wohne in Recklinghausen und habe daher die besten Kontaktmöglichkeiten zu mir und ihm vertraue sie grenzenlos, obwohl sie ihn noch nie gesehen habe. Es sollte sich 5 Jahre später erweisen, dass das die bestmögliche Festlegung überhaupt war.

Ich bekam Schulaufgaben gebracht von Fächern, wo das ging, und verrichtete sie, so gut ich konnte. Eines Tages erhielt ich das Halbjahreszeugnis. Es enthielt für die allermeisten Fächer keine Noten. Stattdessen belegte eine Bemerkung den meisten Platz des Zeugnisblattes: „Der Schüler konnte infolge einer schweren Erkrankung während mehrerer Wochen nicht am Unterricht teilnehmen. Seine Leistungen im ersten Halbjahr der Obertertia können daher nicht bewertet werden." Zur selben Zeit hatte mein Gewicht die Plus-10-Prozent-Marke überschritten, und meine Entlassung aus dem Krankenhaus stand bevor. Es wurde meine Größe noch einmal gemessen mit dem Ergebnis, ich maß 1,81 m. Ich war während der Krankheit also 11 cm gewachsen und nun fast so groß wie mein Vater, der als erwachsener Mann 1,84 m gemessen hatte. Gleichzeitig wog ich 74 kg. Vor einem Mädchen, in das ich verliebt gewesen wäre, hätte ich mich zu zeigen geniert.

Ich wusste, dass Uschi und Adam eine Bahnfahrtkarte für mich im Bahnhof Recklinghausen hatten hinterlegen lassen und wartete nur noch auf die Erlaubnis, das Prosperhospital verlassen zu dürfen. Als die Erlaubnis kam, stellte ich mich kurz bei Frater Johannes vor, packte meine Klamotten in meinen Koffer und lief wieder zurück in die Stadt, um meine Fahrkarte abzuholen und abzureisen.

Die zweiten Ferien in Heemisch

Diesmal kam ich im Brombachtal in eine bereits bekannte Welt und verstand von Anfang an, was einer zu mir sagte. Der Milchkutscher begrüßte mich mit den Worten: „Na Hubbetus, von de Tote ufferstanne?"

Klaus-Dieter lief mir entgegen und reichte mir brav die Hand. Er war ein hübscher großer Junge geworden.

Als mich Uschi umarmte: „Wie geht es dir?" „Nu, ganz gutt!" „Mensch Busche, du hast ja eine Männerstimme bekommen!" Es wurde mir erst in diesem Moment bewusst, dass sie recht hatte. Ich hatte es unter dem Stress der letzten Wochen überhaupt nicht bemerkt und fragte mich in den nächsten Ferientagen, ob meine Hoden vielleicht auch schon Spermien produzierten. Das taten sie wohl.

Als Adam mich umarmte: „Seit dem letzten Jahr bist du ein ganz schönes Stück gewachsen. Diesmal kann ich es wirklich beurteilen."

Als ich Adams Mutter umarmte: „Hubbetus, du bisch zu dinn und zu schmal. Das misse mer ännern."

Diesmal packte mir die Krämer-Oma meinen ganzen Koffer mit Dauerwürsten, Räucherschinken und anderen haltbaren Esswaren voll, dafür wurden meine Klamotten in eine alte Decke gepackt und mit einer Kordel zusammengeschnürt und wurden so zum Reisegepäck.

Klaus besaß eine wundersame Fähigkeit: Er konnte sich auf die Spitze seines großen Zehs stellen und auf Spitzen laufen. Er war der geborene Balletttänzer. Es strengte ihn nicht an, und er fühlte dabei offensichtlich keine Schmerzen.

Ich hatte wieder mein Bett in Adams Bürstenmacherstube und nutzte es fast ausschließlich. Es ist mir heute nicht mehr in Erinnerung, warum ich ab und zu dennoch neben Uschi im Ehebett schlief.

Marrie juchzte auch in diesem Jahr wieder, wenn sie von den von mir hochgegabelten Heumengen fast verschüttet wurde.

Ich war wieder mit Adam im Wald, um Pfifferlinge zu ernten. Bei den Fahrten mit seinem Tandem habe ich ihn nicht wieder in den Brennnesseln abgeladen. Hinnerbauers Marrie, eine kleine Dicke, interessierte sich für mich. „Klein und dick" schien ihr offensichtlich zu „lang und dürr" sehr gut zu passen.

Ich hatte Unterlagen mit, um den während der Krankheit versäumten Stoff zu lernen. Alle waren der Meinung, dass man während der Ferien nicht für die Schule lernen sollte. „Erhol dich lieber!" Wenn ich ab und zu dennoch Zeit opferte, um zu lernen, lautete die nächste Lebensweisheit: „Man darf im Leben nichts übertreiben." Ich habe mich danach gerichtet und habe nichts übertrieben.

Am Ende der Ferien fuhr ich entschlossen wieder nach Recklinghausen zurück, gleichzeitig aber auch ein bisschen unruhig, weil ich so lange nicht am Unterricht hatte teilnehmen können.

Mein einziger Kampf mit Dr. Tillmann

Der erste Abend im Konvikt verlief wie erwartet. Am nächsten Morgen allerdings bat mich Dr. Tillmann nach der Morgenmesse zu sich, um mich über einen Beschluss aufzuklären: „Wir hatten mit dem Rektor der Ausbauschule ein Abstimmungsgespräch über deine schulische Situation. Du konntest in den letzten Monaten krankheitsbedingt nicht am Unterricht teilnehmen. Daher sind wir übereingekommen, dass du jetzt eine Klasse zurückversetzt wirst und die Untertertia noch einmal machst. Dadurch nimmst du anschließend den Stoff der Obertertia noch einmal komplett durch und kannst dabei deine Lücken schließen." Mir schossen die Tränen in die Augen und ich schrie auf: „Nein, nein, nein! Ich will im nächsten Jahr zu Ostern die Obertertia erfolgreich beenden. Ich will jetzt bei meinen Freunden in der Obertertia bleiben, und Sie werden sehen, dass ich es schaffen werde." Dr. Tillmann sprach mir gut zu und versuchte, mich von der mit der Schule verabredeten Lösung zu überzeugen. Ich konnte es in diesem Moment aber nicht akzeptieren, denn wieder hatte jemand über meinen Kopf hinweg etwas beschlossen, was meine eigene Sache war. Ich konnte mich nicht beruhigen und weinte trostlos weiter. Außerdem weigerte ich mich in die Schule zu gehen. Nach dem Frühstück griff Dr. Tillmann zum Telefon und wählte die Nummer von Herrn Dr. Hofmann. Dieser Moment lag scheinbar noch etwas vor Beginn des Unterrichts und es dauerte eine Weile, bis die Sekretärin auf der anderen Seite abnahm und die Verbindung zu Herrn Dr. Hofmann herstellte. Ich konnte den Worten von Dr. Tillmann entnehmen, wie der gemeinsame Beschluss verändert wurde. Ich durfte nun in meiner Klasse bei meinen gewohnten Schulkameraden bleiben und die Obertertia fortsetzen. Sollten meine Leistungen am Ende des Schuljahres nicht für eine Versetzung ausreichen, dann dürfte ich die Obertertia wiederholen und bräuchte die Schule nicht zu verlassen, wie es unter normalen Umständen die Regel gewesen wäre.

Ich wäre Dr. Tillmann am liebsten um den Hals gefallen, aber das traute ich mich nicht. Immerhin sagte ich nicht nur einfach „Danke", sondern „Herr Dr. Tillmann, ich bin Ihnen auf ewig dankbar". Alle meine Lehrer hatten von der zwischenzeitlichen Lösung natürlich bereits Kenntnis erhalten und stellten nun fest, dass sie wieder fallen gelassen worden war. Die, die mich mochten, hatten wahrscheinlich kein Problem mit der neuen Entscheidung. Die, die mich nicht mochten, wussten, dass sie es mindestens noch 1,5 Jahre mit mir zu tun haben würden, bis ich endgültig sitzen bleiben würde und gehen müsste.

Aufholprogramm

Es gab kein Fach, in dem ich nicht im Unterricht voller Aufmerksamkeit mitarbeitete. Die morgendliche Messe im Konvikt schwänzte ich, um zusätzliche Zeit fürs Lernen zu gewinnen. Andererseits hielt ich die Arbeitszeit für die Hausaufgaben bewusst begrenzt zugunsten meiner Entspannung, z. B. beim Versuch aus meinem Fahrraddynamo einen Gleichstrommotor zu basteln oder beim Versuch, mir das Klavierspielen selbst beizubringen oder im Garten mit den Pferden zu spielen. Zum Bolzen auf dem Schlackeplatz, wie es z. B. „Szepan" (Franz Fuhrmann) leidenschaftlich bevorzugte, fehlte mir die Kraft und die Energie. Die Teilnahme am Schulsport war mir in dieser Zeit sogar verboten.

Ich konzentrierte mich auf meine schwachen Fächer und auf die Lernfächer, wie z. B. Latein. Frater Andreas paukte mir die Lateinvokabeln und Grammatik ein. Es zeigte sich erneut, dass ich wie beim Einüben der Texte des Bärenhäuters etwas sehr schnell auswendig lernen konnte. Ich kam gut voran.

Aus dieser Zeit stammt mein Spitzname „Schmiermax". Nachdem

ich einige Male einen Kurzschluss verursacht hatte, lief mein Gleichstrommotor mit einer in Reihe geschalteten Glühbirne. Aber ehrlich gesagt, lief er nur äußerst kraftlos. Ich hatte mangels Öl Margarine zum Schmieren des Lagers verwandt und erreicht, dass er Schwierigkeiten hatte, aus dem Stillstand anzulaufen. Meine Kumpel im Konvikt hatten das mitbekommen, und einer hatte prustend gesagt: „Du taugst zum Schmiermax und kannst beim Motorradrennen auf der Hillerheide antreten." Ich habe später auch tatsächlich bei Rennen auf der Hillerheide Geld verdient, aber nicht als Schmiermax, sondern durch den Verkauf von Rennprogrammen.

Ein erstes, halbwegs normales Jahr 1951/52

In diesem dritten Jahr im Konvikt war ich nach meiner Lungenerkrankung und meinen anschließenden schulischen Schwierigkeiten wieder etwas stärker und selbstbewusster geworden und stellte erstmals kritische Fragen zum Geschehen im Konvikt, zunächst aber nur mir selbst.

Heilsprogramm
(so wurde es unter uns respektlos genannt)

Der morgendliche Weckruf erschallte zu nachtschlafender Zeit in Form der Wortformel „Gelobt sei Jesus Christus" und war begleitet von lautem Händeklatschen des weckenden Fraters. Es gelang mir praktisch nie, diese Worte inhaltlich sofort zu meinen eigenen zu machen und Gott zu loben.

1. Ich war morgens nie ausgeschlafen, sondern wurde durch den Weckruf aus dem Schlaf gerissen. Nachdem ich dann die Augen geöffnet hatte, stand ich nie sofort „Gewehr bei Fuß". Auch an Sonntagen wurden wir geweckt oder zum „rechtzeitigen" Aufstehen animiert und durften nie wirklich ausschlafen. Würde ein Mediziner in einem Fall wie dem meinen nicht die Frage stellen, ob ein gesundheitlich so gezeichneter Jungmann nicht hätte sehr viel mehr schlafen sollen? Ich stellte mir die Frage, ob ich diesen Weckruf als notwendig zu meinem Seelenheil oder eher als eine erstarrte, nutzlose Formel einzustufen hatte.
Mein damaliges Ergebnis war: Der von den Fratres gut gemeinte Weckruf ist als Dressurakt und nicht als Ausbildung zu einem erwachsenen Mann einzustufen.

2. Der Zeitpunkt des Weckens war so festgelegt, dass vor dem Gang zur Schule noch Folgendes erfolgen können sollte:
Körperpflege mit Rasieren und Ankleiden, Morgengebet in der Kapelle, Teilnahme an der heiligen Messe in der Kapelle, Teilnahme am Frühstück, 30 Minuten zu einer letzten Vorbereitung für die Schulstunden des Tages.

Ich fand, dass ich nicht täglich an der Messe teilnehmen müsste, sondern dass ich einen guten Grund hatte, diese Zeit besser als zusätzliche Studierzeit an meinem Pult zu verbringen. Ich handelte nach dieser Erkenntnis, ohne dass mich ein Frater oder Dr. Tillmann deswegen zur Rede stellte. Einzig Parvus, ein Schüler der nächsthöheren Klasse, stellte mich zur Rede. Ich erläuterte ihm meine Gründe und bat ihn, während der Messe auch für mich zu beten. Er lehnte jedoch solch einen Deal zwischen uns ab mit der Begründung, er könne nicht für mich fromm sein.

An den Sonntagen wurde ich als Chorsänger, viel später dann auch manchmal als Organist, in den Messen aktiv. Aber jede weitere Mitwirkung, wie z. B. als Ministrant, lehnte ich ab. Ich fühlte mich einfach überfüttert, wollte keine Glaubensvöllerei.

Ein eigenmächtiger Ausflug

Vor meiner Zeit im Konvikt war ich nur von Frauen erzogen worden. In meiner Familie herrschte – um es einmal etwas despektierlich zu sagen – Weiberwirtschaft. Ich hatte drei Schwestern, aber keinen Bruder. Mein Vater hatte 5 Schwestern, aber keinen Bruder. Meine Mutter hatte zwei Schwestern, aber nur einen Bruder, meinen Onkel Emil. Mein Vater und Onkel Emil waren vom Vaterland eingezogen worden und für mich praktisch nicht vorhanden. Nach dem Krieg lebte meine große Familie in alle Winde zerstreut. Mein Vater, der den Krieg schwer krank überlebt hatte, wurde uns bereits am 5. September 1945 wieder genommen und im Speziallager 1 des NKWD in Mühlberg an der Elbe eingesperrt, was er nicht überlebte.

In meiner Welt standen daher die Frauen auf einer mindestens genau so hohen Rangstufe wie die Männer. Ich wusste früher ganz genau, wie ich mit „meinen" Frauen in den verschiedensten Altersstufen umzugehen hatte. Nun lebte ich im Konvikt plötzlich nur noch unter „Männern". Mir fehlten die Frauen. Als uns der altbekannte Kernsatz beigebracht wurde „Dein erster Kuss gehört der Frau, die Mutter deiner Kinder werden soll!" bedeutete das in meinen Augen eine völlig falsche Philosophie, die alles Spielerische und Alltägliche in den Beziehungen der Geschlechter – auch den Kuss – zur Sünde erklärte. Dadurch verkrampfte sich mein Verhältnis insbesondere zu den gleichaltrigen Mädchen.

Jeder wird mir zustimmen, dass ich zuerst einmal versuchen musste, etwas gemeinsam mit einem Mädchen in vertrauensvoller Zweisamkeit zu unternehmen. Mit Margret, einem der wenigen Mädchen aus der Klasse unter meiner, verabredete ich mich eines Tages zum Schwimmen. Dass es Margret traf, war kein Zufall, denn in den Pausen zog es sie regelmäßig zu mir. Dann scherzten wir miteinander und gingen nach den Pausen wieder getrennt in unsere jeweilige Klasse. An jenem Tag hatte ich mir ein Fahrrad vom Konvikt ungefragt „ausgeliehen" und war damit bereits zur Schule gefahren. Wir schwänzten die zweite Hälfte der Schulstunden mit irgendwelchen Entschuldigungen und radelten fröhlich zum Haltener Stausee, und weg waren wir.

Freiheit pur! Was gab es Schöneres? Der Wind spielte mit ihrem Rock. Die Beine arbeiteten im Rhythmus, und wir beide versuchten abwechselnd dem jeweils anderen lachend davonzufahren. Im Nu waren wir am See angekommen. Ich hatte ihn vorher noch nie besichtigt, kannte ihn also gar nicht. Er war ganz schön groß, erschreckend groß. Außer uns war kein einziger Mensch am See. Na klar, es war ein Werktag und gegen Mittag und keine Urlaubszeit. Wer geht da schon zum Baden. Es waren auch keine Rettungsschwimmer anwesend, es war die richtige Situation zum Ersaufen!

Es gab auch keine offenen Umkleidekabinen. Margret hatte das natürlich gewusst. Sie streifte ihre Oberbekleidung problemlos ab und sprang in ihrem Einteiler, den sie bereits darunter angehabt hatte, mit einem Köpper ins Wasser: „Ich schwimme schon mal voraus." Ich sah ihre Badekappe davonziehen und konnte meine kurzzeitige Nacktheit – bis ich meine Badehose angezogen hatte – unbeobachtet überstehen. Mir fiel ein Schild ins Auge „Baden auf der gegenüberliegenden Seite verboten". Ich dachte mir: Sie ist schon auf dem Weg dorthin, also hinterher! Während ich im Brustschwimmen so schnell, wie es mir möglich war, vor mich hin stampfte, zog sie mir im Kraulstil mit doppeltem Tempo immer weiter davon.

Auf halbem Weg geriet ich an die Grenzen meiner Kondition. Ich rang nach Luft, einen Moment lang kam in mir sogar die Angst hoch, dass ich es nicht bis zum Ufer schaffen würde. Doch gleichzeitig erkannte ich meinen Fehler, dass ich nämlich zu ehrgeizig gewesen war, um nicht zu schwach gegen sie zu erscheinen und reduzierte deshalb mein ohnehin schon lächerlich geringes Schwimmtempo noch mehr. Margret winkte mir zu, als sie angekommen war. Als ich schließlich auch auf dem festen Ufer ankam, schnappte ich atemlos nach Luft wie ein Erstickender, während sie mich strahlend und voller Energie erwartete. Sollte sie ursprünglich erwartet haben, mit mir jetzt z. B. Fangen zu spielen, so zeigte ihr mein atemloser Zustand, welches Wrack ich gesundheitlich war. Meine verkapselte Lungentuberkulose und die noch vorhandenen Zwerchfellverwachsungen machten mich zu einem behinderten Geschöpf. Am Schulsport durfte ich noch gar nicht wieder teilnehmen und musste immer noch sicherheitshalber alle vier Monate zum Röntgen gehen.

Margret muss verinnerlicht haben, wie schwer es mir gefallen war, die Strecke durchzuhalten, denn auf dem Rückweg schwamm sie in meinem Tempo neben mir her, sodass wir den ersten Fuß gleichzeitig auf den festen Boden setzten. Ich traute mich kaum, mich an ihrer schönen Gestalt zu erfreuen, weil ich meine ausgemergelten, dürren 1 Meter 87 am liebsten versteckt hätte. Vor mir stand ein fröhliches Mädchen, das korrekt ernährt und von Gymnastik und Sport geformt war, mit mädchenhaften, edlen Formen. In mir dominierten Verkrampfung, Scham und Scheu. Ich genierte mich vor Margret wegen meiner körperlichen Minderwertigkeit. Ihr dagegen schien es gar nichts auszumachen. Als sie sich ihren nassen Badeanzug auszog, drehte sie mir einfach den Rücken zu und kümmerte sich nicht darum, dass ich kurzzeitig ihren nackten, nicht braun gebrannten Po sehen konnte.

Erst heute, da ich diese Zeilen niederschreibe, fällt mir auf, dass ich damals ein Angebot, das sie mir machte, nicht als solches erkannte. Sie stand völlig unverkrampft vor mir, hob ihre beiden Hände hoch in die Höhe ihres Kopfes und legte sie mir knapp unterhalb meiner Schultern rechts und links auf die dürre Brust und sagte in etwa: „Du hast deine Krankheit jetzt überstanden, nun wird es mit jedem Tag nur noch aufwärts gehen." Ich war so in meinen Komplex versunken, dass ich sie nicht einmal in meine Arme nahm. Hätte eine meiner Schwestern an ihrer Stelle dort gestanden, dann hätte ich sie fröhlich umarmt, weil ich die Strecke von Ufer zu Ufer und zurück überhaupt geschafft hatte.

Es wäre so einfach gewesen, in Margret das Mädchen zu gewinnen, um mein Verhalten zur weiblichen Welt wieder spielerisch und ungezwungen zu gestalten. Aber ich habe ihr Angebot nicht mehr erkannt, wie ich es früher z. B. in Leuterwitz selbstverständlich verstanden hätte. Weder in der Schule noch im Konvikt war unsere kleine Mogelei entdeckt worden, und dies sogar, obwohl ich mir frech und ohne zu fragen ein Fahrrad des Konvikts einfach „ausgeliehen" hatte.

Es blieb erst einmal bei diesem einen Mal der Zweisamkeit. Ich wollte zunächst meine Kondition und Muskulatur etwas aufbauen. Beim nächsten Röntgentermin bat ich deshalb den Arzt, mich für den Schulsport wieder freizugeben. Er entsprach meinem Wunsch und sandte ein entsprechendes Schreiben an Dr. Hofmann, in dem er einen allmählichen Aufbau meiner sportlichen Fähigkeiten empfahl. Pummel verstand die Worte so, dass ich an allen Übungen teilnahm, außer an denen, für die ich mich nicht imstande erklärte und dass ich die einzelnen Übungen z. B. nicht so oft hintereinander ausführen musste, wie er es von meinen Mitschülern verlangte.

In Untersekunda angekommen

Wir waren im Jahr 1951 also in der Untersekunda angekommen. Die Bemerkung im Zeugnis „Versetzt nach Untersekunda" verlieh mir ein Hochgefühl. Da stand die Versetzungsaussage erstmals in einem meiner Zeugnisse der Freiherr-vom-Stein-Aufbauschule **ohne** jede einschränkende Bedingung.

Ich war aus meinen Anfangsschwierigkeiten raus. Aus den sehr beschränkten Schulbedingungen von Bockelwitz, wo die fünften, sechsten, siebten und achten Klassen alle gleichzeitig in demselben Raum unterrichtet worden waren und man als Schüler bei Weitem nicht ständig aufpassen musste, war ich nun in einem Einzelklassensystem angekommen, wo man ständig konzentriert mitarbeiten musste. Eine Schulstunde dauerte nur 45 Minuten, die nächste

Aufforderung des Lehrers konnte aber jederzeit und öfters einschlagen. Man musste also ständig konzentriert sein und seine Hausaufgaben gemacht haben.

Auch meine gesundheitlichen Störungen mit dem Höhepunkt der Lungentuberkulose waren vorüber. Mein Gesundheitszustand war stabil, sodass ich keine weiteren Ausfallzeiten in der Schule erlitt. Ich war mir nun sicher, dass ich in meinem Leben alles schaffen können würde, was ich mir ernsthaft vornahm. Ich hatte mein ursprüngliches Selbstvertrauen wieder zurück.

Ich sandte eine Kopie des Zeugnisses in die DDR an meine Mutter und schilderte ihr, dass ich in einem weiteren Jahr die „Mittlere Reife" erreichen würde und dass einige meiner Mitschüler dann die Schule verlassen wollten, um einen Beruf zu erlernen und endlich eigenes Geld zu verdienen. Bis zum Abitur blieben eigentlich nur die, die weiter studieren wollten, um z. B. Rechtsanwalt, Priester, Diplomingenieur, Studienrat zu werden oder um zu promovieren. Ich fragte Mama im Scherz, ob sie einen „Dr. Schmidtlein" haben wollte.

Ihre Antwort war klar: „Ich wünsche mir nichts mehr, als dass du gesund bleibst. Wenn du die Mittlere Reife erfolgreich erreichst, dann bin ich überglücklich, und du solltest nach deinen Neigungen und deinen Begabungen entscheiden, wie es für dich weitergehen soll."

Latein, eine tote Sprache

Nichts war mir zunächst so fremd gewesen und so schwer zu erlernen wie das Latein; denn ich konnte nicht einsehen, warum ich eine tote Sprache erlernen sollte, während ich noch nicht einmal die Sprachen unserer Nachbarn Frankreich und England lernte. Vier Jahre Russisch in der Volksschule in Bockelwitz, dann Latein bis zum Einjährigen als einzige Fremdsprache, das schien mir vergeudete Zeit. Ich hatte zwar längst keine Versagensängste mehr vor Latein, denn Frater Andreas half mir mit seinen Erklärungen, wann immer ich ihn aufsuchte.

Es kam mir ein Zufall zu Hilfe. Wir arbeiteten „De bello Gallico" durch, was Cäsar als Bericht über seinen Eroberungskrieg in Gallien zusammengestellt hatte. Geschichte interessierte mich sehr. Und so half mir diese ausgestorbene Sprache, eine Phase der Geschichte Westeuropas besser zu verstehen.

Trotzdem setzte ich für dieses Fach gerade so viel meiner Zeit ein, dass mir das notwendige „Ausreichend" im Zeugnis sicher war; denn eines wusste ich ganz genau: Priester oder Lateinlehrer wollte ich nicht werden.

Kunsthalle

Meine Augen öffneten sich allmählich für Dinge außerhalb der Schule und des Schülerwohnheims. Als ich am 6. Mai 1949 in Recklinghausen angekommen war, war mein Blick unter anderem auch auf einen Hochbunker gefallen, einen Luftschutzbunker, wie er während des Krieges an vielen Bahnhöfen gebaut worden war. Als ich danach zum ersten Mal wieder zum Bahnhof kam, um meine Reise in den Odenwald zu Uschi und Adam zu organisieren, bemerkte ich, dass am Bunker gearbeitet wurde. Es wurden Löcher mit Presslufthämmern in die eisenbewehrten Betonmauern gesprengt. Aber es war zu unwichtig für mich, um jemanden zu fragen, was aus dem Bunker werden sollte. Ich fragte mich selbst, warum sie diesen hässlichen Betonklotz nicht komplett abrissen. Der Krieg war doch vorbei. Oder sollte der Bunker nicht besser sogar erhalten bleiben, weil ein neuer Krieg drohte? Das Auftreten der Sowjetunion in Berlin hatte ich ja gerade am eigenen Leib ausbaden müssen. Die westlichen Demokratien hatten einen Schwerverbrecher mithilfe eines anderen Schwerverbrechers besiegt. Jetzt hatten sie den Salat.

Langsam entstand aus dem Luftschutzbunker eine Kunsthalle, was mir als beste Verwendung erschien; denn ein vor Atombomben schützender Bunker müsste sicher ganz anders aussehen als ein alter Hochbunker. Es war eine wundersame Fügung, dass mein Kunsterzieher in der Schule, Thomas Grochowiak, gleichzeitig der Direktor der Kunsthalle von Recklinghausen wurde. Ihn hatte unser Schulrektor als Kunsterzieher eingestellt, obwohl er gar keine Ausbildung als Lehrer hatte.

Er berichtete uns, dass es ihm gelungen war, mehr als 100 orthodoxe Ikonen zu sammeln, die auf undurchsichtige Art und Weise in Westdeutschland aufgetaucht waren. Unter diesen Ikonen gab es viele, die beschädigt waren. Das waren offensichtlich Exemplare, die einfachen Privatleuten gehört hatten; denn in den einfachen gläubigen Familien Russlands war es üblich, bei schwerer Krankheit eines Familienmitgliedes etwas Farbe von der Ikone zu kratzen und dies Geschabsel in Wasser aufgelöst dem Patienten zu trinken zu geben, damit ihm der dargestellte Heilige in seiner Not helfe. Es gab viele gut erhaltene Ikonen, aber auch viele stark abgekratzte.

Ich gehörte zu der Gruppe von Schülern, die Thomas Grochowiak half, eine Ikonenausstellung in der Kunsthalle nach seinen Vorstellungen zu arrangieren. Die Ausstellung sollte rechtzeitig zur Eröffnung der Ruhrfestspiele dieses Jahres fertig sein. Ich hatte viel Zeit, um die Ikonen zu studieren. Es waren Kunstwerke, manche waren sehr schön, andere zeigten eher heilige mit stoischen Blicken, es ging immer um Frömmigkeit, um die unendliche Überlegenheit

Gottes und seiner Heiligen. Es wurde auf manchen Ikonen menschlicher, und zwar immer dann, wenn Maria und das Jesuskind dargestellt waren. Das Arrangement der Ikonen an den Wänden sollte jeder einzelnen Ikone gerecht werden, sollte aber auch durch die Dekoration aller übergeordneten Aussagen erzeugen. Ich fand es spannend, Grochowiak zu helfen.

Kunst für Kohle

Mein erster Besuch einer Theatervorstellung im Saalbau in Recklinghausen ist mir nur in ganz dumpfer Erinnerung. Er fand offensichtlich in einer Situation statt, als ich für übergeordnete Werte, wie z. B. die Kunst, noch nicht offen war. Ich sehe in meiner Erinnerung Bergleute in sauber gewaschener Grubenkleidung Bussen entsteigen und in den Saalbau in Recklinghausen trotten. Nach meiner Erinnerung hatte ihnen der Zechendirektor freigegeben und sie zur Vorstellung hinkarren lassen. Zu Beginn der Vorstellung trat jemand auf, der erklärte, was man zu erwarten hätte.

Die Grubenarbeiter bildeten die auffälligste geschlossene Gruppe. Schüler und Lehrlinge bildeten eine zweite große Gruppe. Ältere Erwachsene bildeten wohl die Hauptgruppe, denn sie hatten Zeit für eine Nachmittagsvorstellung. Die Vorstellungen gab es für Kohle. Damit der Theaterdirektor von Hamburg, Gustav Gründgens, sein Theater in Hamburg im Winter heizen konnte, bekam er vom Zechendirektor in Recklinghausen Kohle und führte im Gegenzug die ohnehin eingeübten Stücke mit seinem Team im Saalbau in Recklinghausen auf. Kunst für Kohle.

Jedes Theaterstück hat eine Pause. Während dieser Pause trat jemand auf, der eine Diskussion zwischen den Besuchern und den Schauspielern über das präsentierte Stück zustande zu bringen versuchte. Ich konnte mich an den Diskussionen thematisch noch nicht beteiligen, denn der Stoff traf völlig unvorbereitet auf mich. Der Schulunterricht nahm keine Rücksicht auf das, was uns im Saalbau präsentiert wurde. Die Bergwerksarbeiter packten ihr Pausenbrot und Getränke aus. Aber ein paar Schlaue stellten Fragen und machten Bemerkungen. In den späteren Jahren habe ich diese Gespräche genossen.

Das Burgtheater von Wien benötigte scheinbar ebenfalls Kohle, die Balletttruppe von Stuttgart wohl auch. Die Städte rund um Recklinghausen wollten auch Festspiele veranstalten. So entwickelten sich die „Ruhrfestspiele" zu einem Ereignis des Ruhrgebietes, wobei Recklinghausen eine besonders starke Rolle zukommt.

Ich erinnere mich an den Pantomimen Marcel Marceau, der eine große Glasscheibe an seiner Seite hielt und sie über eine Treppe von einem Geschoss ins nächste trug. Er führte diesen Vorgang auf der ebenen Bühne vor, die Treppen gab es in Wirklichkeit also nicht und die Scheibe gab es auch nicht. Doch wir alle sahen ihn eine Treppe hochlaufen und bangten um die zerbrechliche Glasscheibe.

Grafiker und Dekorateur

Unser Kunsterzieher Thomas Grochowiak war in jenen Tagen für mich der direkteste Draht zu den Ruhrfestspielen und zur Künstlervereinigung Junger Westen, dessen Gründer er war. Ich besitze heute noch eine Vase eines Kunsthandwerkers, der sich der Künstlervereinigung des Jungen Westens angeschlossen hatte. Ich hatte sie meiner Mutter geschenkt. Sie hat sie sehr geschätzt und mir nach ihrem Ableben wieder vermacht. Diese Vase ist handgearbeitet. Man kann die Spuren der Finger des Künstlers fühlen. Sie wurde offensichtlich mit einer geeigneten Lasur wasserfest gemacht. Anschließend wurde sie äußerlich mit einer dunkelbraunen rauen Lasur einge-strichen und gebrannt. In diese dünne gebrannte Schicht hat der Künstler anschließend dünne Linien geritzt, sodass die helle Farbe der darunterliegende Schicht linienhaft zu Tage tritt. Im Ergebnis zieren drei Grazien das Äußere der Vase.

In Thomas Grochowiak erlebte ich ein Berufsbild am praktischen Beispiel, das ich mir damals auch für mich selbst vorstellen konnte. Er hatte als Plakatmaler begonnen, war dann in einem großen Kaufhauskonzern für die Werbung verantwortlich gewesen, fing während des Krieges an, Bilder zu malen und war schließlich ein bekannter Maler geworden. Meine frühere Begeisterung für den Düsenjäger Me 262 und meinen Wunsch, einmal ein berühmter Pilot oder Konstrukteur von Kampfflugzeugen zu werden, hatte ich in dieser Phase ganz vergessen.

Mein stärkstes Fach in der Schule war zwar die Mathematik, und ich verehrte auch unseren Mathematiklehrer Dr. Farwick besonders, aber mir war damals noch völlig unklar, was man außer Studien-rat für Mathematik sonst noch mit Mathematik werden könnte. Ich hatte noch keine Ahnung, wozu meine mathematischen Kenntnisse mich später einmal in der Luft- und Raumfahrt befähigen würden.

Damals in Recklinghausen mit 15/16 Jahren lungerte ich, wann immer ich es arrangieren konnte, in der Innenstadt herum. Dort war das Kaufhaus ALTHOF (später wurde es Teil der Kaufhauskette Karstadt) mit seinen vielen Schaufenstern, die immer wieder neu dekoriert wurden, um die Käufer ins Kaufhaus zu locken. Mir ging es nicht ums Kaufen und auch nicht um die Ware, sondern um die Arbeit des Dekorateurs und Werbeverantwortlichen.

In der Kunsthalle gab es eine Abteilung „Schüler stellen aus", wo auch gelegentlich Produkte von mir gezeigt wurden. Thomas

Grochowiak nahm einfach etwas gut Gelungenes von uns aus dem Schulunterricht mit, wenn es ihm gefiel. So zeigte er uns, dass auch wir Künstlerisches schaffen können. So dachte auch ich, dass ich vielleicht mein Talent zu malen als berufliche Basis nehmen könnte.

Meine Mutter hatte Dr. Tillmann als meinen Vormund eingesetzt, da sie nicht in Westdeutschland sein konnte. Also würde ich seine Erlaubnis benötigen, wenn die Frage tatsächlich aktuell werden würde. Ich behielt meine Gedanken, die Schule eventuell mit dem Einjährigen zu verlassen, für mich. Gleichzeitig beschäftigte mich das Thema aber ständig; denn ich hatte den starken Wunsch, frei zu sein, über mich selbst bestimmen zu können und regelmäßiges eigenes Geld zu verdienen. Ich erlebte doch, wie schwer es z. B. Uschi und meinem kriegsblinden Schwager Adam fiel, mich einzukleiden und mir darüber hinaus auch noch etwas Taschengeld zu geben. Das bisschen Geld, was ich mir z. B. als schreiender Programmverkäufer bei den Rennen auf der Hillerheide selbst verdienen konnte, war nur ein Tropfen auf den heißen Stein.

Ein selbst geschnitzter Spazierstock

Er sieht schon einigermaßen lädiert aus und ist nichts wert. Doch habe ich ihn bis jetzt noch nicht weggeworfen, da er meine Erinnerung an eine Klassenfahrt wachhält und unterstützt, die uns im Jahre 1951 zur Wewelsburg führte. Neben Ornamenten zeigt der Stock die von mir geschnitzten Worte „WEWELSBURG" und die Zahl „1951". Wenn ich ihn heute als Spazierstock benutzen wollte, wäre er ca. 10 cm zu kurz. Zu meiner Größe des Jahres 1951 war er passend.

Der Zweck der Klassenfahrt war es offensichtlich, uns die SS und ihren Chef, Heinrich Himmler, mit ihren Untaten näherzubringen und uns über die von Deutschen begangenen Verbrechen aufzuklären: Denn wie kann man das lebendiger machen als durch Anschauungsmaterial, z. B. die Wewelsburg im Kreis Büren.

Am Ende des Krieges war ich erst 9,5 Jahre alt, war noch nicht bei den Hitlerjungen gewesen, hatte noch keinerlei Spezialschulung im Sinne Hitlers genossen und hatte nur die ablehnende Haltung meiner Mutter gegen Hitler und die NSDAP gefühlsmäßig verinnerlicht. Konkretes Wissen über die SS besaß ich noch nicht. Von Verbrechen deutscher Uniformträger hatte ich als Kind nur raunen gehört. So hatte ich eine Erzählung meines Vaters mitgehört, dass die Ukrainer die deutschen Truppen als Befreier von Stalin begrüßt hatten und dass „wir durch die Untaten unserer Leute gegen die jüdische Bevölkerung der Ukraine das Vertrauen verspielt hätten".

Meine Großmutter Friederike Schmidtlein, geb. Mosisch, die Mutter meines Vaters, verteidigte damals Hitler: „Man muss dem Führer doch mal stecken, welches Unrecht andere in seinem Namen hinter seinem Rücken begehen." Mein Vater ließ sie in ihrem Irrglauben, obwohl er es besser wusste.

Im Alter von 12 bis 13 Jahren hatte ich in der Volksschule in Bockelwitz Unterricht über die Nürnberger Kriegsverbrecher-Prozesse gehabt. Dort ging es um die Anführer, wohingegen die Tausenden Ausführenden in meiner Erinnerung keine Gesichter hinterlassen hatten.

Wir lebten zu Hause in einem Bauerdorf, wo es keinen einzigen Juden gegeben hatte. Meine Großmutter Friederike Schmidtlein, geb. Mosisch, entstammte – vier Generationen zurück – einer Ehe eines Juden aus Königsgrätz, Jan Samuel Mosisch, mit einer Hussitin namens Elsbeth, die Gärtner waren und von Königgrätz nach Berlin umsiedelten und ihre Kinder in der Brudergemeinde in Berlin taufen ließen. Bei Mischehen erhielten die gemeinsamen Kinder die Religion der Mutter. Die Hussiten von Berlin hatten ihren religiösen Unterschlupf bei den Lutheranern der Brudergemeinde gefunden. Auf diese Gärtnerfamilie in Treptow, das damals noch nicht Berlin eingemeindet war, geht der Name „Mosischstraße" und der Name der Bahnstation „Baumschulenweg" in Berlin zurück.

Die Wewelsburg war von Himmler ausgesucht worden, um sie zu einem gewaltigen Zentrum der SS zu machen. Sie hatte u. a. einmal gegen den Ansturm der Hunnen gedient. Nun war sie genau das Richtige für das Vorhaben Himmlers. Sie erhielt zunächst eine vollständig neue Inneneinrichtung und eine deutliche bis aufdringliche SS-Ornamentik, die wir anlässlich unserer Klassenfahrt besichtigten. Später sollte das Dorf Wewelsburg einer gigantischen Halbrundanlage um die Burg mit einem Radius von 635 m weichen. Die Dorfbewohner sollten umgesiedelt werden.

Zahlreiche Gebäude (zwei SS-Verwaltungsgebäude, Wohnhäuser für das SS-Personal und eine Villa für den Chefarchitekten) wurden damals sofort angefangen und fertiggestellt. Dazu wurden natürlich viele Arbeiter benötigt. Wie gar nicht anders zu erwarten, ließ Himmler für die Bauerbeiter das KZ Niederhagen errichten. Von den 3.900 Häftlingen aus allen Ländern, die von der Wehrmacht besetzt waren, überlebten 1.285 das KZ nicht. Die riesige Halbrundanlage wurde wegen des Kriegsendes nicht verwirklicht.

Dieser zweitägige Schulausflug zur Wewelsburg öffnete mir zum ersten Mal meine Augen und mein Empfinden gründlich für das von Deutschland begangene Unrecht. Empfand ich bis zu diesem Zeitpunkt noch einen kindlichen Stolz für die Tapferkeit der Männer der Waffen-SS, so war ich nun erstmals bis in meine Grundfesten zutiefst erschüttert und räumte vor meinem Gewissen ein, dass meine eigenen Erfahrungen mit dem Verbleib meines Vaters im NKWD-Lager 1 in Mühlberg und mit unserer Vertreibung aus Schlesien und mit meiner individuellen Flucht mit 13 Jahren aus Sachsen nach Recklinghausen ins Konvikt nur ein Sandkorn im Vergleich zu einer tödlichen Lawine darstellen.

Der junge Pianist

Im Musikunterricht der Schule ging es um die Notenschrift, um Tonleitern, Tonarten und so weiter, kurz gesagt um die Frage, wie man eine Melodie korrekt in Noten setzt. Im Schülerwohnheim andererseits standen mehrere Klaviere herum, und so ergab sich für mich die Möglichkeit, statt meiner Stimme das Klavier beim Studium der Notengebung klingen zu lassen. Auch lagen bei den Klavieren Noten herum, die man nutzen konnte. Beim näheren Hinschauen entdeckte ich die Bände 1 und 2 der Klavierschule DER JUNGE PIANIST von Richard Krentzlin.

Zunächst war es mir am Klavier eigentlich nur darum gegangen, die Anforderungen des Musikunterrichts in der Schule besser zu bewältigen. Aber schon nach kurzer Zeit fand ich Gefallen daran, auf dem Klavier zu musizieren. Es machte mich – simpel gesagt – glücklich. Ich fraß mich durch beide Bände durch. Manchmal endete mein Versuch in einem Tobsuchtsanfall. Ich hatte nicht genügend viele Finger, außerdem passte mein verstümmelter Mittelfinger der linken Hand nicht zwischen die schwarzen Tasten des Klaviers. Das Fingergelenk ist nun einmal viel breiter als die Fingerkuppe. Zunächst begann ich die Fingersätze für meine linke Hand anzupassen, dann merkte ich, dass das prinzipiell nicht funktionieren kann. Anschließend fand ich heraus, dass alle Finger der linken Hand so positioniert werden müssen, dass sie die Tasten auf der Verbindungslinie treffen, wo die schwarzen Tasten beginnen, damit der verstümmelte Finger gar nicht zwischen die schwarzen

Tasten muss. Die Einhaltung dieser Linie verlangte aber zusätzliche Konzentration und war mit viel Unsicherheit verbunden. Die Finger rutschten von den erhöhten schwarzen Tasten leicht ab, die Betonung der Töne und das Binden mehrerer Töne wurden in der linken Hand sehr erschwert.

Das tägliche Programm zur Erhöhung meiner Fingerfertigkeit endete regelmäßig in den bereits erwähnten Tobsuchtsanfällen. In einem solchen Fall kam Parvus (Klein) ins Zimmer und beschwerte sich: „Hör auf damit! So machst du nur das Klavier kaputt!" Ich schrie nur „RAUS!" Er quatschte erneut. Ich schrie erneut nur „RAUS!" Das ging mehrmals so hin und her, bis er das Klavierzimmer verließ und sich nicht mehr hineintraute. Ich hatte offensichtlich meine Wut über meine Probleme an ihm ausgelassen. Er war – Gott sei Dank – nicht so zart besaitet.

Eli Pietsch

Dr. Tillmann, mein Vormund, rief mich zu sich, und ich wusste nicht, ob Parvus gepetzt hatte: „Es gibt bei uns im Konvikt eine Zahl von Jungs, denen ihre Eltern den Klavierunterricht bezahlen, die aber das Üben oft vergessen und dadurch das Geld der Eltern verschleudern. Wir bräuchten jemanden, der eine Tabelle erarbeitet, wer wann auf welchem Klavier üben soll. Derjenige, der die Tabelle mit den Schülern zusammen erarbeitet, sollte auch täglich kontrollieren, ob sich alle an die Verabredungen halten. Würdest du das für uns machen?"

„Selbstverständlich!" Ich fühlte mich sogar geehrt, dass er an mich gedacht hatte. Seine weiteren Worte versetzten mich dann in einen Freudentaumel: „Dann bezahle ich dir ab jetzt Klavierunterricht bei Frau Pietsch."

Eli Pietsch war nach meinen Beobachtungen die Beste von den Klavierlehrern, die ins Konvikt kamen. Sie war in Schlesien eine bekannte Klaviervirtuosin gewesen. Sie kam nur ein Mal pro Woche ins Konvikt. Ihr Meisterschüler im Konvikt war Klemens Körner, der seit Kurzem wieder in Recklinghausen war, nachdem er eine Zeit lang in einem anderen Internat von Dr. Tillmann gewesen war. Klemens war spitze.

Ich erhielt zunächst Einzelunterricht, wobei ich mich hauptsächlich mit den Inventionen und Fugen von Bach beschäftigte. Das war für mich eine neue Welt. Die Stücke in der Klavierschule von Krentzlin waren alles Ohrwürmer aus beliebten Opern oder Operetten, die Krentzlin für Klavier gesetzt hatte, die ich zumeist von früher kannte. Einige Beispiele:

- der Brautchor aus der Oper Lohengrin von Richard Wagner,
- Der Triumphmarsch aus der Oper Aida von Giuseppe Verdi,
- Eine Walzermelodie aus der Operette Die Fledermaus von Johann Strauss,
- „Durch die Wälder, durch die Auen" aus der Oper Freischütz von C. M. von Weber,

Das war insgesamt keine Musik, die fürs Klavier komponiert worden war. Erst Krentzlin hatte sie – wie gesagt – für Klavier gesetzt. Er hatte sie ausgewählt, weil sie eingängig und bekannt war, damit die Schüler schnelle Erfolge vorweisen konnten und beim Üben nicht verzagten.

Bei Frau Pietsch gab es für mich zunächst nur Musik, die fürs Klavier komponiert worden war. Die zweistimmigen Inventionen von Bach zum Beispiel, die wiesen nur einen einzigen Ton für die rechte und nur einen einzigen Ton für die linke Hand gleichzeitig auf. Sie hatte ich noch nie gehört. Außerdem hatte ich noch nicht die Fähigkeit erworben, die Noten durch Lesen in meinem Gehirn zum Klingen zu bringen. Sie musste ich erst zu spielen lernen, um zu wissen, wie sie klingen, dann mussten meine Hände unbewusst spielen, um mich auf den Klang konzentrieren zu können, um schließlich die Schönheit der Musik zu erschließen und den Vortrag für andere Hörer überzeugend zu gestalten. Sie sind – und das ist bei Bach besonders speziell – wie konstruiert, sie gehorchen strengen Regeln, um nicht zu sagen mathematischen Regeln. Ohne dass man ihnen durch sein Spielen Leben einhaucht, gefallen sie einem nicht.

Später, kurz vor meinem Abitur, hatte jemand in einem Zeitungsartikel geschrieben, dass ich Bach „farbiger" spielte als „es dem Stil entspricht". Der hatte offensichtlich die Interpretationen von Glen Gould noch nicht gehört. Bachs Musik ist voller Gefühl und voller Mathematik, und Mathematik ist außerdem auch voller Gefühl oder – anders gesagt – Mathematik und Musik liegen im gleichen Teil des Gehirns.

Gut bis auf einen Fall

Mein Schuljahr der Untersekunda ging aufs Ende zu, und es nahte somit die Verwirklichung meiner Träume, die Schule mit dem Einjährigen zu verlassen, da passierte mir etwas Saudummes. Ich verzapfte etwas, was meine Führungsnote im Versetzungszeugnis verhunzte. Die Führungsnote lautete: „Gut bis auf einen Fall". Mit dieser Note im Zeugnis konnte ich auf keinen Fall die Schule verlassen.

Doch nun mal ganz langsam und Schritt für Schritt! Was war geschehen?

Mit Zeus hatte ich im Religionsunterricht ein unlösbares Problem. Er war der Meinung, dass Gott den Menschen in einer einzigen

Aktion vollständig geschaffen hat, was bedeuten würde, dass er nicht einer Entwicklung vom Einfacheren zum Höherentwickelten entstammt, und ich vertrat, dass es meinem Glauben an Gott keinen Abbruch tun würde, wenn Gott das Gesetz zur Entstehung des Menschen bereits in die tote Materie gelegt hätte. Er war ein katholischer Priester und konnte scheinbar deshalb nicht nachgeben. Ich war ein katholischer Gläubiger und hatte das Recht, selbst zu denken. Zu diesem Zeitpunkt, das heißt also während meiner ersten drei Jahre im Konvikt, war bereits viel zu viel Katholizismus auf mich eingeprasselt. Ich hatte einen protestantischen Vater, den ich sehr geliebt hatte. Er brauchte nie zur Ohrenbeichte zu gehen, und mir wollten sie beibringen, dass ich bei einer Generalbeichte im Rahmen von Exerzitien die Sünden meiner frühen Kindheit hochwürgen und bereuen müsse, um spätere Höllenqualen zu vermeiden.

Mein Gewissen gehört mir, und zwar mir allein. Keiner außer mir selbst kann in mein Gewissen etwas hineinschreiben. Nur ich selbst kann das, und zwar allein durch meine Wahrheitsliebe. Solange ich zu mir selbst nicht ehrlich bin, kann ich mein Gewissen nicht formen. Die Teilnahme an einer wissenschaftlich basierten Befragungsaktion ergab – viel später –, dass ich an einer milden Form des Asperger-Syndroms „leide". Ich hatte allerdings nie das Gefühl, dass ich leide.

Kurz gesagt: Zeus hatte es wahrscheinlich nicht leicht mit mir. Unser Streit, der aus dem Religionsunterricht stammte, entlud sich im Lateinunterricht, wo er auch unser Lehrer war. Wir bekamen eines Tages eine Klassenarbeit zurück. Er hatte mir eine gute Note gegeben. Beim Überfliegen meiner Arbeit entdeckte ich zwei Fehler, die er übersehen hatte. Ich strich sie an und schrieb „ist doof" hinter sein Kürzel „La". Ich korrigierte den Fehler, den er gefunden hatte und auch die beiden, die er nicht gefunden hatte und gab das Heft ab.

Warum hatte ich eigentlich die zwei Fehler, die er nicht gefunden hatte, angestrichen und warum sie – hinter seinem Kürzel – korrigiert? War das nicht eine Fälschung seines Kürzels? Gefährdete das nicht nachträglich meine gute Note? Für Gefahren bin ich taub.

Nachsitzen

In ISBN 3 – 932329 – 35 – X „Europäischer Universitätsverlag" des Jahres 2004 schreibt mein damaliger Konvikts-Genosse Siegfried George über ein Ereignis im Konvikt:

„Da fuhr Buddian auf und tobte. Er zog dann einen Brief heraus, rief Schmidtlein an und las vor, dass Schmidtlein vier Tage Arrest erhalten habe, weil er unter die Klassenarbeit geschrieben hatte: Lange ist doof. Buddian betonte das „doof" so, dass wir alle hell lachen mussten."

Und das passierte vorher in der Schule:

Wenn Zeus die Klassenarbeitshefte zurückgab, dann rief er den einzelnen Schüler zu sich an sein Pult, um ihm genau zu erklären, welche Fehler er in der Arbeit gemacht hatte. Das fand ich eigentlich viel besser als die Methode, die Kiki bevorzugte. Der kam mitten in den Unterricht eines Kollegen in die Klasse „Entschuldigen Sie, Herr Kollege, ich reiche nur schnell die korrigierten Hefte rein" und verschwand genauso schnell, wie er gekommen war.

Eines nichtsahnenden Tages – Zeus hatte mich gerade zu sich ans Pult gerufen – stand er auf und versetzte mir eine derartige Watschen, dass es mir fast den Kopf seitlich versetzte bzw. die Halswirbelsäule seitlich abscherte. Dabei schmiss er mein Heft ohne seine Erläuterungen aufs Pult, statt es mir zu geben. „Du kannst dich wieder setzen. In der Pause erwarte ich dich bei Direktor Hofmann." Er tat so, als müsste ich wissen, was ich verbrochen hatte. Doch ich wusste nix!

Die Zeit bis zur Pause wurde elend lang, und ich hatte nicht den blassesten Dunst, weshalb ich die Ohrfeige erhalten hatte. Er selbst hielt seinen Unterricht ab, als wäre nichts passiert. Und ich wusste während der ganzen Zeit nicht, warum er mir fast den Kopf abgehauen hatte. Auch die Klasse wusste nicht, warum er mich geohrfeigt hatte. Hatte ein Spitzel etwas Falsches über mich verbreitet?

Als ich bei Dr. Hofmann ins Zimmer kam, hielt er mein Heft bereits in seinen Händen, und Lange hatte ihm offensichtlich seine Erklärungen bereits gegeben. Er lud mich ein, mich an den Tisch zu setzen. Dann streckte er mir das aufgeschlagene Heft unter die Nase. Jetzt sah ich, dass ich die erst von mir gefundenen zwei Fehler angestrichen und sie auch korrigiert hatte. Das empfand ich als aufrichtig von mir. Dann sah ich mein „ist doof" hinter seinem „La". Da wurde mir klar, dass er sich beleidigt fühlte und entschuldigte mich sofort bei ihm. Jedoch konnte ich nicht verhindern, ihm zu sagen, dass er mich mit seinem Schlag leicht hätte zum Krüppel machen können. Ich war nicht so stabil wie ich lang war.

Dr. Hofmann fragte mich: „Was hast du dir denn eigentlich dabei gedacht?" Mir fiel nichts ein, und ich antwortete wahrheitsgemäß: „Ich habe wohl gar nichts gedacht. Mein Unterbewusstsein wollte ihm wohl sagen, dass er in Religion sture und uneinsichtige Ansichten lehrt, indem er behauptet, Gott habe den Menschen so, wie er heute ist, „perfekt" erschaffen, statt zu akzeptieren, dass er sich aus einfachsten Anfängen auf der Erde entwickelt hat und sich ständig weiterentwickelt."

Dr. Hofmann: „Aber das hat doch nichts mit Latein zu tun!"

„Aber es ist der gleiche Lehrer!"

Dr. Hofmann wollte wissen, ob ich die zwei Fehler, die sein Kollege übersehen hatte, selbst gefunden hätte oder ob sie Frater Andreas gefunden habe. „Fragen Sie bitte Frater Andreas selbst. Er weiß gar nichts von dieser Geschichte, weil ich seine Hilfe inzwischen gar nicht mehr in Anspruch nehme. Ich bin inzwischen so weit, dass ich selbst regeln kann, nie unter ein „Ausreichend" zu fallen. Mehr will ich in Latein auch nicht erreichen, weil es eine tote Sprache ist."

Nun erläuterte mir Dr. Hofmann, dass er mein Handeln als eine schwere persönliche Entgleisung beurteile, die bestraft werden müsse. Außerdem legte er fest, dass ich im Versetzungszeugnis in der Rubrik FÜHRUNG eine entsprechende Bemerkung zu erwarten hätte.

Die Bestrafung bestand darin, dass ich an vier Nachmittagen je zwei Stunden nachzusitzen hatte. Außerdem bestand eine wichtige Nebenbedingung darin, dass mir Aufgaben aus verschiedenen Fächern schriftlich gestellt wurden, die ich deshalb ernst zu nehmen hatte, weil sie bewertet wurden und in die Zeugnisnoten eingingen. Ich habe das Nachsitzprogramm ohne zu murren durchgezogen und für alle Arbeiten gute Noten erhalten mit dem Nebeneffekt, dass ich in der Schule insgesamt besser wurde.

Dr. Tillmann war von den Fratres von dem Vorgang unterrichtet worden. Seine Feststellung: „Wer nicht brav sein kann, der muss fühlen." Dass ich eigentlich gern mit dem Einjährigen von der Schule abgegangen wäre, habe ich ihm nicht erzählt. Auch meinen beiden Tanten, bei denen ich wieder die Weihnachtsferien verbrachte, habe ich von meiner Entgleisung nichts erzählt.

In Erinnerung ist mir eine Aufführung im Rahmen der Ruhrfestspiele im Saalbau, die so überzeugend war, dass sie all meine damaligen persönlichen Angelegenheiten übertönte. Es war eine Aufführung des Faust von Johann Wolfgang von Goethe durch das Hamburger Theater Ensemble mit Gustaf Gründgens als Mephisto, Will Quadflieg als Faust, Ella Büchi als Gretchen und Elisabeth Flickenschildt als Marthe im Saalbau in Recklinghausen. Das Schicksal von Gretchen, einem unschuldigen liebenswerten Mädchen, in den Krallen einer rücksichtslosen Welt, hat mich zutiefst erregt. Ich musste mir bewusst machen, dass ich in einer Theater-Aufführung saß und dass das Geschehen nur gespielt war, um nicht aufzuspringen und Gretchen aus der Situation zu retten.

Da die Führungsnote im Versetzungszeugnis mit dem Urteil „Gut bis auf einen Fall" durch mein gehorsames Nachsitzen nun mal nicht freundlicher geworden war, ging ich nicht mit dem Einjährigen ab. Die Osterferien verbrachte ich anschließend wieder in Seckbach bei Tante Erna und Onkel Konrad. Die fragten mich, ob ich versetzt worden sei, was ich wahrheitsgemäß mit Ja beantworten konnte. Dafür bekam ich ein Gläschen Danziger Goldwasser und durfte wieder ein Kaninchen schlachten.

Methodik bei der Kunsterziehung

Anfangs war Heinz Ridder unser Lehrer in Kunsterziehung. Später wechselte die Aufgabe auf Thomas Grochowiak. Beide waren aktiv in der Künstlervereinigung Junger Westen. Der Wechsel war für mich ein Quantensprung gewesen und plötzlich war Kunsterziehung zu einem meiner Lieblingsfächer geworden. Das kam so:

Ridder wollte uns die Mittel der verschiedenen Stilrichtungen und Maler gut verständlich machen. Dazu benutzte er konkrete Gemäldebeispiele, die er uns wortreich erläuterte. Zusätzlich ließ er uns die Gemälde zeichnen bzw. mit Wasserfarben malen. Mein DIN-A-

3-Zeichenblock kostete aber mein Geld, und davon hatte ich zu wenig. Daher teilte ich solch eine große DIN-A-3-Fläche in vier Felder ein und produzierte Miniaturen der Gemäldebeispiele in meinem Zeichenblock. Dass das gerade mit Wasserfarbe meist nicht gut geht, leuchtet jedem ein, der es schon einmal probiert hat. Entsprechend beklagenswert war meine Note in und meine Begeisterung für Kunsterziehung.

Als Thomas Grochowiak dann zum ersten Mal in unserer Klasse unterrichtete, ließ er sich unsere Arbeiten in den Zeichenblöcken zeigen. Zu mir sagte er: „Du malst zu klein." Ich antwortete ihm: „Ich habe nicht genügend Geld, um größer zu malen." Bereits in der nächsten Unterrichtsstunde tauchte er mit einer dicken Rolle aus Tapete auf. Zunächst spannte er ein großes Stück dieser Tapete mit der bedruckten Seite auf einen Zeichentisch. Dann holte er eine Batterie von Gläsern voller Farbe aus einem Karton und ließ im Nu ein Gemälde vor unseren Augen entstehen. Zunächst hatte er die Tapete nass gemacht und erst dann die Arbeit mit den Farben begonnen. Ein Kumpel aus meiner Klasse nannte das entstandene Bild mutig ein „Geschmiere".

Grochowiak suchte aus einem Stapel von Lithografien ein berühmtes Sonnenblumenbild von Van Gogh heraus und forderte uns auf, die Pinselführung und die Farbabstufungen van Goghs zu beschreiben. Die Pinselführung und die Farbabstufungen sind bei van Gogh derart grob, dass das Bild an eine gute Fotografie nicht im Entferntesten heranreicht. Dennoch – und darin waren wir uns alle einig – sind van Goghs Gemälde viel aussagekräftiger als Fotografien. Meinen Zeichenblock brauchte ich weitgehend nur für das Porträtzeichnen, denn gemalt wurde nun meist auf Papier und mit Tusche, beides brachte Herr Grochowiak mit.

Eine der Aufgaben, die er uns in einer Unterrichtsstunde stellte, lautete „Gemüsestand auf dem Wochenmarkt". Ich hatte im Übermut meines Spaßes an der Aufgabe alle Register gezogen. Auf meinem dargestellten Verkaufstisch dominierten große runde Formen, z. B. Krautköpfe, Salatköpfe und Kürbisse. Auch die Marktfrau war vorwiegend aus runden Formen gebildet, sie hatte runde, dicke Brüste, dicke Oberarme, einen runden Kopf mit eng anliegendem Kopftuch und herauslugenden kälteroten Wangen. Vor dem Verkaufstisch stand eine Käuferin. Sie trug ein schickes Hütchen. Man sah sie schräg von hinten. Die Kontur des Gesichts, der Brust und des Bereichs der Hüfte waren edel und fein. Just in dem Moment, als ich das so weit gestaltet hatte, erschien Grochowiak hinter mir und schaute mir über die Schulter. Es konnte in solch einer Situation schon mal sein, dass er einem den Pinsel aus der Hand nahm und selbst etwas am Gemälde „verschönerte". Diesmal fragte er mich: „Wo hast du das Foto?" „Welches Foto?" war meine Gegenfrage. „Das Foto von der Käuferin?" „Ich habe kein Foto von der Käuferin. Es ist Margret von der Obertertia. Mit ihr war ich vor einiger Zeit im Haltener Stausee schwimmen." Er schaute mein Gemaltes eine Zeit lang an und sagte dann: „Ist das so eine kleine Dunkelhaarige?" Ich nickte zustimmend. „Solch vornehme Kleidung trägt sie aber nicht." Er sackte mein Gemälde ein und stellte es fortan unter der Rubrik „Schüler stellen aus" im Rahmen der Kunstausstellung der Ruhrfestspiele aus. Wie schon betont, Kunsterziehung war mein neues Lieblingsfach geworden.

https://www.youtube.com/watch?v=fDfRt_gSPQQ
http://www.kunsthalle-recklinghausen.com/index.php?id=548

Wir malten noch nicht gegenstandslos, sondern erst einmal abs-
trakt. Oft durften wir uns ein Thema selbst wählen. Aus solch einem
damaligen Versuch stammt das obige Bild, das ich erst 2018 rahmen
und in unserem Wohnzimmer aufhängen ließ. Eine Erinnerung an

unseren Zugochsen, der bei unserer Flucht aus Schlesien mitwirkte. Er war für uns ein Tier, dem wir viel verdankten. Deshalb hab ich in seiner Darstellung Farben verwandt, wie sie in der Kleidung von Kardinälen vorkommen, obwohl wir nur wenigen Kardinälen tatsächlich etwas verdanken.

Bei den Tuschepinseln sind die Haare mithilfe eines Blechreifs am Holz befestigt. Die Kante dieses Blechreifs eignet sich sehr gut, um die Oberfläche der Unterlage mechanisch zu verletzen. Auf diese Weise habe ich die Formen der verschiedenen Vasen auf einem vorher vollständig nass gemachten Blatt Papier mit Wasserfarbe deutlich gestalten können.

Die Abstraktion ging bei folgendem Beispiel weiter. Ein Ochse zer-
legt und auf das ganze Blatt verteilt.

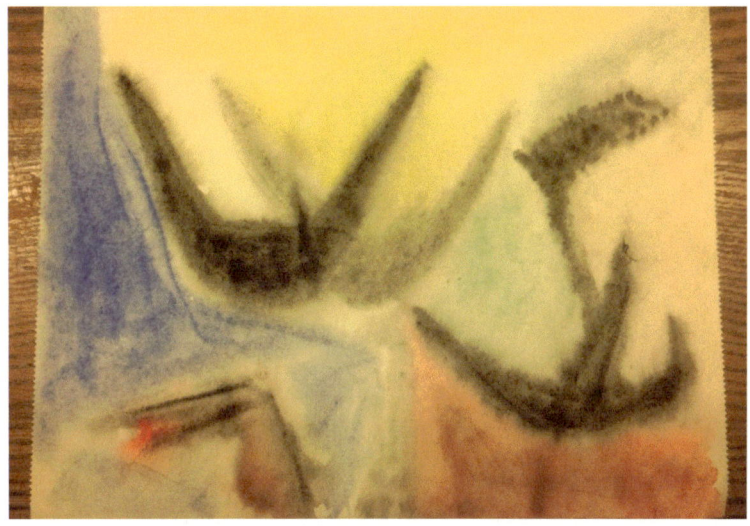

Für das folgende Bild stand meine Fantasie von Margret Modell.
(Noch nicht gerahmt)

Die Entstehung der Welt war meine damalige Vorstellung für das Bild. (Noch nicht gerahmt)

Glatt durch die Oberstufe

In Obersekunda angekommen

Klassenstärke und Lehrerschaft

Wir waren im Jahr 1952 angekommen. Unsere Klasse in der Aufbauschule hatte sich stark verändert. Von unseren drei Mädchen war nur noch eines übrig geblieben, und zwar Marie Louise Ostwald. Sie war mir von den dreien schon immer die liebste gewesen, weil sie eine natürliche Einstellung zu den Jungs hatte und nicht nur mit den beiden anderen Mädchen zusammengluckte. Wenn ich heute die Fotos anschaue, die ich aus der damaligen Zeit habe, dann spiele ich Gitarre und sie ist in meiner Nähe. Damals war mir ihre Zuneigung nicht aufgefallen. Wahrscheinlich war es die Musik, die sie anzog. Die beiden anderen waren mit dem Einjährigen abgegangen, um den Weg zu einem praktischen Beruf zu verfolgen, wie es auch noch andere meiner Mitschüler getan hatten.

Klaus Heger, ein „Jungmann" aus der DDR war hinzugekommen. Er war Jugendschwimmmeister der DDR gewesen und mit seinen Eltern aus der DDR geflüchtet.

Georg, ein Sohn des Oberstadtdirektors Michaelis, der zwei Jahre älter war, als es unserem sonstigen Durchschnittsalter entsprach, war hinzugekommen.

Unsere Klassenstärke betrug jetzt 20 Kopf. Im Klassenraum war es lichter und angenehmer. Wir hatten neue Schulmöbel, Tische und Stühle waren nun getrennt. 39 waren wir beim Start 1949 gewesen. Für mich war es mit Beginn der Oberstufe endgültig, dass ich die Schule bis zum Abitur durchziehen würde. Ich hatte mir die geschilderten Träume, früher eigenes Geld zu verdienen und frei zu sein, endgültig abgeschminkt.

Das Schuljahr verlief für mich ohne besondere Vorkommnisse.

Auch im Lehrerkollegium traten bedeutende Änderungen ein. Dr. Farwick ging in den Ruhestand. Es beängstigte mich. In ihm hatte ich drei Jahre lang den Mann gesehen, der meine Entwicklung in der Schule beschützte. Mit ihm hatten wir Klassenfahrten z. B. nach Soest gemacht, wo er uns den Baustil und das Baumaterial der Kirche erklärt hatte. In diesem Punkt gab es unter dem Kollegium keinen Nachfolger.

Wir bekamen in Mathematik einen ganz jungen Studienassessor Friedhelm Beckmann. Er war in der Nachkriegszeit ausgebildet worden und war noch nicht im Schuldienst verbraucht. Er war freundlich zu uns Schülern und voll auf uns konzentriert, als Lehrer sicherlich auch von der gut veranlagten Sorte. Schon nach kürzester Zeit merkte ich, dass sein Unterricht genau darauf aufbaute, was Dr. Farwick in jedem von uns anzulegen versucht hatte: logische Gedankengänge statt auswendig gelernter Formeln. Selbst etwas ableiten, statt es aus dem Gedächtnis hochzuholen. Ich hatte es leicht und blieb in Mathematik vorn.

Während die meisten meiner Mitschüler ihre endgültige Größe nahezu erreicht hatten, wuchs ich ständig weiter. Ich sah aus wie ein dürrer Windhund und nicht wie ein gut gebauter Sportler. Ich bewunderte die durchtrainierte muskulöse Körperlichkeit von Klaus H. Seine Gestalt und sportlichen Fähigkeiten hätte ich liebend gern gehabt. Doch ausgerechnet er war für den Schulsport entschuldigt, und zwar wegen eines rezidivierenden Kniegelenksergusses.

In der warmen Jahreszeit betrieben wir im Sportunterricht Leichtathletik (Laufen, Springen: Hochsprung, Weitsprung und Drei-sprung, Stabhochsprung sowie Kugelstoßen), und meine Bewertung lag bei „befriedigend". In der kalten Jahreszeit wurde an Geräten geturnt, und die Bewertung lag bei „ausreichend minus". Schmidt-lein am Hochreck war immer einen Lacher wert. Die Jahresnote war „ausreichend". Ich musste abstumpfen, um noch etwas Spaß an diesem Fach zu empfinden.

Immerhin ließ ich es mir nicht nehmen, an einer „Arbeitsgruppe" Fußball teilzunehmen, wo ich als Mittelläufer den Ballschlepper und den Ballverteiler spielte und tatsächlich die Bewunderung meiner Mitspieler genoss; denn viele meiner Flanken erreichten einen Stürmer in aussichtsreicher Position, sodass wir Tore schos-sen und in der Regel die Spiele gewannen. Ich konnte zwar dauer-haft traben, aber wegen meiner mangelhaften Muskulatur nicht sprinten.

Beethovens Oper Fidelio

Sowohl die Aufbauschule wie auch das Konvikt bekamen Gratis-karten für Aufführungen im Rahmen der Ruhrfestspiele, um aus-gesuchte Schüler damit zu belohnen. Es waren Karten für Plätze, die für die gut zahlenden Zuschauer nicht infrage kamen.

Ich gehörte zu den ärmsten Schülern und erhielt in diesem Jahr von beiden Institutionen Karten für Aufführungen der Oper Fidelio von Ludwig van Beethoven. Die beiden Stellen wussten nichts vonein-ander. Ich dachte mir, dass ich vorerst einmal beide Karten behal-ten sollte, um zu erkunden, wie mir die Oper gefällt, um dann zu entscheiden, ob ich meine zweite Karte einem anderen geben oder die Oper zum zweiten Mal erleben wollte. Schon das Wort „Oper" bedeutete für mich zu diesem Zeitpunkt etwas Veraltetes, etwas für die oberen Zehntausend, aber nicht für normale Menschen. Meine täglichen Sorgen waren dem gegenüber äußerst diesseitig.

Fidelio war die erste Oper, die ich erlebt habe. Ich hatte mich mit dem Libretto vorher nicht besonders beschäftigt und kannte die dargestellte Handlung nur sehr grob. Von den Arien und der Orchestermusik kannte ich nichts. Meine Erwartungsstimmung: neugierig-interessiert, skeptisch, bereit, aufmerksam durchzuhalten.

Damals gab es noch keine Stereoradios oder Stereoplattenspieler. Die Ouvertüre – Beethoven hat vier Versionen geschrieben – eröffnete mir eine dreidimensionale Orchester-Klangwelt, wie ich sie vorher noch niemals gehört hatte. Ich war – ja wie soll ich es ausdrücken – ich war nahezu geschockt, von der Musik besetzt. Ich hätte weinen, ja schreien können vor Glück.

Gemäß Libretto befindet sich Florestan zu Unrecht in Gefangenschaft und sehnt sich nach Freiheit. In dem Moment, als Florestan sein Klagen „In des Lebens Frühlingstagen ist das Glück von mir geflohn. Wahrheit wagt ich kühn zu sagen, doch die Ketten sind mein Lohn" begann, schossen mir die Tränen in die Augen und das Bild meines im NKWD-Lager 1 in Mühlberg leidenden Vaters erfüllte mich und der Verlust unserer schlesischen Heimat und die Trennung von meiner Mutter schmerzte erneut. Ich weinte still vor mich hin und erst, als ich vor seelischer Anstrengung erschöpft war, konnte ich die weiteren Bilder und Klänge ohne Trauer, aber voller Bewunderung für Beethoven aufnehmen.

Als ich wenig später mich im Konvikt erneut abmeldete, um die Oper zum zweiten Mal zu erleben, fiel es auf, dass ich von zwei Stellen mit einer Karte bedacht worden war. Frater Direktor hatte nichts dagegen, dass ich die Oper zum zweiten Mal sehen wollte. Doch schien mir, dass er misstrauisch war, ob ich wirklich wegen der Oper abends wegwollte. Es hätte ja auch ein Mädchen dahinterstecken können. Und das wäre unerlaubt gewesen. Wir wurden damals noch von einem Frater in Zweierreihen durch die Stadt geführt.

In der zweiten Vorstellung erlebte ich die Trauer um meinen Vater nicht mehr. Ich wusste ja, dass er ausgelitten hatte. Da ich innerlich frei war und vieles schon selbst singen konnte, eröffneten sich mir andere Feinheiten der Komposition und Orchestrierung.

Ich hatte noch etwas Geld und kaufte mir die dritte Karte für die Oper Fidelio und erzählte Frater Direktor, dass ich die Oper zum dritten Mal sehen wollte. Das wurde ihm nun ungeheuerlich. Er konnte sich überhaupt nicht vorstellen, weshalb ein „Jungmann" die Oper Fidelio dreimal hintereinander sehen will. Deshalb verbot er mir den Besuch der Aufführung.

Ich hatte die Karte aber bereits gekauft. Außerdem lasse ich mir grundsätzlich nichts verbieten und schließlich brauchte ich noch eine Vorstellung, um alle Arien des Florestan auswendig singen zu können. Daher bat ich einen Kumpel, das Fenster in der Toilette im Hochparterre des Konvikts angelehnt, aber offen zu lassen, damit ich nach der Vorstellung noch in mein Bett kommen könnte und trollte mich zum Saalbau.

Als ich dann nachts nach Hause kam und gerade in der Toilette im Hochparterre angekommen war, knipste jemand ungefragt das Licht an und nahm mich in Empfang. Es war Frater Direktor: „Du kannst jetzt ins Bett gehen, morgen sprechen wir darüber." Erwischt, Scheiße! Ich war beunruhigt, konnte aber schließlich doch gut einschlafen.

Am nächsten Morgen gelang es mir, ihm erklärlich zu machen, welche Assoziationen und Gefühle sich bei mir eingestellt hatten und dass das Leiden meines Vaters mich erneut berührt hatte und außerdem könnte ich ihm jetzt alle Arien des Florestan auswendig vorsingen. Schließlich sagte er:

„Du weißt aber, dass du gegen mein Verbot gehandelt hast."

„Aber Sie haben eine Entscheidung getroffen, deren Befolgung mich im Lernen begrenzt hätte."

Wir reichten uns die Hände. Es war wieder alles klar zwischen uns.

In einer der Vorstellungen muss Siegfried George in meiner Nähe gesessen haben, der die Aufbauschule in der Jahrgangsstufe über mir besuchte. In ihm erweckte der Gefangenenchor ganz andere Bilder. Er schreibt:

„So stelle ich mir ungefähr die Hölle vor. Mir welcher Sehnsucht werden die Seelen dort harren und es gibt doch keine Rettung mehr. [...] Wenn ich mir dann überlege, dass dann Menschen für immer in noch viel größerer Pein sein müssen, dann möchte ich zunächst mit Gott hadern, weil er so etwas zulässt, bis ich mich dann natürlich seiner Weisheit beugen muss."

Siegfried beschreibt in seinem später von ihm veröffentlichen Buch, wie und warum er psychisch schwer erkrankte und vom Glauben abfiel. Ich würde es so beschreiben: Er ließ sich sein Gewissen von anderen (Priestern, Eltern, Polizisten) programmieren und behauptete nicht seine eigene Hoheit für sein Gewissen, welches man auf der Basis der eigenen Wahrheitsliebe selbst formen muss.

Ein eigenes Haus mit Garten für Uschi und Adam

Uschi und Adam kauften sich ein Haus mit Garten in der Pfarrgasse in Kirchbrombach, das sie mir in den großen Ferien als Überraschung zum ersten Mal stolz präsentierten. Wegen der Kriegsversehrtheit von Adam hatten sie ein vom Staat stark verbilligtes Darlehen erhalten, sodass sie sich das Grundstück so eben noch leisten konnten. Im kleinen Garten auf der der Pfarrgasse abgewandten Seite stand ein Schuppen, den sich Adam umgehend als Bürstenmacher-Werkstatt eingerichtet hatte. Im Dorf war eine Abwasserkanalisation gebaut worden, sodass das Haus sogar schon ein Spülklosett hatte. Allerdings gab es Bereiche im Hochparterre, die man besser nicht betrat, weil die Balken morsch waren.

Die äußerst beengten Verhältnisse in Heemisch (Hembach) war man endlich los. Die Frage war jedoch, ob sich Adam in Kirchbrombach genauso selbstständig bewegen können würde wie in seinem kleinen Heimatdorf Hembach, das er von frühester Jugend her kannte. Es zeigte sich nach kürzester Zeit, dass Adam den Ortsplan von Kirchbrombach inzwischen in allen Details im Kopf hatte. Abgasgerüche, Fahrgeräusche, das Hallen von Schritten, die leichten Luftbewegungsunterschiede bei abgestellten Autos oder sonstigen Hindernisse wurden von ihm beobachtet und gaben ihm den Ersatz seiner blinden Augen. Außerdem kannten und bewunderten ihn bald alle im Dorf und schließlich traf es sich, dass er auch noch einen Patenonkel und einen Cousin im Dorf hatte. Jeder, der ihn zufällig traf, blieb bei ihm stehen und hielt ein kurzes Schwätzchen mit ihm.

„Na, Adam, wer bin isch?"

„Du bist der Hade Jakob."

„Stimmt! Un was haschte vor?"

„Ich will den Braten fürs Wochenende kaufen."

Im Garten hielt Adam Kaninchen, um die Ausgaben für die Ernährung zu verringern. Das Futter für die Tiere bekam er vom elterlichen Hof.

Bereits in den ersten Sommerferien räumten wir eine Hälfte des Hauses vollkommen aus, um fast alle Dielen und die morschen Holzträger gegen neue auszutauschen. Ein gefälliger Fachmann wachte darüber, dass alles ohne Unfall und fachlich korrekt ausgeführt wurde. Adams Bruder und einige von Adams Jugendfreunden halfen mit. Wir schliefen währenddessen sozusagen im „Möbellager". Dann wurde das „Möbellager" in den bereits ausgebesserten Teil verlegt und die zweite, noch schadhafte Hälfte ausgebessert. Nach meinen großen Ferien war dieser Teil der Arbeiten geschehen. Beim improvisierten „Richtfest" – eigentlich kann man es bei einem Altbau so nicht nennen – tranken wir ein Glas Korn und zerdepperten das leere Glas auf der geteerten Pfarrgasse. Alle Nachbarn feierten mit. Das war die erste Renovierung des Hauses.

Sie ist nicht zu verwechseln mit der zweiten Bauphase, die einen Umbau des Hauses beinhaltete und später erfolgte (Verlegung des Hauseinganges von der Straßenseite auf eine Seite des Hauses, Einbau eines Bades, Veränderung der Raumaufteilung).

In Unterprima angekommen

Klassenstärke und Lehrerschaft

Auch das letzte Mädchen unserer Klasse hatte die Schule verlassen, um die Ausbildung für einen praktischen Beruf zu beginnen. Sie glaubte, dass sie ihren Beruf gefunden hatte und heuerte bei

Althof (später Karstadt) an, um nach Praktikumszeiten in den Verkaufsabteilungen und in verschiedenen Betriebsabteilung schließlich eine dauerhafte Tätigkeit in einer der Betriebsabteilungen eines solchen Kaufhauses oder in der Konzernzentrale einzunehmen. Es hörte sich gut an, was sie von ihren Plänen erzählte. Mich steckte das nicht mehr an. Der Beruf des Schaufensterdekorateurs, später Werbefachmanns, ließ mich inzwischen kalt.

Aber ich merkte, dass sie mir fehlte, obwohl es zuvor nicht das geringste Techtelmechtel zwischen uns gegeben hatte. Ich verlor sie aus den Augen. Ein weiterer Schüler hatte die Klasse verlassen. Wir waren im Schuljahr 1953/54 noch 18.

Konvikt und Ferien

In den Pfingstferien, die regelmäßig recht kurz waren, hatte ich bislang das Konvikt nie verlassen. Diesmal war es anders. Wir, d. h. 3 **Sankt-Georgs-Pfadfinder** vom Konvikt, trauten uns per Autostopp nach Xanten zu trampen. In Xanten bestand ein anderes Internat des Studienwerks von Dr. Tillmann in einer ehemaligen Munitionsfabrik, wo wir kostenlos unterkamen. Für mich war es eine völlig neue Erfahrung, dass man kostenlos verreisen konnte. Meine beiden Sankt-Georgs-Brüder hatten bereits Erfahrung mit dem Trampen, während es für mich das erste Mal war.

Es gab Sonntage, an denen wir in Zweierreihe in die Stadt zu einem Ereignis und wieder zurück geführt wurden. Demgegenüber war es ein Luxus an Freiheit, Mitglied bei den Sankt-Georgs-Pfadfindern zu werden, was uns erlaubt war. Wir waren zunächst einmal Pimpfe und mussten erst einmal viel lernen und verschiedene Prüfungen ablegen. Danach kannten wir viele wunderbare Pfadfinderlieder, eine Unmenge von Knoten, um mithilfe von Seilen auf verschiedene

Hindernisse zu klettern. Wir durften uns an Lagerfeuern etwas braten. Die folgenden Fotos aus dieser Zeit sind leider sehr klein.

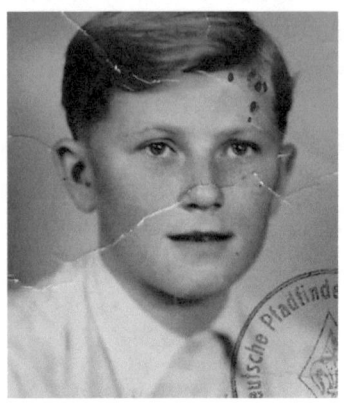

Hubertus, Foto aus dem
Pfadfinderausweis

Zeltlager

In der MUNA von Xanten

Bei den Pfadfindern habe ich z. B. gelernt,

- alle unsere Lieder auf der Klampfe auswendig zu begleiten,

- wie man einen Kupferdraht spannen muss, um anschließend mithilfe eines Detektors beliebige Radiosender zu hören und das sogar ohne die Verfügbarkeit einer Batterie,

- eine Fußbodenheizung aus gefundenen Abfallbüchsen unter das Zelt zu bauen, um uns das Klima im Zelt angenehmer zu gestalten.

Unser von uns allen anerkanntes Motto war:

Allzeit bereit,
der Starke schützt den Schwachen,
täglich eine gute Tat,
Mut und Zivilcourage beweisen,
das gemeinsame Ziel akzeptieren und gemeinsam verwirklichen,
andere führen,
sich führen lassen.

Es war für meinen späteren Beruf von Vorteil, bei den Pfadfindern spielerisch gelernt zu haben, wie man durch gemeinsame Planung kameradschaftlich führt und dass man sich der Führung eines anderen unterordnet, und das alles im schnellen Wechsel.

Ruhrfestspiele im Schuljahr 1953/54

Das Schuljahr 1953/54 brachte zwei Aufführungen im Rahmen der Ruhrfestspiele, die mich besonders beeindruckten.

1. Es wurde Peer Gynt von Ibsen in der Theaterversion aufgeführt mit der Zwischenaktmusik von Eduard Grieg. Eduard Grieg hat die Zwischenaktmusik in seinen Peer-Gynt-Suiten zusammengefasst und herausgegeben, was diese Musik getrennt von der Aufführung des Theaterstückes erlebbar macht. Die Musik war damals für mich neu und hat mich sehr beeindruckt und ist ein Stück von mir geworden. Ich rufe sie auf, wenn es mir danach ist. Und das ist doch öfters der Fall. Das, was ich aufrufe, entspricht der Phase meines Lebens. Anitras Tanz oder Ases Tod, in der Halle des Bergkönigs. Alles vereinnahmt einen total und gibt einem die Antwort.

2. Das andere Beeindruckende der Ruhrfestspiele 53/54 war der Ausdruckstanz „Die Seherin" von Mary Wigman und ihrem Ensemble aus Berlin. Sie war die Begründerin des Ausdruckstanzes. Ich hatte die Ballettvorführungen der Stuttgarter erlebt. Ich hatte auch den Pantomimen Marcel Marceau erlebt und bestaunt. Ich hatte die wilden, sportlich anspruchsvollen neuen Tänze wie Boogie-Woogie bewundert, nun begegnete mir aber etwas noch nie Gesehenes: Ausdruckstanz! Man muss ihn erleben. Ich habe noch nicht erkundet, ob man bei Youtube Auftritte von Mary Wigman findet.

Finale: Abitur

Wiedervereinigung mit meiner Mutter und meiner „kleinen" Schwester Gudrun

Mein letztes Schuljahr 1954/55 begann nach Ostern 1954. Wir wussten zu diesem Zeitpunkt alle, dass Uschi schwanger war und hatten einen tollen Plan ausgeheckt. Mama sollte demnach gerufen werden, um Uschi im Kindbett behilflich zu sein, ähnlich dem Ruf im Jahr 1949, als Uschi ihren Erstgeborenen, Klaus-Dieter, gebar. Anders jedoch als damals sollte Mama versuchen, Gudrun mit auf die Reise zu bekommen (mit der Begründung, dass sie ihre minderjährige Tochter nicht für mehrere Wochen allein lassen könne). Im Fall dass das gelänge, sollte sie nicht wieder in die DDR zurückgehen. Wir waren alle gespannt, ob der Plan gelingen würde. Sollte er nicht gelingen, dann müsste sie halt wieder zurück nach Leuterwitz. Schlimmeres (z. B. eine Bestrafung) konnte eigentlich nicht passieren.

Es gab einen Hausarzt in Kirchbrombach, der in das Vorhaben eingeweiht wurde und einen recht frühen voraussichtlichen Geburtstermin bescheinigte, und ab ging die Post. Anfang Juni, ein ganzes Stück vor den Sommerferien, die in diesem Jahr am 27.07. begannen, wurde ich während der Nachmittagsstudierzeit im Konvikt von einem Frater ans Telefon gerufen: „Komm schnell, deine Mutter ist dran." Vielleicht glaubte er, dass sie aus der DDR anrufen würde und hatte es besonders eilig, mich ans Telefon zu bekommen. In Wahrheit war Mama mit Gudrun bei Uschi und Adam angekommen. Sie war bereits vor der Geburt von Helmut angekommen. Unser Plan war aufgegangen. Mama und Gudrun brauchten nie mehr zurück in die DDR.

Das Krankenhaus in Kirchbrombach suchte eine Köchin. Mama sprang sofort ein. Sie konnte sehr gut kochen, aber im Krankenhaus musste sie auch als Diätköchin funktionieren. Sie musste täglich mehrere Gerichte kochen. Sie ließ sich von den Ärzten erklären, was für den jeweiligen Patienten verboten und was empfohlen ist und gewann bald das Vertrauen der Direktion. Hausmeister, d. h. Mädchen für alles im Krankenhaus, war ein gewisser Herr Koch. Er vermittelte ihr eine Zweizimmer-wohnung im Dorf, und zwar im Haus von Hartmanns, in dem er selber wohnte, wo Mama und Gudrun Unterschlupf fanden. So weit war vorläufig alles optimal geregelt.

Was will ich werden (Überlegungen zur Berufswahl)

In der Schule hatten wir einen Hausaufsatz zu schreiben. Offensichtlich wollte man uns dazu bewegen, über unsere Berufswahl nachzudenken. Als meine Tochter viele Jahre später so weit war, habe ich ihr die Methode der Entscheidungsanalyse beigebracht und ihr an Beispielen gezeigt, wie man sie anwendet. Wir im Flugzeugbau wandten diese Methode regelmäßig an. Sie zwingt einen, sich viele Lösungsalternativen zu überlegen und nicht gleich bei der erstbesten hängen zu bleiben. Sie zwingt einen, sich alle wichtigen Bewertungskriterien wie Einkommen, eigene Interessen, Chancen auf dem Markt, Risiken usw. klarzumachen und einen Maßstab (wie viele Punkte zwischen 1 und 10) für die Bewertung festzulegen, was für einen wichtiger ist: zum Beispiel Einkommen oder Zufriedenheit, Freizeit. Als ich den Aufsatz vor dem Abitur schreiben musste, kannte ich ein derartiges Entscheidungsverfahren nicht. Mir erzählte auch keiner irgendetwas dazu. Ich schilderte in meinem Aufsatz, was ich am liebsten tun würde und was mich am meisten glücklich macht, Saatgutzucht für die Landwirtschaft, medizinische Forschung (ich hatte erlebt, dass mir Penicillin das Leben rettete), Konzertpianist (beim Vorspielabend der Schüler von Eli Pietsch in der Engelsburg hatte mir die Kritik in der Zeitung eine „angehende

Meisterschaft" bescheinigt. Risiken hatte ich nicht betrachtet. Zum Beispiel hatte ich mir überhaupt nicht überlegt, dass ich mich als Pianist mit einer beschädigten linken Hand werde messen lassen müsse mit Leuten, die eine gesunde Hand haben. Mein letzter Satz im Aufsatz lautete:

„Ich werde zur Musikhochschule in Frankfurt am Main gehen, um Konzertpianist zu werden."

Klassenreise nach Amsterdam

Das letzte Jahr vor dem Abitur war für mich in vielerlei Hinsicht außerordentlich. Zum Beispiel machten wir von der Schule aus eine mehrtägige Reise nach Amsterdam. Wir übernachteten in einer Jugendherberge in der Lauriergracht, machten Bootsfahrten, besuchten den Flughafen, verbrachten einen Tag an der Küste, besuchten den Zoo und den Flughafen und den Überseehafen. Ich erinnere mich an einen Platz, wo man alles erhandeln konnte. Da ich eine große Anzahl von Fotos von dieser Reise habe, wurde meine Erinnerung seither immer wieder gestützt.

Ich habe zwei Fotos, die kurz nacheinander geschossen wurden. Das eine zeigt unsere Gruppe im Innenhof der Herberge. Alle sehen etwas übernächtigt aus. Der eine oder andere pafft eine Zigarette, keiner lacht. Das andere Foto zeigt eine gemischte Gruppe. Man erkennt, dass eine Gruppe von Abiturientinnen (aus Oslo) hinzugekommen war, wunderschöne Mädchen! Für die Mädchen hatten wir die Bänke zurechtgestellt, wir Jungs stehen hinter ihnen und rahmen sie ein. Alle strahlen. Ich erinnere mich noch heute, dass ich beim Abschied am liebsten mit ihnen in den Bus nach Oslo gestiegen wäre.

Die letzten Sommerferien

Es waren die letzten Sommerferien meiner Schulzeit. Ich fuhr diesmal zum ersten Mal nicht nur zu Adam und Uschi, sondern auch zu Mama und Gudrun. Es war unser erstes Wiedersehen nach langer Zeit. Ich hatte beide 5 Jahre lang nicht gesehen. Gudrun war inzwischen 15 Jahre alt und war eine junge Frau geworden.

Mama war älter geworden. Mir fiel ihre verunstaltende Narbe am Hals auf, die von der äußerlich etwas misslungenen Struma-Operation in Oschatz herrührte. Eigentlich kannte ich die Narbe von früher, aber jetzt hatte sie sie wegen der Hitze in der Küche nicht mit einem Halstuch verdeckt. Als ich sie im Krankenhaus besuchte, um einmal zu erleben, wie sie als Köchin arbeitete, schwitzte sie ungeheuerlich. Heute würde ich sagen: „Wechseljahre!" Mama tat mir leid.

Sie kaufte mir vom ersten als Köchin verdienten Geld einen Anzug, damit ich beim bevorstehenden Tanzkurs vernünftig gekleidet sein konnte.

Meine erste Begegnung mit Gudrun nach 5 Jahren der Trennung zeigte mir, dass sie inzwischen eine junge Frau geworden war und dass sie ganz hervorragend Melodie-Gitarre spielen konnte, nicht das gewöhnliche Schrumm-Schrumm, sondern jedes Stück glich einer melodischen Erzählung. Ich fuhr nach den Sommerferien zurück nach Recklinghausen und freute mich auf die Weihnachtsferien. Mit wieder vergrößerter Familie, Uschi, Adam, Klaus-Dieter, Helmut, Mama und Gudrun.

Tanzkurs

Nicht nur die Reise nach Amsterdam, die Geburt von Helmut und die Übersiedlung von Mama und Gudrun waren außerordentlich im Jahr 1954. Ein geschäftstüchtiges Tanzlehrer-Ehepaar bot an, in unserer Turnhalle (Freiherr-vom-Stein-Aufbauschule) einen Kurs in allen Gesellschaftstänzen abzuhalten. Kosten: 50 D-Mark pro Nase. Da wir nur Jungs waren, hatten sie auch gleich die Lösung parat: Den Mädchen vom Lyzeum fehlten die männlichen Tanzpartner.

Der Tanzkurs machte mir großen Spaß, da ich mich auf mein Rhythmusgefühl verlassen konnte und große Freude empfand, endlich mal wieder ein Mädchen im Arm zu halten. Wenn der Tanzlehrer die Herren aufforderte, eine Tanzpartnerin aufzufordern, begann ein Sprint zu den begehrtesten der Damen. Das war für die weniger begehrten Damen eine herbe Erfahrung. Das zwang aber auch manchen Herren, seinen Sprint im letzten Moment umzuleiten, um eine der „Sitzengebliebenen" aufzufordern. Ich startete immer zu einem Mädchen (Elke B.), das eine blonde, mit großen blauen Augen ausgestattete wohlgeformte Schönheit war. Ich kam jedes zweite Mal bei ihr zu spät, ein anderer war früher eingetroffen.

Bei Damenwahl, wenn also die Damen die Freiheit haben, sich einen Tanzpartner auszusuchen, wurde ich immer von der gleichen aufgefordert. Sie hieß Ursel, war schwarzhaarig, reichte mir mit dem Scheitel nur bis zum Gurgelknoten, hatte süße Knopfaugen und ihr Busen drückte rechts und links neben meinen Nabel. Einzig beim Boogie-Woogie gab es keine Probleme mit der Unterschiedlichkeit der Größenverhältnisse. Da waren wir – nach Urteil des Tanzlehrers – das Vorbild für alle. Ich dachte im Stillen, dass Ursel sich gefühlsmäßig zu großen Männern hingezogen fühlte, weil sie sich im Unterbewusstsein Kinder wünschte, die größer sind als sie. Sie möchte offensichtlich größer sein, als sie ist. Später merkte ich, dass bei den Eiskunstlauf-Paaren häufig extreme Größenunterschiede vorkommen, weil es leichter ist, eine leichte Last zu stemmen und sie wieder vorsichtig aufsetzen zu lassen als eine schwere.

Der Tanzkurs neigte sich dem Ende zu, und der Tanzlehrer brachte den Abschlussball zur Diskussion. Er wollte wissen, wessen Eltern mit wie vielen Personen anwesend sein würden, um die Anzahl der zu stellenden Tische zu ermitteln. Außerdem bat er uns, für den Abschlussball Paare zu bilden, die während der ganzen Zeit ihre Plätze an einem festen Tisch reserviert haben und dort auch ihre Getränke und sonstigen Sachen während des Tanzes liegen lassen können. Ab und zu würde er zur Damenwahl oder zur Herrenwahl aufrufen. In diesen Fällen sollte man nicht mit seiner Tischdame bzw. seinem Tischherrn tanzen.

Ich musste mich also mit einem der Mädchen zum gemeinsamen Tisch absprechen. Für mich war es keine Frage, dass es Elke B. sein sollte. Es zeigte sich aber, dass Elke B. eine vollständig andere Idee hatte. Sie, eine blonde Schönheit, wollte lieber mit Klaus H. den Abschlussball begehen, einem schwarzhaarigen Hormonprotz. Als er später vom Abitur ein Jahr zurückgestellt wurde, habe ich eine gewisse Schadenfreude nicht vermeiden können.

Elke B. hatte vorausgedacht: „Ich weiß nicht, ob es fair ist, dir etwas zu verraten, was ich dir eigentlich nicht verraten darf. Annette möchte so gern mit dir tanzen, und du hast sie nie geholt. Es ist die perfekte Partnerin für dich. Sie ist brünette, 1,72 m groß, kann gut tanzen, hat eine super Figur." Was sollte ich in dieser Situation machen? Weil mich ihre Eltern kennenlernen wollten, luden sie mich zu Kaffee und Kuchen ein. Als ich die Wohnung betrat, kam mir Annette entgegen und war edel gekleidet. Es zog wie ein Blitz durch meinen Kopf: „Wie konntest du nur so blind sein?" Ich umarmte sie und hauchte ihr einen Kuss auf die Wange, und sie erwiderte ihn und stellte mich ihren Eltern vor. Dann, bei Kaffee und Kuchen, betonte ihre Mutter, dass Annette die Torte selbst gebacken hätte. Annette errötete dabei, offensichtlich, weil die Torte von mehreren Herzchen aus Schlagsahne verziert war.

Weder meine Mutter noch irgendeiner meiner Verwandten konnte zum Abschlussball nach Recklinghausen kommen. Annettes Eltern wollten wissen, warum das so sei. „Sie wohnen zu weit weg." Eine detaillierte Schilderung der Umstände hätte den Rahmen gesprengt.

Der Abschlussball war wunderbar, pausenlos, aufregend, verschwitzt. Annette musste mit ihren Eltern schließlich ins Taxi steigen, Wangenkuss und weg. „Schade!"

Weihnachtsferien

Erneut eine wunderbare Neuigkeit! Edith war es gelungen, die DDR zu verlassen. Damals stand die allgemeine Enteignung der Bauern in der DDR noch bevor, aber es wurde alles getan, sie zur Unterzeichnung eines LPG-Vertrages zu ekeln. Mitten in der Zeit des Säens wurde Eitel ins Gefängnis gesperrt, weil er angeblich ein Schwein schwarz geschlachtet hätte, und seine Felder blieben unbestellt und verhinderten später die Erfüllung des Solls. Als die Gefängniszeit um war, wurde er wieder freigelassen. Auch Eitel hatte die DDR auf getrenntem Weg verlassen. Ihm hatte sich die Stelle eines Vertreters von Wüstenrot Bausparverträgen für Marburg und Umgebung geboten. Edith hatte zuerst einmal Mama und Uschi aufgesucht, traf dort auf die Ärztin Dr. Schröder, die sie sofort als Sprechstundenhilfe einstellte. Als Edith Zweifel äußerte, ob sie den Posten einer Sprechstundenhilfe annehmen könnte, weil sie gar keine Ausbildung dafür genossen hatte, äußerte Frau Dr. Schröder: „Halten Sie mir in der Praxis den Rücken frei von allem Papierkram und Patientenverkehr außerhalb des Behandlungszimmers und kochen Sie für uns, dann machen Sie mich total glücklich." Ihr Mann war neuerdings Theaterdirektor in Kassel geworden, nach Kassel gezogen und wünschte sich, dass seine Frau irgendwann in nicht zu ferner Zukunft ihre Praxis verkauft und zu ihm zieht.

Vom Sport befreit

Der Odenwald ist bergig. Das sogenannte Schröder'sche Heis'che liegt viel tiefer als Kirchbrombach. An einem der Tage bat mich meine Mutter, einen Liter Milch von Trautmanns mitzubringen, während sie dort die Kinder hütete. Es war Nacht, als ich die an Kurven reiche Straße mit dem Fahrrad herunterfuhr. Ich ließ das Fahrrad frei laufen ohne zu bremsen. Als dann wegen zu hohen Stromanfalls durch den Dynamo mit einem Schlag alle Birnchen der Fahrradlampe durchbrannten, konnte ich absolut nichts mehr sehen. Ich versuchte zu bremsen und nach der Erinnerung zu lenken, aber es half nichts mehr. Ich prallte an einen Straßenstein und flog die Straßenböschung hinab. In einer Hand hielt ich die Milchkanne, die andere hielt ich vermeintlich voraus, um meinen zu erwartenden Aufprall abzufedern. Es funktionierte aber nichts so, wie von mir geplant. Die Hand, die abfangen sollte, war zu schwach, gab nach und ich prallte mit der Achsel auf, und zwar so heftig, dass das rechte Schlüsselbein nachgab und brach. Außerdem war die Milch verschüttet und zusätzlich musste ich feststellen, dass ich in einer wilden Müllhalde gelandet war, sodass ich mir auch noch Schnittwunden an der Hand zugefügt hatte. Frau Dr. Schröder verpasste mir einen Streckverband, ausheilen musste der Bruch von selbst. Es dauerte Wochen.

Wer den Schaden hat, braucht für den Spott nicht zu sorgen. Die Abiturzeitung wird später schreiben:

„Suche nette (junge) Ärztin, die mir im Falle eines Attestbedarfes mein Schlüsselbein brechen hilft." Hubertus Schmidtlein

und weiter

„Wer am Turnunterricht nicht teilnehmen möchte, wende sich an unseren Berater Hubertus Schmidtlein. Seine Konsultation führt garantiert zum Ziel. Strengste Diskretion!"

Die Sportprüfung für das Abitur wurde mir erlassen. Somit fiel auch die Lachnummer „Schmidtlein am Hochreck" aus.

Abiturprüfung in Musik

Wir hatten anfangs jahrelang Musikunterricht bei Kiki. Wenn er sich ans Klavier setzte und irgendwelche Sonaten spielte, dann kotzte mich das an. Er trat bei irgendwelchen Stellen mit dem Fuß aufs Pedal und vergaß, ihn wieder wegzunehmen und ließ so alle Töne zusammenschlingern. Es ergab einen ekelhaften Brei. Sein Kinn klapperte dabei die Anschläge nach und sein Gesicht schien in die Tasten zu tauchen. Gespieltes Gefühl! Ich verachtete ihn und verweigerte mich in seinem Unterricht, und er schien nichts zu bemerken. Er gab mir regelmäßig die Note „ausreichend" und ich war zufrieden. Ich hatte meine Ruhe und machte während seines Unterrichts Hausaufgaben für andere Fächer.

Dann wechselte vor dem Abitur der Musiklehrer. Der Neue spielte uns nichts auf dem Klavier vor, sondern animierte uns zum Singen. Mit ihm sangen wir Lieder, Chöre und Kanons a cappella. Er brachte uns alle dazu, fröhlich mitzumachen. Er schloss uns auf für sich und für sein Fach. Er fragte ab, wer zu Hause Musik mache und welches Instrument man spiele. Ich berichtete ihm, dass ich

Gitarre und Klavier spielte. Dann bat er mich ans Klavier zu gehen und mal ein Beispielstück vorzuspielen, was ich tat. Er gab mir die Note „sehr gut" in Musik. Der Widerspruch der früheren und der jetzigen Noten war der Grund, warum ich im Abitur in Musik geprüft wurde.

Zu Beginn der mündlichen Prüfung (am 04.03.1955) erläuterte der Musiklehrer, dass ich mich unter der fördernden Hand von Eli Pietsch entwickelt hätte. Er beschrieb die Bedeutung von Eli Pietsch als Konzertpianistin und als Klavierlehrerin und benannte einige junge Pianisten, die aus ihrer Schule stammten. Nebenbei gesagt: Er wusste mehr vom Wirken von Eli Pietsch als ich, obwohl ich sie gegenwärtig als Lehrerin hatte, die wegen entzündeter Sehnenscheiden an beiden Unterarmen gar nicht mehr spielen konnte. Kiki saß im Lehrerkollegium.

Danach wurde ich ausgefordert, dem Kollegium einige Beispiele meines Könnens zu geben. Ich wählte die Stücke, die ich beim letzten Vorspielabend gespielt hatte. Danach sang ich das Kunstlied „Ich grolle nicht ..." von Robert Schumann. Als Letztes spielte ich den Boogie-Woogie „In the mood", um zu zeigen, dass ich nicht nur Klassik konnte.

Jetzt sollten die Lehrer etwas Schlaues sagen. Da trat Kiki auf: „Jetzt weiß ich, warum du Latein nicht magst. Die Lateiner verstanden nichts von Musik. Wenn der Kaiser Nero sang, dann ergriffen alle die Flucht." Mir schien, dass diese Bemerkung den Mitgliedern des Kollegiums peinlich war. Sie berieten sich kurz und teilten mir anschließend mit, dass das „Sehr gut" in Musik sich heute bestätigt hätte.

Nachdem sich alle zurückgezogen hatten und ich am Aufräumen war und noch einmal umkehren musste, um meine Noten zu holen, traf ich auf Kiki, der mich fragte: „Warum hast du mir nie gesagt, dass du so gut Klavier spielen kannst?"

„Weil Sie mich nie danach gefragt haben. Es ist – ehrlich gesagt – ja auch noch nicht sehr lange so. Die Schüler interessierten Sie nie. Und außerdem sind Sie nicht wirklich musikalisch." Er explodierte nicht, wir waren unter vier Augen und vier Ohren, sodass keiner mich gehört hatte und keiner seine mögliche Explosion gehört hätte, die ich bereit war in Kauf zu nehmen. Ich verabschiedete mich von ihm mit Handschlag und wünschte ihm alles Gute. Er stand wie ein Kind beim Dreck. War ich ungerecht gewesen? Er hatte ja nicht sich selbst zum Musiklehrer eingesetzt. Man hatte zunächst offensichtlich keinen anderen. Aber ich sehe auch heute noch nicht ein, dass immer die Schüler den Nachteil haben sollen.

Die feierliche Zeugnisübergabe

Mitte März 1955 erhielten wir unsere Abiturzeugnisse feierlich vom Schanko überreicht. Das begann nicht etwa mit der Übergabe der Zeugnisse, nein, nein! Zunächst wurden viele Reden gehalten. Es sprachen der Klassenlehrer, der Direktor Fürstenau, den wir Schanko nannten, weil er genau wie der Fußballspieler Schanko über der Stirn eine weitläufige Glatze hatte. Auch einer von uns hatte eine Rede vorbereiten müssen, und das war nicht ich. Mir attestierten meine Mitschüler in der Abiturzeitung: „Wie keiner kann er Pauker necken." (Dabei vergaßen sie immer, wer den Streit angefangen hatte, was meist die Lehrer gewesen waren.) Es wurden also viele feierliche und überflüssige Weihrauchreden gehalten, die keinen von uns mehr interessierten. Die Schulzeit war um. Einfach um! Mich hielt nichts mehr in Recklinghausen.

Halt! Da war noch Dr. Tillmann, mein Vormund. Er war bei der feierlichen Übergabe der Zeugnisse auch anwesend gewesen. Er rief mich nach der „Feier" im Konvikt zu sich und gratulierte mir persönlich. Dann unterrichtete er mich, dass er meine Mutter im Odenwald besucht hatte: „Ich habe gesehen, dass deine Mutter nach ihrer Flucht aus der DDR noch einmal total von vorn anfangen muss und für die bisherigen Kosten deiner Unterbringung bei uns nachträglich nichts zahlen kann. Ich musste das aus formalen Gründen prüfen.

Ich werde als dein Vormund nun nicht mehr benötigt (erwachsen wurde man damals erst mit 21 Jahren, ich war 19). Das ist jetzt wieder deine Mutter. Dann schlug er etwas Blaues auf und gab es mir. Es war ein Postsparbuch, das er auf meinen Namen eröffnet hatte. Es wies einen Sparbetrag von über 1.600 D-Mark aus, die sich mit der Zeit weiter verzinsen würden. „Ich habe für dich herausgefunden, dass dein Vater in die Angestelltenversicherung eingezahlt hat und dass dir als sein minderjähriger Sohn eine Hinterbliebenenrente zusteht. Noch zwei Jahre lang geht diese Rente weiter, wenn du in weiterer Ausbildung bist und kein eigenes Geld verdienst. Achte darauf!"

„Dieses Geld hätte doch an das ‚Studienwerk für vertriebene katholische Schüler' gehen müssen, denn wir von unserer Familienseite aus haben die ganze Zeit über nichts zahlen können." Da antwortete er: „Das hätte den Kohl nicht fett gemacht. Das Studienwerk hat die Mittel von vielen Institutionen erbettelt. Die allermeisten Eltern unserer Schüler konnten die notwendigen Mittel nicht aufbringen. Das Geld auf dem Postsparbuch habe ich für dich als dein Vormund erstritten. Es soll dir zu Beginn deines Studiums dienen. Länger wird es nicht reichen. Geh sparsam damit um. Übrigens, in zwei Tagen fahre ich mit dem Auto nach Bensheim, da kann ich dich nach Kirchbrombach mitnehmen. Mir ist es lieber, nicht allein im Auto zu sitzen, und du kannst schon mal üben zu sparen."

Letzte Fete, Abschied nehmen

Ich kam auf den Gedanken, den kleinsten Raum im Saalbau reservieren zu lassen und mit denen, die noch nicht entschwunden waren, eine kleine Abschiedsfete zu veranstalten, um bei selbst erzeugter Musik gemeinsam zu essen, zu trinken, zu singen, zu tanzen und fröhlich zu sein und schließlich Abschied zu nehmen. Von den 14 Abiturienten waren nur ca. 10 interessiert, andere waren bereits anderweitig verabredet. Daher lud ich einige jüngere Semester zusätzlich ein, um die Zahl der Instrumentenspieler zu ergänzen. Die Zusammensetzung ergab sich also aus Zufällen. Es durfte nix kosten. Günzel (einer von den jüngeren): Schifferklavier, N. Engel: Gesang respektive Geige, Schmidtlein: Klavier, ein weiterer aus den jüngeren Jahrgängen (ich habe ein Foto von ihm, erinnere mich aber nicht mehr an seinen Namen): Gitarre.

Unser Abiturjahrgang war ein reiner Männerklub. Daher kam ich auf den Gedanken, MaLu einzuladen. Sie hatte unsere Klasse erst vor zwei Jahren aus freien Stücken verlassen. Ich lief zu ihren Eltern und erfuhr ihre Telefonnummer im Dienst bei Althof. Sie freute sich und sagte zu. Ich fragte sie: „Hast du noch ein anderes Mädel bei der Hand, das gut tanzen kann?" „Ja, meine Schwester! Die ist allerdings erst 17, hat aber gerade einen Tanzkurs gemacht." „Gebongt, ich hol euch beide ab." Auf die Idee, Annette meine Tanzpartnerin vom Tanzunterricht einzuladen, kam ich nicht.

Zusammen mit Günzel holte ich die beiden Mädchen von ihren Eltern in der Dorstener Straße 44 zu Fuß ab. Während des Abends waren Günzel und ich immer abwechselnd mit dem Erzeugen der Musik beschäftigt, denn es war noch lange vor der Zeit der DJs. Ich spielte Klavier, wenn ich dran war, und Günzel spielte Schifferklavier, wenn es sein Term war. Das fiel für unsere Tanzpartnerinnen nicht störend ins Gewicht, denn sie wurden auch von unseren anderen Klassenkameraden fleißig aufgefordert, die sie ja alle kannten. Am Ende des Abends hieß es für uns, die Mädchen wieder bei ihren Eltern abzuliefern. MaLu wurde von den Klassenkameraden noch längere Zeit in Gespräche verwickelt. Deshalb schnappten sich Günzel und Theo Mispelkamp MaLus Schwester und geleiteten sie nach Hause. Schließlich beglich ich die offenen Rechnungen und verließ mit MaLu als Letzter das Lokal. Ich bot ihr meinen Kavaliersarm an, aber sie zog meinen rechten um ihre Taille und fasste mit ihrem linken um meine, und so marschierten wir, ständig den gleichen Ohrwurm singend, vom Alkohol etwas angesäuselt, im Gleichschritt und beschwingt durch die Nacht.

Dann standen wir vor dem Eingang des Hauses Nr. 44, ohne dass wir ein einziges Wort miteinander gesprochen hatten. MaLu klingelte. Das Fenster über dem Eingang öffnete sich, und ihre Mutter warf den Hausschlüssel mit den Worten runter: „Ich geh wieder ins Bett. Komm bald hoch und schließ schön ab!“ Recht hatte sie, denn es war etwa 3 Uhr. Ich hob den Schlüssel auf, steckte ihn in das dafür vorgesehene Loch und schloss auf.

Schlagartig stand nun unsere Trennung bevor, und es zeigte sich, dass wir noch nicht zum Abschied bereit waren. MaLu begann: „Was gedenkst du jetzt als Nächstes zu tun?“ „Ich möchte gern Konzertpianist werden und habe schon einen Prüfungstermin bei der Musikhochschule in Frankfurt verabredet. Ich kenne bereits den Ablauf und die Art der Prüfungsaufgaben und habe mich vorbereitet.“

„Mir ist erst heute aufgefallen, dass du bombig Klavier spielen kannst. Ich liebe Musik und würde dir gern öfters zuhören. Von früher habe ich dich nur mit Gitarre in Erinnerung. Erinnerst du dich noch, dass ich früher gern mit dir gesungen habe, wenn du Gitarre gespielt hast?“

„Ja, ich habe eine Menge Fotos, die das zeigen. Du arbeitest jetzt bei Althof im Büro und verdienst schon richtig Geld. Bis ich einmal so viel verdiene, dass ich eine Familie ernähren kann, dauert es noch Jahre, denn als Musikus bleibt man eine arme Kirchenmaus, schlimmstenfalls bis zum Lebensende.“

Da kam sie mit einer Neuigkeit raus: „Wenn ich euch jetzt so erlebe: Ihr habt das Abitur in der Tasche und fangt etwas Neues an. Ihr seid frei für ein neues Abenteuer. Ich muss mal weg von meinen Eltern und von Recklinghausen. Eigentlich hätte ich auch bis zum Abitur auf der Schule bleiben sollen. Es war aber andererseits auch nicht falsch, schon zwei Jahre vorher abzugehen, denn ich kann jetzt bei jedem großen Kaufhauskonzern in der Verwaltung arbeiten und finde in jeder Stadt Deutschlands eine gut bezahlte Anstellung.“

Nach diesen Worten kehrte eine Pause ein und in mir kam leichte Wehmut darüber auf, dass wir nun Abschied nehmen mussten. Da fügte sie ihren Gedanken einen überraschenden Vorschlag hinzu: „Wie wäre es, wenn ich mit dir nach Frankfurt ziehen würde? In Frankfurt wären wir zwar beide fremd, aber nicht allein. Wir könnten uns bei einer Wohngemeinschaft einmieten, und damit müsstest du wie auch ich viel weniger für das Wohnen ausgeben, als wenn du ein Studenten-Apartment mietest und ich getrennt eine kleine Wohnung. Ich könnte beim dortigen Kaufhauskonzern arbeiten, und du gingest jeden Tag zur Musikhochschule. Hast du eigentlich schon mal nachgeforscht, wo und auf welchem Klavier du üben kannst?“ Ich musste bekennen, dass ich noch nichts Genaueres zu dieser wichtigen Frage in Erfahrung gebracht hatte. Ich war mir sicher, dass man von der Musikhochschule gute Hinweise zur Lösung dieser Frage bekommen könnte, denn das Problem hat nun mal jeder Student, der Pianist werden will.

Mich überzeugte der Vorschlag einer Wohngemeinschaft nicht. Was war das Konvikt denn anderes als eine Wohngemeinschaft? Nein, mit dem Leben in einer Wohngemeinschaft wollte ich mit diesem Tag endgültig Schluss machen. So sagte ich ihr das auch. MaLu hatte den Grund meiner Einstellung sofort verstanden: „Ich versteh das. Du willst in Zukunft nie mehr Leute wie die Fratres über dich bestimmen lassen. In einer Wohngemeinschaft gibt es außer der neutralen Hausordnung keinen, der über dich bestimmen darf. Es ist eine Wohnung, die nicht von einer Familie gemietet und genutzt wird, sondern halt von einer anderen Gruppierung. Bad und Küche werden gemeinsam genutzt, die Zimmer werden je nach Absprache von unterschiedlichen Mitgliedern der Wohngemeinschaft genutzt. Es wird zwar Diskussionen zwischen den Partnern geben, wenn sich einer beispielsweise mal nicht an die Wohnungsordnung hält. Aber Streitigkeiten gibt es doch überall."

Zwar sah ich sofort den von MaLu angeführten Kostenvorteil für uns beide ein, aber eine Wohngemeinschaft mit einer Frau, mit der ich gar nicht verheiratet war, konnte ich mir nicht vorstellen. Es warf Fragen auf, die von mir überhaupt noch nicht bedacht waren. Würde es zwischen uns bei Freundschaft bleiben? Wie würde eine andere Frau reagieren, die weiß, dass ich mit MaLu in einer Wohngemeinschaft lebe? Ich mochte meine Gedanken in diesem Moment nicht äußern.

Es flackerte der Eindruck bei mir auf, dass ihr die Situation peinlich wurde, die Situation, dass sie mir etwas anbot und ich es nicht freudig annahm. Da gab ich meinem Gefühl nach und nahm sie in meine Arme, und der kurze Moment der Peinlichkeit löste sich auf. Ich genoss den Moment im Gefühl, dass wir ja vielleicht nie mehr auseinandergehen wollten, während sie wohl einfach mal von Recklinghausen und ihren Eltern wegwollte.

Schließlich kamen wir überein, dass sie nicht unmittelbar jetzt mit mir losziehen würde, sondern erst dann nachkommen würde, wenn es feststeht, dass ich in Frankfurt studieren würde. Im negativen Fall müssten wir neu planen. Ich gab ihr meine Adresse in Kirchbrombach und versprach, sie sofort nach der Aufnahmeprüfung der Musikhochschule anzurufen. Dann trollte ich mich im Gefühl eines Eroberers zu Fuß durch die Stadt zurück ins Schülerwohnheim, in dem ich an diesem Tag ganz offiziell so spät ankommen durfte. Im verwirrenden Taumel vor dem bislang verbotenen Neuland war mein letzter Gedanke vor dem Einschlafen: Morgen musst du dich beim Einwohnermeldeamt abmelden. Wenigstens das war wirklich klar nach diesem Tag.

Als der neue Tag gekommen war, hatte ich endlich wieder in einem Punkt Klarheit in meinem Kopf. Ich wusste, dass jeder Kuss von mir der gehört, der ich ihn nun mal gebe und nicht nur der, die Mutter meiner Kinder werden soll. Ich sagte auch „Ja" dazu, dass aus unserer Freundschaft gegebenenfalls eine echte Liebe werden darf.

Jenes Recklinghausen

Jenes Recklinghausen wird für mich persönlich immer die bedeutendste deutsche Stadt bleiben. Keine andere Stadt hatte gleichzeitig

1. einen Dr. jur. Paulus Tillmann aufzuweisen, der etwa 5.000 heimatvertriebenen Schülern den Weg zu besserer Schulbildung ebnete und damit bereits ein mehr als ausgefülltes Tagesprogramm hatte und dennoch bereit war, individuell mein Vormund zu sein. Bundesverdienstkreuz 1. Klasse;
2. eine Freiherr-von-Stein-Aufbauschule, die vom Freiherrn vom Stein genau für die Schüler erfunden wurde, die das Gymnasium sonst verpassen würden;
3. Ruhrfestspiele für Bergarbeiter, Rentner und (Gratiskarten) für arme Schüler (Kunst für Kohle);
4. einen solchen Kunsterzieher und Maler wie Thomas Grochowiak, der ohne jede Ausbildung als Lehrer uns zu den bildenden Künsten fürs ganze Leben mitnahm. Ehrenbürger der Stadt Recklinghausen;
5. einen Mathematiklehrer Dr. Farwick, der uns mit seinem Unterricht vom logischen Denken überzeugte und uns auch für Architektur und z. B. für grünen Sandstein als Baustein begeisterte;
6. ein Schülerwohnheim St. Joseph, in dem ausgebildete Lehrer und Studienräte bereit waren, als Wohnheim-„Aufpasser" und „Nachhelfer" zu arbeiten.

Jenes Recklinghausen war ein Brutkasten zur Entfaltung von Begabung.

Zum Autor

Dr. Ing. Hubertus Schmidtlein wurde 1935 im Kreis Brieg in Niederschlesien auf dem Bauernhof seiner Eltern geboren.

Nach dem Studium der Luft- und Raumfahrttechnik und anschließender Promotion an der Technischen Hochschule in Darmstadt war er in verschiedenen Firmen der Europäischen Luft- und Raumfahrt Industrie in leitenden Funktionen tätig. Aus dieser Phase seines Lebens gibt es nur fachliche Veröffentlichungen von ihm.

Das vorliegende Buch ist sein erstes und wird wohl auch sein einziges bleiben, das nicht von Fragen der Luft- und Raumfahrt spricht.